国家社科基金
GUOJIA SHEKE JIJIN HOUQI ZIZHU XIANGMU
后期资助项目

《精神现象学》义解

下卷

Commentary on *Phenomenology of Spirit*

庄振华　著

中国人民大学出版社
·北京·

目 录

第六章 精 神

导 引

长久以来，“精神”似乎成了一个与当代思想格格不入的概念。德里达的《论精神》一书早已展示过这个概念与传统形而上学之间纠缠不清的关系，在一般学者的印象里，这个概念也多属过时之物。我们从近世学者们对《精神现象学》这部最典型的精神哲学著作的解读中更可以充分看出这一点：站在意识哲学的立场上，人们往往不是将他的这个概念还原到第四章中主体间性的层面，就是从第五章描绘的近代理性那里挖掘它的根源。

这种旁敲侧击的做法恐怕会错失黑格尔的本意。从思想史的角度看，黑格尔是近代以来第一个真正立足于意义世界本身系统地展开问题的哲学家；从该书的布局看，黑格尔在写作过程中逐渐认识到近代理性无论表面看似如何中立无私，却总是难免陷入意识哲学的窠臼，必须转而从作为事情本身的意义世界出发才能使理性之光真正照鉴真理，遂调整原先的篇章布局，将“意识经验的科学”改造为“精神的现象学”。这一立场一经确立，精神概念便成为黑格尔后来的整个体系的核心。对于黑格尔哲学中如此重要的一个概念，我们如果仅仅因为后世学术风气中产生的一些偏见便对其采取还原乃至回避的态度，那显然是不公正的，只有澄清其原本的样貌，才能真正看清它的当代意义。

一 精神与世界

精神概念在黑格尔思想发展中的重要地位不言而喻。黑格尔自家庭教师年代起，就在荷尔德林与谢林思想的激荡之下寻求作为“全”或“一”的真理，以及最能表达这一理念的合适概念。他曾在法兰克福时期和耶拿时期先后将目光投向“生命”“爱”“同一性”“理性”，偶尔也关注明显带有局部性色彩的“伦理”“现实性”“实定性”等概念，这些名相虽然都能从各自的角度纠正近代知性思维的某些偏失，却都无法令黑格尔完全满意，黑格尔最终选定的是精神概念。这个追寻历程隐藏着能使我们理解精神概念的一把钥匙：真正的整体性。众所周知，精神概念承载着西方历史上渊源各异的诸多思想的遗产，像古代奴斯（nous）、灵气（pneuma）、实体（ousia）学说和中世纪圣灵概念等都多少能在这个概念中找到其回音。但无论来源多么复杂，有一个基本的含义是贯彻始终的：整体性的生机力量，即赋予事物生机的通贯性力量。① 黑格尔看到，问题的关键在于要立足于整体性本身之上看问题，而不是从部分的角度看整体，这就是他在《费希特与谢林哲学体系的差别》中提出那个著名说法——“同一与差异的同一”——的深刻含义。通常人们所说的“同一”只是从部分的角度看到的“整体”（实即他所说的前一个“同一”），那不是真正的整体，那种所谓的“整体”终究会陷入部分与部分、个体与个体之争，甚至会反过来妨碍人们对真正的整体性的追求。正如黑格尔自己说的：“精神是这样的绝对的实体，它在它的对立面之充分的自由和独立中，亦即在互相差异、各个独立存在的自我意识中，作为它们的统一而存在：我就是我们，而我们就是我。”② 这就是说，精神作为真正的整体，是各个体的根据与本质，与此同时，虽然它高于这些个体，却并非绝对的超越者，因为它只体现在这些个体中，除此之外并没有什么单独的存在。

有了这个关键定位，精神概念在后来的哲学体系中的诸多不同形象就不难理解了：在《精神现象学》中，精神既是“精神”章的主题，又是全书的主题，因为全书都是在描述精神显现的过程（现象学）；在《哲学科学全书》中，精神既可涵括人文的世界（是为精神哲学），又可覆盖整个体系（因逻各斯、自然与精神三者实际上是绝对精神的三种可理解的形态）——精神之所以具有如此大的弹性，是因为精神即是作为人与事物之

① 关于古希腊的精神概念，参见：J. Stenzel. Zur Entwicklung des Geistbegriffes in der griechischen Philosophie//H.-G. Gadamer. Um die Begriffswelt der Vorsokratiker, Darmstadt: Wissenschaftliche Buchgesellschaft, 1968: 214-245.

② 黑格尔. 精神现象学：上卷. 贺麟，王玖兴，译. 北京：商务印书馆，1979: 122.

真正整体与根据的、实在的意义世界（下文亦简称“世界”）。[①] 只要确立了实在意义世界这个立足点，那么随着我们的生活世界的广狭不同，精神的辖域看起来就像在“移步换景”一般，但决不会倒退到先前的近代理性所陷入的那种个体与个体聚讼不休的局面中去。整部《精神现象学》讲述的就是一个从主观而外在的认知模式（第一—三章）逐步深入群体共在性的知识与权力竞技场（第四、五章），直至终于超出近代理性而达到实在意义世界这一立足点并重新考察西方文明史（第六章），最后达到这个世界对自身之主体性的自觉（第七、八章）的连贯过程。

在详细追索这一篇章布局之前，有必要最简要地看看此前的近代思想是如何看待世界问题的（以下只择取三例，不求全面）。《第一哲学沉思集》中有所谓“笛卡尔循环”的问题，因为笛卡尔在“第二沉思”中将上帝悬置，确立我思为最终立足点，而在“第三沉思”中却仿佛又从后门将上帝请了进来，通过上帝来保证外部世界的客观性，这种做法令人不禁生疑：笛卡尔那里最终的根据究竟是我思还是上帝？我们固然可以用康德式的语言说“上帝是我思的存在根据，我思是上帝的认识根据”，但关键的问题在于：这双重根据的格局本身的原因何在？其实原因在于二者都已不是中世纪的那个信仰者或天父的形象，而是一个内在的（即原则上可完全被理解的）世界之中的两个因素，换言之，内在的世界本身才是这二者共同的根据。[②] 只有在一个内在的世界中，上帝的崇高地位才需要以理性的承认为前提；也只有在这个世界中，自我才能在以上帝为自身存在之根据的同时依然坚持自己有审核上帝的权利。到了斯宾诺莎那里，这一格局更加被固化了。在我们的世界的范围内（即在思维与广延两种属性的范围内），斯宾诺莎的上帝也是一个可以被理性彻底理解的上帝，不仅如此，上帝还通过与属性、样式结成一个相互表现与追求的层级世界结构而通达包括人在内的一切个体，而人对万物的认识也都必须“在永恒的形式下”进行，即都必须将事物还原到上帝这个根据上去——实质上这不过是理性在以另一种方式承认上帝罢了，并不能证明上帝的独立自主性。在斯宾诺

① 比如黑格尔曾说：精神“必须扬弃美好的伦理生活并通过一系列的形态以取得关于它自身的知识。不过这些形态与以前所经历的形态不同，因为它们都是些实在的精神、真正的现实，并且它们并不仅仅是意识的种种形态，而且是一个世界的种种形态”（黑格尔．精神现象学：下卷．贺麟，王玖兴，译．北京：商务印书馆，1979：4）。

② 李华．我思、上帝与世界——论“笛卡尔循环”的内在性根据．云南大学学报（社会科学版），2015（6）．

莎这里，世界的内在性与理性的无限性作为一体之两面表现得淋漓尽致。康德在这个问题上更谨慎一些，他不认为人通过理性可以透视事物本身，理性在他那里是有限的，上帝为世界奠定的目的论根本秩序也不是理性可以推理出来的，而只是一种设定。康德的特殊贡献在于他通过切合人的内在体验的先验演绎，令人信服地将理性主体的审核权巩固下来了。他在"第一批判"结尾处的纯粹理性建筑术中提出的"哲学的世界构想（conceptus cosmicus)"，以及后期的历史哲学中提出的世界公民构想都可以说是思考内在性世界本身的一种初步尝试，但康德的这一步毕竟还不彻底，世界在他那里始终是一种悬设的理念。

到此为止的近代哲学家们虽然都零零星星地提到过世界这个概念，却都没有真正立足于世界本身来全面系统地看问题，而大多是从意识的角度出发考察世界中的一些要素（我思、上帝、经验等)，内在性世界本身往往只作为他们思想的一个隐蔽条件而无人问津。由费希特引领的德国观念论打破了这一局面。这里我们只简单提一下费希特知识学对此做出的贡献。费希特笔下的"自我"所做的设定活动在一般人看来极为抽象与任意，实则深刻地反映了内在性世界观的根本机理：任何现象与知识都以对某个世界范围的设定为前提，而且这种设定不仅关乎该范围内的事物的界定（使之得以清楚明白而可定义)，它同时也是对该范围之外的事物的界定（比如科学范围之外的伪科学、非科学，理性范围之外的蒙昧等)，这个范围本身可以随着生活世界的丰富与扩大而发生改变（费希特早期称之为"奋进")，但这种以范围设定为前提的做法本身却是内在性世界观的基本运行方式。费希特的"自我设定"原则的伸缩性极大，能容纳他从早期到后期各个版本的知识学，这一原则也是近代思想史上立足于世界本身系统展开世界的逻辑结构的首次尝试，早期谢林和黑格尔都是沿着这一路向继续推展世界思想的，因此这一原则不容小觑。

当然和黑格尔比起来，费希特的这一思想还不够饱满具体。我们来看一看黑格尔是如何在《精神现象学》中讲述自然意识达到世界本身这个立足点的过程的。"感性"章描述的是人对个体物的各种感性性质之间对象性的认知活动，此时的认识看似最丰富，实则最贫乏，因为无论个别感性性质还是认识者，都只是一些飘忽不定的印象，根本不具备确定性，而人在感性中寻求确定性时发现，事情本身必然会将我们引向共相那里去，也就是说，认识和生活只能在公共意义空间进行，没有私人感觉。"知觉"章中的认识更深了一步：事物有了最初步的内外之分，事物的诸属性之间也有了主次之分。此阶段事情的进展迫使意识不能局限在一个人对待一个物这种抽象的做法上，而是要进展到物所属的类中去看待这个物，这实质上就进展到不受个别物局限的无条件共相了。由此进入“知性”阶段，在这一章中，共相不是一个个孤立的概念，而是一种关系概念，即在与其他共相构成的关系网络中的共相，这一章的焦点是本质问题或规律问题。这就是说，意识认为我们能通过找到各类事物在具体条件下的规律性呈现而抓住这类事物的本质。知性在事物及其关系网络中由浅到深地区分出如下三阶段式的关系格局：力与力的表现，力的内在本质与力的结构（包括前一阶段中力与力的表现二者在内），颠倒的规律世界（即臆想中所谓真正的世界）与现象世界（包括前一阶段中力的内在本质与力的结构二者在内）。但这种不断到幕后寻找虚幻的新靠山的做法在黑格尔看来实际上是知性的规律观的自欺和遁词：它在各阶段找到的本质（力、力的内在本质、颠倒的规律世界）只不过是比常识稍稍深刻一点的某种描述而已，依然是经验性、归纳性的知识，决不是它自己号称的什么根本性解释。黑格尔认为，与其由外到内地给事物身上发现的种种规律安上“本质”之名，不如将事物看成是某种主动存在的、能不断突破自身界限的主体性事物，人与物、人与人之间的对待活动在本质上都是主体性事物之间的活动。这就将我们引向了“自我意识”章。黑格尔眼中的自我意识不是个人反观内心的主观意识活动，恰恰相反，它是打开内心并投入主体间的公共世界中去并在那里获得自身身份与价值的实践活动。黑格尔依次考察了人与物的关系、人与生物的关系和人与人的关系，而在人与人的关系中，又分别探讨了不对称的主奴关系、退缩内心的斯多亚主义、拒斥外物实在性的怀疑主义和以二元世界方式寻求超升而不得的苦恼意识。（值得一提的是，黑格尔的思路与 20 世纪以科耶夫等为代表的一批俄、法、美学者的解读是有出入的，黑格尔并不满足于仅仅在“承认问题”的框架内寻求某种最佳的妥协局面或达到差序平衡的某种普遍同质社会，因为他看到承认现象本身并不是自足的，它还有更深一层的根据，那就是意义世界本身。）随之而来，“理性”章中的几种理性以同样的个体性方式在世界上挺进，却并不真正知晓世界为何物。这一章描述意识坚持自身的独立自主权的同时在世界上进行观察与行动，最后却发现无法在世界上求得安顿，因为事情本身需要的不仅仅是它把本质或真理当作与它自身并列的个别之物并掌控之，还要它放弃自身对世界的审核权，将自身真正融入事情本身中去。在苦恼意识的最后阶段，意识发现天国世界的权柄其实需要它自身的承认，真理其实在它自身所生活的这个世界中，于是意识以理性的身份转向世界，经历了观察的理性、行动的理性和对个体性进行反思的理性这三大阶段。需要注意的是，理性与自我意识虽然面对的对象不同，二者对待事情的方式却是一致的：人固然将其他人或物当作主体性存在者而加以尊重，但也仅此而已，在他看来世界上的事情无非是个体与个体之间取与予的关系，此外无他，不存在比个体更高而又成为各个体之共同根据的任何东西，而那些号称“共同体”或“整体”的东西只不过是经过乔装打扮的个体罢了，它并不比其他个体有更多的权利。在世界上寻求真理而不得，这正反映出近代理性的一个根本困境：它越是想追求真理，越是将对象与自己都局限起来，就越是远离真理，因为真理恰恰是控制不了的。还整体于整体，而不是把整体当成一个空有其名的、与其他个体并列的个体，这是黑格尔自青年时期以来一直追求的目标，如今在现象学的“精神”章中终于得到了系统的展开。不了解自我意识、理性与精神之间的层次之别的人很难明白：为什么看似在前两章中讲述过一遍的西方历史，到了“精神”章中重又呈现了一遍？其实这就像《存在与时间》现有的第一部的第一篇与第二篇之间的关系一样，看似重复，实际上是因为问题层面与出发点发生了变化，事情的意义也彻底变化了，因此有必要在新的意义格局下将事情再讲一遍。在下文中详述“精神”章的内在结构时我们可以看到，站在意义世界本身看事情，可以看出以往的近代理性根本看不出的许多问题。

至于“精神”章与最后两章之间的关系，也不难理解。在“精神”章中，意识开始站在世界本身的层面看问题，但这一章中叙述的各种人物或事件自身则还没有达到主动以精神的方式行事的高度，意识只是作为旁观者在客观上通过这些人物和事件把握了精神在西方文明史上逐渐崭露头角的过程而已，换句话说，这一章讲述的还是自在的精神；而最后两章中的种种现象则是主动以精神的方式运行了（尽管它们之间也有程度上的区别，直到“绝对知识”才达到彻底的明晰状态），换言之，那两章才达到自为的精神。

至此我们可以初步指出精神问题的两个关键点了。首先，精神不是主观意识投射在客观事物上而形成的，这种基于主客二分的构想在我国学者对黑格尔精神概念的理解中很流行，却并不符合实情，因为黑格尔关注的既不是主观意识，也不是纯客观事物，而是作为这二者之共同条件的意义世界，精神便是被理解的意义世界。其次，西方近世学者常常认为事情的根本在于主体之间的承认，或者在于意识哲学意义上的自我，抑或那种寻求规律与本质的理性，所以他们往往在解读黑格尔时将精神还原为这些因素，这违背了黑格尔精神学说的初衷，他以精神这个概念要表达的恰恰是：要理解事情本身，就要走出个体意识及其理性，走出规律思维，开放我们自身，承认事情本身是我们自身的根据，否则我们就注定会与事情本身两隔。

二　精神的“变形记”

前文中主要做了一些否定性的工作，排除了对精神的几种误解。要想真正理解精神这个层面何以重要，精神又何以成为理性的根据与归宿，就必须正面解读黑格尔对精神的描述，那是与近代理性的奋进与挣扎不同的另一种气象，在精神层面看到的西方文明史也是另一番景象。

精神并不是在“精神”章才出现的，早在“自我意识”章的“引子”部分，黑格尔就说，“由此精神这一概念已经出现在我们前面了”，意识接下来需要进一步掌握的是“关于精神究竟是什么的经验”①。为什么这样讲？前面我们已经说过，在自我意识阶段，意识并非回首内向，专注自己的内心，反而是打开自身，投入公共的群体生活中去，也就是说，个人在这个阶段已经意识到了它对于群体的依赖性，认识到自己只有获得群体的承认才能得到自己的身份和体会到生活的意义。但黑格尔为什么不直接将这一章的标题定为“精神”呢？那是因为此时的个人才刚刚进入群体生活中，他只是被动地发现自身依赖于群体，他还没有以“自由”的、理性的个体的身份在群体生活中和世界舞台上显示自身的力量，而没有在世界上走一遭，个体是不可能认识到理性有其不足，认识到自由是需要有方向的。如前所述，第四、五两章正是对这一过程的描述，此后的“精神”章才算是意识真正立足于精神层面了，也才算是精神真正现身了——当然那总是通过人及其生活而现身的，并没有一个叫作“精神”的单独的东西。

在此有个问题需要先行说明一下。一般人翻开“精神”章，马上会发现黑格尔并未不停地说精神在古代如何如何，在后世又如何如何，他说的好像全是伦理、家庭、法权、启蒙、道德等，这里是否有某种矛盾？这个疑惑其实是因为没有理解精神概念的实质而产生的。其实精神作为意义世界，本就不仅仅是地理空间意义上的一个范围，而就是我们的生活世界，这个世界在微观上可指家庭及其社会关系，在宏观上可指城邦、伦理、宗

① 黑格尔．精神现象学：上卷．贺麟，王玖兴，译．北京：商务印书馆，1979：122.

教等，也就是说，前面罗列的那些因素本就是作为意义世界的精神在不同时代和不同范围的典型体现方式；这还仅仅是就范围而言，其实更重要的问题是，那些因素还代表不同的生活方式，比如黑格尔认为精神在古希腊就是以伦理的方式存在的，在其他时代也有其各自的存在方式。因此黑格尔在谈伦理、家庭、法权等问题时其实本就是在谈精神，因为在他看来，世界就是一个由这些因素共属一体而又自我运动着的整体。①

“精神”章是整部《精神现象学》中篇幅最大的一章，笔者无意完整解析全章，这里仅择取较能体现精神之特质，也恰恰让一般读者极为费解的三个关键问题做一探讨：古希腊伦理世界向罗马法权社会过渡究竟是伦理冲突中的某一方获胜了，还是整体格局的变迁？看似差异极大的基督教信仰和近代启蒙理性为什么同属“异化了的精神”？看起来同样风马牛不相及的康德伦理学与浪漫派优美灵魂观为何也被黑格尔归为同类？

（1）黑格尔对第一个问题的探讨体现在他对《安提戈涅》的著名分析中。每一个敢于从哲学上分析这部剧的读者都必然面临这样一个问题：我们究竟应该在什么意义上提出“安提戈涅问题”？若是按照“自我意识”章的方式，我们从这部剧中就只能看出主要人物之间的恩怨情仇，以及城邦与家庭两个共同体如何接纳或拒斥某某人物；如果按照“理性”章来看，我们便只会关注主要人物的意志如何推行的问题，以及城邦政治规划与家族习俗传统的扩展与冲突。那样一来，《安提戈涅》就只是一部叙述两种个体性势力之间发生冲突的故事，悲剧就降格为平庸的散文了。因为悲剧之为悲剧，其本质并不在于冲突或悲惨故事，而在于有限之人以其有限之力去成全超出其能力的崇高之物，更重要的是，此事的成败虽不操之于这人之手，却依然是他最当为之事，且最能反过来成全这人。换句话说，古希腊人典型的生活方式本身就是悲剧性的，只不过这种悲剧性在日常生活中不太起眼，而通过冲突与悲惨故事能更显眼地表现出来罢了。但如果不站在真正的整体上，是看不出这一点的。在精神的层面上，黑格尔在这部剧中看到问题的关键就是古代的伦理生活方式，即当时人们的本质性生存方式成为某种高于他们的伦理势力的代表，他们不是后世“法律/上帝面前人人平等”式的独立封闭人格。而家庭作为一种自然性的共同体，它与城邦共同体之间维持的是一种不稳定的稳定，这就是说，前者作

① 相比之下，同样深谙世界概念之重要性的海德格尔在《存在与时间》中特意将周围世界、共在、自身存在等区别开来加以分析的做法，倒显得不够圆融了。

为较受无意识的、自然性的特质影响的方面，后者作为有意识的、人为的方面，二者其实是相互支撑的，如若后者不能涵容前者，或者前者任性地脱离了后者，前者就会成为任意而偶然的破坏之力，后者则会成为无生气的僵死普遍之物。这样一种张力是一种脆弱的平衡，极易走向冲突。

在伦理实体的状态下，个人只能达到特殊性（即只代表某一伦理势力），还不能达到个体性（罗马法阶段才能达到）。行为者原本只将其所属的伦理势力当成他的实体和全部，但是他现在既然认识到对立的伦理势力，他原来所从属的势力就不再是他的全部了。若要坚持自身的身份，就得有限地承认对方的身份，于是冲突的双方互相承认对方有某种正当性，这也意味着他们得承认自己这一方是有缺陷的。斗争的双方没有真正的赢家，因为虽然表面看来安提戈涅最后死了，克瑞翁获胜了，可是黑格尔认为克瑞翁这一方的本质也就因之而受损了，因为每一方都承认对方是部分有理的，而既然他把对方消灭了，他实际上也就把他心目中的整体正义和理想伤害了，所谓“杀敌一万，自损三千”是也，因此这种悲剧冲突的情况不能再延续下去了。但这里的情形并不是像人们在冲突之前认为的正义的一方把不正义的一方消灭，使得这个社会又复归于一个有荣誉的、很好的社会这么简单。问题的关键在于整体，而不在于冲突中的任何一方，因而它的出路是另一种整体格局，即人人皆分离而独立的法权个体性。法权状态并非单纯对伦理世界的冲突中的“人的规律”一方的发扬，而是对人、神两种规律的同步扬弃；罗马帝国也并非城邦的单纯后继者，而它面对的力量也发生了变化，它面对的是法权个体。

（2）熟悉黑格尔《哲学史讲演录》的人恐怕不难记起下面这段话中透出的欢欣之情：“从笛卡尔起，我们踏进了一种独立的哲学。这种哲学明白：它自己是独立地从理性而来的，自我意识是真理的主要环节。在这里，我们可以说到了自己的家园，可以像一个在惊涛骇浪中长期漂泊之后的船夫一样，高呼‘陆地’。”① 黑格尔的确非常强调笛卡尔所开拓的近代哲学的特殊性，他在他的《历史哲学》和其他各种讲演录（美学、宗教哲学、哲学史）中对历史的分期似乎也与我们一般印象中的“古代—中世纪—近代”三分模式大致不差。可是人们往往容易忽略的是，黑格尔对于近代思想与中世纪思想相通的一面也洞察极深，而且他之所以有这种眼光，在很大程度上是因为他立足于精神这一层面来看问题。

---

① 黑格尔．哲学史讲演录：第四卷．贺麟，王玖兴，译．北京：商务印书馆，1978：59．

如果站在主体性的角度来看，启蒙无疑是令人的自由与理性大放异彩的思想形态，它致力于消除蒙昧，真诚地为全人类谋福利，将一切问题都放在公共话语空间来讨论，消除特权和压迫，功莫大焉。黑格尔虽然赞赏近代思想以理性为独立出发点的做法，但他心目中的理性与前人的理解有深刻的不同，他对前人所构想的那种理性的行事方式多有保留，因为理性如果不直面自身的根基为何物的问题，而一任自己逞强争胜，那么它在崇高的外衣下包裹的其实是追求“有用性”（Nützlichkeit）的自利之心[①]，它与它所批评的教士们在同为“异化的精神”这一点上并无二致。我们知道，内在性世界观自近代早期开始风行，它将超越于我们生活世界的因素搁置不论，甚或不承认那样的因素存在，同时认为世界上的一切事物在原则上都是可以被人的理性理解的，进而反过来将传统上的那些超越之物（无论是古希腊式的理念秩序，还是中世纪式的上帝及其秩序安排）解释成世界内部的某种结构、运动或力量的投射物。发展到黑格尔这里，历史上的种种终极之物只是那运行于世界内部的绝对精神的一些变异的形式，换句话说，在黑格尔看来它们终究是这个世界的生成物，都得经过理性的认可，我们无须像古代或中世纪人那样放弃理性的审核权，向未知的崇高者开放我们自身。在这一点上，黑格尔是一个现代人，只不过他的立足点不同于前人罢了。明白了这一点，我们就不难理解黑格尔眼中信仰与启蒙的一致性了。黑格尔认为启蒙并非凭空产生的，它对教会的批判其实只是先前时代中纯粹洞见与信仰之争的延续。如果说后二者都是片面的，因为纯粹洞见是无内容的否定性（它只知道抨击世俗事物的不真实，自身却没有内容与方向），信仰则是有内容而无见识的（它是对另一个本质世界的信赖，这种信赖并没有经过理性的考察），那么在启蒙的时代，无论是启蒙人士与其所批判的教会势力，还是启蒙阵营中对绝对者持不同看法的两派（一派称绝对者为“自然”，另一派称之为“精神”），抑或在革命行动中的政府派与反对派，其立场也全都是片面的。黑格尔对这些派别都有详细的分析，他的一个总的看法是，相互对立的两派都拘执事物的某一个方面，而它们的实质却都是只意愿其自身的意志，认为一切对象的本质都是它自己的这种意志，它们本身不具备独立性。黑格尔击中了启蒙理性的痛处，因为正如“理性”章中揭示的，这种理性的真正缺陷是它永远只以个体的眼光推行自身的意志，而不顾及事情本身。只不过在那一章中，意识

① 张汝伦．黑格尔与启蒙．哲学研究，2007（8）．

由于并未立足于事情本身之上看问题，所以只能见到打着“理性”大旗的各方势力之间终日混战不休；到了本章则可以将这种理性与偏执于彼岸图景的信仰划为同列了，因为它们都是从事情本身发生了异化——信仰是异化到彼岸，而启蒙则是异化为此世的权力意志之争。

(3) 康德虽然也与启蒙哲学多有交集，但他既不埋首于缺乏洞见的信仰，也不投身于理性的权力之争，他的学说有一套宏大的目的论秩序作为指针。虽然康德曾明言这套秩序是不可“认识”而只能“悬设”的，但在黑格尔看来，康德已经做好迎接精神的准备了，只不过还差最后一步，因为在他那里，生活世界与这种目的论秩序之间毕竟还是分裂的。黑格尔从道德世界观入手阐述这个问题：康德的道德世界观仅以义务为对象，但又不能保证义务的实现与行动者得到幸福，因为它承认自然是独立于自身而存在的，不受自己控制；康德希望通过上帝这个公设来解决人既不能保证幸福又一定要设定会达到幸福这一矛盾，因为上帝会按照义务实施的程度在彼岸施予幸福。这实际上是将道德的本质寄托在道德之外了，换句话说，把世界的本质寄托在这世界之外了，这依然是一种分裂。正是在这一点上，看似大异其趣的浪漫派与道德世界观取得了一致。浪漫派向往秩序井然的中世纪理想宇宙秩序，于是厌恶世间的种种丑恶与不足，也厌恶在世间行善的道德努力，因为它认为尘世间一定会让行善的努力成为伪善。可是黑格尔指出，浪漫派的这种优美灵魂作为对自身格局不加反思，而宁愿与世间断然隔离的主观化生存方式，其本身就是一种伪善，因为真正的善决不是这种毫无现实内容的空洞梦想。

但良心毕竟为精神自为地呈现于世提供了很好的起点，从这里黑格尔就要转向宗教的层面了。良心与良心之间相互承认，这样形成的共同体俨然是自觉的绝对精神。但这并不是说只有浪漫派才有资格转向真正的宗教，其实宗教自古以来一直存在着。黑格尔的意思是，精神发展到这里才走向了最大的自觉，这与自为的精神在历史上一直存在并不矛盾，这就像近代理性将某些原则推到极点并不意味着精神作为事情的更高层面在此前历史上不能存在一样。

整个“精神”章的思路是很清晰的，黑格尔对这一章有一句极为精辟的总结：“事情本身在伦理中是一般实体性，在教化中是外部的定在，在道德中是认知着自身的思维本质性；而在良心这里，事情本身就是主体”①。

① 黑格尔．精神现象学：下卷．贺麟，王玖兴，译．北京：商务印书馆，1979：153.

三 小结

不可否认，作为体系哲学家的黑格尔的精神概念固然有其缺陷，从谢林开始的思想家们便对其多有批判。但他的精神概念和世界构想的意义却是空前的，如果我们仅仅固守“学术正确”，对黑格尔的精神概念进行一些隔靴搔痒的所谓“批判”，那就不仅无法真正理解《精神现象学》和整个黑格尔哲学，也看不到这种构想的诸多思想后裔（如马克思的社会学说、狄尔泰的生命哲学与海德格尔的世界概念）的真义，甚至无法理解现代之为现代的基本特质——内在性世界观。

在谢林看来，黑格尔的精神学说固然很好地描述了上帝在世界上显现自身的进程，或者说描述了世界上的人与事物追求上帝的进程，但这个进程也只是那绝对者的可能性，而不是它的现实性。换作我们熟悉的话语来讲，黑格尔所谓的“事情本身”其实只是将人一层一层地认识事物的过程和事物与此同时逐层向人显现这两方面绞缠进展的局面误认作事情本身的发生，理性并非像黑格尔认为的那样可以彻底透视事物，它其实是有限的。不仅如此，从我们自身的角度来看，这一精神学说恐怕尚有许多将近代内在性世界观投射到前现代事物之上的嫌疑，也就是说，古代的理念秩序和中世纪的上帝究竟可否被削足适履地置入我们所熟悉的内在性世界中，前现代究竟可否和现代的事物编织到一个平滑的叙事之中去，以供现代人看出一幅精神由古至今不断深入地显现自身的进步论图景，这些问题尚在未定之天。

但即便这些局限，也只有在反思现代性的高度，而不是在辩驳黑格尔的理智推理之正误的层次上被指出，才有意义，因为黑格尔的问题不是理论的问题，而是现代生活方式本身的问题。思想的局限恐怕并不能完全掩盖思想的意义，一种思想的意义更多地在于它能启发我们反思一个时代的生活方式。黑格尔的精神概念作为近代内在性世界观最典型的结晶与反思之一，它至少在三重意义上是我们绕不过去的一座丰碑。首先，精神概念是黑格尔思想真正的立足点，如果将它还原到意识哲学的种种概念上去，那就错失了黑格尔思想的最特殊和最核心之处。其次，如果不理解黑格尔的精神概念与世界构想，马克思、狄尔泰与海德格尔等有意或无意地受到这一构想影响的思想家的那些始终很难为一般学者真正理解的核心思想，便一直披着由哲学史上这样那样的成见和行话编织而成的厚重面纱，与我们远隔开来，而我们却往往满足于将这类思想还原到我们熟悉的语汇中去，满足于制造出一套套比较容易消化的学术快餐来，那将是非常可悲的。最后，如果我们不借助于这个概念来回顾内在性世界观并思考这一世界观在我们当下生活中既深刻又全面的影响，我们就无法真正理解现代，在当前学界“古典”之风盛行下的种种看似还古代于古代，实质上却颇有食古不化之嫌或误将今日一些极为隐蔽的偏见投射到古代，这样就依然会裹挟与蒙蔽一批批的青年人，贻害不可谓不浅。

正文义解

本章开篇有一个“引子”，由六个段落组成，它们通过反复与前五章中的各种意识形态进行对比，来给精神一个明确的定位，好为下文详细展开精神问题做准备。

首段在回顾中展现精神的出现。它的第一句令人印象深刻，因为黑格尔直言理性、世界与精神这三者的关系，简单来说就是，当理性融入并立足于世界本身之中时，它就是精神：“当理性之确信其自身即是一切实在这一确定性已被提升到真理之处，亦即理性已经意识到它自身即是它的世界，那世界即是它自身时，理性就是精神。”这里黑格尔已经再明确不过地告诉我们，当理性有了真正的世界概念并立足于世界这个根基之上时，它就成了精神。须知在“理性”章中，理性只是在与它身边种种实在之物打交道，无论它确信自己就是一切实在性之所系，还是在行动中于共同体手中争取这种地位，抑或通过反复坚持一种形式普遍性来审核万物，它最多只是意识到世界是它不得不服从的一种强大的势力，但没有真正从世界本身的视角来理解事物与它自己，简言之，它还不具备真正的世界概念，它只知实在性，而不知世界。而精神起步的标志就是世界概念。只有将世界本身当作一个根据性的整体（无论它的表现形式是我们以这个公共意义世界为可信赖的母体，还是目睹世界本身的异化，抑或回到道德的心灵之中），意识才不会仅仅立足于它自身，抱定它的某种确定性不放，才能真正打开自身，获得进入事情本身的机会。德国古典哲学自康德发现理性与事情本身的隔膜以来，至此可谓在如何对待事情本身这个问题上做出了一个明确的总结：必须开放理性，真正承认世界是比理性更大的整体。——当然黑格尔是否以一种更隐蔽的方式，重新将世界纳入人的理解中，那是值得商榷的另一个问题。但我们至少可以肯定的是，他对近代那个意义上的理性的缺陷洞若观火。

黑格尔抓住"范畴"这个核心概念来回顾精神发生的过程。在上一章中我们分析过，范畴的本义是理性与客观世界的统一性，但这种统一性究竟是作为意识的主观确信，还是在世界上实际地被建立起来，还是在此基础上成为真正的"理性的概念"(Begriffe der Vernunft)，是有严格分殊的，精神正是在这样一个进展过程中逐步显露其真容的。观察理性以为自己在客观世界中处处得见自我（自为存在）与存在（自在存在）的直接统一，仿佛这种统一直接就在客观事物中实实在在地存在着，只等着理性像收获它的战果一样到它的各处领地去予以确认似的；殊不知那只是理性在事物中主观设定下来的一种合理性结构，通过找到这种结构，与其说理性真的在事物本身那里发现了什么，不如说它扬弃了原先自认为可以直接在事物本身中发现什么的那种本能，扬弃关于没有意识参与而直接纯粹地呈现在理性面前的那种事物本身的构想。

于是在实践理性中，意识放弃先前那种构想，承认自身对事物有所改造（设定合理性结构），并主动以改造者的身份在客观世界上行动了，因为它自认为真理就在改造者这里，而不在一个直接被发现的事实中。换句话说，理性认为范畴就是"我"的自为存在。然而"我"的自为存在须得是公共领域中被普遍承认的那种自为存在，个别的意识发现自己并不能直接占据那种地位，发现自己陷入公共世界的权力角斗中了，于是范畴就成为与每个个别意识相对立的一种力量。但那种力量又并不能代表令人人顺服的一个真正的普遍者，因为每个人都只有个体性的眼光，都只会将"普遍者"当作一面华而不实的旗帜，试图凭自己的实力将其占据，于是普遍者沦为这权力角斗中的人人皆欲争夺的一种个体性存在。

审核理性终于承认事情本身是必须加以尊重的一种特殊的存在，并非个人凭实力便可予取予求的一面旗帜，但理性囿于自身的眼光与行事方式，终究未能真正合适地对待事情本身。理性对于事情本身仅有一种抽象的、形式的了解，即秉持一种形式的普遍性到处去"接触"精神的各种内容。意识自以为能代表事情本身，但二者之间其实是隔离的，意识制定规律，并对规律进行审核（实际上是对世界万物的抽象审核，将万物纳入不痛不痒的形式普遍性之中），仿佛其自身既是立法者，又是仲裁者。在这种情况下，各种伦理实体也无法真正以精神的身份自处，它们只是被理性"觊觎"或"代表"的一种力量，仅此而已，没有得到真正的理解。而我们在"理性"章末尾看到的那种真正承认事情本身为自身之根基，与事情本身融合为一，并以自身的行动来成全后者的意识，则可谓踏入了精神王国的门槛，在这种对待方式下，精神真正成为其自身，那就是“既认识到自己即是一个现实的意识，同时又将其自身呈现于自己之前的那种自在而又自为地存在着的本质”。

第2段讲解个人与精神的关系。正如家庭成员与家庭本身之间的关系一样，个人并不因为达到了精神层次便沉溺于与整体之间的那种统一中而静止不动，恰恰相反，精神是要与个人相互成全的，它们之间是一种表面对立、实际统一的关系：作为“现实意识”(des wirklichen Bewußtseins)，个人表面上看是与精神对立的，但精神作为个人整个生活的条件却恰恰是不可被对象化的，因此个人所表象的精神的一切形象，都只是精神的一个缩影或图像，并不等于精神本身；因而个人实际上是与它自身，与作为客观现实世界的它自身发生表面上的对立而已。为什么精神和现实世界就是个人的“自身”呢？客观现实世界已经不像以前的意识形态那样是一种对象性的势力，它不再是个人之外的东西，而像树木的整体生命或组织液贯穿所有根、干、枝、叶那样渗透与融贯进个人的整个生活；反过来说，个人也完全无法脱离世界而成为一种独立自主的存在者。

接下来，黑格尔对精神之于个人的意义有两句非常精要的描述。精神作为实体（这里强调的是世界内的一切对于世界本身的依赖性），作为自身同一而永恒不变的本质（说的是只要我们存在一日，世界就一日作为我们的条件而存在），是“一切人的行为的不可动摇和不可消除的根据(*Grund*)和出发点(*Ausgangspunkt*)”，全书行文至此，黑格尔以世界本身为意识之根据和立足点的用心终于昭示出来。这句话的意思要从两方面来理解：精神是一切个人成长与生活所追求的目的（Zweck）和目标(Ziel)，人生在世，如果没有达到对世界本身的透彻理解，就不算达到了目标，这样的人生是有缺憾的；但这个目标却又并不是一个现成地待在那里的物什或现成地由人头脑中设想出来的某种理想，而是要不断通过人的行动及其作品才体现出来，人只能通过行动及其作品推进对世界的理解和与世界本身的融合，除此之外别无他法。按照黑格尔的说法，目的是精神的“自在存在”，作品是精神的“自为存在”。

接着这个话题，最后黑格尔还从统一与分裂的现象入手分析二者之间的关系。作为实体来看，精神是自身同一的，即我们生活于其中的是一个世界，而不是两个世界，有着统一的秩序，而不是两种或多种秩序（比如一个地区以万物之欣欣向荣为善，另一个地区却以万物的衰亡颓败为善）。

但从精神的自为存在来看，它向来已经是分裂的，每个人都既以其自己的行动及作品成全着整体的良好本质，又分裂着这一本质。但这种分裂却并非对精神实体本身的分裂，而只是成全精神实体的一种具体方式，因为个人与精神是相互成全的，个人的充分发展与精神的兴盛并不冲突，后者正因为个人的成长才成其为“现实的和活的”，因为个人的行动及其作品正是精神的实现方式，是“被实现出来的普遍本质”。

第 3 段从精神的立场上反观先前意识的诸种形态。黑格尔在段首的几句话中先表明那些形态只是精神的抽象物（Abstraktionen），而精神则是它们的根据。客观上而言，精神并非在“精神”章才出现的一个陌生的东西，它从《精神现象学》全书第一章开始就一直在起作用了，因为它就是意义世界本身。而意识之所以有必要经历从感性确定性到理性再到精神的这样一个发展历程，只不过是因为常识不了解意义世界的重要性，而更愿意坚守一种抽象的主客对立模式，反而认为那是最具体的，因而此前的整个发展历程只不过是意识自我教化，让事情本身的运动将自身逐步引向那自始就作为意识的一切活动的基础，却又不为意识所知的根据。

从这个意义上说，那个发展历程既是意识自身的运动，又是精神的运动，它的每一个阶段孤立开来看都会形成相应的封闭的“确定性”，但只是对精神的抽象，不符合事情本身。这个运动固然是前进的过程，但它更是向着那些环节本身的根源的回溯。表面上看，它是对意识在各个阶段固守的确定性的消解，也是作为抽象物的那些环节的消解，但它实际上却是对意识和精神双方的同步的成全。这一段再次印证了我们在“导论”部分的“导引”文字中关于黑格尔思想进展方式的说法，即它是不断走向更深且更广的整体与根据的过程，用黑格尔的话说，就是“向其根据和本质的前进和回返”（Fortwälzung und Rückgang in ihren Grund und Wesen），而不是外在的跳跃。——如果《精神现象学》不是以这种方式进展的，黑格尔如何可能说出此前的诸环节都是精神的“抽象物”这样的话？

由此回顾此前的各种形态，它们的面目就比我们先前看到的更丰富了，因为我们不再“身在此山中”，而是立足于世界本身来看它们了。这种回顾能使我们看出当意识身处以前那种形态中时看不出的一些维度，那并不是什么无关紧要的维度，而是黑格尔思想能贡献给现代人的一些极为根本的洞见。

什么是意识（含感性确定性、知觉和知性）？黑格尔说，“当精神在自我分析（Analyse seiner selbst）中将这样一个环节固定下来，即它自身是对象性的、存在着的现实，并从其中将这种现实就是它自己的自为存在这一点抽离掉”，此时精神就是意识。当一般常识看到作为主体的意识一方在与作为客体的对象一方打交道时，从哲学家的角度看，这不过是世界借人的意识之手在分析它自身而已，而且这种分析的手法决定了意识与它的对象都是一种不具备反身性（Reflexivität，或译“反思性”）的无深度的存在者。这就像一个有机的整体当中的两个部分，相互以为对方是直接的、无条件的存在，比如战场上的两军虽然都是人类，但如要痛下杀手，除了内心有极大的仇恨之外，不仅要将对方降低到动物的水平，甚至还要将对方看作连动物都不如的东西——与此同时，杀人者也被战争物化了。此时不仅根本谈不上双方之间共同的生活世界，谈不上对方那里有我所认可的合理性，甚至都不承认对方是一个有反思能力的人了。当然，人与人之间以这种方式相互对待的情形，我们毕竟称之为“反常状态”，这里只是举出一个比较醒目的例子罢了；意识这个阶段最典型的关系结构还是人与物之间打交道的情形。

到了自我意识阶段，问题就更有意思了。“当它（指精神——笔者按）将这分析的另一个环节固定下来，即它的对象就是它的自为存在，此时它就是自我意识。”黑格尔延续他一贯的做法，即以交往模式规定自我意识，而不是认为自我意识取决于生物意义上的任何因素。换句话说，我并不因为我生而为人便自动具有了自我意识，我是因为以自我意识的方式与世界（尤其是他人）打交道，才具备自我意识的，自我意识是一个生成物（das Werdende），而不是人生来便具有的任何属性。我们在此可以清晰地发现，黑格尔将自我意识的一个最深的维度指给了我们，即自我意识在根本上是对整体（精神，这里表现为人与人之间的共同体）的反思，与之相比，意识对其自身以及其他意识的那种直接反思反而只是表面现象。我不是通过直接返归内心检查自己的意识活动，或者因为看到别人有这样的意识活动，便具备自我意识的，而是因为在诸多其他人那里看到人与人之间内在地相互需要，而且每一个人只在这种人际关系中——而不是在与物的关系中——才达到他高于物体与动物的更崇高的存在，才真正产生自我意识。换句话说，我开始懂得以反思性的方式与人打交道时，我才开始真正成为一个人。黑格尔在“精神”章重新接上第四章的这个话头，显然是为了告诉我们，主体间性还不是“自我意识”与“承认”这两个问题的“究竟义”，人的自我意识实质上就是精神的“自为存在”，人只有明确意识到精神的重要性，并主动扎根于精神这一根据之中，才能真正实现自身的人性。而从本章正文的第一节开始，精神就直接以共同体的形式现身了，因而自我意识说到底是对共同体的意识，人与人之间的承认说到底是共同体对个人的承认。

接下来自然是理性阶段。黑格尔说理性是“对自在而又自为的存在的直接意识”，是“意识与自我意识的统一”。这话包含两方面的意思。在对象方面，理性既能把握事物坚实的、分离的自在存在的一面，也能在事物内部设定一种合理性结构，甚至能在必要的时候——比如在以人为对象时——把握到对象自觉地成全合理性、普遍性的情形。在主体方面，理性不仅观察和把握对象中的合理性结构，还能在实践中影响共同体的关系格局而主动成全它所能理解的那种合理性结构，最后还能在审核活动中尽可能地尊重事情本身——这已经达到近代理性与世界打交道的极限深度了。但黑格尔又很明确地告诉我们，这种意识毕竟是“直接”的意识，这就是说，它虽然认识到与对象之间决不仅仅是一种主客二分的对峙关系，也不仅仅是主体间性，而是一种超出了理性的理解与行动能力的更大整体（意义世界、事情本身、精神），但它由于并未真正立足于这整体之中行事，因而不了解与它打交道的合适方式，所以只懂得与它发生一种“直接”的关系，即延续理性的那种外在化、个体化风格，直接将这个整体作为一种实力强大的个体放到面前。在这个前提下，黑格尔说，理性只知道将事情本身弄成一些纯形式的知识，虽然它看似与精神的各种内容在接触，实际上却没有发生真正的接触，它武断地制定的规律和它对规律的审核，都无助于我们真正了解事情本身，理性与事情本身终究是两隔的。这种情形如果从事情本身这方面来看，就意味着精神还没有达到对它自身的自在而又自为的存在的真正反思，那种真正的反思只有到本章（“精神”章）才能达到。

接下来的第 4 段一方面表明民族与精神的关系，另一方面再次挑明了精神就是世界本身。

精神作为“直接的真理”，便是“一个民族的伦理生活”。所谓“直接的真理”，便是黑格尔在上一章末尾曾经解释过的那种个人直接认定精神为真而无须再进一步对其加以考究的状态，这一点毋庸赘言。而说到民族（Volk，亦译“人民”），读者可能会有一点疑惑：我们生活中的共同体有很多，比如社区、行会、学校、市场、国家，为什么黑格尔唯独这样重视民族呢？笔者以为主要原因还是历史方面的。黑格尔在此重点论述的其实是“伦理生活”，即古代的那种实体性的精神生活，他后面固然会讲到精神的进一步运动使这种伦理状态瓦解，产生新的精神形式，但精神在历史上最初的确是以伦理实体的形式出现的。而在那个历史时代，民族构成了人们最大且最根本的共同体，少数人固然可以跋山涉水去了解其他民族的文化，但各民族的文化大体上依然构成一些相互独立而完整的整体。因此黑格尔此处所说的“民族”不是像古代晚期发生民族融合之后形成的格局，尤其不是近代民族国家，因为后者意义上的民族已经不构成独立而完整的共同体了。

黑格尔在谈到民族作为一个个体时，强调指出这不是一般意义上的个体，比如上章中理性所理解的那种个体，它是“一个世界”。在简单交代了伦理生活之后，接下来黑格尔说，精神会扬弃伦理实体这种毫无反思、对整体无限信任的生活方式，会走向一系列新的形态。就在此时，他又着重强调了世界问题。正如海德格尔在《存在与时间》中的“世界”思想表明的，只有作为此在的人才有世界，其他物种与物体都没有世界。因而世界真正而言是一个意义整体，是我们生活的世界。黑格尔说，精神在历史上发展出来的种种形态“*是一个世界的种种形态*”，他所说的“世界”正是作为意义整体，作为人的整个生活之根基的世界，而不是单纯物理、地理抑或宗教意义上的一个范围、大型聚落或俗世，后面这些含义都是在意义整体的基础上才发展出来的衍生含义。

第5段简述整章的思路。当精神沉浸在被直接承认而未被反思的真理状态中时，那就是伦理世界。当人们开始反思这一伦理世界并凸显自身的自由时，抽象法权的形式普遍性就成了支配性的精神形态，那就是以古罗马为典型的法权状态。如果说这两种形态都还属于信任世界之真理性的状态，那么当人们普遍对现世感到不满，寻求一个彼岸世界时，精神便进入了其异化的状态。正如“导引”部分讨论过的，精神的异化状态可以体现为中世纪对彼岸天国的追求，也可以体现为启蒙时代的权力意志之争。异化状态被道德世界观克服，代表这种形态的是康德式的伦理学和浪漫派，这种形态认为世界及其根据在于优美灵魂与良心。而由有良心的个人构成的共同体恰恰可以导向宗教的信仰世界，那已属于精神的自为存在形式了，是下一章的主题。

“引子”部分的最后一段接着精神的自为存在这个话题，稍做阐发：精神向着绝对精神的进展并非脱离了精神，而恰恰是回到精神的“*单一的、自为存在着的自身*”了，换句话说，是回到那以自觉的方式存在的世界本身。

第一节　真实的精神；伦理

本节讲述从古希腊到古罗马的世界形态。这种形态通称为“伦理”，但黑格尔又常将古希腊的伦理形态称作“伦理世界”或“伦理实体”，因此在术语方面比较容易造成混淆。我们在下文的讲解中尽量以“伦理实体”或“伦理世界”指代古希腊的世界形态，以“法权状态”或“法权世界”表示古罗马的世界形态，但读者须知，这二者都属于广义的伦理世界（即尚未发生异化的伦理世界）。①

本节“小引”部分有两个段落，第1段勾勒了伦理世界的基本结构。虽然伦理是人自觉地扎根与融合于世界之中的生活形态，但它从来不是僵死静止的浑然一体，而是总处在“生成”（Werden）之中的运动过程，不仅对于个人的成长而言是如此，对于一个民族及其文化而言亦然。黑格尔说，行动（Handlung）将实体与意识双双分解了。实体被分解为普遍目的与个别化现实（der vereinzelnten Wirklichkeit）。拿民族来说，一方面，一个民族的兴旺发达固然是在全民族范围内时时处处都被认可的一个普遍目的；但另一方面，民族并不是一个可见、可感的硕大实物，它从来都仅仅体现为每一个人的个别生活，并没有除此之外的单独的存在形式。而内在地沟通两个端项的中项是自我意识（包括它的行动）。在过去，自我意识客观上而言已经是与伦理实体的统一了，它即便在其他意识形态下，也已经生活于伦理实体之中了，后者从来都是它的根据，不管它是否认识到这一点；如今在精神层面，自我意识不过是明确意识到了这一点，并以自己的行动去成全伦理实体而已。这个成全的行为既可以看作个别人的生活向着普遍目的的提升，看作对伦理实体的成全，也可以看作普遍目的在个别人生活中的实现，看作它从一种只能被思考的状态向现实存在的状态的过渡。

那么黑格尔为什么在前文中说行动也将意识分解了呢？黑格尔并未正面交代这个问题，从这里的行文思路来看，他说的应当是意识与它的作品（Werk）的分解。当然这里的“分解”不是指截然二分，从此以后不发生

---

① 关于黑格尔的伦理学与道德哲学，民国时期我国的黑格尔研究开路者张颐先生的博士论文和相关文章至今依然颇有可读之处。参见：侯成亚，张桂权，张文达．张颐论黑格尔．成都：四川人民出版社，2000。

关系了，它指的是意识通过行动而充实自身，是意识像新柏拉图主义“流射说”那样因为充实而从自身的行动中分解出作品来，这种分解不是对行动者的敌对，而是对他的肯定。

下一段换用规律话语将同一个结构又描述了一遍，这套话语将在对古希腊世界的描述中一直沿用下去。从某种意义上说，这里的规律话语当然也受到了规律思维的影响，但这主要是指个人因为单纯信赖伦理而不加反思，因而对伦理事物的理解不深入，将自身所代表的伦理和敌方的伦理都看作一种自来便具有合法性的强大势力，仅此而已。这种规律话语当然没有达到近代理性中那种更典型、更富层次感的形态。

黑格尔看到，伦理实体在古代大致分化为按照民间信仰（地下之神[①]的规律）生活的普通大众与按照城邦律法（地上之人的规律）生活的统治者这两个群体。神的规律代表个人现实的个别生活，依照民间信仰而生活，它虽然没有成文的规定，但有牢不可破的底线，破坏底线者往往被人鄙夷为“禽兽”之类；人的规律则代表公共世界中合乎城邦律法的生活，它可以体现为成文法，是一种普遍的目的，但与个人的具体生活又有距离，犹如一把悬在个人生活上的剑。人们分属这两种不同的势力，每个人只知自己的行动对于自己代表的势力的意义，而不顾它对于敌方代表的势力有何意义。但问题在于，这两种势力恰恰构成一种相互依赖的关系，任何一方抽象出来看就没有意义了。因而每个人对其行动的了解（这行动对于己方势力的意义），只不过是一种“受骗的知识”（ein betrognes Wissen），即一种不真实的知识。

接下来黑格尔顺此思路简单提到了古希腊伦理世界的毁灭和古罗马法权状态的出现。每个人在两种规律的较量中都不得不承认敌方所代表的势力，因而敌方的挫败同时也意味着己方的损失，因为己方也内在地受到敌方的规定，己方在本质上就是不完整的伦理势力。如此说来，古希腊伦理世界终究不能长久，它最终让位于古罗马世界“人人平等”的法权状态。这种平等虽然不是绝对的，但使每个人都成为一种形式上相同的现实自我意识，每个人不再代表身后的某种伦理势力，而是凭其自身便是一个与他人相同的自在而又自为者，但这种表面上的平等状态恰恰隐含着整个伦理

① 依照古希腊神谱而论，这里的神显然不是奥林匹斯诸神，而是被以宙斯为代表的新神击败而居于地下，因而代表冥间势力的巨神族。但我们也不可过分执着于古希腊神谱，因为黑格尔在很多时候只是用这个方便的说法作为一个隐喻，表示家族与习俗伦常的力量而已。

阶段的毁灭。

一 伦理世界；人的规律和神的规律；男人和女人

在这一小节的第1段，黑格尔在伦理世界的两种规律的出现与感性确定性向知觉阶段过渡之间，做了一个有趣的对比。正如人不可能永远沉浸在纯感性状态中而一定要寻求某种普遍性一样，人也不可能永远沉浸在对伦理实体的那种混混沌沌的归属感与合一感当中，而总要起而追求某种更明确的伦理状态（普遍性），与此对照之下，个人对自己当下的生活状态便有了反思。与知觉对象上各种特质杂凑起来，它们当中没有任何一种有资格排除其他属性而独占普遍性之位，因而总是纷争不已的情形不同，在伦理生活中意识明确建立起一个普遍性的规律（人的规律），而自己的生活则受一种个别性的规律（神的规律）支配。不过无论人受神的规律还是受人的规律支配，他都植根于整个世界之中，因为这两种规律之间只是表面对立着，它们之间其实是内在地相互依赖的——这一点在下文中会逐步显明。

接下来的两段详细介绍人的规律。第2段分析人的规律内部构成张力的两端：民族与公民，或者说普遍实体与个人意识。黑格尔首先提醒我们，不是任何个人意识都会自动构成这一规律中个人那一端，它必须具备“一般自我意识”，亦即必须具备上文中说过的那种对于行动的自觉知识，具备主动成全共同体及其律法之心，才能成为公民。人的规律中的另一端便是实现于所有个人意识中的伦理实体。黑格尔在此令人惊异地将这伦理实体称作“绝对精神”（der absolute Geist），而且重复提及，应该不是黑格尔无心而为，而是有意用它来强调共同体本身对于个人生活的极端重要性。但我们至少可以肯定的是，这里的绝对精神只是为了突出精神对于个人的绝对性，它与黑格尔典型意义上的“绝对精神”（宗教、艺术、哲学）应是不同的。

黑格尔在此首次郑重地提到了“共同体”（Gemeinwesen），这个思想可以视作后来因滕尼斯（F. Tönnies）等人提倡而流行的那个“共同体”（Gemeinschaft）概念的先驱，但意蕴又有所不同。在“理性”章的最后阶段，事情本身已被当作一种具有绝对势力的本质，但那时理性未能做到进入事情本身、立足于事情本身；如今意识做到了这一点，对于精神本身而言，它借助人的意识达到了自我反思，对于人的意识而言，它甚至可以代表这种伦理实体了。这样看来，那个在“自我意识”章与“理性”章中影影绰绰、时隐时现的共同体，在精神层面既是自为的（能通过个人意识达到自我反思），又是自在的（作为一种实在的整体，约束着个人，也是个人生活的目标）。而这两方面在实际生活中分别由两种力量体现出来，前者体现为公民，后者体现为民族。对于公民而言，共同体并非某种虚无缥缈的理想，而就是实实在在存在于他周遭的民族或人民，其兴衰皆切实可见。对于公民而言，民族是有实际效准的伦理实体。

下一段更将人的规律中民族这一端细化为现成风俗（die vorhandene Sitte）和政府两个因素。前者当然不是指自然科学意义上的规律，而是指人们对于在群体中如何生活形成的一些规则，比如不可杀人、不可诽谤、诚实守信等，这些规律可以是成文律法，也可以是不成文但应当遵守的规则。后者体现为一种简单个体性（einfacher Individualität），有着明确的权界、编制、风格。二者的共同特征都具有实际的效准，但它作为一种定在（Dasein）又与个人生活中的那种直接确定性（die unmittelbare Gewißheit）有所不同，它是自由而不受约束的定在（des freientlassenen Daseins）。这就是说，无论是风俗还是政府，都不是像个人日常使用的工具和他们的衣服饮食一样的个别之物，而是始终向着某种普遍性（比如城邦的兴旺）开放的，可以依时势而调整的，对于每个公民都有约束力的。

接下来谈神的规律。第4段告诉我们，人的规律并不能代表伦理生活的全部，个人的生活不仅有作为公民而为共同体的一面，还有作为个人而为自己的一面，黑格尔将后一面称作“伦理的简单而直接的本质”。这里需要辨明的是，个人为自己的一面并非“自然的直接本质”，而是“伦理的直接本质”，换句话说，个人的衣食住行、爱恨情仇等生活要素固然是直接的，但它们已然自觉地处于意义世界中了，与动物的活动是不同的，甚至也不能等同于此前的种种意识形态（尤其是感性阶段）。比如说人不会仅仅因为食物好吃便无条件地吃它，嗟来之食是不能吃的，但这并非由于国家对于公民的什么要求，而是出于个人的选择，属于气节问题，而气节完全是文化世界、意义世界中的事情，是人所特有的，它大致属于神的规律之列。

国家要以律法和风俗管束的，便是这已经属于意义世界的神的规律，而不是人的纯自然方面。所以这里的问题是意义世界中两个方面之争，而不是自然与文化之争或自然与法律之争。而跳出国家的角度，从作为一般现实的共同体因素（比如风俗等）来看，人的内心中似乎总有另一种异己的力量在与它抗衡。

第 5 段详述神的规律的结构与特征。黑格尔先重申了伦理实体的两个对立方面都包含着整个伦理实体这一观点。个人无论是作为国家公民还是作为家族之人，都背负着某种伦理势力，而这两种伦理势力又都生根于整个伦理实体，因而个人无论以何种身份行事，都是立足于整个生活世界之中，只不过出发点和角度不同罢了。

神的规律是以“直接的或存在着的实体”的形式出现的，换句话说，个人无须在众人面前担当某种社会角色，只要他还是一个共同体中的人，他自然表现出来的存在就是受到神的规律规定的。然而即便如此，这种生活方式内部也还有所分殊，它一方面具有伦理所必然要求的普遍性和整体性，另一方面又含有能动的自我反思的环节：它是家庭以及体现这家庭的成员。黑格尔认为家庭是各成员共同植根于一个整体的同时对自身形成的一种自觉，是一个天然的共同体。家庭有如下三方面特征：首先，和国家的公共生活不同，家庭是个人对天然共同体的一种无意识的、内心中自然的依归，这种依归似乎是不言自明也无须言明的，仿佛是与生俱来的（下一段中黑格尔会表明，所谓“与生俱来”的看法是对家庭的一种误解）；其次，它就像民族的一种元素（Element）一样，属于民族的质料性一面，与那公开代表民族生活形式的国家和公民身份相对立；最后，家庭身份只需加以保护，似乎是一种惰性的存在，而无须像国家目标与公民责任那样需要通过艰辛劳作乃至斗争加以争取，这个方面表现为家庭守护神（Penaten）与民族的普遍精神（allgemeinen Geiste）的对立。

第 6 段是极为关键的一段，它澄清了一个事实：家庭是精神现象，而不是自然现象。家庭之所以常被误认为城邦中的自然性因素，那只是相对于城邦与公民责任而言的，但它实质上已经处在精神层面了，完全是一种精神事物，如果一定要将它的“自然性”一面容纳进对它的描述中来，可以勉强说它是以“自然”面貌呈现出来的精神事物。

家庭这种“天然的共同体”的特殊之处在于，就它自觉的意识而言，它所肯定的的确是个人以及个人结成的家庭小群体，它似乎没有更高的“追求”，这是它自为存在的一面；然而在客观上就它的自在存在一面而言，家庭却还有“更高的规定”（höhern Bestimmung），即还有扎根于更大的整体并为这更大的整体而存在的一面，那才是它最根本的伦理规定。鉴于这种情形，黑格尔既要明确区分家庭的这两个方面，又要澄清对于伦理与家庭关系的诸多误解，最后还要讲明家庭的根本伦理规定。

黑格尔首先声明，家庭之成为一种伦理现象，不是由于各成员之间的自然关系（血缘或生养关系），因为“伦理事物自在地是普遍的，而这种自然关系在本质上同样是一种精神，而且只有作为精神之物才是伦理的”，“家庭成员之间的伦理关系不是情感关联或爱的关系”。黑格尔这话看起来“有悖常识”，容易引起某些人的愤怒，似乎他这种说法就要颠覆家庭的牢固纽带了。实际上黑格尔要强调的不过是，家庭关系是一种人文的、公共意义的现象，而不是通过血缘纽带或者私人约定（比如过继现象）就能建立起来的。我们在日常生活中也可以发现，“父亲”“母亲”其实都是社会现象。一对夫妇并不因为生出了一个孩子就自动成为父母了，他们也要学着如何当好父母。这还是比较表面的一层，往更深层次说，如果人间社会像蚁群或一片蔬菜地那样不存在“父亲”和“母亲”，那么即便他们生出一个孩子，他们也不是父母，因为父母在根本上是一种意义结构，而不是一个纯自然事物。（其实反过来看“动物世界”，当人类以家庭成员的名称称呼动物，比如“这条狗是那条狗的爸爸”之类，在根本上还是将人的生活世界中的意义主观地投射到动物身上罢了，所以严格来说动物并没有“世界”。）

接下来黑格尔区分了家庭的一般规定和它的更高规定。表面看来，家庭的“共同体”性质似乎最多仅及于组成家庭的这几个成员。黑格尔说，倘若家庭的伦理性质仅此而已，那么这只不过是从一个人扩大到几个人罢了，一个人是个别的，几个人同样是个别的，这并不足以使家庭成为普遍的、伦理的。其实，家庭小集体结成一个权力和财富的利益共同体，这并非家庭的终极意义，从更高的角度看，这种利益共同体只是一种过渡现象和中介性现象。个人通过家庭其实可以通达“真正的普遍者，即共同体”，即可以通达民族共同体。然而要真正理解黑格尔的这个思想却并非易事。这里所谓的“通达更大的共同体”，不是指家庭成员在为自己或小家庭谋利益的同时也促进了国家的利益，而是说“家庭成员”本身就可以成为公共世界中的一种身份，会在公共政治生活中扮演极为重要的角色，只不过它是政治生活中遭到压制的一种负面的身份。公共政治生活总是要将个人从家庭中驱出，使之成为广场议事或承担公民责任的居民，亦即总要压制他的天然性和个别性，使之实践道德和为普遍者生活。然而话说回来，尽管家庭在政治生活中扮演的是负面角色，但负面角色也算是一种普遍的角色，也是一种伦理事物，换句话说，“不参与政治，只顾家庭”，这种态度本身在城邦中就已经是一种政治态度了。所以我们往往发现，在公共生活中，公开的表态、宣誓、赠礼一类现象是极为重要的，与之相比，一个人的自然血缘、私下的情感好恶之类自然因素则不那么重要了，除非血缘像在纳粹种族主义中那样被改造为一种意识形态，除非一个领导者手握权柄而又要将个人好恶扩大为一种公共政治特征，但后面这两种情形显然已经以自然因素的公共化为前提了，换句话说，在那里自然因素已经被改造成伦理因素了。

有了这种基本的理解之后，我们再阅读黑格尔对家庭中个人行为的要求，以及他对人们关于家庭的几种常见的误解的破除，就容易多了。关于个人的行为方式，黑格尔认为要使个人关系成为普遍的、伦理的，那么无论是个人还是他与其他人的关系都不能是偶然的、即兴而为的，而必须有一种持久而明确的态度或立场。换句话说，一个人即便全心全意为家庭操持，而不操心公共事务，他也要长久坚持并在公共领域明确亮出这种全心全意为家庭操心的态度，方能凭此与民族这个真正的共同体发生实质的关涉。

接下来黑格尔提到了人们关于伦理与家庭关系的三种常见的误解。这三种误解的共同之处是都将家庭当作伦理的异己之物，没有看到它们之间的共通性。第一种观点认为，个人在家庭事务之外从事普遍伦理之事，好像是在他本己的业务之外偶尔替别人帮帮忙，做点额外的事情；而且这种观点只关注这额外之事与个人的个别方面的关系，它认为通常所说的“人人为我，我为人人”只是一句好听的空话。这种看法根本没有跳出个人视角，拒绝从整体看问题，因而是看不到作为整体意义的伦理与个人有什么关系的。第二种看法是，即便从个人的整体发展着眼，那与伦理有关的行为（伦理行为）也只是像塑造一件作品一样对人加以教育培养。这种观点的问题在于它只以纯粹否定的眼光看待家庭，好像家庭因素都是应当排斥和否弃的东西。实际上从后文的分析来看，家庭虽然以“否定的”“自然的”面目呈现于公共生活中，却是每个人不可或缺的生养元素，另外黑格尔还揭示出，家庭因素与城邦生活实际上是暗中相互支持的，因而家庭并不完全是应该否定的负面东西。第三种观点认为，伦理行为是偶尔发生的一种援助行为，是当家庭在城邦中面临危险时偶尔为之的一种救助，比如当家中某个人面临政治迫害而有举家覆灭的危险时，家庭中人就不能再像以往那样沉溺于家庭生活之中，而要诉诸政治领域的行动了，即或者求助于政界要人，或者为这个人寻求政治上的公正对待。这种看法依然是将政治与家庭两隔开来思考问题的，家庭依然被当作一个封闭的堡垒，而且此时的伦理行为对于家庭而言是偶然的，在本质上甚至是可有可无的。

现在产生了一个新的问题：以上讨论的都是超出家庭范围的伦理行为，难道在家庭范围内就完全没有伦理行为了吗？答案是否定的。① 当然，黑格尔的思路不同于我们中国自古以来的从家庭内部的孝悌扩展到国家与天下的构想，也不等于现代伦理学中讨论的家庭伦理，他的着眼点在于家庭内的行为对于古代伦理生活之兴衰的意义。黑格尔认为，如果说有一种伦理行为既没有直接跨入城邦公共生活（即与个人的公民身份无关），又不局限于个人单纯一己的感性活动，而是具有一定的普遍性，那种普遍性的典型表现就是家族成员的死亡现象。死亡的人没有了在现实世界进一步展开生活的可能性，因而摆脱了纷纭杂乱的偶然生活，而成为完结的、单一的、宁静的普遍性形态了。这就是说，一个家族成员故去后，他在家族历史上留下了一个依据他的生平事迹而产生的相对比较完整而单一的形象，不再发生变化了。

第 7 段篇幅较大，这一段对死亡的分析十分精彩。它进一步探讨死亡之后个人的形象是如何形成的，即探讨安葬如何成全死亡，使个体具备普遍性并以宁静的形象进入家族共同体。

死亡于死者而言，并非有意为之，而是自然变化的结果。其他家庭成员对他的安葬，就在于扬弃这个无意识的现象，或者说扬弃死亡的自然性，在家族史上赋予它一定的意义。其他家族成员通过有意识的举动，承认死者在家族中的地位，最终也扬弃了自然对于死亡的支配性，反而让自然的作用成为死亡过程中的一种表面现象。而死亡的实质则在于表面的自然作用背后的公共意义。但简单说出这一点是一回事，在实际生活中实现这一点并使人认识到这一点则是另一回事，下文中黑格尔开始详述这后一方面。

黑格尔首先分析了死亡如何使人面临陷入瓦解的危险。死亡虽然是一个人能为共同体（无论是城邦共同体还是家族共同体）做出的最高行动，还有什么比献出生命更高的举动呢？但个体终究是个体，死亡往往并不取决于人的意愿，死亡的时间、地点和方式也并不完全由死亡者决定，死亡使死者生前的劳作突然断裂，死亡也未必能按死者自己的意愿与他生前的劳作构成一个完整的意义（比如在他完成某个事业之后功成身退，然后死

① 读者应当留意，从这里开始，黑格尔的讨论慢慢转向《安提戈涅》一剧中的各种主题，比如死亡、安葬、城邦律法与家庭伦理的冲突等。

去）。看起来死亡是自然所造成的一种否定性。从死者本身来看，他在死后再也不能有任何举动，因而再也不能以有意识的方式返回自身，无法与他先前的意识构成一个更大的自我意识；如果说死亡成全了死者，使他的灵魂上了天国或者去了另一个地方，那也是与目前这个公共意义世界无关的一种存在，与目前的城邦和家庭无关。

在这种情况下，家族的其他成员就以有意识的安葬行为带来共同体与死者的和解。他们以有意识的行动扬弃自然力量对死者生命意义的打断和摧毁，从毁灭的危险中将血亲关系拯救出来。这种拯救的方式是：家族成员把毁灭的过程从自然力的手中接过来，由他们加以完成，将死者的尸首加以处理，埋葬入土。换句话说，他们使死亡不再是一桩纯粹自然之事，而成了家族史上的一个公共事件。

具体来说，死者如果任由自然力支配，便会任由那无理性的个体（食腐动物）与抽象物质的力量（自然界各种力量，比如日晒、风吹、水淹）将其拖出人的意义世界，降解为毫无尊严的自然元素。家庭成员的安葬则使死者返回自身的生命意义，以人的有意义的行为取代自然力的作用，安排死者回到大地的怀抱。这样一来，死者就成为家族史上受人纪念的一员，共同体便反过来支配了动物与自然元素。

第8段简要对比了两种规律。神的规律是对于个体性的肯定。但正如上文分析过的，这里的“个体性”尚有讲究。神的规律并不为个人的一切生活“背书”。这里的“个体性”并不包含一切纯属自然的、纯生物性的、纯感性的因素，比如个人纯偶然的衣食住行、情仇欲念等，而只包含那能被纳入家族史之意义领域内的因素。当然，上述自然、生物性和感性的因素如果在某种意义上对于家族很重要，比如生养幼儿的品质如何等，即它们可以以某种方式被纳入那个意义领域中，它们自然也是受到神的规律肯定的。

而城邦公共生活中人的规律则总是倾向于使人从家庭中的现实生活中超拔出去，它对于上述个体性因素是加以否定的。人的规律以民族公共世界为其内容与权利，而神的规律则不同，它以处在现实之彼岸的地下神灵为其内容与权利。这样的神灵并不因为没有在现实中现身而失去力量。虽然它是一种抽象的纯粹普遍物，但每个人最终都会落入它的怀抱，因为人终有一死。公民虽然在生前通过公共领域中的行动脱离了自然元素的束缚，建立白日世界之五光十色的民族现实，但当他死去之时，神的规律便将他的个体性夺回来，安葬于黑暗的地下，将此个体性重新纳入那简单的抽象（黑格尔称之为他的本质）之中去，而后者正是他出生以来的种种个体性表现的来源。这就仿佛一个人跳得再高，也要重新落回地面，重新受到地面的束缚。

其实无论这个人跳多高，他在高处也照样受到地心引力和他的身体机能的约束；反过来说，即便他落回地面，但是他本就是一个可以跳得很高的人，他也并不会因为地心引力和身体状况的约束而失去跳高的能力。因而跳到高处和落于地面只是两个分别能凸显他的脱离与他的受缚的显眼时刻罢了，其实他在全程都是同时具备这两方面的，换句话说，脱离与受缚这两个方面并非外在对立而截然二分的，而是内在地相互成全的。下文中黑格尔的主要任务就是要逐步展示两种规律内在地相互支撑这一事实。

第 9 段是个过渡性的小段落，它告诉我们：体现两种规律的双方人马本身对于两种规律内在地相互支撑这一点的认识要经历一个漫长的过程，这同时也是双方发展出各自的许多规定性和差别的过程。黑格尔会在下文展开这个过程。

第 10 段讨论政府既要保持它的各部分的独立自主，又要不时通过战争打破各部分的自我封闭趋势，恢复民族整体的伦理根基。

在精神层面，事物的存在方式是开放的，而且凭借这种开放性才成全自身的自由或自为存在。在这一点上精神明显与先前意识的各种形态不同，因为在先前的各种形态中，意识总是固守它的某种确定性，总是倾向于将自身封闭起来，加以固化，而与事情本身两隔；而在精神层面，意识发现它和各种事物的根基不在于它们自身，也不在于它们自身与其他事物打交道的某种方式或者能以这种方式建构起来的任何东西，而在于意义世界本身，因而自觉地以开放的、与整体相融合的方式行事。在这种行事方式造成的格局下，政府是由各个独立自主的部分构成的，它与这些部分的独立自主并不矛盾，二者反而是相互成全的。值得注意的是，这里“各部分的独立自主”还不仅仅指个人以公民的身份行动，还包括他们的个别的、特定的生活，换句话说，包含家庭的因素。

但与此同时，精神并不会放任各部分胡乱生长，而是需要不时将其收摄到适当的轨道上来。这轨道并不是对个体的外来压迫，而是它们自身的本质，因为它们只有在与整体相互成全的方向上，才能真正达到自身的兴旺。因而整体对各部分的收摄对于后者而言看似一种否定性的统一，但很可能会使后者感受到自己失去了独立性，这也是对于各部分的提醒，让它们明白自己其实只有扎根于整体之中才有“生命”。体现这种收摄现象的有各种所有权制度（保障个人所有权与个人独立性的制度，以及关于人身法权与物权的制度），以及因为劳动分工而形成的各种行会。这些制度与行会能让那些原本为了追求个人目的的各种活动运行于一定的范围内和一定的方向上。

然而假以时日，这些原本是为了收摄个人行为、维护精神的统一性而形成的整体组合（Zusammenkunft）却会逐渐违背它们的初衷，形成一些利益小群体。政府为了打破它们的封闭性，只得通过战争来为社会注入新风气。这种说法颇容易招致现代人的反感，但这里有三点需要注意：第一，政府在发动战争时的主观想法并不一定如此，这种说法是哲学家从事情本身的角度所做的评论。第二，我们说起战争时往往想到的是两次世界大战那种全面总动员式的战争，那是全民参与的战争，全社会一切物资都为战争服务，那种战争与黑格尔心目中的古典型战争不同：前者是意义的断裂乃至虚无化，是人性的彻底毁灭，不可能像黑格尔对战争的期许那样达到意义的重新巩固，而黑格尔所熟悉的战争是局部的、士兵对士兵的战争，它在社会上虽然也有动员各种资源与改变社会风气的作用（要不然黑格尔就不会寄望于战争来恢复共同体精神了），但不像现代战争那般“伤筋动骨”，基本属于政府“可控”的战争。第三，黑格尔并非战争狂，也并非不顾及人的生命与个人感受，他对战争的看法基本属于希腊古典时代以来的西方古典战争观的谱系，强调战争与勇敢以及其他德性的关联性。在这样的语境下来看黑格尔的“战争促进共同体”这一观点，就不会感到古怪了。黑格尔说，战争及其带来的死亡无论是对于前述各种整体组合还是对于个人而言，都产生强烈的内部震荡，可以促使这些团体或个人摆脱那种封闭式的抽象自由，最终使城邦的伦理共同体以及它的各伦理单元不至于堕落为“自然的定在”（das natürliche Dasein），使之意识到自己真正的自由何在。

既然死亡是来自神的规律和地底王国（dem unterirdischen Reiche）的力量，由此看来公共世界的共同体实际上是在借力于地下神灵，来获得它的真理，巩固它的权力。但话说到这里，还远远没有穷尽两种规律内在地相互支撑的真义，因为战争毕竟只是偶然发生的现象，只有讲清楚二者在日常生活的每时每刻是如何相互成全的，才算是说到了根本。

接下来的两段在神的规律内部再细分为一些相互关系，并将焦点置于兄弟与姐妹之间的关系上，进而讨论这种关系具有的伦理意义。第 11 段先分析另外两种主要的关系：夫妻关系和亲子关系。

黑格尔认为夫妻关系表现为自然性的关系，不是那种完全自由的伦理关系。——值得提醒的是，正如前面辨析家庭虽然是一种表现为自然性事物的共同体，但依旧是一种共同体，属于伦理世界，这里夫妻关系在根本上而言也是在伦理世界中出现的事物，只不过相较于其他人际关系而言它表现得比较偏向于自然罢了。黑格尔为什么这样界定夫妻关系？在他看来，两个人结成夫妻是出于自然的感情（“一个意识在另一个意识之中直接的自我认识，以及对这种相互承认的认识”），而不是出于有关家族共同体或城邦共同体方面的任何考虑，另外，夫妻关系的维持也有赖于这种感情的维持。因夫妻关系的成立而产生的家族共同体，它一方面是由于夫妻的自然结合，另一方面其重心却落在由夫妻培育出来的亲子关系上，后者相较于前者更具伦理特质。

黑格尔说，夫妻关系只能达到“精神的表象（die *Vorstellung*）和形象（das *Bild*），而不是现实的精神本身”。这就是说，丈夫与妻子本是分离的，他们组合为家庭固然受到了家庭表象和家庭形象的引导，但这种组合的根本扭结力量还是自然的感情，而不像亲子之间或兄弟与姐妹之间那样直接以伦理关系为基础和结合之力。精神的表象和形象在子女身上才实现出来。因而从伦理整体的角度来看，夫妻关系在子女身上才得到真正的实现。没有亲子关系，夫妻关系便只是一种潜能，而未得实现，是不完整的。亲子关系世代更替便形成家族，家族便构成民族。

夫妻关系原本希望能在亲子关系中得到完满的实现，然而事情并不以子女对父母的肯定告终，因为子女长大成为独立的自为存在者，并非完全为父母而存在的。父母在子女的成长中，在子女对自身的孝敬（与自身的统一）中体会到有限的自我肯定，然而反过来看，子女却在父母的消逝中，在自身与父母的分离中才得到自身的独立成长。

与这两种关系相对照，第 12 段正面描述兄弟与姐妹之间的关系。与夫妻关系、亲子关系总是处在——夫妻之间或夫妻和（想象中的或现实的）子女这两方之间——畸重畸轻并不断转换重心的不平衡格局中不同的是，兄弟与姐妹之间是不会混淆的，兄弟就是兄弟，姐妹就是姐妹，各自占据自身的位置，做各自的伦理要求下应做之事。可以说这种关系是到此为止的三种关系中最具伦理性的关系。兄弟和姐妹都是自由而独立的，不像夫妻那样相互依赖。

但这还只是最初步、最形式化的描述，还远未触及问题的深层。在古典的“男耕女织”式男女内外有别的生活模式下，与男性那里个别性（家中的身份）和普遍性（到公共领域充当公民）截然二分的情形不同，女性身上的个别性（作为喜怒哀乐主体并作为男性欲求对象的这样一个女性本身）与普遍性（维护家庭这一自然共同体的一面）并未清晰地分开，女性认为自己作为个别之人直接就代表了普遍性。但问题在于，女性认为自己能做到的这种个别性与普遍性之直接统一，在亲子关系和夫妻关系中并不能达成，只有在兄弟与姐妹之间的关系中才得到承认。

为了说明这一点，黑格尔先比较了女性的三类身份：姐妹，女儿，母亲与妻子。作为姐妹，女性对家庭这一共同体的伦理本质有着“最高的预感”（die höchste *Ahndung*），但并不反思它，家族在她看来是一脉相承地自然延续下来的自在本质，一方面坚强而不可动摇地贯串着每一个家庭成员，但另一方面又与各成员现实的言语行动、爱恨情仇无关，因为它根本不受后者影响，不会因为那些具体言行和感情而受到动摇。相反，家庭还受到家庭守护神的庇佑。女性由于一向自觉为家族的维护者，便将她自己的个别性行动直接等同于这种维护，不再加以区分，甚至认为自己就代表了那些家庭守护神。这种想法不是一时之间的偶然念头，也不是为了获得某种快感，而简直成了一种责任意识。那么个别性与普遍性的这种直接统一如何才能顺利实现呢？作为比较，黑格尔先考察女性的另外两种身份。作为女儿，女性眼看父母日渐老去，走向死亡，面对这一无法抗拒的事实，她感到自己的成长以父母的老去为条件，感到她的自为存在并非一种完全积极的东西，而是一种带有否定性的东西，她感到于心不忍。这就更加强化了她对于家族的责任感。很明显，在女儿这一身份中，女性无法达到个别性与普遍性均衡而正面的直接统一，后者作为责任感压迫着前者。

接下来看另外一类身份：母亲与妻子。母亲身份是随着妻子身份自然产生的，所以黑格尔将这两者放在一起讨论。在某种意义上，女性是男性欲求的对象，这部分属于自然赋予而无法改变（或者说只能有限地予以改变）的东西，女性又正因为前者是自然赋予的而常常受到“韶华易逝”的威胁，总是担心那被欲求的一面消逝而使自身失去吸引力，另外，这种自然赋予的因素也面临着被别人替换的危险，作为妻子的女性也因此而感到来自其他女性的威胁。[①] 这些自然赋予的偶然因素当然不足恃，女性如何克服这种偶然性呢？只能通过家庭中的普遍伦理关系。这就是说，女性在

---

① 黑格尔分别以三个“部分地”（teils）带出这三重意思，但并未说明它们之间是重叠、并列的关系抑或其他关系，因而这个问题只能存疑。笔者倾向于认为它们是重叠的关系。

家庭中取得普遍的“妻子”与“母亲”的地位，这个地位通过婚礼、子女庆生等仪式获得丈夫、子女与其他亲戚的承认之后稳固下来，相对而言不会因为上述种种偶然性带来的威胁而动摇。但与此同时，这种普遍伦理关系也赋予丈夫和子女一种普遍的角色，丈夫和子女不是作为个别的人，而是分别作为“一般的丈夫”“一般的孩子们”而生活于家庭中的。

正如上文分析过的，女性和男性在伦理方面各有千秋。女性希望直接将个别性与普遍性统一起来，在被当作欲求与快感对象时，女性希望保有普遍性的一面；与此相反，男性由于具有社会普遍承认的公民与家庭成员这双重身份，似乎有了更大的周旋空间，他可以利用公民这种具备自我反思和公共性力量的身份来为自己的欲求寻找更大空间，与此同时他又可以在必要的时候摆脱欲求，保持自己作为公民的自由身份。由于妻子希望达到个别性与普遍性的直接统一，因而这两方面在她那里是混杂的，她总是错误地认为自己无须他人的中介和承认便直接达到了两方面的统一，但其实只要她试图代表家族共同体，她的个别性就是无关紧要的，而她要达到这种普遍性便必须得到其他人的承认。因而她那种凭着自己的个别存在直接就可以代表家族共同体的想法其实并不现实，这种想法在丈夫、子女面前容易导致矛盾。

接下来黑格尔将讨论的重点引回姐妹这一身份上来。姐妹是作为平等者面对兄弟的，姐妹对兄弟的承认是纯粹的，决不掺杂与丈夫的关系中的那种自然欲求的因素。在兄弟面前，姐妹身上个别性与普遍性的直接统一终于得到了承认，她的个别性也不再是什么无关紧要的偶然之物，而是与普遍性一并得到了承认。因此之故，兄弟的死亡对于姐妹造成无可弥补的损失，而兄弟死亡之后安葬兄弟便成了姐妹的“最高”义务。①

从第 13 段开始的三段讨论两种规律的内在关联。这一段说到兄弟跃出家庭的界限进入公共政治领域。每个家庭都有一定的封闭性，在这个相对而言的封闭体中存在着一种否定性的伦理，即针对公共领域的压力而形成的防御性的私人领域。——这里再次提醒一下读者：西方的这种以家庭为偏向自然、欲望、私人一极的空间的观点，与中国人熟悉的那种家庭伦理极为不同，读者不可按照中国人熟悉的思路来理解黑格尔的说法，否则

① 译者王玖兴先生在此处节引《安提戈涅》一剧第 910 行以为说明，甚是恰当：“一个丈夫死了，可以另嫁一个，一个儿子死了，别人能让我再生第二个，但我不能希望再有一个弟兄降生人世”。

扞格难通。

家庭固然培养了兄弟的个别性，但他一定会走出家庭，跨入公共政治领域，即走向家庭之外更大的普遍性，从家庭的“否定性伦理”走向公共领域中进行自我反思的那种肯定的、现实的伦理。——正如前文中辨析过的，这里所谓否定性伦理，只是说家庭针对公共领域而以防御的、否定的姿态出现，并不表示家庭真的是自然领域或应该抛弃的领域，它只是伦理实体中比较偏向于自然的一极而已。

第 14 段介绍两性在伦理规定上的分化。在兄弟跨入公共政治领域的同时，姐妹便愈发自觉地以家族的维护者的形象出现了。这两种角色已经克服了男女两性在自然方面具有的规定性（比如两性各自具有的生理和心理特征），从此以后两性就分别以城邦和家族的代表这两种伦理规定为自身的本质了，而他们源出其中的家庭则仅仅作为一个黯淡的背景，留待他们偶尔即兴而为进行追忆。城邦与家庭原本是两种普遍性规定，如今在两方的对峙之下反而被当作两种自我意识的特殊规定了。这两方都既有一种实体作为自己的后盾，也都有其自觉的反思，它们都是实体与自我意识的直接统一。所谓“直接统一”，就是被双方不加深究地各自设定为“自然而然”或“理所当然”的那种统一，看起来那种统一是根本不必深究的，因为正如上一章中说过的，人们可以将它当作天赋、才能接受下来。所谓“天赋”“才能”，无非是人们对偶然得来之物不愿加以深究时给它贴上的一个好看的标签，但标签同时也是一个封条，它表明贴标签的人不仅不愿深究，也阻止其他人对其深究。——当然这是我们站在如今的立场上回顾上一章时才能获得的理解，当初我们身处审核理性的层次时，未必会有这样深刻的判断。

第 15 段挑明了两种规律内在地相互支持的局面。详察黑格尔的意思，这二者之间的关系颇类似于古希腊哲学中质料与形式之间，或者潜能及其实现之间的关系：家庭在共同体（这里特指狭义上的共同体，即城邦共同体，或政治共同体）那里找到了它的“*普遍实体*”和“*持续存在*”，没有城邦这个更根本的整体，家庭是无法持续存在的，而且家庭在其日常存在中比它自以为的更多受到了城邦特质的规定，并不像它声称的那样自成一统、完全独立。就算在全球化的当代，我们都很容易发现的一个明显的事实是，不同国家的家庭关系、家庭构造和家庭趣味还是相当不同的。反过来看，城邦共同体则以家庭为它的“*形式元素*”，为它充实自身之形式所用的内容与材料，只有家庭成员源源不断地走入城邦，城邦才得以多姿多彩，生机勃勃；另外，城邦发布的政令只有在家庭这里得到支持，才获得它的力量，而且家庭也是对城邦自身正当性与合理性的一种考验。不仅城邦公民来自家庭，而且这些公民的行动也带有各自家庭的特征，当公民最后完成自己的使命，走向生命的终结时，还要回到各自家庭的谱系中去。由此看来，“双方中的任何一种，单独来看都不是自在自为存在的”。

在初步揭示伦理实体的内部结构（它分化为两种规律，两种规律又各自发生何种分化，以及分化之后形成的各部分之间的关系模式）后，黑格尔在第16段回到一般意义上的伦理实体，站在这样的伦理实体的角度反观“理性”章的各阶段，以凸显伦理之为伦理的根据性和整体性。

黑格尔说，经过对伦理实体的一番分析后我们会发现，“伦理世界的这种内容就是以前那些无实体的意识形态所悬设的目的的实现”。这里所说的“无实体的意识形态”用的是复数形式，显然包括第一章至第五章所考察的各种意识形态。换句话说，那些意识形态只有在伦理世界中才算达到了它们的目的。黑格尔接着马上说明何谓“目的的实现”：以往种种意识形态心心念念加以追求的对象及其真理，如今成了自我意识自身之事，因为自我意识就扎根于事情本身之中，就代表事情本身（它的某种势力）；以往自我意识视作只属于它内心之中的种种想法，如今不再是主体不自信的想法与揣度，也不再是理性强加给事情本身的某种构造，而是事情自身自我表现的某个方面。也就是说，事物本身并不是没有规律，并不是不合理的，也并不是没有内外之分的，这些说法或许都能反映事物本身的某个方面或某个层面，以往那些意识形态实在不必那么不自信，但它们不明白的是，它们的问题出在以中途为终点，以片面为全面，出在它们理解了事物的某个方面后立即习惯性地构造出一种确定性，将自身封闭起来，于是重新又与事物本身两隔了。但话说回来，如果我们没有立足于事情本身，我们是看不出这个缺陷的。

接下来黑格尔以“理性”章的各阶段为例，展示上面这个思想。观察理性设定世界是一个他者，它虽然有“我掌握了他者的本质”这样的自信，但世界依然外在于它，如今到了伦理世界中，意识才真正实现了“理性”章开头所说的“世界是我的家园”的设想，世界既是发现者能发现的事实，也是他创造的作品——当然这是在人类或共同体所有成员的意义上讲的，不是在单个人意义上讲的，对黑格尔这话不宜做主观唯心主义式的理解。接下来是实践理性阶段。在“快乐与必然性”模式下，个人原本是要单为他个人而到世界上去寻求快乐的，但其实世界上并不存在抽象的个人，个人无论是获得利益、名誉还是获得承认，一般而言都是在家庭中使种种期待和喜悦酝酿、发酵和共享；在那种模式下个人认为将他的快乐和喜悦剥夺走的那种外在的必然性，其实也不是什么绝对异己的东西，只不过是他的民族之事罢了，而一旦他摆正心态，认识到自己作为公民就可以将民族之事当作自己的事情，这种被剥夺感就消失了。——当然家庭和民族之间的内在关联更是理性阶段的意识所无法理解的。而“心的规律和自大狂”模式下的理性，则没有认识到抽象的、只属于单个人的“心的规律”其实是不存在的，任何“心的规律”都是在民族之中涵养与生成的，这类规律只有与民族的整体秩序相互支持时，才能得到成全。在“德行与世界进程”中，理性本以为牺牲是一种损失，行动是一种苦行，如果它能立足于伦理实体来看问题，就会发现自我牺牲的克己行为真正来说并未损失什么，只会让自己进入更广大的普遍性和现实生活。最后，黑格尔还提到了事情本身和理性的审核。事情本身在伦理实体中获得了真正的内容，而且这种内容不再是空洞的形式和诫命，而就是现实生活本身；而倘若意识还想进行什么审核，那也不是在自欺欺人地审核一种空无内容的同语反复，而是审核人的行动是否能成全事情本身，它创造出来的作品是否符合事情本身的规定和方向。

第17段借用正义（Gerechtigkeit）这一古老的思想资源向我们展示，伦理这个意义世界如何通过赋予自然界产生的不义以一种伦理意义，而维持自身的完整性与自足性。

正义从阿那克西曼德和柏拉图以来一直是西方思想界的一个核心主题，黑格尔亦自觉地厕身于此二人引领的这一思想传统中。这一点尤为突出地表现在，黑格尔为我们排除了理解正义现象的两条常见的路子，即到超越的彼岸去寻找正义的源泉，或者在尔虞我诈、背信弃义的私人争斗与利益划分中去实现所谓的“分配正义”。黑格尔说后者只是“不配正义之名的某种现实”，它即便偶尔达到了事实上的公正，也没有触及正义的本质。相反，在黑格尔看来，正义是事情本身的存在方式。他在界定正义的时候首先重申了他的整体观：“整体是所有部分的一种稳定的平衡（Gleichgewicht），而每一个部分都是一个自得自如的精神，这种精神不向其自己的彼岸寻找满足，而在其本身即有满足，因为它自己就存在于这种与整体保持的平衡之中。”在精神层面对整体的这种界定，自然与“序言”中讲到整体时的意味大不相同，因为彼时还无法说清楚整体的每个部分“都是一个自得自如的精神”，换句话说，整体的每个部分也都是一个相对完整而自主的个体，它们既能相互协调共存，又能与整体相互成全。黑格尔还说，在这种活生生的平衡中，“不平等形成着，而又由正义使之复归于平等”，这话与阿那克西曼德的那句著名的箴言何其相似乃尔！不仅如此，黑格尔还说正义“迫使破坏平衡的自为存在、独立的诸阶层和个人重新返回于普遍者，它是民族的治理（Regierung）”，这话颇能让人回想起柏拉图对城邦正义的构想，唯一的不同是柏拉图不像黑格尔这么强调个人而已。

黑格尔的正义观究竟如何？一方面，他排除了由意义世界之外的某种力量来赋予正义和将正义降格为针对现成之物的分配正义两种做法，在我们现在所谓的“存在论”的意义上将正义作为意义整体及其各部分得以存在的元条件①，或者说作为存在本身的基本格局，而不是作为存在者层面上的公平与否、得失与否的问题；另一方面，他又以历史主义的眼光看待正义问题，他认为像古代伦理实体意义上那种原始质朴的正义状态终究无法长久保持，因为构成整体的个人会突破这种质朴状态。——黑格尔的这种历史主义的思路或许对于历史进程很有“解释力”，但不能不说它与古人本身所主张的宇宙秩序观是极为不同的。因为后者认为历史的变迁并不影响宇宙秩序本身的存在，而黑格尔则反过来认为秩序扎根于历史，甚至产生于历史之中，它的动摇也要通过历史中另一种努力来予以修正。对于这一点，读者不可不察。

在一般意义上讨论了正义问题后，黑格尔带我们返回城邦世界。如前所述，对于个人与家族的关系，黑格尔着眼于超越个体生命的更大家族谱系，也就是说，一个人在世的这若干年只是他的整个生命意义结构的一部分，在他死后，他的生命意义仍在延续，而不是突然断裂或消失了。在这种情况下，由自然力量造成的死亡、疾病、损伤之类对于人来说是很“自然”的事情，是他自身造就的命运所带来的结果。也就是说，那表面看似纯属偶然和外来的“不义”，其实是由人自己招致的，复仇的不是一个无来由的神灵，而正是“他的复仇女神（Erinnye）”。这样一来，来自自然

① 黑格尔这里将正义描述为“平衡”恐怕是大有深意的，在民族整体为城邦国家所代表的情况下，他并不认为正义便是那代表整体的一方独自坐大，反而认为正义应是那一方与代表个体的另一方（家庭）之间的平衡。这里也隐隐透出一个意思，即他并不认为《安提戈涅》剧中克瑞翁的得胜是“好”的、“正义”的，相反，城邦一方的获胜在他看来是古代正义本身的崩塌——当然他也并不反过来认为正义便是安提戈涅获胜，因为双方中任何一方的独自获胜都是不正义的。这个意思在后文的走向中愈来愈明显。

界力量的那种看似会打破伦理事物之完整性的突发性不义就被当作"人自己造就的不义"，并被重新纳入伦理的意义世界之中了，伦理的意义世界恢复了它的完整性和自足性，它之内的所有现象都是人的意愿所造就的东西，而不是什么外来的力量，在这个意义世界上，一切都是人自身带来的。——照此看来，安提戈涅兄长暴尸荒野固然让人怜惜，使安提戈涅和伊斯墨涅痛苦，但更令她们痛苦的则是克瑞翁下的禁令，只有后者才是真正使家族蒙羞、真正破坏家族正义和真正令安提戈涅痛不欲生的原因。因为在伦理的意义世界中，真正产生不义的不是自然（因为自然只是表面的原因，它背后真正的原因在于行动者），而是伦理实体内部的力量，即敌对的伦理势力。

既然伦理实体完整而自足，又有正义作为支撑它和引导它的内在秩序，那么伦理实体岂不可以永恒不灭了吗？黑格尔在本小节还没有给出他对这个问题的回答。但我们会从后文了解到，他坚决否认伦理实体永恒不灭之说，因为他认为正义本身是历史性的。黑格尔对古代伦理实体的基本判断是：它虽然不失为一种朴素的统一，但隐含着内在的矛盾。不过本小节的最后一段只是稍稍暗示了这种内在矛盾，还没有告诉我们这种矛盾究竟会发展到多么深重的地步，以及它是否会危及伦理实体本身。

黑格尔说，伦理实体内部一种势力与另一种势力之间此消彼长的运动其实是一种内在的相互作用，而不是外在的相互摧毁。"它们的对立毋宁是一个通过另一个而经受的考验，而且它们在相互考验中是作为现实的东西彼此直接接触到对方的，它们的中项和元素就是它们的直接渗透。"同一个民族中的政府与家庭之间的争执，就像同一个身体的一个部位与另一个部位的相互作用一样，在根本上并非你死我活的关系，而是荣辱与共。只是常识不太容易看到这一点。其实任何一方的损失都是整体的损失，都是对另一方的考验，在这种考验中它们直接感受到与对方息息相关。由于双方并非相互外在，所以中项也并非将两个毫无关联的东西生硬地牵扯到一起，而只是它们直接的相互渗透而已。

但黑格尔当然不会满足于这样的一般性论断，他还将这个"相互渗透"的具体结构展示给我们，那就是三个推理（Schlüsse）① 之说。

---

① 王玖兴先生译文可能为了照顾中文读者的语言习惯，将这个词翻译为"联结"，从原意上说比较牵强，在中文语境中也容易造成错误的联想。如今的中文学界对于黑格尔《逻辑学》的熟悉程度应该说比先生翻译该书的年代更强一些，翻译成"推理"应不致令读者太不适应。这里的"推理"不是指主观推理，而是指事物本身的逻辑结构（逻各斯）。

第一个推理是普遍性的、能进行自我反思的精神（民族、城邦）与它那无意识的现实力量、材料和元素（各家族给它提供的力量支持）这两端，通过各具个体性的男人这个中项而连接起来。第二个推理则是各家族那种无声无言的个体性、质料性存在与各家族在城邦中各具形态的现实存在这两端，通过那直接代表和维护家族的女性这个中项来相互沟通。第三个推理则是前两个推理本身作为两个端项（它们分别以男性与女性为代表，因而我们也可以将男性与女性视作两个端项，也可以分别称之为人的规律与神的规律），通过它们的相互作用这个中项而连接起来。男性代表的运动是一种下降运动，即“从现实降为非现实——那自身集结为一些独立环节的、人的规律，下降去经受死亡的危险和考验”。从城邦政府的角度来看，家族是一些不服管制的黑暗力量，它使作为公共世界的城邦时时遭受莫名的威胁，因而城邦与家庭打交道就等于经受死亡的考验。而另一个运动则是家庭这一代表地底神灵的、女性的规律，仿佛从黑暗而不定型的质料状态（非现实）升入白日的公共世界（现实），在那个公共世界中为本家族争取某种形象。而上述的第三个推理则使这两个运动成为一个运动，使下降运动从另一个方面看就是上升运动，或者说使下降和上升成为同一个运动的两个方面。

二 伦理行动；人的知识与神的知识；过失与命运

在这一小节，伦理实体的内部矛盾逐步展现出来，矛盾的根由在于个人不满足于仅仅充当某种伦理势力的代表（那在他看来终究是“非现实的阴影”），而要表现自己的自为存在，最终使两种规律的和谐一致变成灾难性命运的支配，带来对两种规律的同步伤害。

第1段一般性地介绍了这个局面。在伦理实体（这里叫作“王国”）中，个人唯一的规定性就是两种规律之间的上述对立，他不是代表城邦的普遍意志，就是代表家族血脉，似乎还没有权利以他个体性的形式现身，个体性只是他用来成全对立的两种规律中的某一种手段，比如个人才智与性情。个人作为个人，还生活在“非现实的阴影”中，还不是“现实的自身”。

原本内在地相互考验（bewährt）与相互完善（vervollständigt）的两种伦理势力，由于作为代表者的个人的过度行为（无论这种行为是否由于个人对于两种势力的内在关联的不了解），就从表面上的对立走向了事实上的对立。原本的相互成全演变成了一种过渡（einem Übergange），即一方损害和消灭另一方，使另一方向己方过渡。这样的过渡不再是前一小节中描述过的那种为了成全对方而对对方进行的考验，而是在消灭自身的同时也消灭了内在地依赖于它的对方。因而表面上向对方的归服实际上是对对方的损害。这的确是极见功力的老到观察！

黑格尔并不像一般人那样哀叹悲剧英雄的命运，在他看来这种所谓的命运只是表面现象，它的实质不过是人过分追求自为存在而对伦理实体造成的损害，这种损害自然会表现为命运对个人的惩罚。具体来说，当代表两种规律中的任何一方的个人不信赖或不顾及伦理实体本身，单纯坚持自己这一方的正当性，否认对方存在的必要性，将对方视作单纯的威胁或邪恶势力，就必然会与另一种规律的代表产生致命的冲突，这种冲突好像是两种看起来同样“正义”的力量之间无可奈何的较量，好像是“造物弄人”，实际上却是完整的伦理世界本身对人失去了支配力的表现，并不是一个什么奇怪的神灵要在两派“好人”之间故意挑起事端，故意羞辱人或损害人。

悲剧命运表面看似一个“简单性的无底深渊”，在无情地吞噬掉同样有理的两方力量，但黑格尔看得更深，他认为这只不过是人们要抛弃他们对伦理实体的朴素信赖，要抛弃后者对他们的那种束缚，走向“纯粹个别的自我意识的绝对自为存在”（古罗马法权状态）。

第 2 段开始揭破“悲剧是两种崇高情怀之间的冲突”这种通常的印象，告诉读者悲剧只是意识固执坚持它所代表的伦理势力的真理性和排他性，而不顾及整个伦理实体本身，将读者的目光从那仿佛居于生活世界之外的神秘莫测的命运女神转回到意义世界的机理本身。——不得不承认，不管黑格尔对悲剧的具体细节的解读是否有其局限，但他关于要从意义世界本身考察悲剧的根源的这一基本观点着实令人折服，远非一般的二三流学者所能自得。

当自我意识达到精神的层面，成为伦理的意识，它便依照自然赋予的性别以及家庭铸就的个人特质而成为“趋赴伦理本质性的那种简单而纯粹的方向”，伦理的要求对它而言是一种不可更改的义务。它追求的这个方向本身并不含有任何任意、斗争和犹疑，它作为义务乃牢不可破、绝无矛盾的东西（Widerspruchslose）。换句话说，自我意识对于伦理实体的信赖和维护本身并不是悲剧的根源，并不会带来矛盾冲突。这就像同一棵树上的红花和绿叶虽然各有不同，但依旧同属于一棵树，它们各自的组织液和细胞对它们的“效劳”本身并不会带来任何冲突，冲突只会产生于红花或绿叶发生病变，过分生长并抢夺对方的养分这种情形，即某一部分自认为另一部分应该为它让路的时候。黑格尔在后文中会逐步挑明这个意思。

他先接着上文的思路，说伦理意识的态度本身中“既没有发生于情感与义务的冲突中的悲剧，也没有发生于义务与义务的冲突中的喜剧场面”。接下来他马上把笔锋一转，说当意识不再素朴地信赖伦理实体而转回于其自身，将义务当作一面可以随它的意挥舞的旗子（“形式的普遍物”），它就可以使它适用于任何内容，将任何内容说成是义务。至于它要选择何种内容作为义务，那全凭它自己的喜好。当意识要将它的某种情感夸大为义务时，它自身的情感与对方要坚持的义务之间便会产生悲剧冲突。不过既然它已经将这情感描绘成一种义务，那悲剧实际上也就带有了几分喜剧色彩，因为冲突的一方号称某种义务是绝对的、人人皆应加以坚持的，另一方却表现出对这崇高义务的不屑，以它对另外一种貌似同样有理的感情（它所谓的“另一种义务”）的坚持处处显示出前一种义务的“虚妄”(Nichtigkeit)，而一个表面上崇高的东西同时又被人暴露出它的虚妄性时，是会令人捧腹大笑的。

不过这种喜剧性是身处其中的人意识不到的，只有哲学家才能看出来。黑格尔在段末告诉我们，当事人双方都以为自己直接依附的那种伦理要求是一种自在的、自然的存在，因为只有自然本身才能规定一个人为男性抑或为女性。于是任何一个当事人都觉得自己是被一种神圣的天命选择来充当目前这种角色的，这种角色就是自己的全部，为了维护它，可以不惜一切代价，这就是绝对的正义和真理——而且自己对这件事本身不必也不能加以反思。

第3段告诉我们，意识虽然一方面只认一种规律为其本质，但另一方面又同时承认两种伦理势力为现实之物。这样一来，在意识中两种势力就成了相互排斥和相互敌对的。意识因为已经立足于精神层面，多少认识到了整体对于自身的重要性，因而不仅承认己方的势力，也承认对方的势力，这种双重承认便为后文中因冲突而导致两种规律“一损俱损”的结局埋下了伏笔。

虽说承认敌方势力的现实性，但意识却只认定己方是正义的，因而它只对于己方的伦理势力负有义务，而敌方则是“不法的现实”(rechtlosen *Wirklichkeit*)。换句话说，敌方虽然不义，却已然坐大为一股强大的现实力量，意识不得不对付它。在这种情况下，意识认为无论采取什么手段

(暴力抑或欺骗皆可),只要使敌方顺服于它,那都是可以的,也是正当的。

具体来说,站在神的规律那一边的意识认为对方是一群争权夺利之徒,对不服从它们的人进行暴力强制;而反过来看,城邦政府中人则认为敌方是一些顽固不化、毫不讲理的刁民,只知由自己内心变动不居的兴致驱动行事,置光天化日之下的政府指令于不顾,只服从那隐蔽于内心的个人意志,简直无法无天。

可见伦理的自我意识比前面各章中的自我意识更有底气和自信,更加理直气壮地要消灭对方,但可悲的是,伦理的自我意识无论归属于神的规律抑或人的规律,它都是片面的。第4段告诉我们,这样的伦理自我意识只以它认定("知道")为正义的一方为一切行动与现实的标准。

如果说前两章中的自我意识("作为意识的自我意识")还认为它面对的客观现实具有其本质,甚至认为那本质具有"神圣权利"(我们知道,自我意识只是认为它在实体层面与世界本身是统一的,但它并不完全自信,因为它不得不承认现实是一种异己的本质),那么伦理的自我意识与实体便不再两隔,而是直接扎根于实体之中,成为"实体的意识",在它眼中现实对象就完全失去了"自为地具有本质"的意义。对象既不作为一个完全异己的独立事物而存在("自我意识"章),也不是某个更大的合理性结构中的某个具有自身之固定本质的环节("理性"章)。

意识的这种认识当然是片面的。意义世界固然是一个伦理的世界,但它却不是那直接与某种伦理势力相连属的意识所能代表的,意识根本无法将对象的全部本质掌控于手中。黑格尔说,现实作为一个伦理整体,有它自己的力量,真理在它这一边,它与真理联合一致以对抗意识。然而意识已经沉醉于它就是一切实体这一迷梦,遗忘了自己的片面性,也遗忘了它与伦理实体相互成全这一初衷,反而固执地将客观现实的一切本质和独立意义都"溺死于这条冥河之水里了"。它认为自己的所作所为便是那种绝对正义的伦理规律的实现,仿佛我们中国人说的"替天行道"一般大义凛然。

伦理实体作为整体,既有本质在内,也是绝对的势力,它不会像前五章中的现实世界那样被与之相对立的意识颠倒。这里所谓的"颠倒"指的并不是世界真的被意识弄得底朝天了,而是指意识在其种种形态——尤其是在"理性"章——中将世界看作非本质的,或者与事情本身所是的情形相反的样子。比如在观察理性那里,世界固然被认为内含合理性结构,是绝对本质的，但世界并没有什么可怕的，意识在世界中如入无人之境，只不过是将它原本已熟悉的成果（合理性结构）取而用之罢了，世界被观察理性当成了一个毫无价值的空壳，只能盛放供它享用的果实。（黑格尔在此指出，伦理阶段的意识已经放弃了与世界两隔的那种自为存在，而自认为融入并能代表整个世界了，因此伦理意识不会想到去颠覆世界。）又比如在实践理性的结尾部分和审核理性那里，世界的确被意识当作一种巨大的势力，但那只是"为世界自身的势力"，是另一个异己的个体，终究还是等着被那自认为代表着本质的理性颠覆，尽管理性的武器只不过是一些纯形式的普遍物罢了。

那么作为行动者的个人如今究竟自居为何物呢？他认为自己代表整个伦理世界，自己就是本质与势力的统一，他的行动给那原本惰性的世界内容带来统一的形式，是世界的某种理想形象的实现（"从思想到现实的过渡"），是"一种无本质的对立的运动，这对立的诸环节没有任何特别的、相互不同的内容和本质性"。这话的意思是，在伦理意识看来，两种伦理势力之间的对立本就是不必要的，因为它自己代表的这一方势力才是真正的本质，对方势力只不过是虚张声势的非本质之物罢了，所谓"对立的运动"并非各自含有本质的两个旗鼓相当的阵营之间的对垒，而只是一个消除对方的幻影、显露事情真相的过程。因此，黑格尔在最后总结道，如果说伦理意识有什么绝对权力的话，那便是它进行设定的权力，因为它的一切行动和现实力量都系于它的这一设定之上——它认定哪一种规律是本质，那么对立的另一种规律就显得是一种幻影。黑格尔寥寥数笔，已经明显透露出伦理意识的片面性和任意性。

第 5 段篇幅较大，论述的是伦理意识由于只坚持一种规律而排斥另一种规律，无法顾及整个伦理实体，因而内在地蕴含着过失（Schuld）与罪行（Verbrechen），而且伦理意识还没有像古罗马法权社会中那样达到人的个体性（Individualität），只达到了特殊性（Besonderheit），即只达到了类的层次。

伦理意识只认两种规律中的一种为真，而另一种在它看来只不过是"表面上显得"（erschienen sei）像是个伦理事物，实际上不过是一种虚幻，不配拥有伦理事物的头衔；但伦理之物本身却坚持自身是实在的，坚持自身是与前一种规律内在地关联着的实在之物（因而内在地是双重的）。伦理之物的这种要求实际上是自我意识的客观本质，而且必定对自我意识的行动产生影响，但这一点并不为自我意识所知。自我意识认为只存在着它自身与作为行动产生之事态（Tat）[①] 的否定性现实这二者的对立，而且二者是以它不了解的方式对立着的：行动超出自我意识对于它代表整个伦理实体这一点的单纯确定性，使事情分化为“能动者和与之相对立的否定性现实”。换句话说，伦理之物自身分化为二和行动者眼中见到的分化为二之间是有落差的。

正因为自我意识丝毫不了解伦理之物的要求和伦理之物暗地里对它自己的行动发生的作用，丝毫不了解那个否定性现实明明就是它的行动的产物，为何总是与它的行动相对立，因而它惊诧地发现自己的行动总是有所过失。所谓过失，表面看来是无意间偶然犯错，实际上却是伦理意识必然无法摆脱的宿命，因为后者根本看不到，也不承认自身的片面性和结构性缺陷。这样看来，过失不仅仅是过失，它甚至是对与自己不同的另一种规律的罪行（Verbrechen）。

黑格尔接下来分析了过失的必然性，他说只要伦理意识有所行动，它就必然会犯这种过失。过失并非某种偶然的、不属于行动本身的东西的纠缠而造成的错误，仿佛行动本可以不犯过失，可以通过纠偏在今后防止过失似的。相反，行动因为必须在自身对面设定一个外在的现实，虽然它自认为那是受它的行动支配的现实，却总是发现那个现实坚硬的异己性和独立性，因而过失是由它的行动与生活方式的结构性缺陷（自欺欺人）必然会造成的结果。“只有像一块石头的存在那样不做出什么行为，才是无过失的，即便一个小孩的存在，也不能是无过失的。”

这样看来，伦理行动本身就是有罪的，原因在于它没有扬弃掉两种规律各自的片面性，而是停留在自然形成的性别差异，停留在自然的直接性之内，偏袒伦理实体的一个方面而破坏另一个方面。殊不知伦理实体的两个方面本就是内在地相关的，不可能保存其中一个而消除另一个。

最后黑格尔还揭示了伦理行动的这个主体并非“这个个别人”，因为每个人的个别性在伦理行动那里只是非现实的阴影；个人在本质上是作为某个伦理势力的代表、某个伦理共同体（公共政治共同体或自然共同体）的一员，即作为一个普遍者而存在的。他生活的内容不是他自己的独立自主内容，而是法律和习俗。个人在伦理行动中只不过是从绝对普遍性下降到了特殊性（类，最多是种，而且是以类为规定性的种）的层次，根本没有达到个别的个体性的层次。在行动中他对于自己的个别性总是要采取克

---

① 这里似乎也有费希特“本原行动”概念影响的痕迹。

制态度，他对整体怀着不可动摇的信心，因而既不必恐惧也没有仇恨，因为他是为这个整体而活的。

第 6 段描述了伦理自我意识的行动引起冲突的具体过程。自我意识所知道并加以维护的规律，却是与相反的规律结合在一起的，这一点自我意识完全不了解。一种规律的实现必定引出另一种规律，也损害另一种规律，后者成了一种蓄意报仇的东西。然而代表那另一种规律的自我意识同样不了解自身的片面性，不知道己方的规律与前一种规律的内在关联性，只知伺机报复。黑格尔暗引俄狄浦斯王的故事为例：现实"不让儿子意识到他所杀的那个冒犯者即是父亲，——不让他意识到他娶为妻子的那位皇后即是母亲"。这里的冒犯、杀害、娶妻等活动，以及亲子关系、夫妻关系，这些因素之间全是内在地纠缠在一起的，国家法令与家族血亲本是两个内在地相互支撑的规律，然而参与其中的父亲、母亲与儿子都只知奉行其中的一种规律，视另一规律如无物，这种忽视的态度却并不能使事情本身的内在关联减少分毫。个人的决断（Entschlusses）沦为偏执与顽固，只会带来惩罚。

黑格尔说，由于自我意识只顾坚守一种规律，另一种规律是它所不知道的，那种规律就像一个畏惧光明的势力，当自我意识的行为发生时它埋伏在背后，等行为一完成，它就一跃而出，揪住这个已经完成了行为的伦理自我意识不放，是为命运的惩罚。行为的完成固然是实现了自我意识与现实之间的距离与对立，但它带来的却是无尽的悔恨与痛苦。行为者无意中有了过失，却无法推脱他的责任，因为过失和罪行就是他亲手犯下的。这样看来，行动实际上不过是将原先隐含于行动者的生活格局中的矛盾暴露于日光之下罢了，它也使行动者知道的与不知道的两个方面之间的关联大白于天下了。两种规律之间的内在关联，也通过这样的行动而为世人所知。

第 7 段讨论的是，当伦理意识了解了对方的规律和势力却明知故犯时，它就更纯粹地承担起它的过失了。前文讨论的是伦理意识在不了解对方力量的情况下盲目碰壁的情形，那时对方的势力在它看来就像一支伏兵一样突然跳出来破坏它的事业，它的行动的结果超出它的预料，到处都充满了偶然性。但那种情形其实并非生活的常态，因为无论是安提戈涅还是克瑞翁，抑或他们各自代表的其他家族成员或城邦公民，其实都切切实实地看到了对方的强大势力，知道对方按照他们自己的一套规矩在生活，只是他们并不承认对方遵循的规矩是伦理的本质罢了，他们始终认为自己代表的这种规律才是伦理的本质。因而当我因为坚持己方的规律而损害了对方的利益时，我知道自己损害了一种现实的势力，但与此同时我不必为此感到羞愧，因为那种势力不具有本质性。即便我为此干犯某种成文法，我心甘情愿服法，也依然无愧于心，因为我始终认为自己的行为是正义的。安提戈涅明知故犯的情形便属此类，她犯下罪行，使她的伦理意识更完备，使她的过失更纯粹，因为她的伦理意识不是仅停留于内心的想法，而是不畏牺牲地在现实中实现了，敢于挑战与动摇现实中不义的势力，无论最后成功与否，她内心里都是纯净而无憾的。

伦理行为一经完成，便深刻地改变了伦理意识的看法，它先前的任何有关独善其身地在内心抱持一种纯净的伦理忠诚感的想法，如今都被抛弃了，现在它认为一切伦理忠诚只有实现为行动，才是更纯粹、更完备的，否则连真正的伦理意识都不是。因为伦理本就是个人意识扎根于事情本身才有的形态，个人意识中的任何伦理构想都只有实现于外，以行动改变伦理现状以及自身在伦理实体中的地位，那才算得上是真正的伦理意识。因而黑格尔在这里说出了一句极容易让我们联想到《法哲学原理》"序言"中的"一切合理的都是现实的，一切现实的都是合理的"的话："凡合乎伦理的都必定是现实的，因为目的的实现就是行动的目的。"接下来黑格尔更表明，伦理意识恰恰通过承认它的过失，才使对立面成为它自己的现实，即成为它自己的伦理意图的实现，使它的本质和它所代表的正义扩及整个现实，而不再局限于心中的想法了。

第 8 段揭示出，伦理行动产生的结果并不像行动者预想的那样是它代表的规律的克敌制胜和完满实现，而是一种同归于尽的局面。

伦理行动者本以为克制他自己的性格和一切私人性的喜好、想法、意念，全心全意成就他所属的那个规律，他必定能通过行动而使面前的现实打上这个规律的烙印，如此他即便不能全盘改变现实，至少也能使自己的伦理意识因为实现出来而成为纯粹而完备的伦理意识，并使众人承认自己代表的那种规律，为此他即便牺牲自己的性命也在所不惜，求仁得仁，岂不两全？

但事实恰恰证明这是一厢情愿。行动带来的是行动者的"完全毁灭"(zu Grunde gegangen)，即他的性格(Charakter)与他自身的实现(Wirklichkeit)都毁灭了，而不是像他原先设想的那样在两方面都得以保全。黑格尔从内外两方面来说明这个问题。

就外部而言，行动者因为克制自身的个体性因素而隶属于某个伦理规律，才成其为伦理行动者，这就是说，他正是通过认定某种伦理规律为他的实体并扎根其中，才成为如今这个行动者。但他现在除了在内心中认定己方的规律才是伦理本质之外，事实上他在外部行动中已经承认了对方规律的现实存在，也就是说，他在事实上已经承认，世界上不只有己方的规律这唯一的实体，而是还有另一些人以另一种规律为他们的伦理实体。因此之故，他在实现自己的行动之后也知道这种行动所实现的只是在他自己看来的一种肯定性因素，而在对方看来这种行动毋宁是一种消极性的破坏，行动的成果并不会得到长久的承认和保持，它会随着行动者一道烟消云散。

不仅如此，从内部来看，行动者原先最珍视的内心崇高感也有被一并摧毁之虞。行动者原先认为克制一切属于他个人的因素便可成全伦理规律这一普遍者，但问题在于，无论是民族还是家庭，作为一个意义整体，它们都不具备什么独立于所有个人之外的实体性存在，它们的确是实体，然而这实体仅仅体现为归顺各自规律的个人及其伦理行动。伦理实体作为个人心中关于民族或家族的普遍情愫（Pathos）[①] 而存在，它在个人生命中积淀为他的性格。这里的性格（Charakter）不是指个人好动抑或好静、钟爱甜味抑或喜欢辣味这些习惯（Gewohnheit），而是个人内在的普遍性一极，是个人对于自己民族文化与家族荣誉的一种深层次的坚守。无论哪个民族的人，我们在与他打交道时都会发现，他的性格中一定被打上了他的民族与家族的深刻烙印。更重要的是，性格并非僵死固定的倾向，而恰恰是通过个人的所有极其私人化的行为与喜好而体现出来的，即便个人的饮食、偏好，也都是由他的性格支配的，比如前面我们举过的“不吃嗟来之食”的例子就是如此，动物不会有这种意识，但人却能意识到这是一个原则问题，吃了那样的食物便沦为禽兽之列了。行动者原希望通过牺牲他自己的一切（包括性格在内）来成全某种伦理实体，却没想到随着个人的牺牲，那赋予伦理实体生机的性格坚守也就失去了。这就是说，无论行动者对对方的规律是否造成了毁灭性打击，只要他的行动实现出来，他的规律就与对方的规律双双受到了伤害。——这就是我们在开始分析这一段时所说的“同归于尽”的意思。

第 9 段进一步显明了双方的行动者都不具备真理性，为后文中展示伦

---

① 正如中译者王玖兴先生的脚注所说，这是黑格尔的古代论述中的一个核心概念。它在古代思想家本身的论述中就已经具有重要地位了。

理本质的消亡做准备。

行动者承认过失或罪行是自己犯下的，这就意味着他明白对方遭受的一切厄运都是他亲手造成的。但黑格尔告诉我们，两种伦理势力，以及带着这双方的两种个体性之间的相互敌对活动只有当他们同归于尽时才真正终止，这就是说，只要他们一息尚存，他们都不会停止敌对活动。通过行动及其实现，如今双方都不再像行动之前那么底气十足，不再认为己方的规律即是一切，甚至不再认为己方比对方更根本、更重要，双方都在承认对方的同时也承认自己只不过是并存的两个阵营中的一个罢了。但仔细考察后可以发现，双方其实不仅无法排除对方的实际存在，而且反过来依赖对方的承认，如此才能在社会生活或家庭生活中有一席之地，但如今每一方都只把对方当作不得不予以接受的无奈的事实，因而尽可能地通过扩大己方的地盘来巩固自己的存在，同时尽可能地不承认对方、消灭对方。这就是说，每一方的“自身”只有一部分取决于他自己，还有另一部分取决于对方，但每一方却都只希望扩大自己，否认对方，这就像两个人明明互相握有对方的把柄，在谈判中却都装作若无其事，一心只为自己争利益，丝毫不懂妥协，其最后的结果必然是连自己原有的这点资本也会尽数丢失。

黑格尔还以性格问题为例来说明这一点。每一个行动者的性格都是这人的普遍性，代表自己这一方的伦理势力，但无论代表哪一方，他的性格当中又都存在着有知识的一面（对自己这方的了解）和无知的一面（对对方的不了解和拒斥）。但他在行动中却并不认为这种无知有何不妥，反而不了解自己的无知，把他根本不知道的东西也胡乱当成自己的作品。可是正如上文中早已分析过的，问题在于他的对方其实是与他有同等权利和能力的一方，并不是他能支配和造就的什么作品，这种局面终将陷他于不义。可是一方的获胜还远不是事情本身的结束，另一方势必蓄积力量图谋报复，这种对立与争斗什么时候才算终结呢？本段前面部分就说过，只有双方同归于尽时才算真正终结。伦理实体便成为“吞噬双方的否定性势力，或者说作为全能而公正的命运露面”。——关于悲剧中的“命运”，黑格尔从不认为那是一种无可奈何的偶然性强力，在他看来所谓“命运”只是表面现象，在它的偶然性假面背后隐藏着事情本身的必然性，这命运完全是伦理行动者的那种行事方式造成的。

第10段借索福克勒斯著名的悲剧《俄狄浦斯在科罗诺斯》先行讲解兄弟之争，为接下来深入讨论两种规律的关系做准备。

黑格尔先说表现自然及其偶然性（血缘、性情等）的一方完全有权反对代表真实精神（如城邦）及其自我意识的另一方，因为二者都不构成完整的伦理实体，而是以各自特有的方式相互成全的。接下来黑格尔直接讨论厄忒俄克勒斯与波吕涅克斯两兄弟之争。表面看来这是两个人在争权夺利，实际上却是脱离城邦共同体的个人与城邦共同体本身之间的争执。

作为俄狄浦斯王的儿子，两兄弟有同等的权利统治城邦，由此可见家庭出身这一来自自然的偶然性依然在城邦事务中占有一席之地。但这种偶然性只能帮助他们跨过候选者的门槛，却不能决定究竟谁可坐上宝座，因为兄与弟之间只有出生迟早的不同，在当时的习俗或法律下，这个差异是无关紧要的。然而城邦对单一统治的要求又决定了兄弟不可能共同分享最高权力，因此必须在他们二人之间见出高下来。既然兄弟二人在自然给予的素质上没有明显差异，那么这个“高下”就只能通过当下的残酷斗争制造出来。

既然二人要在公共政治世界进行斗争，就必须区分出一方合法、一方非法来，否则名不正言不顺。那么究竟谁是合法，谁是非法？在这个问题上我们恰恰发现个人的微不足道。这里的关键根本不在于个人有何才能和性情，而在于谁能占据城邦政府之高位，个人的那些才能和性情只能被用作夺取高位或者攻击对方的手段。因为这里决定合法抑或非法的权力全握在政府手中，政府以反对乖戾个人的名义发布的命令总是合法的，而没有任何权力的个人就完全是空虚的非法者。经过一番斗争，看起来两个人一胜一负，实际上却是两败俱伤。（黑格尔在后文中甚至会告诉我们，其实城邦与家庭也是两败俱伤。）因为其中一方居然因为个人的权力争斗而陷整个城邦于危险，城邦于是对他采取敌视的态度。表面上看，站在共同体这一面的那个人得到荣宠，而扬言要摧毁城邦的另一个则会受到惩罚，被剥夺荣誉——这里的荣誉不仅仅是他生前的荣誉，还包括死后的名声——城邦会让他暴尸荒野，被狗噬鸟啄，令城邦公民不得为其收尸。

第 11 段进入《安提戈涅》的情节。黑格尔说，如今的局势表面看似城邦压服了家庭，但实际上只是家庭一方受到了城邦的侮辱，而根本没有被摧毁，真正的斗争才刚开始。黑格尔接下来主要讲了两点：一是民族力量的根源在于地下，即在于所有个人对于伦理实体的纯朴信赖，如果民族肆意摧毁个体性，它终将摧毁它自己；二是遭到损害的神的规律并不像表面看来的那样仅仅运行于和有效于地下，它本身就是公共政治空间中的一股力量，可以有效地发动现实之人与政府相抗衡。

为什么说城邦一方在剥夺家庭一方的势力的同时，也伤害了它自身呢？民族的力量源自地下世界，只有当人民对于民族的力量、安全、凝聚力有足够的确信时，这个民族才是真正稳固的。这个层面的伦理实体虽然不像政府那样有着明确的言语、政令和自我反思，是“所有人的无意识的和不言语的实体”，似乎所有人都忘记了还有它这回事，然而它却正是那公共世界的根本之所在。执政者只要忽略这一事实，就会痛苦地发现民众虽然在表面上承认他是最公正的，但他的整个政府的形象却可能在一夕之间突变为最不公正者，遭到所有人的抛弃，他的胜利顷刻之间便转化成他的失败。

前面我们分析家庭成员死后的状况时提到安葬与祭奠实际上并非纯粹私密的、自然性的事情，而是公共政治世界中的事情，只不过它是以“自然”“私下”的面貌呈现出来的公共之事罢了。这里黑格尔重新接续了这个话头。家庭的势力在于与城邦共同体不同的另一种自然共同体（家族）。表面上看，被城邦政府惩罚的死者被狗噬鸟啄，化解为自然界的元素，灵魂超升到无意识、无言语的冥界普遍性中去，与人世间毫无关系了，实际上并非如此。尸体被暴露荒野一天，被狗噬鸟啄一日，家族中人的被侮辱之感便一日胜似一日，复仇之念的烈焰便在心中越烧越旺，终究会爆发为摧毁那侮辱个人的城邦共同体的行动。——须知黑格尔在前文中已经提醒过，民族的根基早已被政府本身掏空了，这种复仇的行动不仅仅是个人或小群体之事，它将成为人的规律与神的规律构成的整个两极格局的瓦解。

于是第 12 段自然就展示了古希腊朴素的伦理实体状态（也叫“伦理本质”或“伦理之物”）向古罗马法权状态的过渡。这个长长的段落涉及政府、男性、女性、成年人、青年人、战争、所有物、人格等诸多主题，需要详加分析。无论城邦格局瓦解的具体过程如何，有一点值得留意：这里的关键不在于谁强谁弱，孰胜孰败，而在于城邦与个人、“男人”与“女人”以敌对的姿态相互对待的过程中，城邦存在的那个根基，即个体性与普遍性相互信任与相互成全的那种状态，已随之悄然消失了，城邦世界瓦解的具体过程只是那个根基消失的结果，而非相反。

前面黑格尔已经分析过，人的规律与神的规律各自都有其普遍性一面和个别性一面、并非人的规律单纯只具有普遍性，丝毫不沾染个别的因素；神的规律纯粹只是个别人的偶然之举，完全与普遍性无关。二者同为公共世界中的结构性要素，只不过它们是以不同面貌出现的两种共同体罢了。二者都体现为个人（公民或家庭成员）的行动，也都在建立各自的共同体形式（城邦或家族）。一旦它们遗忘了各自的这种双重性，而单纯以普遍性或个别性自居，那就是城邦政治瓦解的开始。

黑格尔延续上一段的话题说，如今大家都知道神的规律并不是什么隐秘之事，它实际上就是公共的共同体的一部分，它的效力并非仅仅神秘地运行于地下，而是在客观世界中具备外在效力，即体现为民族的现实生活中同样公开、具体而现实的人群及其行动。过去被认为纯属个人偶然兴起的行动乃至罪行，以及城邦将其作为个人的胡作非为而加以惩罚的现象，如今全都有了不同的意义，即惩罚并非什么正义对不义的正当惩罚，而只是一个共同体对另一个共同体、一群人对另一群人的迫害。公共生活的撕裂带来的是族群的怨念与复仇。

与此同时，人的规律的一面则失去城邦共同体本该有的涵容与气度，在不断地将以女性为代表的家族制造成它内在的敌人。人的规律（城邦共同体、以男性为代表的行动、政府）之所以能维持自身，完全是因为它能与家庭保持一种良好的平衡，与后者相互成全，而不是通过相反的行动刺激后者独立与分解出去。另外，正如前面说过的，家庭也构成人的规律的元素，它源源不断地为城邦输入新鲜血液，如果家庭成员如破壳而出一般融入城邦的普遍势力之中的这个通路被阻隔，城邦视家庭如仇敌并加以防备，它便在城邦之内不断制造其掘墓人。

接下来黑格尔从与城邦的关系、对待成年人与青年人的态度、对儿子与兄弟的期待这三个方面分析了女性的特质。在西方思想的发源时期，根据亚里士多德的转述，毕达哥拉斯便已留意男女两性的不同特质，在那个还没有严格概念出现的时代（真正说来严格的概念是通过苏格拉底的定义法才开始出现于世的），他甚至将男、女树立为分别与“有限”“一”和“无限”“多”相对应的关键范畴。① 可见当时古希腊思想家就已开始将男性当作开拓并固守新的形式的力量，将女性当作通过维持而襄助某种秩序的力量。而到了现代哲学中，舍勒在他的情感现象学与价值伦理学中对女性的类似思考也表现出深刻的洞见。② 黑格尔在此段的思路也有异曲同工之处。相比于男性对抽象城邦秩序的关注而言，女性更加注目于个体的需

① 亚里士多德. 形而上学. 吴寿彭，译. 北京：商务印书馆，1959：14.

② 应当注意的是，这种观察与性别歧视问题、女性主义主题以及女性是否“自私”之类的问题不在一个层面上，不可混同。

求与感受，这在男性看来简直“大逆不道”，等于将国家公器当作家族私产了。在城邦政治家看来，女性总是沉溺于欢乐、享受、现实活动之类个人之事，简直不堪造就；但女性却反过来嘲笑那些把持城邦事务的成年男性，认为他们只知道抱着一些空幻的规则不放，反而更欣赏青年人的放浪不羁、热情激荡，视之为未来的希望。相应地，她们将儿子视作母亲给自己生出来的主人，将兄弟视作姐妹们可以与之平等相待的男人，认为年轻小伙是女性可借以摆脱娘家束缚而建立自己作为妻子的地位和身份的人。总而言之，城邦予以忽视的那些男性角色，全被女性当作生活的希望。黑格尔笔下描绘的男女之别不可简单视作男性大公无私，一心扑在城邦上；女性自私偏狭，专门破坏城邦事务。这里描述的场景只不过是在城邦崩坏之前普遍性与个别性处处对立的大背景下，男性特质与女性特质被这种社会氛围过分放大而催生出来的扭曲现象。而且我们如果细细品味这里对女性的种种负面描述，便可发现这些话是以主持城邦事务的男性的口吻说出的，亦即只是表现了当时男性对于女性的偏见，并不完全代表作者自己的看法。我们不可不加考察便从这段有着深刻用意的话中得出“黑格尔歧视女性”的结论来。

黑格尔说，城邦的内部敌人其实是城邦自己塑造出来的。若是在平日里，城邦不赋予女性所欣赏的青年人以权柄和活动空间，后者将一事无成，并且容易脱离公共的目的而堕落为邪恶与虚无。此时青年人感觉自己受到一个更高的个体（城邦）的敌对和高压，被城邦势力排斥在外，而不会认为城邦是自己的整体与根据，更不会感到来自城邦的接纳与温暖。可是城邦容易忽略的一个事实是，它用以维持对人民的个体性的压制和对外邦的独立自主乃至威势的力量，亦即用以维持它在内外两方面的否定作用的力量，却来自这些生力军，在战争期间更是如此。

在战争中，伦理的自身之物（Selbstwesen）得以合法地从它平时受到的各种束缚（比如家庭出身、人际关系等）中摆脱出来，自由地行动并建立它的价值。一方面，战争对于个别人的财产、自由乃至人格都是一种否定性力量；另一方面，却正是这种否定性力量成为整体的捍卫者，一切个体的荣辱存亡端赖于这种力量的成败。这正是女性所欣赏的青年人扬眉吐气、大展身手的时候。在战争中决定个人成败的不是普遍性规定，而是自然力量、运气等偶然因素。在这种看似“公平”的竞争之中，社会实现大洗牌，原先受到城邦力量敌视与压制的力量兴起。最终的结果并非家庭力量反过来得胜，压制城邦力量，因为城邦的撕裂与对立已是无法改变的事实，因此最终的结果是整个城邦格局的崩塌，向着“法律面前人人平等”的法权状态转化。

这样的转化意味着什么？此时发生的不仅仅是一个城邦内部各个家族是否能维持的问题，而是各个城邦、各个民族在更大的共同体、更大的帝国（古罗马帝国）中能否自立的问题。黑格尔在段末稍稍提了一下法权状态的特征：共同体本身是无灵魂和无生机的空洞普遍性，但组成它的个人却是活生生的，而且他们是作为个别人，而非作为类或特殊性——伦理实体、伦理势力——的一员而存在的。换言之，在黑格尔看来，古罗马法权社会突破了古希腊城邦社会陷溺于特殊性（Besonderheit）的状态，真正达到了个体性（Individualität）。法权状态（Rechtszustand）代替伦理实体，作为一种新的精神形态在西方文明史上出现了。①

第 13 段引人注目地以“自然性”（Natürlichkeit）界定古希腊伦理实体，分析它为何必然走向法权状态这种“形式的普遍性”（eine formelle Allgemeinheit）。

前文中我们分析过，古希腊伦理实体是个人以不同的身份（城邦公民或家庭成员）直接信赖其所属的共同体的正义性，并以伦理行为维护这种正义性的状态。人们对各自所属的共同体及其代表的规律有一种天然的信赖，这种信赖未经反思，也不必反思。这种天然的信赖关系在民风淳朴的时代或许能维持许多个世纪，然而一旦人的自主意识膨胀，只顾维护自己这一方代表的规律，甚至将这规律的公器拿作私用，就必然会带来人群之间与个人内心中的双重撕裂，此时“伦理意识本质上直接趋赴法律”便成为必然之势，而具体的争斗与胜负，以及向法权状态的具体过渡方式，就只不过是这种必然之势的外在表现形式罢了。换句话说，在古希腊伦理社会中个人为某种伦理势力而奋斗的整个过程，以及这种伦理实体状态向法权状态的过渡这两个阶段中，个人都对自身的人格性、个别性没有明确的自觉，只有到了法权状态中他们才建立起这种自觉。这当然不意味着古希腊人在行动的时候都是在梦游，只是说他们都不是以个别的、自由的个体

① 黑格尔一方面说法权状态代替“伦理的精神形态”，另一方面却又将古罗马法权状态作为一小节放在“真实的精神；伦理”这一节之下来谈，看似自相矛盾，实则不然。实际上“伦理”在黑格尔那里有广、狭二义，狭义特指古希腊伦理实体，广义则涵括古希腊和古罗马两个时代。（为了避免混淆，我们在后文中依然将“伦理实体”保留给古希腊城邦社会，在必要的时候只以“伦理整体”表示继之而起在西方占据支配地位的古罗马社会——在那之前的古罗马历史，黑格尔照旧是不予讨论的。）但在个别地方，这两种含义的确容易混淆，考虑到《精神现象学》异乎寻常的广度和深度，黑格尔要处理的主题又极多，他在具体论述上一些地方“不严谨”是可以原谅的。

的身份行事，他们的自觉是作为伦理势力的自觉出现的。① 黑格尔将这种不自觉的状态叫作“直接性”和“自然性”。黑格尔认为在这种自然状态的“优美的一致和宁静的平衡”（die schöne Einmütigkeit und das ruhige Gleichgewicht）② 底下实际上蕴含着“矛盾与腐坏的萌芽”，因为无论是家族成员维持的那种“无意识的宁静”，还是城邦公民保有的那种“有意识的不宁的宁静（unruhige Ruhe）”，其本身都并非以个体人格的身份自觉行动的结果，而是一种纯朴的信赖感，其内中蕴含的骚动迟早会爆发出来。

因为这种自然性，个人都只归服于某一种伦理势力，这就造成了他的生存的有限性（即前文中黑格尔屡屡提及的“知道的”和“不知道的”之分），因而另一个异己的个体随时都有可能扬弃他，而且双方在斗争中并没有哪一方是绝对正义的。但黑格尔真正深刻之处在于，他看到个人的规定性在斗争中被扬弃并不仅仅是个人之事，因为一种规定性被扬弃并不意味着对立的规定性的全盘获胜，而是意味着两种规定性同步失去了它们的正义性，同步失去了它们相互支撑而成的那个根基。

新的形态是法权状态，这种状态有两个基本特征：首先，那普遍的法律貌似赋予每个人自由，却并不像民族或家庭一样对任何一个具体的人而言是“切己的”，它不再像古希腊伦理实体那样渗透到每个人的血脉和生活中，直接令人在投入其中的过程中便得到个人的充实，而是与所有人都保持了一种距离，因而所有人都可以对它“不在乎”。其次，个人看似获得了充分的自由，能以个体的身份行事了，但人与人之间只凭法律的中介而发生关系，而不是着眼于对方独特的人格性而承认对方，因而人与人之间只有一种空泛的相互承认，他们之间也存在着相当大的距离，只能建立起一种空疏的关系。正如黑格尔所言，古希腊伦理实体“简单的坚实性”（die einfache Gediegenheit）③ 分崩离析后，整体便不再作为“活生生的精神”（lebendiger Geist）内在于各人之中了。

---

① 黑格尔在《历史哲学》中对这种观点有更详尽的发挥，这种观点其实掺杂了很强的近代偏见在内，未必完全符合古代社会的实情，拙著《黑格尔的历史观》在这个问题上稍有抉发，见该书第三章第三节、第四章第四节。

② 此处可能暗含着对于温克尔曼的“单纯的高贵，静穆的伟大”一类单纯称颂古希腊文化的观点的讥讽。黑格尔和后来的尼采一样，虽然极为钦慕古希腊文化，却也看到古希腊文化的复杂性和内在冲突性，虽然他们对于古代文化的解读无疑含有相当多的近代偏见，一向不为古典语文学家所喜，但二人提出的问题本身却是极其深刻的。

③ 王玖兴先生译作“坚如磐石”，极其传神。

三 法权状态

进入罗马法权社会，我们首先碰到的关键概念是“法权”（Recht）。应该如何理解这个概念？黑格尔的《法哲学原理》的正式出版要到十余年后，严格来说“法权”概念在那里的充分展开属于黑格尔后来的思想，但如果撇开个人思想史的阶段性差异不论，考虑到黑格尔思想发展的连贯性极强，我们还是可以将该书中的论述拿来作为有益的参照——至少可以让我们将黑格尔的“法权”概念与通常意义上的法律、契约区分开来。

考察德国古典哲学在法权哲学方面的发展路线后不难看出，这里贯穿着一条由卢梭的“公意”概念发散开来的隐秘线索。从卢梭到德国古典哲学诸家都认为，人群的共同体生活形式既不像国家建立之后对于个人的一种强制命令的关系，仿佛共同体对于个人而言纯粹是一种外在的压力似的——正如我们在历史上经常可以见到的那样，也不像近代英国的社会契约论所构想的那样，取决于一部分人与另一部分人的商议与妥协，即操之于人的权柄。理想的、正当的共同体生活形式是所有人的自由的产物，并不使人损失什么，相反倒可以成全人的自由；它不是完全受人控制的，而是一种高于个人之上的整体性存在——这便注定了黑格尔所谓的“法权”决不仅仅是由人书写的成文法，即我们当代人所说的“法律”，还是通过人的自由行动遵循一定的逻辑，在不同的社会生活层次上凝结而成的一些相对比较固定的结构形式。当然德国古典哲学并非没有独创性的贡献，它对卢梭开创的这一思路的最大贡献就是明确地将法权当作个人生活的“条件”（即康德所谓的“可能性条件”）。一个非常显眼的例子是，黑格尔在讨论那表面看来最易受人控制的“契约”时，就批评近代的社会契约论说：“契约是从人的任性出发……但就国家而论，情形却完全不同，因为人生来就已是国家的公民，任何人不得任意脱离国家。生活于国家中，乃为人的理性所规定，纵使国家尚未存在，然而建立国家的理性要求却已存在。……所以国家绝非建立在契约之上，因为契约是以任性为前提的。”①这意味着，在设想人的种种活动之前，就必须设定人已经生活在共同体中了，是一个理性的人，而不是像霍布斯描述的那样在森林中野蛮游荡。如

① 黑格尔．法哲学原理．范扬，张企泰，译．北京：商务印书馆，1961：83．本文中出自该书的译文均依照德文本参校，具体译名或与中译本有出入，参见：G. W. F. Hegel. Grundlinien der Philosophie des Rechts oder Naturrecht und Staatswissenschaft im Grundrisse. Frankfurt am Main：Suhrkamp Verlag，1970。

果像霍布斯那样看问题，国家就势必无法逃脱人与人之间私相授受的范围，即便我们将这里人群的范围扩大到包括所有人在内，也是如此。在黑格尔看来，那种景象在近代根本是无法想象的。在这个背景下，黑格尔将法权的本质界定为“作为理念的自由”①。这里所谓的自由指的是意志自由，理念指的是经过实现的概念，因此法权便不是私人想法的任意推行，而是一种既符合人们主观的要求又能普遍推广的意志在生活中业经实现后形成的种种实定的形式，黑格尔说，“任何定在（Dasein），只要是自由意志的定在，就叫作法权”②。

黑格尔在《精神现象学》与《历史哲学》中对古罗马法权社会都给予了很强的批判，乃至达到了鄙夷的程度，他写到这个社会形态的时候向来着墨不多，这里也不例外（只有四页）。在这一小节的开篇，黑格尔直接将古希腊伦理实体（“个体性与实体之间活生生的直接统一”）向古罗马法权社会中的“普遍的统一性”的转变视为一种“倒退”（zurückgeht），因为后者是“无精神的共同体”（das geistlose Gemeinwesen）。在精神层面上，一个共同体居然被称为“无精神的”，可见黑格尔对古罗马法权状态的批评是极为严厉的，在他看来那是一个了无生趣的时代，看似团结一致向外扩张，实则人与人之间普遍相互漠视，失去了个体性与普遍性之间完全的相互渗透与相互成全的理想状态（“我就是我们，我们就是我”）。当然，他将希望放在了一种理想的君主制政体之上，他认为未来还是有希望重回这种理想状态的，甚至有可能达到更高的理想状态（因为在他看来只有现代人才有可能自觉地与整体相互成全，在这一点上胜过了古希腊人）。然而单就黑格尔对于古代的论述而言，他对于古希腊伦理实体之崩解的惋惜之情是无以复加的。（对于推崇古罗马文化的人来说，他的这种情感无疑使他对古罗马文化的判断“不公正”了。）我们且细看一看他对古罗马社会精神形态的描述。

在法权状态下，活生生的共同体退化为僵死的平等性（Gleichheit，“法律面前人人平等”），所有个人都成为平等的原子，因为它们都是漠无差别的人格（Person）。表面看来，这种法权状态既释放了家庭成员的个别性，也保留了原先城邦公民的那种现实普遍性和自我意识。

就家庭成员而言，在伦理世界中，个人的个别性在他生前是不重要的，他只有以家族一员的身份活动才能被承认，他的个人性情、喜好和优

①② 黑格尔．法哲学原理．范扬，张企泰，译．北京：商务印书馆，1961：36.

长都被封锁于他的内部，或者只有作为服务于他的上述身份的附属因素时才有意义，比如当这个人死后被书写于家谱之中时，为了将他与其他人区别开来，是需要突出他的个人特征的，但那时他已不是活生生的人了。此时国家层面的伦理实体已经变成一股稀薄的青烟飘荡在人们的头顶，那么公民层面似乎成了伦理整体的重心。但此时的国家公民根本不像现代人一样相互作为一种自觉自主的自我意识而被承认，而是仅仅具有对自身的一种主观确定性。国家公民作为伦理整体的构成要素，他对这个整体当然采取肯定的态度，他自身也成为一种肯定意义上的普遍者，但若就他自身来看，他只是一个抽象意义上的自主之人，相互之间其实是漠不相干的，因而是一个否定性的普遍者。

回顾古希腊伦理实体的崩解过程，可以发现那时个人只是被空虚的命运必然性碾压的、无自我之人，如今个人返归于他自身之内，具备了主体性，而且成了国家的重心所在。但这也只是表面现象而已，因为他只是一个与他人无关的抽象自我，那个国家也只是一个抽象的普遍性而已。

第 2 段很简短，它说自我在法权状态下貌似自在而又自为地存在着，但这一段又直言不讳地点明：这只是表面现象。因为它的这种存在的实体性（Substantialität）完全依赖于他人与国家对它的承认（Anerkanntsein），故而是一种“抽象的普遍性”，因为“它的内容是这种冷淡自矜的自身（*dieses spröde Selbst*），而不是已消融于实体中的自身”。这话的意思是，每个人都像一张大网上的一个节点一样，完全靠其他节点与它之间的张力而被撑持起来。它既没有像古希腊时代那样融入大川大河中去，捕得鱼虾满满，与伦理实体自然地相互支撑，也不像现代社会中这样，每个节点都是一个小世界，是一个能感知全世界的“单子”，而仅仅是同一种法律地位的单调复制品。

第 3 段通过与斯多亚主义对比来解释人格法权（das Recht der Person）的这种抽象普遍性。人格性（Persönlichkeit）跨出与伦理实体的朴素统一，达到了“现实有效的独立性”（die *wirklich geltende* Selbständigkeit），即得到国家法律的制度化保障的、人人都必须相互承认的独立自主性。这听起来是一种很美好的状态，实际上它在古罗马社会始终不过是一种孱弱而勉强维持的平衡。产生这种现象的根本原因在于人格性的根基并不深厚，在于法权状态是一种掏空了内容的、形式化的相互承认，而不是国家与个人之间如亲子关系般充实饱满的、热切地相互成全的、全方位融通与信赖的关系，在后者那里，个人愿意舍弃自己的一切去成就伦理势力，伦理势力则除了各成员的现实行动之外再没有任何单独的存在。

“关于它（指独立性——笔者按）的那种不现实的思想是由于放弃了现实而形成的，那种思想早前曾以斯多亚主义的自我意识的面目出现过”。这话听起来似乎在说，某个人不顾外部现实世界，执意返回内心，他就成了一种斯多亚主义的自我意识了。实际上黑格尔别有深意。这里所谓的“放弃现实”不仅仅指个别人、一部分人乃至所有人的一种偶然行为，它首先不是人的抉择问题，而是现实本身的空疏化问题。只有当现实本身自我放弃了，个人对现实的放弃才能造就一种普遍的社会状态。也就是说，现实本身由一种朴素的伦理实体变成了空疏的、形式化的法权状态，从深得民众全身心信赖的那种城邦变成了将人人制造成离散的原子的法律格局。有了这个转变作为前提，“自我意识”章谈到的斯多亚主义以及现在论及的“人格性”才有生成的土壤。

后二者的区别在于，斯多亚主义是个人在“自我意识”层面上看待他人与自身的人际关系，而人格性则是哲学家立足于事情本身的层面讨论整个社会状态。斯多亚主义是基于人与人之间无法实现真正的相互承认，基于对现实人际关系的绝望而返回内心的，也就是说，它是自我意识与其他自我意识交往后直接返回自身，没有经历过世界本身的中介作用。人格性的情形则不同，那里的个人立足于世界本身之上，只不过这个世界是一个空疏化的世界：人人都发现必须在所有人作为人格而服从一种普遍法律的前提下，才能实现国家的整体扩张。也就是说在后者这里，个人不是基于个人境遇，而是基于整体本身的兴衰而做出抉择的。当然，黑格尔将这两种现象放在一起来说，只是为了在相互比照之下使读者对人格性有更深的理解，并不是为了判定二者孰优孰劣。斯多亚主义与人格性是并行不悖的两个不同层面，它们完全可以在同一个人身上出现，这个人既是帝国忠诚的公民和战士，也是郁郁寡欢的内心孤独者。

接下来黑格尔更详细地描述了这两种现象。站在法权状态的层面回顾斯多亚主义可以发现，后者只是前者的一种不自觉的抽象。它是法权状态下人们的一种普遍的生活方式，它本身并没有考虑法权状态的层面，但已经以不自觉的方式在践行着人与人之间抽象而隔离的原子化存在方式；它逃避现实，因而只知固守内心中关于独立性的一种主观想法，而顾不上这种主观想法与现实之间有多大联系；它是自顾自的存在，有意摒弃了与外部的任何特定存在的联系。如今站在法权状态的层面，我们就更清楚地看到斯多亚主义这块浮冰庞大的水下部分了：它实际上是以我们解析上一段时说到的那种双重的空疏化为前提的。一方面，个人自身所谓的独立自主存在只是一种空虚的形式规定性，并非“一种更为丰富或更强有力的定在”，个人意志、性情、喜好、力量等特殊因素看起来好像从古希腊伦理实体的压制下被释放出来了，但在法权状态下它们实际上是无关紧要的，每个人都只是法律面前相互平等的单纯的“一个”，除此以外任何更丰富的规定性都是不必要的；另一方面，他所从属的那个整体也不是什么鲜活饱满的精神，而只是“精神的抽象现实（abstrakten Wirklichkeit）的纯粹的一（das reine Eins）”，换句话说，整体除了是一个同样抽象的大写的“一”之外，也不是任何别的什么。

第 4 段通过与怀疑主义对观，展示法权状态的走势。

我们在对“自我意识”章的相应部分的解读中曾表明，怀疑主义与斯多亚主义之间是一体之两面的关系，而且相比斯多亚主义那种形式化的独立自主性而言，怀疑主义似乎更多地暴露了其行事方式在内容方面的杂乱性和不稳定性：它总是怀疑一切偶然之物，但实际上却又依赖这些偶然之物，因为它必须不断捡起这个那个偶然之物，充作自己的内容。所以整体而言，这种意识形态就是表面独立，实质上却毫无坚固内容，因而根本无法独立。

与此类似，法权状态下的个人同样陷入永无止境的“普遍混乱和相互消解”。与伦理实体阶段具有充实而规整的内容的情形不同，这里个人生活中唯一不变的只有那“纯粹的、空虚的一”（das reine *leere Eins*），而内容方面则完全是散乱无章法的。其根本原因不在于个人的任性，而在于伦理实体已经瓦解，个人的生活除了抽象法律①的约束之外，根本就没有任何秩序与方向的约束了，个人也不认为有必要受到类似的约束，因而人只要服从法律，只要为帝国的扩张与延续尽一份公民之责，除此之外他的生活中就再也没有任何约束了，他选择何种特定内容作为自己生活中的对象，那是无所谓的。

因此个人生活永远陷入各种特定内容的流转不息之中，任何内容都不会持续存在，事实证明这种生活方式本身也是无法持久的。这种形式主义的法权状态的一种常见的表现形式是，个人惯于到处将一切内容贴上“所有权”② 的标签，将它们纳入自己的势力范围之内。但他其实对于任何内

① 值得注意的是，黑格尔在后来的《法哲学原理》中径直将法律归入“抽象法权”之列。
② 这也是罗马法中与“人格”概念同样重要的另一个关键概念。

容都没有真正深入的理解，任何东西在他看来都只是一个有待被他占有之物，而被占有之后又不过是等着让位给另一个东西罢了，除此之外无他。

表面上看，似乎所有权比起怀疑主义来多了那么点肯定的因素，因为后者只顾以思维的抽象同一性否定一切身外之物，但所有权却处处表示各种东西是“我的”(Mein)，到处划地盘。然而黑格尔接下来马上就将这个假面撕下来了：无论“我的”的具体内容或规定性有多么丰富，这看似丰富的内容其实都与它的形式毫无关系，因为所有者对于所有物是两不相干的，也没有任何深切的了解，他只满足于“我的”这个标签本身。而他到处予以占领的那些内容，其本身的规定性没有任何一样是由他赋予的，而是来自他之外的东西。因此当人们在法权状态下普遍地相互承认的同时，他们也普遍认识到自己是失去了实在性的空虚之人。当这一点大白于天下之后，黑格尔说，人们如果“把一个人称作一个人格”，那不是什么称赞之语，不是对这个人的独立自主性的欣赏，而是轻蔑的表现。

第 5 段谈论罗马皇帝这位世界主宰（Herr der Welt)。罗马皇帝一方面像每一个臣民一样是一个个别的人，也有他的人格，但另一方面他又是个“例外”，因为他代表整个罗马帝国，代表原子式的所有臣民的“实在本质”（des realen Wesens)。如果说原子式的臣民们原本以为自己是完全自由的、拥有自身本质的，后来却发现自己不过是一个空虚的一，那么皇帝则握有实权，是“普遍势力和绝对现实”(die allgemeine Macht und absolute Wirklichkeit)。但话说回来，正如法律决定了国家整体与臣民个人都是抽象的一而并非分别具有真正的普遍性与个别性一样，皇帝也不是因他个人的个别性，而是因为法律才具有这样的地位，也就是说，法律反过来赋予并巩固他这个“例外者”的身份。

皇帝对他自己的这个特殊地位是很清楚的，他知道没有比他地位更高的人了，因此之故，他跟所有人是对立的。但这种对立却不意味着双方是可以分离的，恰恰相反，他的权势完全离不开臣民对他的承认，只有他们的受统治才构成他的普遍统治权。一旦他走到众叛亲离的地步，他便是一个毫无现实力量的孤独之人。——这意味着，即便握有最高权柄的皇帝，他的个别性本身也是无关紧要的，一旦他脱离那个众星拱月的最高地位，他的个别性便毫无力量，完全与一个平民百姓无异。

这种孤独之人意识到自身与那代表普遍权位的人格是有距离的。一旦他作为个别人的种种意识内容失去了约束者，一旦他不再勤政爱民，那些意识内容便会陷入一团混乱。如果在一个平民百姓身上，意识内容的混乱还不会造成什么大的破坏，但如果一个罗马皇帝对自身不加约束，他的混乱想法就必定通过他的权柄在公共世界中造成各种精神势力的大混乱。他的自我意识完全就成了这些势力相互厮杀的场所，对它们毫无约束作用。皇帝由于意识到最高权柄在握，便自认为是现实的上帝（den wirklichen Gott），他若无意约束自己的想法，便会陷入荒唐放纵之境。

无论黑格尔在最前面的一般性分析中告诉我们皇帝的个别性的无关紧要，还是描述脱离臣民的皇帝的孤独境地，抑或讲述那居于高位而不自行约束的皇帝的荒诞无稽，其实都不是为了讲皇帝的什么特殊性，而只是为了通过皇帝这个看似最自由的人的例子告诉我们，罗马帝国没有一人是真正自由的，有的只是私欲的放纵与形式化的空壳。

第 6 段再深入分析皇帝与臣民之间的统治关系，以及这种关系如何让双方都无法达到真正的自由。

正如上文所说，皇帝与臣民之间的纽带是整个法权状态，因此臣民之间并非像古希腊的公民对于城邦或家族成员对于家族之间的关系那样是自然的信赖与融洽一致的关系，而是相互视为异己之人。臣民之间原本就是离散的关系，维持他们表面上的统一性的是法权状态本身，而这种状态的总代表就是皇帝，因此皇帝构成了臣民之间的连续性。但这种连续性并非像生命之于树木的各部分之间的那种内在关联，而是外在的黏合关系。这样一来，无论是臣民与皇帝之间，还是在皇帝所聚拢起来的臣民之间，都是一种“否定性关系”。正由于皇帝成为臣民之间的外在连续性，他也就成了令他们离散性的宁静生活扰攘不宁的因素，让臣民们认为自己的自为存在和人格被他毁掉了，因为他混淆了他们之间的法权界限，硬要将他们拉拢到一起。

但这种遭到臣民们排斥的外在黏合招致的结果又如何呢？这种外在的相互牵制使双方都失去了自己的重心。臣民们认为一个异己的力量成了他们自己的实在性和效准，那么法律赋予他们那种似乎人人都能保有自己本质的人格状态便成了一句空话，他们感到自己成了毫无实体性的东西（Substanzlosigkeit）。而从皇帝的一面看，他虽然手操权柄，可以肆意从事摧毁他人的活动，但那不过是将臣民们当作物件加以摆弄的行为罢了。我们从“自我意识”章中的相关分析不难得知，在使臣民们物化的同时，皇帝本身也随之物化了，他谈不上是什么有着完整自我意识的人。因而黑格尔说他抛弃了自己的自我意识。

在本节的最后一段，怀疑主义向苦恼意识过渡的情节在一个新的层面上似乎要重演了，我们看看这个转变是如何发生的。

意识了解到现实并非它自身可以扎根其中的深厚实体，似乎被现实逐回内心，然而在内心中它又意识到它自身是非本质性的。这样一种意识形态，以前在“自我意识”层面便叫作斯多亚主义和怀疑主义，二者的区别唯在于内向反思与外向实践的不同。怀疑主义的意识在它于周围世界与内心中均找不到安身之所的情况下，便开始将目光投向彼岸世界，那就是苦恼意识。如今在精神层面，这种内外皆无以安身立命的情形不再仅仅是意识的一种感受，而成为一种现实的、客观的生活实情。法权状态是对臣民与皇帝等一切人的本质的剥夺，或者说法权状态下的所有人从来都没有获得过真正的自由。如今当自我回到内心时，似乎才赢得自身的现实性。伦理世界（包括古希腊与古罗马社会）原本是统一的，如今意识却要在这个世界之外去寻求一个彼岸的世界，这是世界本身的异化。

第二节　自身异化了的精神；教化

说到基督教这种精神形态的出现，黑格尔在上节末尾给我们展示的是一幅人们因对内心世界与现实世界绝望而将目光投向彼岸的图景，但我们不应当在现成化的意义上理解黑格尔的意思。这里问题的焦点并不在于人们该到何处去寻找世界的本质，仿佛现实世界是一个地方，彼岸又是另一个地方似的——不管我们通过何种方式才能抵达那个地方。就像我们如果在时间“之前”寻找时间的源头，实际上是将所谓“时间的源头”置于我们要追问其本质的那个时间内部了一样，这里如果将目光从现实世界投向另一个地方，无论这个地方是多么不同的一个地方，它总已经是广义上的世界内部的一个地方了，而我们追问的却恰恰是世界的本质。这里问题的关键是人们因为对世界本身（包括外部世界与内心世界）感到绝望，与此同时意识却已经达到了精神层面，即自我已经扎根于世界这一实体之中了，在这种情况下，世界的本质只能是对整个古代（包括古希腊与古罗马）所达到的伦理生活状态的否定；无论人是否天然地信赖伦理实体，无论人是否具有一种抽象的形式性自由，事实都证明那是不可持久的，但我们的世界已经以一种有秩序的方式存在了，这本身就表明它不是没有本质、没有真理的，故而世界的本质只能在世界的彼岸。彼岸的关键意义就是对此岸的否定，它的关键不在于它本身具有什么样的肯定性特质，比如彼岸在距离此岸多么遥远的地方，它有多少居民，如此等等的问题完全不在黑格尔的考虑之列，黑格尔只是立足于世界本身考察它的缺陷与出路。这就是黑格尔的近代内在性世界观对于信仰问题的理解。从这个意义上看，费尔巴哈、施特劳斯乃至马克思等青年黑格尔派对于宗教的批判依然走在黑格尔本人开辟的道路上。

黑格尔在“小引”部分回顾第一节的思路，并预告本节的结构。

第1段先回顾前一节。黑格尔说，在古希腊伦理实体中，虽然生活也有种种对立，但这些对立都是出现于一个统一体中的，意识本身也是如此认为的。它对于伦理实体有着天然的信赖，并不将伦理实体（这里叫作“本质”）看作一个异己的东西。如果伦理实体是一个异己的东西，那么意识势必要走出它自身（即通过它的异化）方可与之合一，或者把它发掘出来。在古希腊社会，这种异化是不必要的。

在古罗马社会，精神成为“绝对离散的东西”（das absolut Diskrete）。黑格尔的这一描述非常形象，正如我们解析过的那样，古罗马社会人与人（包括皇帝）之间的关系，就像一张网上的各个节点之间的关系一样，完全是一种抽象而离散的格局。每个人都发现整个外部世界（包括其他所有人）都是一个异己的、“坚硬的现实”。然而意识扎根于世界本身之中，以世界本身为其整个生活的根据，这始终是精神阶段不可改变的事实，虽然世界如陌路人般对待它，以致它在这个世界中认不出它自身来，但它依然在世界上以其行动和作品成就着这个世界，这就是法权状态的基本局面。

由法权世界的主人（皇帝）所统治的现实世界，不是一个纯自然的世界，而是一个精神化、人文化的世界，即已经作为人的作品、作为人的行动产物的世界。然而这个世界却不像古希腊世界那样与人天然地融合为一体，却是人的一个异己的世界。如今自我意识必须抛弃它自身，必须放弃它本己的个别性才能获得外在现实。黑格尔在这里再次表现了他思想的深刻之处：表面看起来自我意识的这种外化是由于自然界的种种元素总在扰乱破坏人的生活，而迫使人不得不走出自身去与之斗争，实际上真正进行扰乱破坏的倒是那固执的自我意识本身，自我才是各种自然元素的真正主体。人如果在世界上没有归属感，离散、外在甚至敌对地看待世界①，那么世界

① 当然必须说明的是，此时人在世界上没有归属感的状况与上一章中理性与世界的关系是不同的，后者采取自我封闭化的态度，而本章中的自我意识始终是扎根于世界、向世界开放的，它并没有一种必须加以固守的确定性。但这并不意味着它在世界上总是被接纳的、有归宿感的。

就呈现为一个总是在袭扰和威胁他的自然强力，他感到必须征服世界，克服这种袭扰和威胁。但他却没有意识到，世界之所以呈现这副面貌，他对世界之所以有这种感受，只是因为他没有跳出"作为主人的行动者与作为行动产物的作品"这样的对待世界的二元框架模式，世界原本就不可被他全盘掌控，他也没有意识到真正扰攘不宁的其实是他自身。黑格尔观察到，罗马皇帝将自身癫狂错乱的个人意志与欲望施行于外，导致世界纷乱不息，这种现象本身只不过是那个时代人与世界相互对待的方式的一种极端表现罢了，根子并不在罗马皇帝那里，而在于法权状态这种生活方式本身将人与世界相互陌异的格局固化为法定的常态了。——这种局面似乎又在现代人与自然环境之间的关系格局中重演了。

然而在当时的环境下，人的这种行动似乎有一些无奈的成分。因为人如果不有所行动，他就是无法成为一种真正自在自为而有客观效力的存在者，就没有实体性，最多只能在被那些外在的自然元素与事件推来挤去的同时维持一点内心的孤傲自赏，就像斯多亚主义者和怀疑主义者一样。而在当时那种人与世界失去亲和力的状态下，行动只能意味着推行人自身的意志，到外面去规整世界。

然而这种行动却始终达不到人们心中向往的那种与世界之本质合一的境界。第 2 段为了说明这个问题，区分了现实的意识与纯粹的意识。前者是人们在现实世界中的自我意识及其与现实世界的相互塑造。后者则表示人对所有这些并不满意，要扬弃它们，在此扬弃的基础上进而追求"纯粹的普遍者"（"纯粹意识或本质"）。自我意识认为后者才是那被扬弃者的真正本质，然而在没有详细展开这个彼岸世界并使它与现实世界发生关联之前，它只能被视作纯粹的思维产物，这个思维产物与现实世界互为"对立面"（Gegensatz）。

第 3 段点明，如今精神所形成的并非"单一世界"（*Eine* Welt）、"一个双重化的、分离的、对立的［世界］"（eine gedoppelte，getrennte und entgegengesetzte）。黑格尔这句话的用词值得注意：他并没有说那是"两个"世界，而说那是"一个双重化的"世界，后者虽然不同于"单一世界"，具备了两个对立面，却依然构成一个大的整体。——这里足见黑格尔始终是站在近代内在性世界观的框架下看待基督教世界的。

接下来黑格尔开始交代这个双重化世界的特征，以及本节的基本思路。

按照黑格尔常用的笔法，双重化世界的特征依然是通过与伦理世界

(这里主要说到的是古希腊伦理实体) 进行对比而显明的。在伦理实体中，精神是当前存在 (Gegenwart)，即这个世界中的所有个人都直接与某种伦理势力融为一体，虽然两种伦理势力是对立的，但这并不影响它们之间寻找平衡，共同维持伦理世界之整体。自我意识与它周围的伦理世界之间是直接相互肯定的关系，已死的家族成员所构成的家族精神与作为其自我反思者的活着的家族成员之间，民族整体与作为其自我反思者的政府普遍权力之间，都是这种关系。

而在异化的世界中，每个事物的本质都不再落于其自身内，而在它的彼岸，整体的平衡不是现实世界的内部统一所能达到的，而必须以事物都异化到它的彼岸或以它的彼岸异化到它的现实为前提。此岸之物寻求彼岸的本质，而与此同时，彼岸的本质也必须以某种方式体现于此岸 (比如道成肉身)，这是那双重化世界所固有的要求，只有在此岸与彼岸的相互异化中，那双重化世界之整体才能获得平衡。换句话说，整体本身也分裂为两个王国：自我意识所在的现实王国，以及纯粹意识所趋向的彼岸王国，后者从不作为自我意识可以立足或“设身处地”的某个地方，而只能作为自我意识所向往之地而存在，因而只存在于信仰中。

黑格尔接下来通过对比法权人格来描述具有纯粹洞见 (der reinen Einsicht) 的启蒙主体[①]。前者是从古希腊伦理实体所分裂成的两种规律、从那时意识分裂成的有知与无知，返回悲剧命运，进而再返回对两种规律都采取否定态度的人自身，那是直接有效准的人格；如果说法权人格是在承认伦理实体之根本地位的前提下由个人采取的“防守”姿态，那么纯粹洞见则是人类凭借其理性对世界之真理进行判断的形态，此时人类理性成了万物的尺度。法权状态的人格是依赖于抽象的法权规定的同时又收缩于个人内部的个人，人与人、人与世界之间只有一种淡漠的形式规定为纽带。然而启蒙主体则不同，它意识到了此岸与彼岸实质上只是被西方文化设定而成的一个双重化结构，它表面的“两个王国”实际上不过掩盖着人对世界之本质的同一种追求，因而现实世界与彼岸世界双双为“假”，只有人对两个世界的统一性的概念性把握才为真，这种概念性把握就是纯粹洞见。这里的概念性把握当然不是指主观观念，而是对事物客观存在着的

① 读者需要留意的是，纯粹洞见并不局限于近代的启蒙运动，它在中世纪教化状态就隐隐成形了，它作为一种启蒙姿态，贯穿了中世纪教化状态与近代早期，因此我们这里所说的“启蒙主体”也不仅仅限于近代早期欧洲的那种启蒙，而是泛指上述两个时代采取启蒙姿态的主体。

内在结构的把握，是对世界之本质的新理解。它在一切事物那里都看到了类似于“理性”章中的合理性结构一样的概念统一性，换句话说，它在任何事物那里都看到那事物的自身（Selbst）、自为存在。如果这样一种洞见起而反对信仰的那种寻求彼岸王国的生活态度，它就是启蒙（Aufklärung）。——正如我们熟知的，它一定会将信仰描画为“迷信”。

黑格尔在青年时代本是启蒙精神与法国大革命的热烈拥护者，还曾经与大学同学一道栽种过纪念大革命的“自由树”，然而随着他思想的一步步深化，他认识到启蒙也不过是另一种异化了的精神，因为启蒙挥舞起来痛击信仰的那个大棒与信仰一样，都算不得对世界本身之整体性的真正领悟，而不过是理性所构造出来的一种统一性罢了。后文中我们会发现，启蒙号称是公正、客观、科学的，实际上却将此世的许多未经考察的规定性强行带入它所构想的新世界图景中去了，然而精神作为整体又无法否认那是自己的财产。

启蒙与纯粹洞见裹挟着世界精神前行，但它们的真正标准其实只是事物对于理性与人的有用性。它们真正关心的根本不是世界本身，而是它们自己。信仰王国与现实王国的二元结构在启蒙的攻击之下崩溃了，启蒙精神引发的革命带来作为绝对恐怖的绝对自由，那种自由是失去了真正方向的抽象自由。作为这种自由的产物，同时也成为这种自由的一种反拨而出现的便是道德意识。那是下一节的主题了。——正如伦理实体崩溃的情形一样，这里异化精神消退的根本原因并非哪一两个启蒙思想家或者哪一两场革命，根本原因在于异化精神自身的结构性缺陷，而启蒙运动与法国大革命只是这种结构性缺陷的后果。

一　异化了的精神的世界①

这一小节的“小引”段落为我们展示了双重化世界的基本格局。双重化世界并非简单地在两个地方各设置一个领域那么简单。首先，彼岸世界并无具体的物理空间作为它的处所，因为任何物理空间本身已经属于现实世界了，彼岸世界的意义仅仅在于对现实世界的否定，在本质上它是一种

① 本节中标题编号与原著稍有不同。因为黑格尔自己所加的标题细化到了第四级，而全书其他各章节标题最多只细化至第三级，但他又将第四级标题与其他章节中的第三级标题置于同等序号（a、b）之下，而在第四级与第二级标题中间嵌入第三级标题（Ⅰ、Ⅱ、Ⅲ）。笔者考虑到全书体例的一致性，采取了将原第四级标题写法“降级”的办法，标为“(一)”“(二)”。这样处理后，并不影响读者对整节文本的理解。

"纯粹意识"，因此追问它的方所以及其他属性如何，是没有意义的。其次，纯粹意识既然因对现实世界之被异化的状况的不满而起，它自然不是一种现成的设定物那么简单，也就是说，它在本质上就是对两个世界的差异性的意识，或者说不仅仅是"另一个世界"，而是同时包含了两个世界的规定性于自身内。

这样一来，人对彼岸世界的肯定态度本身就必然包含着对现实世界的否定态度在内，黑格尔将这种态度叫作信仰。无论是彼岸世界，还是信仰的态度，本身都是世界本身在其发展到异化阶段后的产物，它们作为精神的自在存在的一个阶段的表现，都没有达到那作为精神的自为存在的宗教(die Religion)，后者并不局限于异化的精神，而且与异化的精神不处于同一个层次。

因而信仰的态度本身是很局狭的，它不能代表纯粹意识。黑格尔更关注的是后者，因为前者就像一棵树生发出来的枝叶，是精神在某一个阶段或某一个层面上的表现，而后者则像那棵树中流动着的组织液或生命活力，是人对世界之本质的不懈探求，虽然也有它的偏颇之处，但蕴含着精神日后将发展出的一些形态，比如纯粹洞见、启蒙、道德意识等。

(一) 教化及其现实性王国

第 1 段描述自我意识在这样的双重化世界中的自我实现（Wirklichkeit)①，以便后文中正式引入"教化"概念。

自我意识身处的现实世界是由它自己的行动塑造出来的精神之物②，这是它自觉地生存于其中的一个客观世界，是它熟知的一个世界，但与此同时它也意识到真正的本质不在这个熟悉的世界中，而在彼岸。然而它身边的现实世界却不是什么与它完全无关的东西，而恰恰是它摆脱自己的人格性的局限而在外向行动中引导与实现出来的一个世界，只是就像行动的作品一样，那世界一经实现出来，便成了一个陌生的、非本质性的世界。因为这种陌生性，它反而不得不再去努力掌控它。但自我意识似乎忘了，每当它否定当下的自身（自为存在），便是通过行动去产生一种现实，通

① 这个词源自亚里士多德的 energeia 概念。当它表示一种能力的实现过程（黑格尔自己称之为"运动"）时，译作"实现"；当它表示一种现成的实在状态时，译作"现实"。黑格尔在谈论自我意识的教化时，这个词有"实现过程"的含义，故而本小节的标题严格来说也应译作"教化及其实现的王国"，但"实现的王国"在中文中很不通顺，故而依然勉强译作"教化及其现实性王国"。

② 本段和下一段中似乎可见费希特的本原行动概念的影响。

过这种否定与产生，它也便直接掌控了这种现实，因为后者就是它实现出来的，自始就带有它的印迹。

黑格尔说，以上的意思换一种说法来讲就是，自我意识只有在不断否定并异化其自身时，才能成为什么东西（Etwas），才能具备实在性，它的行动与它的存在是一体的。它不停地追求那彼岸的普遍性，那个普遍性就是它的效准，就是它的自我实现的方向。这样看来，基督教的信仰世界中，每个人在上帝面前的平等不是像古罗马法权社会那样的"法律面前人人平等"，即每个人单凭其天然的存在，就直接得到法律的承认，具备人格身份，而是只能通过不断地异化和行动，在追求普遍者的过程中成为信徒，如此方能与其他信徒实现平等。换句话说，这种平等地位是努力行动才能造就的，是被生成的（gewordne），而不是现成就有的。

第2段告诉我们，人通过教化（Bildung）[①] 才有希望得到它真正的现实与本质，颇有荀子"化性起伪"的意味。基督徒认为人的自然存在是有罪的、应当被抛弃的，而他真正"本源的自然和实体"（*ursprüngliche Natur* und Substanz）是在天国的状态，那恰恰是一种会使其自然存在被异化的精神，只有摆脱这种自然存在，人才能达到他的目的，得到他的定在。这一过程即是思维中的理想状态的实现，也是自然赋予的特定个体性向本质性的过渡。基督徒常有因信仰而"重生"之说，在他们看来，真正的生命首先是神的恩典，其次从个人发展的角度来看也是他的信仰之旅争取来的机会，而不仅仅是父母给的生命。信徒们真正的存在是符合上帝的普遍性要求的那种存在（"一种普遍之物"），而这个教化过程使他原先的自然存在沉降为一种过去的留念，是曾经附着于他身上的一些量的大小，比如意志力的强弱、身体机能的好坏等。

那么自然的特殊性是否完全不能被人追求呢？并非如此，但在当时的社会环境下，假如有人居然以它为目的，那么它只会被人普遍视为无力的和非现实的东西，是某些自私之人拼命展示自己、释放私欲的表现，即便追求者本身，也会认为只有那天国的普遍者才是真正应当追求的，但他居然追求现世的特殊之物，那么他自己就会陷入自相矛盾之境。在这样的时代处境下，个人的特殊性根本不重要，那人人一致追求的普遍者才是重要的。而人如果以特殊性为追求，众人都会认为他是在追求臆想中的"样子

① 这里的"教化"意在强调人依照上帝的方向塑造自身的那个过程，并不表示一个人或一个机构对某个人进行知识传授或职业教育。

货”。最后黑格尔还顺带分析了德语和法语中的“样子”一词。

第 3 段描述教化的实现引起世界的转化。表面看来，这和启蒙思想影响下的现代人以其合理性构想改造世界的景象颇为相似，实际上二者大不相同。正如上一章中的分析表明的，实践理性并不真正着眼于事情本身，而是以理性的封闭性构造为目标，然而基督教对于世界的塑造却是基于事情本身的某种特定形态（双重化世界），以这种特定形态本身的推进与实现为目标，人在其中只不过充当了事情本身运动的一个中介，因此这种塑造表面看来是人对世界的塑造，实际上却是世界的自我塑造。因此，教化会造成世界本身的真正变化，而不会像实践理性那样始终停留在世界本身的表面而不入。这样的塑造形成的是得到人们普遍承认的现实世界，它虽然始终不同于天国，但服从于天国的普遍性要求，隶属于天国。

尽管如此，自我意识尚需控制这个世界。它之所以有统治世界的底气，是因为它已经不是一个自然之人，而是一个通过教化而被塑造过的忠诚信徒（至少它自己认为是如此）。在这个过程中，个人似乎在对世界施加暴力，似乎实体被压制了，实际上那实体正是通过个人的暴力才得以实现的。个人摆脱了他的自然存在，使自己成为上帝与他本人心目中的“*对象性的、存在着的实体*”(die gegenständliche seiende Substanz)，个人的教化与他自己的现实不是对他的个人私意的成全，而是实体自身的实现。

由此可见，个人必须首先扬弃自己，使自己成为一个趋赴天国的子民，才能在现实世界中获得立足之地。因此第 4 段一上来就说，自身(Das Selbst) 只有经过扬弃才是现实的，它不能凭其自然意识直接就与对象达到统一（那样的意识是不被承认的），对象本身就要求它先否定和扬弃自己，因此是它的否定物。

接下来我们看到某种类似于城邦世界的局面又出现了：明明看似相互对立的两方，实际上在暗地里却是相互依赖的，如果只看表面的对立，反而会不利于事情本身。在天国庇佑下的现实世界中，善与恶这两个名号也构成类似的关系。善因恶的对比才成其为善，而且实际上在暗中还需要恶的承认与支持，方才成其为善。黑格尔说，实体在其发展中慢慢形成这样的局面，即对立的一方赋予另一方生命，每一方都要通过否定或异化自身来支持对方的持续存在。

在这个前提下，对立的每一方似乎都获得一种固定的效准与现实性，于是思维以最普遍的方式将善恶之别加以固定。这种差别看起来像是天壤之别，绝对不可混淆，但也只是表现显得如此罢了，因为每一方其实都以对它自身的否定和异化，即以向对方的过渡为其灵魂（Seele）。任何一方都仰仗向对方的过渡，只有这种相互过渡才能确保整个实体的持存。

最后，黑格尔还不忘指出，这种过渡并非一次完成的，“异化将异化它自身”，而在这个运动过程中，整体才达到它完整的概念，“把自身收回到它的概念中去”。——意思就是说，倘若不经此反复异化，整体的形象也是片面的，对于整体本质上是什么，我们得不到完整的认识。

第5段初步呈现出地上王国的结构。

黑格尔以自然界的四种元素之间的关系来类比现实世界的各种力量之间的关系。空气是自然界中的普遍渗透者，无形无状却又持久不变；水是永远流变而又永远被牺牲的（aufgeopfert）东西；如果说既具有惰性而又具有普遍性的空气与既能动而又具有个别性（总是不停地流动和变换各种不同的形态，适应不同的环境）的水构成了两端，那么火便是它们的统一，它像是具有自身的生命与灵魂的东西，能消融那坚实的个别物，使它们融合到一起，但它又能将固化而封闭的统一体化解开来，使之向别的可能性开放；土则是上述三种元素的沉降之地，坚固而又不排斥异己之物，大地是世界上纷繁复杂的种种变化的总基体和最终主体，是它们的起点与归宿。

在地上王国中，有三种形象大致与上述四种元素构成一种对应关系。首先要说明的是，正如古希腊伦理实体分裂为两种规律、古罗马法权社会分裂为空虚的形式性法律（以及它的代表：帝国政府与皇帝）和臣民的情形一样，世界之分解为三种力量，这并不代表三者从此以后永远隔绝，因为这毕竟是精神层面的事情，三者之间的统一是最根本的，无论那统一有多么隐蔽，它总是显现于外的各种区别的基础，因而三种力量都是扎根于整体之中的，这是精神层面不变的特质。黑格尔称这三种力量为“精神的单元”（geistige Massen）。第一种是国家权力，它像空气一样是自在存在而又普遍渗透的力量；第二种是个人的财产①，财产是个人需要奉献和牺牲的东西，个人只有通过不断奉献和牺牲，才能成为上帝的子民；第三种是精神本身，或者说体现为世界的统一性力量的圣灵，它是世界的最终主体，具有火一般的开放性和融合性力量，作为这种力量，它当然不局限于

① 异化精神阶段的财产与罗马法规定下的所有物有所不同，它不是法律赋予人格的固定所属物，而是公共世界中可被互赠的财物，此时不存在罗马法意义上的相对封闭的人格了。

一个单独的自身，它总是体现为前两种力量。精神在第一方面意识到它是自在存在着的普遍性力量，而在第二方面则现身为个人的个别存在（自为存在），显得似乎将普遍性牺牲而成全了个人。但这两个方面都不是自身封闭而持久的，而是相互依赖并相互转化的。精神固然可以体现为这二者，然而这二者中无论哪一方走向固化和封闭，精神都将动摇乃至摧毁它，并重新将其收回自己的统一体中。精神作为最终主体的威力在后面这种情形下尤为明显。

第 6 段进一步澄清了纯粹意识所见的国家权力与财产这二者的形象：它们在基督教世界中分别以善与恶的面貌出现。

黑格尔首先预告，他不仅要在纯粹意识中看待这二者，即仅仅抽象地从思想上、概念上考察这二者，还要在现实的意识中研究这二者在基督教世界中相互发生关系甚至颠倒和互换形象的过程。这表明单纯抽象的考察在精神层面是行不通的，因为每一个部分都要在整体中才获得其形象与意义，不能抽象出来封闭性地理解这形象与意义。

这一段是从纯粹意识角度来看问题的。单纯从概念上看，国家权力是为巩固上帝在世间的秩序服务的，因而是善的，它代表普遍性，即便代表国家的那些公职人员体现出一定的个别性和特殊性，那也仅限于协助完成国家交给他们的各自的任务，那种个别性和特殊性不具有自身的意义，因而是附属性的存在。而财产的这一面则总是要被牺牲的一种恶，似乎带有原初的罪，它身为被造物当然也属于精神之物与普遍之物的行列，然而它在造物的层级秩序中是最底层的，因为它是质料性、被动性和惰性的，似乎总是引人堕落。精神本质在现实生活中总是以这种二分和瓦解的形式存在，因而这种瓦解状态是持存不变的。

那么人在这种格局中何以自处呢？在理想状态下，个人生活于国家中，依照国家力量的引导而走向普遍性，走向上帝，因而国家堪称个人的基础、出发点和结果，在国家中，个人应当以那与上帝贯通的普遍性来约束自己的个人行为；而他对待财产的态度应当是牺牲和奉献，财产始终应当是一种为他存在（Sein für anderes），不应当被用来助长个人的私欲，然而个人终归会有他的个体生活。因而我们看到，只有在财产中个人才体现出他的自为存在来，而这种自为存在却未必一定等于“自私”，很多时候它体现的是个人的特殊才能或性格。

这就将问题从抽象思想引向了现实生活，第 7 段开始从现实意识的角度来看问题。黑格尔发现在现实中国家权力与财产恰恰会互换形象：一方面，对于臣民而言，国家权力看起来是一种现成的压制性力量，但它的实际形成却是臣民们努力和辛劳得到的结果和作品，因而也是一种财产；另一方面，财产则从来不可能完全为某一个单一的人而存在，财产的享受与为获取财产而进行的劳作从来都是普遍的，因而财产倒成了促进一切人的福利的普遍之物。

国家固然是有普遍性的，因为正如上一段中显示的，个人的一切活动都在国家范围内进行，而且即便个人的个别性，说到底也只是为了促成那由上帝赋予的普遍性；但在现实中，国家权力同样是个人活动的作品与结果，无论是公务员群体本身，还是国家的建制与法律，都是由具体的一个个臣民制造出来的。对于具体的个人而言，国家总是已经作为现成的制度与权力出现在他面前，成为他生活的基础了，然而从整个历史发展的角度来看，国家又总是个人努力和奋斗的作品。不仅就过往历史看是如此，就当下与未来而言也是如此：国家在任何时代都具有它的统一性，这种统一性体现为施政风格乃至国家风俗的一致性，然而这种一致性如果不由具体的人加以实践，就毫无现实性和约束力，国家权力本身是一个空虚的东西，它必须操之于具体个人之手才具有生命力，因而国家权力就像财产一样是一种“为他的存在”。

接下来分析财产这一面。财产抽象地看固然是质料性、被动性和虚无性的东西，但在现实中，它无论是就其产生还是就其消失（即被享受）来看都是普遍性的精神之物。财产的形成不是个人能独立完成的，而是众人协力的结果，而财产的享受又反过来促进消费和生产，进而间接地促进了众人的普遍行动和普遍享受。在国家整体中，任何个别的事物都是与整体内在相关的，而上述劳动协作、普遍行动和普遍享受都只是这种内在关联的表现罢了。个人在享受财产时固然自认为是自私的，也认为那体现了他的自为存在，因而财产体现不出什么整体性和精神性。然而就事情本身而言，并不存在纯粹自私的封闭化个人生活，劳动与享受总是在客观上为众人而存在的。换句话说，绝对的自私自利是不存在的，即便个人自认为的自私也必然是一种精神性、普遍性的现象。用黑格尔的话说，“自私自利只不过是一种臆想的东西”。——当然这里并不是说一切自私的行为事实上都是大公无私的，更不能说黑格尔在这里是在怂恿人们放纵私欲。道德上的自私或为公与这里讨论的问题不在一个层面上，这里所说的只不过是精神层面的一切事物（包括个人的私欲）都是与其他事物内在关联着的，因而是精神性的，不存在完全封闭的个体性事物，也不存在绝对意义上的毫不利人、完全利己。

第 8 段告诉我们，自我意识面对这种局面，不会再像在古希腊时代那样，偶然地依从这两种势力中的一种，从一而终，它会自居为精神，并对两种势力孰善孰恶做出判断。

一般而言，自我意识会分别将自己的自在存在与自为存在托付于国家权力和财产，然而人不可能长期如此这般陷入分裂状态，他必定努力以一种“客观”的旁观者姿态，尽量站在精神本身的立场上，对二者做出评判，以便从善弃恶，这就是黑格尔所谓的对两种力量的“持存与分离的否定性统一”。之所以说“否定”，是因为自我意识并不企图在主观上调和它们，它反而认为这二者都有欠缺，目前它要做的只是将它们看得更清楚；而“统一”则意味着它同时思考这二者，对它们进行比较。不像古希腊伦理实体下的个人，此时的自我意识认为自己有在两种势力之间进行比较和挑选的自由，它甚至认为自己也有一个不挑选的自由。它对这双方都不沾边，采取一种纯粹意识的立场，认为双方都是为它而存在的，而它自己则可以自居为精神本质。黑格尔说，这样的自我意识在根本上是作为对善恶的判断（Urteil）而存在的，而善恶正是它真正关心的，至于善与恶分别落于国家权力与财产这两方中的哪一方头上，它对此并不持有什么定见，它真正关心的只是做出判断后去追求那善的一方。

在下文中，黑格尔分别在第 9 段和第 10、第 11 段中提出了三种判断。前两种判断和我们在上一段中分析过的那两种势力的角色转换大致对应。在第 9 段中，自我意识先从常识的抽象思维出发，判定国家权力是善的，财产是恶的，前者是自在存在或肯定的东西，后者是自为存在或否定的东西。这一思想黑格尔在前文中已经不止一次解释过了，因此这里无须再详细解释。接着黑格尔提醒我们，由于处在精神层面上，这双方都是内在地包含了对方的，因此上述那种截然二分的判断本就不足以将它们的性质全部表达出来，因而自我意识本身必须既以自在的方式，又以自为的方式与它们双方打交道，即不仅就事情本身而论事物，而且就事物对于自我意识的好坏而论事物。从本段开始的自我意识的三种判断就是对这一点的一个展示。

接下来的 段说的是，既然自我意识自居为精神本身，它便认为它所见到的好坏即是事物本身的好坏，它做出的判断即可直接被视作精神的力量在这些客观事物身上的显示。然而事情并没有自我意识认为的这么简单，因为在基督教的这个双重化世界中，此岸与彼岸的分离是既成的事实，是世上一切事物之存在的基本前提，此世的任何力量试图直接自居为精神本身的尝试，都不会如愿以偿。换句话说，彼岸的绝对者本身只是这个双重化世界的一部分，此世的一切事物的本质规定就是它们与绝对者的差异，居于此世的人也同样如此，因此人自认为可以设想上帝的眼光与判断，这本就是自相矛盾的。

黑格尔说，事物与精神本身之间的关联才是这些事物的本质，才是它们真正的自在存在，至于事物自身究竟如何，那反倒不重要了。这固然是基督教教义中的常识，对于一个信徒而言是再明白不过的事实，然而问题出在自我意识在还没有达到对绝对精神的真正认识的情况下，居然以精神本身自居，认为它可以对事物下判断了。自我意识在此阶段达到的认识是，世界是世界，上帝是上帝，世上事物的直接存在不同于它与上帝的关联，后者虽然是它们的本质，却不是它们直接的存在。而它们自己的精神(der eigne Geist derselben)，即精神在世上事物内部的存在，又与前两种规定有所不同。——这里提到的三种“规定”中，隐约可见三位一体学说的影子，但黑格尔还没有将这个问题点破，因为目前还不是详细展开三位一体学说的时候。

有了上述解释的铺垫，我们理解第10段中善恶的颠倒，就容易多了。国家权力在个人面前表现为一种压制性的强力，个人认为仅仅从抽象的理论意义上来看，国家才算是他的简单本质和一般性存在，算是他的自在存在，但那与他的个体特殊性和自为存在无关，在实际生活中它只会反过来压制后者，后者被迫要服从国家权力。个人凭此便认定国家为恶。

与此相反，财产似乎是好东西，因为它牺牲自己，成全每个人的自为存在。财产没有半点为它自身而压迫人的成分，而且对每个人——只要他是它的所有者——都无差别地献出自身，因而它自在地就是普遍的善。

在第11段中，形势又发生了一次逆转。我们明显可以发现，第二个判断是对第一个判断的彻底颠倒，但这个颠倒并不完满，因为它只是就事物对于自我意识的好坏而论事物，它撇开了事情本身。但意识不像斯多亚主义和怀疑主义的自我意识一样是一个封闭体，它如今置身于精神层面，它还是一个扎根于事情本身的意识，因而它看问题不会仅仅关心“我觉得那东西如何如何”，而是同时也关心“那东西本身如何如何”。这样看来，国家毕竟是臣民们自身的共同体，国家权力则是臣民们的精神本质的实现。它一方面是静止的法律，代表一种简单的实体；另一方面是动态的治理和指令，这一部分实际上是实体与个人相沟通和保持自身活力的措施。

这样看来，国家不仅是为了个人的共同体生活而存在的，个人只有在国家中才能真正实现与人的尊严相配的生活，而且国家还实时地与个人的需求和关切相沟通，防止这种共同体生活走向僵化，那么国家无疑是善的。

而财产则不同，它只能让人获得片刻的享受，而且只能让人意识到自己的个别性，而意识不到自己持久的本质，换言之，只能让人意识到与他自己的本质的不同一性。由此可见，财产是恶的。

前面两段中展示出的两个判断实际上并非每个人必走之路，它展示的是意识的一些不同的形态，即不同人对待国家权力和财产这二者可能采取的不同态度。第12段接着告诉我们，从哲学家和读者（“我们”）的立场来看，是可以对这些判断本身进行判断的，即在这些不同态度之间也有优劣好坏之别。

在第一个判断①中，意识认为国家权力与它是敌对的，而财产则很贴心称手；而在第二个判断中，意识认识到国家权力在根本上是成全个人的，而财产则令人陷入物质化、封闭化，因而在根本上与人的本质不符。黑格尔旋即点明，以哲学家和读者的立场来看，无论上述两个判断中的哪一个，都是以事物是否符合意识自身的要求和期望为标准，只不过因为意识对自身的本质的认识有所不同（一个认为它的本质是它的自在存在，另一个认为是它的自为存在），最终才会得出两个截然相反的判断。

然而问题在于，意识既然处在精神层面，它的自在存在与自为存在便都很重要，而且二者是不可分的；但这两种判断都只取其中一个方面，忽略另一个方面，这样做出的判断，无论是关于国家权力的还是关于财产的，都必然是抽象片面的。其实每一个现实的意识都是同时集自在存在与自为存在这两个原则于一身的，意识与意识之间的差别其实仅仅在于它们能否以及在多大程度上认识到自身真正的精神本质。这就是说，现实的意识不可能只认国家权力与财产这二者当中的一个为绝对的善，而认另一个为绝对的恶，而是会将这二者贯通起来思考（将它们放在同一个现实世界中，作为它的高低不同的两个层面），并对它们构成的整体做出一个判断。这样就形成了意识的两种形态。

接下来的两段点明，意识的这两种形态分别是高贵意识（das

① 这里说的是第10段中的判断，即国家权力是恶的，财产是善的。实际上在这个判断之前，第8段中已经有一个最初的判断了，它的内容与此相反。但那个判断在此忽略不计。同样，下面说到第二个判断时，指的是第11段中的判断。

edelmütige）与卑贱意识（das niederträchtige）。

第13段介绍高贵意识。这种意识认同国家权力和财产，将它们都当作切己之物。在它看来，国家权力是体现人的自在本质的东西，于是它矢志忠诚于它的这一本质，对国家的命令千依百顺。而对于财产，它也安然享受之，因为它认为那是同一个现实秩序对它自身的自为存在的肯定，是同一个秩序对于它所付出的忠诚与辛劳的奖赏，这与它对国家权力的关系不但不矛盾，而且是相互巩固的。这样一来，财产也被纳入它的生命的本质结构之中了，成了一种很本质的东西。——不难看出，高贵意识大致对应于基督教世界中的贵族、骑士等上层人群。

与此相反，卑贱意识则认为国家权力与财产都是异己的，第14段讲解这个问题。在这种意识看来，国家权力纯粹是压迫个人的自为存在的力量，就像一条沉重的锁链，它仇视统治者，心怀叛乱之念。而财产固然有可以享用，可以确证其自为存在的一面，因为它认为自己也有权取得像高贵意识那样的一种持久的存在，但财产处处都只让它感觉到自己幻灭和偶然的个别性一面。它既爱财产给它带来的享受，也痛恨整个社会的财产结构对它的底层地位的证实。富人只需要它来制造财产，它的价值完全系于财产之上。当富人不注目于财产及其享受时，它的价值也便消失了。——可见卑贱意识代表的是普通平民。

介绍了在这两种现实的意识形态之后，黑格尔在第15段点明，为了从片面的外在反思达到对事情本身的思辨性认识，判断（Urteil）必须发展为推理（Schlusse）。

在黑格尔逻辑学中，判断是最适合于表达反思思维的逻辑形式，但不足以表达思辨思维，后者只有在推论中才能真正达到。在黑格尔看来，判断固然不完全是主语与谓语的外在连接，它也能在一定程度上表达主语向谓语的内在过渡，然而要想真正令人理解主语与谓语的内在统一性，则必须通过推论，即通过多个判断形成的结构整体。

黑格尔从判断的内容和形式两方面刻画了它的缺陷。在内容方面，无论是在高贵意识还是在卑贱意识那里，判断都是从意识自身的角度出发，着眼于对象（国家权力或财产）对于意识自身的利与弊而做出的，因而始终只是对于事物的否定；它不像哲学家与读者那样可以着眼于国家权力与财产本身来看问题，对这二者产生什么真正肯定性的观察。因而如果说判断是反思，那只是外在的反思，还算不上是对事物本身的内在思考，因为它见不到事情本身。另外，国家权力与财产都只是现成的对象，而且只作为人的对象存在，换句话说，它们在高贵意识和卑贱意识的判断里仅仅作为人这个主语的宾语而起作用，而且不是作为个别意识要向其过渡的普遍者，反而是隶属于这两种本身就很片面的意识。

从形式方面看，意识主观地将那原本互不相干的两方，即善与恶这一方和国家权力与财产这另一方，人为地连接起来，构成判断。而要真正了解国家权力与财产本身的性质，不能靠这种贴标签式的反思做法，而要从这二者本身出发，考察它们自身的产生与作用方式，如此方可发现它们与善恶的内在统一。但正如前文说明过的，这种内在统一的发掘恰恰不是判断所能胜任的，而要依靠一系列判断逐步深入事情本身中去，那便是推论了——黑格尔也称之为“中介性运动”（vermittelnden Bewegung），即通过一系列判断的中介作用，认识到两个端项（国家权力或财产是一端，善或恶是另一端）之间的内在必然性关联。下文便展开了一个中介性的运动。

第 16 段讲的是高贵意识是如何成为服务的英雄主义（der Heroismus des Dienstes）的。在近代民族国家普遍兴起之前的一千多年时间里，国家的确还没有主动作为国际法权主体而存在，它只是惰性的、普遍的实体。高贵意识却并不认为这样的国家是一个任人打扮的小姑娘，它主动归属于国家，以国家为它的本质、目的和绝对内容。——这情形看起来颇类似于古代伦理实体与个人的关系，实则不然，因为后者是一种天然的关系，而这里即便高贵意识以国家为自己的本质，那也是基于它的反思之上的自觉行为，而不是什么天然的纽带。也正因为如此，高贵意识与国家之间的关联其实并不稳固，因为高贵意识的反思一旦发生变化，基于这种反思之上的忠诚也就随之瓦解了。

高贵意识在认定国家为其本质的同时，就以否定的态度对待它的个人生活，包括它个人的种种企图和性情等，它愿意为了国家而压制自己的个人特征。正是在这个意义上，可以说高贵意识是一种牺牲奉献的精神，是服务的英雄主义。它为了普遍者而牺牲个人，愿意以它自己的行动体现普遍者，使普遍者获得特定存在。这是一种不同于古罗马法权人格的新型人格，它的特征不是有着确定范围的个人生活与所有物，反而是对这些东西的放弃，它的目的是为现成的某种权力服务。

第 17 段进一步剖析了国家与个人的这种融合。个人牺牲他那属于一己特有的存在，想以此成全国家这一本质和自在存在。且不论他的这种做法是否能成功，至少他这种牺牲个人成全共同体的做法是能赢得尊重的。

在这个过程中，国家权力由思维中的普遍之物变成了现实的权力，因为只有具体之人的现实服从才能使之获得现实的威力。而它之所以获得人们的现实服从，是因为这些人判断它为善，从而决心献出自身。国家与个人的这种结合一方面使自我意识达到了它的自在存在，实现为一种普遍者；另一方面也使国家权力成了现实有效的东西，不再是思维中空洞的期望。

然而问题远没有这么简单。第18段描述的是高贵意识（“服务的自我意识”）仅仅为普遍意义上的国家而牺牲它自己的个别性，因为它以这国家为它自己的本质，但与此同时它还保留它的自在存在，即保留它的独立人格。与此相应，君王的个人意志也只具有从属的地位，他根本无法乾纲独断，因为国家还没有个体化为君王的意志，国家只是一个抽象的存在。故而臣属与君王的关系只是建议的关系。

关于高贵意识与国家权力之间的关系，黑格尔有一个标志性的说法：“为它（指国家权力——笔者按）牺牲的只有它（指服务意识——笔者按）的定在，而不是它的自在存在。”高贵意识承认国家——而不是君王——是它自身的普遍性本质，因而牺牲自己的个别性特质，这并不代表它自身整个地被消灭了，或者变成无关紧要的人了，恰恰相反，对个别性的这种牺牲反而是对它的高贵存在的巩固，是人格高尚的证明，反而会使它成为极其重要的人物。人们会因此在自己的思维中承认它的自在存在和高尚性，因为他们发现他们的本质，或他们思维与纯粹意识中认可的普遍之物，在它的行动中完成了。但话说回来，他们同时也认为那与他们的自为存在、个别性关切无关。它的行动的确为他们所承认，然而还谈不上“打动”他们，因为那行动似乎与他们并不切身相关。

这种高贵意识是“高傲的封臣”，它虽然并不居于君王之位，但似乎可以平视君王了——这倒不是说它有叛乱之心，只是说它因服务于国家这一崇高的目的而自视甚高。因为在这个时代，君王的个人意志根本不能代表国家权力本身，国家权力只是一种普遍性的、本质性的意志。臣属们如果依照普遍本质而表达了意见或付诸行动，他们便会因此受到重视，得到荣誉，而且他们不必为此感激君王的恩赐，因为他们自觉只对国家负责，而不是对君王个人负责。臣属们的这种意见便是对国家的建议，君王对此也必须表示尊重。

第19段紧接着表明这样的国家随时面临着崩解的危险，这就是说，由于国家权力没有个体化为一个强有力的政府及其统领者（君王），故而臣属们极容易以口号代替行动，私欲强烈者甚至会心怀二志，随时准备反叛。

由于臣民们只对国家负责，不对君王及其政府负责，因而他们构成“怀有二心的精神”。此时普遍福利的谈论极易沦为表面的应付之语，为了躲避真正谋求普遍福利的行动，总是会有人找出一些冠冕堂皇的理由来，似乎他们不参与行动反倒成了更加大公无私的表征。即便那些认真行动的高贵意识，就服务本身而言它的牺牲固然是很彻底的，甚至有时会付出生命的代价，但劫后余生的高贵意识始终保留了它的自在存在，构成一种特殊意识，即特殊的自为存在。这种特殊的自为存在始终是对国家完整性的一种威胁，无论在君王看来，还是就它本身而论，它提出的建议总具有模棱两可令人怀疑的性质，它似乎总有它个人保留的意见没有说出来，似乎总怀有它个人的私利。换言之，高贵意识中总还不免残留有些许卑贱意识的规定，这种私利的残余似乎总是伺机而动，准备反叛国家。（黑格尔在这里已经隐含这样的意思：高贵意识与卑贱意识并不固定地分别属于两个人群，它们只是意识的两种形态，同一个人完全有可能在某种程度上同时具备两种意识。事实上下文主要聚焦于高贵意识，在高贵意识内部区分出它普遍性追求的一面和个人特殊性的一面，而不再主题性地讨论卑贱意识，下文中的第 32 段更是直接点明了两种意识的合一。从这一点来看，我们这里的推测是成立的。）

第 20 段说的是，与这些幸存者的状况形成对比的是，那牺牲生命者倒是彻底完成了他们自身的异化，在他们的事迹与荣誉中完全走向了与他们的个别性相对立的普遍性，国家权力在这类人中也才完全上升为真正的主体。

为国捐躯者无论其主观上是否希望保留他的个别特性，是否要通过遗嘱、文书等可以流传后世的东西向世人昭示他与国家相乖离的个人保留意见，他的死亡本身都在客观上终结了他的这种个别性存在的延续，他再也无法返回他的自我意识，他的死亡成了国家可加以利用的一种意义，国家也可以借助这种意义来展示它自身的力量和崇高性。死亡是意识的“无可和解的对立面”（das unversöhnte Gegenteil）。然而这并不意味着死亡之后，死亡者作为意义就彻底消失了。恰恰相反，死亡者通过死亡正好保留了他的自在存在，即他生前一直向往的那种与国家合一的本质存在。

原本隐藏于个人内心中的那种关于其本质的理想如今通过行动显现出来了，那么国家权力也就相应地取得了它的现实效应，国家权力就成了个人现实的“自身”了。倘若个人不在这种行动中实现其构想，那些想法便始终是可疑的、可能有私心的，如今通过死亡，个人不再有任何受人怀疑的空间，因为死亡使他成了一种抽象而不变的固定形象。

第 21 段将高贵意识与国家权力的关系问题引向了语言这个主题。从这一段开始直到这一小节（“教化及其现实性王国”）结束，黑格尔对语言进行了长篇分析，而这个分析的目的是向读者呈现基督教世界中教化的虚假性（严格来说黑格尔针对的是天主教世界）。

在古典思想中，对语言的分析向来不乏精细入微者（中世纪如奥古斯丁和经院哲学中的唯名论一实在论之争，近代如维科、赫尔德、威廉·冯·洪堡），只是这些分析因为并不像现代分析哲学那样专注于语言及其意义问题，而是掺杂了很多其他的形而上学主题，故而为现代哲学所不喜。但平心而论，如果我们能足够充分地撇除现代本身的一些偏见，我们一定能看到那些分析中真正的珠玉。黑格尔曾在“理性”章的“头盖骨相学”部分侧面谈过语言，这里的长篇分析则更为典型，它在黑格尔的整个哲学体系中都是不多见的，因而值得重视。这里首先要说明一个问题：语言与前述种种现象之间的扭结点在哪里？换句话说，黑格尔在这里为什么突然转到语言问题上去？

我们在本章“导引”部分中即已指出，精神实际上是意义世界本身，如果不在意义整体的角度谈论精神，那么精神相对于前面诸种意识形态的特殊性，以及精神在《精神现象学》乃至整个体系中的关键地位就都无法得到正确的理解。如果精神只是人的一种认识方式，或者意识的一种活动方式，那么我们只需在“理性”层次上便可达到了，因为理性就是意识把握世界的方式。但“精神”之所以独立成为一章，实在是因为人的理性无法穷尽精神，而且人的意识的任何方式都无法真正突破个体化、外在化的思维方式，因而都不适合于理解精神。要真正立足于事情本身和世界本身，就必须放弃封闭化、对象化的理解方式，真正接受那成为我们整个生活之根据的意义世界，与那意义世界相互成全。这就是黑格尔将“意识经验的科学”扩展为“精神现象学”的良苦用心。

回到语言问题。其实在先前的诸种意识形态中，人类都已经在运用语言了，但为什么语言不曾成为前面章节中的核心主题？原因在于语言的根本是意义世界的自我构造和自我呈现，如果不进入意义世界这个层面就谈论语言，只会将语言当作一种单独的对象，或者当作意识观察和表达事物所用的工具。但语言不仅仅是工具，它就是存在本身。语言既可以表达事物，也可以塑造我们的意义世界的存在，比如阿谀奉承、教化劝善乃至后世意义上的各种意识形态，都是借助语言而塑造我们的生活世界的典型例子。但要想真正理解这些现象，如果不在意义世界本身的层面上来看问题，那便是无法想象的。而在基督教世界的教化中，前面黑格尔分析过的国家法律、命令与建议其实都已经是一些语言现象了，下文中黑格尔从语言分析入手解构教化，可谓合乎其宜，因为教化在根本上就是一种意义构造过程，是一种语言现象和意义现象，而不是物理现象。

语言在伦理世界中作为法律、命令出现，以及在基督教的此岸世界中作为建议出现时，都是为了直接表达某种本质，即成为那本质的表达形式，然而如今当臣民们要向国家和君王阿谀奉承或者构造出一套话语时，他们就是在利用语言的形式了，即以语言的形式作为内容本身，作为效准了。由实用性的语言走向修辞性话语，这不能不说是语言的形象在人类文明史上的一大充实与转变。此时谁的修辞性话语说得足够漂亮，谁就能打动人心，身居高位，手握重权，因为修辞性话语能制造出一套迷人的表面意义，将演讲者包裹起来示人。在这种修辞活动中，个人表现了他的个别性才能，不仅如此，这种话语既依赖他人的存在，又将与他人的关系表达出来，是一种十足“为他的存在”。

黑格尔接下来将语言与其他表现形式（如行动、面相等）进行对比，表明语言比其他形式更适合于表达意义，表现人的纯粹性（Reinheit），表现出自我（Ich），最少扭曲。① 其他表现形式所表达的既太多又太少，总会成为无灵魂的东西。因而总不能让人满意，因此人总要从它们当中退出来，返回内心。参酌黑格尔在上一章中对面相学的分析可知，所谓“太多”，指的是它们容易表达出作者本不想表达的许多别的意思；所谓“太少”，则是指表达出来的东西都会成为独立而僵化的东西，不能再充分代表作者的意思了。（柏拉图在他的书信中表现出来的对文字的不信任，与这里颇有可比较之处。）而语言则不同，它是所有表达方式中相对而言最不依赖外部物质的东西，它又能动态地现场补充、修正意义。语言固然表现出我的特殊性，是我的生动外化，但也能构造普遍之我的形象，它能“传染”（Ansteckung），能使抽象而普遍的意义在说者与听者之间传送，在众人之间达成共识，成为我的一种普遍存在于众人意识中的自我意识。

① 黑格尔这里的说法与“理性”章第一节第三小节（“对自我意识与其直接现实之间关联的观察；面相学与头盖骨相学”）中的说法是有出入的。在那里，黑格尔将语言和劳动并列归入不能恰当表现人的内在想法的“外在表现”之中。这也是这部书写作仓促的表现。

而且这种普遍自我形象的塑造还有一个特点，那就是过滤掉特殊性，留下普遍性的自我。当语言正在表达自我时，每一句话呈现的都是片断性的自我，言说的方式也处处表现出言说者的特殊习惯与特质，但当话说完时，自我的形象就呈现出来了，前述种种特殊性的一面则消失了。因而自我的形象正是在一次次言说与这言说的一次次消失中呈现出来的，它的持续存在就是一次次言说的消失，剩下来存留于意义世界中的乃一个普遍性的自我。

第 22 段描述了当前世界的基本结构，以便廓清语言运行的场域和基本情境。

精神（意义世界本身）作为统一体，包含国家权力与高贵意识这两个端项，或者说，精神这个统一体分裂为这两个端项，但又作为它们之间的中介而存在。这两个端项都不是思维中的理想，而是一种现实的存在，有其实在的种种表现形式和表现活动。在两个端项看来，精神是一个现成存在着的东西，是一个第三方，这就是说，它们都了解世界本身作为一个整体的重要性，都知道自己是一个更大的整体——基督教世界——的一部分，然而它们对于后者如何能切实地起一种中介和统一的作用，却不甚了了，因为它们还没有切身的体会。

黑格尔说，精神能内在地接纳为它自身而存在的一个方面，并借助这个方面而体现其现实存在，只有那样一种意识，既承认精神这一自身（Selbst）直接有效地现实存在，又通过精神这种将它们予以异化的中介的作用才成其为它们本身。这就像一个家长对于冥顽不化的孩子是无可奈何的，只有对于那有孝心，即真心承认父母的权威而又认识到父母对于他们自身的养成所具有的不可替代的重大意义的孩子，才能真正教导他们凝聚到家庭中来，好好成人。这里同样如此：如果那两个方面不承认精神的根本性地位，它们自身便无法达到纯粹意识的层次，无法主动成为精神的内在环节；如果它们不了解精神是如何成全它们自身的，它们便无法具体地实现其自身，精神也便无法获得其特定存在，成为具体的精神之物了。

这样一来，那两个端项就与精神构成一种看似悖谬、实则必然“互为条件”的关系。一方面，两个端项是精神这个中介的条件，因为如果没有具体的国家权力和具体的臣属，也就谈不上有将这双方统一起来的必要，这双方也就意识不到精神的重要性，并以行动去体现和成全精神，赋予精神具体的存在形式；另一方面，精神又是这双方的整体与根据，这双方其实是由精神分裂而来，双方中的每一方都是由于作为这样的分裂方，才能获得它自己的原则。国家权力与臣属正是因为都自视为一个完整的基督教世界的一部分，才分别认为教化、保护臣民、忠诚于国家是自己的本质原则。

两个端项表面看来都是与对方分离的一种独立势力，这种局面才产生出将它们统一起来的迫切需求；而统一并不是将它们外在地捏合起来，而是让双方都重新意识到一件本已存在着的事实，即它们自身本就内在地需要并蕴含着对方，它们自身本就内在地是为对方而存在的。这样一来，每一方都以对方为自己的需求，于是每一方除了自身的规定性之外，还内在地以另一方为规定性。黑格尔说，上述的中介运动等于是让每一方在其现实存在中重新意识到它概念上的规定性，并在现实中实现这种规定性，这样一来，原本看起来相互分离的端项便融入精神整体之中，成了该端项的精神。

第 23 段通过详细分析国家权力与高贵意识各自的内部结构，以凸显语言的任务。

在高贵意识看来，国家权力分裂成了抽象普遍性的一面和代表国家的具体意志的一面（比如君王或执政者）；而高贵意识自身也分裂成了两面：一是服从于它自己的普遍本质（国家）并获得荣誉的一面，二是保留在它自身之中的个别性一面，作为“*一直在后方潜伏着的意志*”。

两个端项各有一个纯化出来的普遍性环节，这两个环节正是语言要加以表现的环节：一是国家那一端中的公共福利面向，一是高贵意识那一端中的纯粹自我面向，这纯粹自我已舍弃个人私利，沉浸在各种具体的任务之中。正如前文中对高贵意识的分析表明的，抽象而言，这两个环节已然是合一的，因为纯粹自我已经舍弃了它的私我，俨然以普遍本质的代言人出现于世。可以说二者的统一性将高贵意识和国家融合起来了。

然而思想中的理想状态不等于现实，自我只有在具体的意识中，面对具体的生活，才算是现实的，而它的本质那一端也只有在具体体现为法律、命令或国家行动的国家权力中，才是现实的。一旦落入现实，这两端的缺陷就暴露出来了。意识的缺陷在于它希望国家不只是在偶尔赋予它荣誉的时候才承认它，而是要时时刻刻承认它，这种需求实际上是一种依赖，它依赖国家对它的持久确认。而国家权力的缺陷则是，它希望个人不是仅将它当作一种空洞淡漠的公共福利，而是也将它当作时刻必须正视的一种现实的威力与意志来加以遵从，换言之，国家作为一种意志也陷入了与具体个人的现实关系，对后者既藐视又依赖。

就概念而言，国家与个人固然是统一的，然而这种统一性须得在语言的中介运动中才能成为现实。但黑格尔指出，在目前阶段，国家权力和高贵意识都还没有达到对自身的真正认识，只有在语言的中介运动中，即在双方于语言的世界中交互作用、相互推进到一定的程度后，才能达到对自身的充分认识并将自身充分表现出来。

语言首先表现为臣属对君王的阿谀奉承。第 24 段告诉我们，阿谀的语言不仅仅是个别人没有风骨的小人之举，也是一种普遍的建制和关系格局，它通过为君王奉上某个名号（如“查理曼大帝”“太阳王”等）而抬高君王，使君王获得众人臣服之感。

在前述高贵意识只对国家本身负责，而对君王无形中造成极大威胁的氛围下，高贵意识在公共世界中的语言显得至关重要，相比之下，臣属内心中真实的想法反而并非最重要的，尽管它也让君王相当不放心。原因何在？臣属在公共世界中的语言代表一种公开的承认或者拒绝，而高贵意识当然耻于以反复善变的小人面貌出现，因此它的言语既已出口，非遇极端变故是不会轻易更改的，因而语言上的“表态”就意味着一种公开的承诺。这种语言不仅使高贵意识成为一个完整的形象，它也在承认或否认中为君王带来一种稳固的地位，使后者也获得完整的形象，尤其是众多臣属齐声一致的语言，更有这种效力。

语言在公共世界中的地位一经凸显，臣属们之间势必形成一种各路诸侯纷纷表态的格局，公开否认君王固然是取祸之道，默不作声也成了一种变相的否认，因而客观形势就迫使各个臣属承认君王（除非君王因其大逆不道而招致众怒），这种承认同时是对君王和臣属双方地位的确认，既是臣属自保的需要，也是臣属表现其对国家的忠心的必由之道。这种局面就是黑格尔所谓的“不声不响服务的英雄主义变成了阿谀奉承的英雄主义”。——正如前文说明过的，这种阿谀奉承并不一定代表臣属都是投机的小人，它主要是一种客观形势。这种语言日复一日在承认双方地位的同时逐步构造着双方的形象，使得君王在全体国民面前的形象饱满起来了。

这是一个“权力无限的君王”（*unumschrankter Monarch*）。何以无限？君王本是一个特定的人，但阿谀奉承的语言只突出他“高大上”的一面，使之成为几乎与国家地位平齐的精神之物，渗透到所有臣民的意识中，几欲等同于国家这一整体本身，使得臣民们都不敢或不愿生出非议的念头。在这种情况下，君王自然具有了无限的权力。何谓君王？君王的个别性获得了极大的承认（见下文对君王名号的分析），而臣属也放弃了他原先对自在本质的追求，放弃了他的自我，似乎一心一意服从君王了。这样两相衬托之下，君王似乎获得了至高无上的权威。

君王获得尊号的事情，在我们传统历史上往往体现为追封谥号，在西方则有所不同，君王在世乃至死后，都可以尊享“某某大帝”“某某几世”的名号，甚至罗马教皇和帝国本身情形亦与之类似。尊号属于专名，而且不是指向普通个别物的专名，而是终生与永世都只授予一人的专名。通过尊号，君王原先只在他心目中构想的他那种特殊性如今大白于天下，受到全天下人的承认了，似乎君王一切特殊之处都变得熠熠生辉了。这种现象我们在当今英国王室成员那里似乎还能看见些许光影。有了尊号，君王便成了与一切人分离开来的完全特别之人，他就像莱布尼茨笔下的单子（黑格尔这里称之为“原子”）一样，世上没有任何别的东西与他相同。——其实不难看出，这一切都是语言的力量，君王也完全是因为被臣属们的语言抬至那样的地位，他的个别之处才显得耀眼。也就是说，那个别之处本身并没有什么独特之处。而且在这种近乎虚应其事的表面的普遍承认之下掩盖着不少危险，后文中黑格尔会详细揭示出来。

如今君王不仅获得了尊荣，他似乎也得到了所有人的拥戴，掌握了最高权力，他俨然就是国家权力的化身乃至主人。臣属们在这样的话语空间中，也都表现出衷心效劳的姿态，甘愿充当君王宝座周围的仪仗队，因为他们反复称赞君王的伟大。

第 25 段显示出事情的进一步变化。君王如果忽略臣属的承认本身才是他的尊荣的真正来源，如果忘记高贵意识的真诚行动才是他的权力的真正体现，而一味放任自己的私欲，那么上一段中描绘的那种理想的“君王威赫有尊荣，臣属心悦诚服”的结构就会稀释成一种表面化的相互欺骗，国家权力便会化作一种面临耗竭之危险的资源（财产），君王的权威也会消失，演化成一种纯粹的权力纷争。

君王作为国家权力的化身，是一个有充分自主意识和决断意识的自为存在者，也有被国民们普遍承认的现实力量，他自觉拥有至高权力（甚至会认为那是与生俱来的，或者是由于他个人的神明英武才拥有的），认为众臣民宁可舍弃自己内心中的确定性，也要众星捧月般围绕着他，拥戴他。

然而君王不一定能意识到一个事实，即这一切都来自高贵意识的自我牺牲，换句话说，君王并非因为他自己的才能而被拥戴，而是因为众人拥戴他才显得有特殊才能。君王表面上的独立性底下掩盖着的实际上是他对高贵意识的严重依赖。这样一来，高贵意识实际上摆脱了君王心目中所构想的抽象普遍性，而将现实的普遍性握在自己手中。国家权力表面上属于君王，实则操于高贵意识之手。前文中黑格尔说过，国家权力的现实存在就是忠诚的行动。高贵意识的忠诚行动固然使国家权力变为活生生的现实力量，但现在看来，是否做出这种行动乃取决于高贵意识，君王无法像操纵木偶一样畅通无阻地推行他个人的意志。这会造成什么样的局面呢？黑格尔从国家权力的自在存在和自为存在（君王）两方面来讨论这个问题。

在自在的方面，国家权力不再是一种崇高的被尊奉之物，而成了一种可供支配的财产。前文中说过，国家权力在其极盛之时被全体臣民承认，成了一种类似于国家本身的精神性、整体性存在。然而如果君王恣意横行，与臣民离心离德，国家的实际权力便操于高贵意识之手，那么国家权力就不再是人人推尊的整体和根据，而是成了君王与臣属的自我意识的操纵对象，这是一种被扬弃的国家权力。此时的国家权力只有作为被利用的对象才能实际发挥一种精神性事物的效用，它成了被觊觎、被争夺和被消耗的财产，不再是任何人作为安身立命之所而加以推崇的归宿。

就自为的方面看，国家要防止彻底沦落为财产，就要依靠高贵意识的尊崇与服务来维持君王的权威，然而君王与高贵意识已然离心离德，君王甚至要抛弃高贵意识，它在逐渐失去其赖以为生的普遍性，君王也随之日益落入孤家寡人之境。他如果遇到更强大的意志，是会屈服的，这就是说君王从威临天下的普遍力量收缩成他个人固有的个别性和偶然性，恢复了他的本色，他在极盛之时获得的尊号成了一个空洞无力的名号。

第 26 段分析高贵意识的矛盾之处。高贵意识曾经自以为完全牺牲了属于个人的东西，全身心地追求和投入普遍本质之中。然而它的决断和受表彰，以及它的坚持不懈，这些全都需要以它的自为存在为前提，换句话说，它的自为存在是不可能完全被抛弃的，它先前那种想法是一种自欺。这种自欺的想法，无论是对其自身还是对国家权力的本性与结构，都缺乏深切的了解，会在实际上损害国家这一普遍实体。

按照黑格尔的分析，这种意识的矛盾之处表现在两方面：一是它在上述接受荣誉、做出决断等看似“为公”的时刻，其实也都是以自主的意志为基础的；二是当它自以为放弃了个人意志时，实际上是按照它人为构造出的一种图景在生活，那图景并不符合实际，而它自己倒是在这样做的时候割裂了它自身，另外，它在自以为大公无私地全身心投入普遍实体中的同时，实际上是将国家拉入了它的图景中去，实际上通过这种方式占有了普遍实体，而不是遵照普遍实体自身的特性使之繁荣。按照黑格尔在上一段中的分析，正视语言的作用对于国家权力和高贵意识双方产生的深刻影响，正视双方自为存在的一面，而不是像高贵意识在此所做的那样，在一味唱高调的同时造成对双方的损害和撕裂，才是正途。

高贵意识以往认为自己有别于卑贱意识的地方就是从不损害国家，从不假公济私，如今它的做法实际上与卑贱意识并无本质差别，它自己傲视卑贱意识的资本一夕之间便消失了，随之产生的结果是，它所构想的那种与它自身截然有别的卑贱意识形象也就不存在了。

第 27 段说的是，当高贵意识认识到普遍权力（即国家权力）就是它的对象和财产，它自身就是这权力的普遍恩惠（die allgemeine Wohltat）的受惠者时，它与这财产之间的关系只是一种直接的、外在的统一，双方都没有返回自身达到对当前事态的清楚认识。高贵意识认为权力之所以落于它手上，不是事情本身的格局所致，而是因为君王的恩赐，因而它对后者满心感激。换句话说，无论是作为国家权力的自为存在的君王，还是高贵意识，都还没有意识到第 25 段所说的事情的真正格局，双方都认为权力只是个人作为赠礼而易手的东西，而权力的易手也只是个人之事。

可是按照第 28 段的分析，财产并不能证明那享受财产者的自为存在。财产是一种精神事物，而不是自然事物。国家权力依赖某种意志来对抗那觊觎它的个别意志，以保持自身不变色（不成为个人私产），因而国家的财产本就是与国家权力联系在一起的，二者一损俱损，一荣俱荣，换句话说，国家权力构成了国家财产的保护者和自为存在。但国家财产毕竟是一种惰性的存在，它只是具有本质的那种形式，还不是独立自主的本质自身，它的自在存在是不完整的，它只能算是被扬弃了的自在存在，只有借助国家权力才能具有一点片面的自为存在。个人即便享受国家财产，他也不能得到他的本质。照此看来，财产尚需获得更强的自为存在，尚需与国家的普遍本质之间发生更自觉的内在关联，更彻底地昭示其作为精神事物的地位。

第 29 段一上来就总结说，照此看来，高贵意识根本就没有与普遍本质打交道，它其实只是在与一种号称代表了国家的意识打交道。高贵意识早已将自己的一部分外化了，它以往牺牲自己的个别性而试图予以成全的普遍性一面，由它的行动表现出来，而它的行动造成了一种“对象性的、坚固的现实”，它看待自己的行动结果既像是在看待它自己的东西，又像是在看待一个异己的他物。高贵意识眼见自己的业绩受到他人的意志的规定与安排，由他人赋予意义，它自己能否获得完整的声誉和形象倒取决于这异己的意志了。

如果说前文（第 24 段、第 25 段）展示过君王地位的逆转，那么第 26 段至第 30 段则同样表明高贵意识的身不由己。第 30 段接续上一段的意思说，高贵意识发现自己的人格受制于另一个偶然的人格，取决于纯属任意的决定和偶然的环境。在古罗马法权状态下，尚有法律保证每个人相对封闭而独立的法权人格地位，使人可以合理合法地缩回自己内心，个人尚可认为自己保有一部分最珍贵的东西，可是在当前处境下，个人对自身的那种确定性根本不含有任何本质。个人无法作为一个完整的人格对财产安然享用，他感到自己是被离弃者和被背叛者，因此每当有人赐予他什么时，他满怀感激，似乎自己得到了承认，仿佛又有了寻回自身同一性的希望。他完全是一种支离破碎的存在，他不再认真看待一切被称为规律、善良与正义的东西，因为他的整个生活都是“最纯粹的不一致”（die *reinste Ungleichheit*）。

在这种情况下，第 31 段描述的是，意识希望通过从对象性事物那里收回自身而重获自主性。即便意识像斯多亚主义、怀疑主义那样抛却身外之物，从行动与财产中回撤，它也得不到完整的自身。原因在于它感觉“自身是一种对象性的东西”，换句话说，它从将它自身设定成专为普遍本质而存在的高贵意识那一刻开始，就将自身撕裂了，而业经撕裂的自我即便再折返到自身内，那也只是一个“异己的自己”，这样的现成捏合是无法恢复意识自身的完整性的。

然而意识不甘于这种处境，它要在自身内部，自居为一个凌驾于种种矛盾与撕裂之上的更高的裁判者，成为它自身的那种伸缩性（可以居于内心，也可以跨界出去行动）的掌控者。这样一来，它就认为自己将原先的外化和自我抛弃（奉献自身、向外行动）扬弃了。这倒不是说它从大公之人变成一个自私之人，而是说它要恢复自身的完整性，因为它无法容忍自己以这种分裂的面目出现在公共世界中。

在描述这种内在结构的基础上，第 32 段说明高贵意识无法通过财产的赠予——无论它是以施惠者的身份还是以受惠者的身份行事——达到精神的完整性。

黑格尔在前文中已多次暗示高贵意识与卑贱意识会出现在同一个人身上。行文至此，我们发现，原则上而言以往用以区分两种意识的那条高傲的分界线已经消失了，两种意识在同一个人身上的出现几乎是必然的。我们最多只能在相对的意义上区分施惠于人的行为和受惠于人的行为。——此后黑格尔不太大规模使用“高贵意识”这个说法，一般只说“意识”或“自我意识”，因为随着上述两种原则的界限的消失，两种意识形象也就同步消失了。

财产作为个人享受的对象时，它体现的完全是他个别性的自为存在，只具有被动地等着被消耗的意义；然而当财产通过奉献、赏赐等行为被分配给他人时，它对于施惠者而言实现了他的自我牺牲，扬弃了他那只为自己享受的个别性，因而具有了普遍性或本质性，对于那受惠者而言，它同样具有了更丰富的意义，那就是对施惠者的承认和对他自身的自为存在或个别性的肯定。这就是礼物打开的空间。这就是说，财产作为礼物存在时，不再是一种纯粹的自然物或被享受物，而是带上了施惠者的自我意识，带有了对施惠者的本质的保持。尽管受惠者可能只是将它视作一种无机的自然消耗物，然而对于施惠者而言，它却表现了上一段中所说的那个凌驾和掌控自身之伸缩性的他真正的自我。被施予的财产是一种权力，它代表一个自认为独立而任意的自我（施惠者）凌驾于另一个人的自我（受惠者）之上。

财产的施予绝非简单的恩惠和好意，它在施予的同时抛弃了受惠者，代表一种傲慢放肆的态度（Übermut）。对于受惠者而言，赠礼固然是偶然发生的，并不代表他的整个人格要时刻屈居人下；然而对于施惠者而言，他自己就是这种偶发性，他自己可以决定这偶发性何时实现出来，于是他认为自己时时都可以支配受惠者。傲慢放肆态度正是源于施惠者的这种想法：他认为自己随时随地可以通过赠礼赢得受惠者的自我本身（Ichselbst），使对方最内在的本质都在他面前低声下气。

然而受惠者对此也洞察于心，他眼见对方傲慢放肆，心中满怀激怒反抗之情（Empörung）。这种激怒反抗绝非深藏于心的一时感受，而是对整个世界中所有同一性和所有关系的不信任，是一种“纯粹的分裂崩解”（reine Zerrissenheit）。分裂崩解的包括施惠者试图在公共世界中建立的那个高高在上的完好形象。

由此可见，意识希望通过赠礼达到对别人的控制的企图是彻底落空了，不仅如此，施惠的行为还将人人内心中那种深渊（Abgrunde）般的空虚感彻底暴露出来了，那不再是意识通过什么主观努力便可以挽回的颓势。与此同时，精神不再是将所有人凝聚起来的实体和整体，它变成了遮盖原子式离散性地存在着的个人的嬉笑怒骂和随心所欲的一个空壳。

但这还只是对分裂现象的一个初步描述，在第 33 段中黑格尔通过对新形势下的语言的剖析，更深入地描述了这种现象。

黑格尔认为，在当前的大形势下，意识到财产的本质并因而克服了财产的那种语言自然也是阿谀奉承的语言，但这种语言实在算不得高贵，因为它明知财产是身外之物，却依然将其奉承为与国家权力一体的什么本质的东西。如今它在受惠时体会到的分裂崩解和受辱激怒之情，实在是它自食其果。

但如今已找不到往日那种整全的精神了。以往还有一种精神将国家权力和个人聚拢起来，使个人通过服务的教化而被纯化为乐于奉献的纯粹自我，与那统摄此自我的国家权力共同构成一个紧密的整体。但那样的精神和统一体是如今的语言尚不了解的，讲这种语言的意识只知道将国家权力当作对立面，认为这个对象与自己是不相干的。

现在揭露分裂性的那种语言反倒成了“彻底的语言”(die vollkommne Sprache)，即最能反映实情的语言，它也是如今在教化世界里真正被追求的精神，那种高唱统一性之理想的语言反倒显得虚假。自我意识既已深感自身被抛弃和被撕裂，它只想早日抛弃这种被抛弃状态，重回自身，对外界事物不闻不问。它只想重回“我就是我”这样的同一性判断，但这样的判断如今对于它恐怕是一个遥遥无期的“无限判断”，因为它在现实中深陷其中的生活是被撕裂的生活，真实的主语和宾语反倒是前面那些段落中反复描述过的“绝对漠不相干的存在者”。比如高贵意识一方面是外向行动与奉献的抽象自我，另一方面却是享受荣誉的自为存在；而作为受惠者的自我意识则一方面是感恩的本质性自我，另一方面却是激怒反叛的自为存在。这样的严重分裂该如何回到意识自身，统一到一个整全的人格下？

黑格尔说，如今这种照实反映撕裂问题的精神（实指语言），已经“是对它自己的真理和概念有所意识了的精神”。对这话可能产生两种理解：一是黑格尔在讽刺这种语言，它明知目前的普遍颠倒状态就是最大的实情，还在各种话语中恬不知耻地利用这种颠倒，玩世不恭（见下面两段的描述）；二是对危机体会最深的意识，对于当前的实情也了解得最透彻，这样的意识不会盲目地将分裂的双方中的哪一方当成真理并投入进去，而是会积极地寻找分裂的出路。笔者更倾向于前一种理解，因为黑格尔在描述教化世界时，往往将那种经过“教化”因而习惯于颠倒错乱无定见的意识讽刺性地称为“精神”。

第 34 段篇幅较长，它更彻底地展示了这种分裂状态。这一段揭示出当前所谓纯粹的教化（die reine Bildung）就是普遍的颠倒，而且此时还有一种颠倒的意识及其语言来配合与巩固这种普遍的颠倒状态，它会让人们认为一切统一的东西（包括意识自身）都会瓦解，而毫不相干的两样东西倒可以通过机智的论说而关联起来。①

在撕裂的教化世界中，无论是国家权力还是财产，抑或它们的善恶规定，或者对善或恶的意识，以及高贵意识或卑贱意识，都不具备足以使自身持存不变的真理，都是向各自的反面颠倒和转化的。拿国家权力来说，它虽然是普遍被承认的实体和本质，但当它体现为君王这样的个体性存在时，君王便开始注重自己的个别性，反过来将国家本身当成一个空洞的名字；国家看似具有现实的力量，这种力量在实际生活中却成了被牺牲的财产，变成了无力的惰性存在；而作为财产的国家权力在赠予他人时，反倒体现出对受惠者的藐视，反倒因此而呈现出国家的自为存在。这其中的每一个环节都只具备暂时的存在，每一个环节都不持久。同样，关于善恶的思想，以及依照这些思想区分开来的高贵意识和卑贱意识，它们的情形也是如此。这方面的情形黑格尔在前文中也都反复分析过，这里就不复述了。需要注意的是，在善恶规定、善恶思想以及高贵意识与卑贱意识的反复颠倒中真正受到损害的不是哪一个具体的规定，而是善与恶、高贵与卑贱这些高低之分本身的失效。人们不会容忍完全相反的东西轮番登上那崇高的位置（善、高贵），而是会拒绝所有这些规定登上高位，或者干脆把那个高位废除掉，宁愿接受一切规定的平庸化。

这样一来，一切事物所表现出来的样子就纯粹是呈现给其他事物的“样子”，都与它自己自为地所是的东西不同；而与此同时，它内在的自为存在也不保，因为它原本就不像它以为的那样可以在呈现一个样子给他物的同时在内部保存自己本来的面目，因为作为精神性事物，内在与外在本来就是相互需求和相互支撑的。事物被人为制造出来的内外二分与内外撕裂只会使它的内在与外在双双丧失。在撕裂的情形下，内在又离不开外在。当它在内部寻找自己真正的落脚点时，不得不走向外在，走向它的对立面；当它到达那个对立面时，又深感那不是自己的本己之物，于是重新

① 正如王玖兴先生的译注所说，这里普遍的颠倒状态由狄德罗的《拉摩的侄儿》很好地刻画出来了。

被迫返回内部。最后的结果只能是一切事物普遍的骚动不宁，在内在与外在之间颠沛往复。

黑格尔再次提醒我们说，精神在此阶段的表现便是如此，它是种种绝对的分裂的集合，是到处都找不到自身的那种彻底的自由。这当然是一种讽刺之语，说的其实是精神的彻底瓦解，是人们对精神的彻底遗忘。人们懂得对目前的情形做出“普遍性叙说和分裂性判断”(das allgemeine *Sprechen* und zerreißende *Urteilen*)。在这种叙说和判断面前，一切虚假的本质和拼凑而成的整体，全都陷于瓦解了，这叙说和判断甚至连自己也瓦解掉，拒绝提出任何经久不变的固定论说。因而，不停地叙说和判断才是目前这个现实世界中唯一重要的事情。世界的每一部分都可以被牵扯到这种行为中来，似乎一切都由此沾上了精神的荣光。

对叙说和判断的游戏性质一无所知的那种质朴的意识会认真对待每一个环节，将它当作固定不变的实在之物，这就显得它是没有经过教化的意识，即没有在这个教化世界中成长起来，并将这个世界体验一遭的意识。然而经过了教化的意识（分裂意识、颠倒意识）则不然，它无情地在语言中将一切予以颠倒，运用一些看似威力无比的概念将原本风马牛不相及的东西硬性关联起来，显得自己是很机智的。

第 35 段无甚新意，它两次大段引用《拉摩的侄儿》里的文句，表明那个时代中毫不掩饰地自欺欺人的那种恬不知耻倒算得上是“最大的真理”(die größte Wahrheit)，即对现实最忠诚的写照。两段引文展示的这种玩世不恭的态度所包含的种种颠倒错乱，属于同一个意思的铺排发挥，此处就不用详细分析了。

第 36 段告诉我们，当整个意义世界（精神）都遭受了普遍的颠倒，并以颠倒混乱为常态时，那种力图保全真与善不受虚假、丑恶污染的简单意识（einfachen Bewußtseins）或憨直意识（das gerade Bewußtsein）反倒显得迂腐可笑、不切实际。

由于经过教化的那种“精神”见过大世面，了解世上一切规定性及其颠倒形态，并将它们悉数纳入自己的语言中，所以简单的意识说出的任何简单话语便都不出前者所料。倘若简单意识努力说出一些自以为新颖的意思，那么教化意识便要嘲笑它的愚蠢了，因为那所谓新颖的意思也是它所了解的。即便“无耻的”“卑鄙的”这样的嘲骂之语，教化意识也全不当回事，反而要嘲笑简单意识的呆笨，因为教化意识早就将这类最羞辱人的词语用于它自己身上了。——面对这样百毒不侵的混世魔王，正常的善恶之分是完全没用的。

在教化意识看来，一切单义的语言都是毫不反映现实的抽象之物，应当予以颠倒，因为它们只要从口中说出来，立即就会演变成它们的反面。而简单意识则试图撇清善的、高贵的东西与恶的、卑贱的东西的关联。但简单意识不知道恶的、卑贱的东西正是善的、高贵的东西的条件（比如财产正是国家权力的条件），被基督教神学严厉批判的凡世智慧是懂得这一点的。（这里透露出黑格尔对这种智慧的辩护，在秉持内在性世界观的黑格尔看来，那以彼岸为唯一真理的天主教教义对于世俗事物的鄙视恰恰会反过来损害真正的信仰，因为真理必须在世界上实现出来才是真理，它不是超越世界的纯净之物。）

简单意识的问题在于，它一方面要保持高贵的与善的东西的崇高地位，另一方面在现实世界中又明明白白地看到恶的东西就是善的东西的条件，于是在言语中难免说出一些前言不搭后语的矛盾之词来。它在生活中感到现世的质料之物本身并非什么十恶不赦的东西，然而教会教义又教导它说，那些东西就是恶的，它作为信仰者又不能不接受这一教导，因而痛苦万分。然而教化意识比它来得更现实，因为教化意识干脆断定连善的和高贵的东西也不是什么真正善的和高贵的东西，而正是它们的反面，其实一切都会过渡到它的反面。——黑格尔在这里真正的着眼点其实并不在于教化意识，在他看来教化意识只不过是在普遍颠倒的世界这个病躯表面结出的一个脓包，真正的问题出在世界本身上。黑格尔不过是借教化意识的冥顽不灵表现出这个教化世界的深重危机而已。

然而人类心灵不可能长期陷入这种近乎瓦解的混乱状态而无所作为，或者与之同流合污，每个时代总有一些有理想的、“天真”的人立志要像康德所说的那样仰望星空或扪心自问：这个时代的出路何在？第 37 段就描述了这样的简单意识寻求出路的过程。

简单意识认为有两种可能的出路：一是树立崇高的与善的典型事例，以正风气；二是抛弃颠倒的世界本身。前者看似孤愤壮烈、感人至深，实际上却有根本性缺陷。历史上的确不乏个别义士振臂一呼，万众响应的事情，然而那是因为义士用言语明确表达了早已有力地潜藏于众人心中的普遍趋势，即便这个人不表达，迟早也会有另一个人表达，只要有这种普遍趋势存在，这件事情就有了保证。但简单意识身处的世界却是普遍颠倒的世界，人人深陷颠倒错乱而不自知，早已失去了对善和崇高的信念——这和虚无主义时代的境况多么相似！在这种情况下，简单意识无论援引虚构的或真实的孤胆英雄的事例作为榜样，那个事例都不过是与周围的一切完全相反的一个孤证，但善与高贵的力量只能在于它的普遍性，如果它们只是孤证，那无异于对它们的讽刺，那是“最痛苦的事情”。

如果简单意识要求抛弃颠倒的世界，那么这个要求要么向个人提出，要么向具有普遍性的特定群体（黑格尔称之为“普遍的个体性”）提出。倘若向个人提出，那既不可能，也不合适。不可能是因为个人即便像第欧根尼那样躲藏在木桶中，实际上也是受到周围世界制约的——即便像鲁滨逊那样漂流到荒岛上，只要他还是人而不是动物，他也依然是意义世界之人。不合适是因为个人的避世势必会被人视作只关心个人，是在做一件坏事——包括这个人自身也会这么认为。

倘若向具有普遍性力量的特定群体提出这个要求，又当如何呢？已然充分实现出来的颠倒混乱不可能原样退回到对世界及其秩序的朴素信赖状态中去，那种状态甚至被教养意识视作“野蛮状态，且近乎动物意识”。精神不愿意抛弃它已经取得的财产。那么简单意识就只能寄望于教化意识的继续前行，只是这种前行要改变方式，摆脱混乱而重归作为统一性和整体的精神，那在黑格尔看来是“更高的意识”，亦即精神的更高形态。

第 38 段接着说，其实精神已经在静静地前行，已经“自在地完成了此事”。精神迟早要达到对自己的分裂状态的反思和对那些特定的混乱状态（包括对现实存在的它本身）的“讥讽嘲笑”。这种反思表现为两种形式：一是在意识内部的个别性反思，它会作为有识之士的明察与洞见被说出来；二是将目光投向彼岸天国。前者以现实世界的种种分裂现象为反思对象，对于精神在目前的处境进行检讨，既会回想精神的过往，也会思考精神的出路，在后文中被称作“纯粹洞见”；后者则排斥与否定现实世界，或者专心冥想彼岸世界，在后文中被称作“信仰”。

本小节的最后一段（第 39 段）集中描述了纯粹洞见的形成：在观察到一切事物的虚妄性（Eitelkeit）之后，意识与世界上的一切关系分离开来，超越世界上的一切分裂与颠倒，仅仅保持自身内的纯粹自身等同。

黑格尔说，一切事物的虚妄性其实与那虚妄意识（教化意识）是相辅相成的，二者相互需要。事物的虚妄性是由意识的虚妄性推波助澜而成，事物向人显现的样貌与人的生活方式息息相关——当然这决不意味着主观唯心主义；而意识的虚妄性也离不开事物的虚妄性，否则它的判断、它的机智便都无用武之地了。换句话说，意识的那种颠三倒四的生活方式才是一切问题的总根源，而这种生活方式的来源又是中世纪基督教世界赖以建立起来的一个总前提，那就是世界本身的双重化，或者说世界本身的意义被抽空并被置于彼岸了。纯粹洞见的产生正是源于对事物与意识双方的虚妄性相互助长这种局面的厌倦，或者说对分裂颠倒的生活方式本身的厌倦。

教化意识认为事物本身就是虚妄的，一切事物本身就是矛盾的，因此懂得很机智地说出一切环节，同时又说出一切环节的反面，似乎“它知道每个环节之所以为每个环节，比该环节自己所知道的还更清楚些”，俨然一副洞明世事、真理在握的老成世故模样。黑格尔说，那是因为它根本放弃了事物的一致性，它从来都是从不一致和矛盾的方面来认识事物的，因此它才可以将同样的对立性、矛盾性套用到一切事物身上，那就是它惯于对事物下的判断。然而黑格尔紧接着给这种意识泼了一瓢冷水：“它非常懂得对实体性的东西（das Substantielle）下判断（*beurteilen*），但丧失了把握（*fassen*）它的能力。”见到一切实体性的东西，它都懂得按照固定的程式将那事物大卸八块，判定对方“本来就是如此”，然而正是在这种志得意满的状态下，它彻底失去了把握事物的实体性的能力，换句话说，事物之为事物的根本是什么，那是它无从了解的。

接下来黑格尔直揭意识与事物双方的虚妄性相互依赖的真相：“这种虚妄性在此需要一切事物的虚妄性，以便从一切事物那里取得对自身（des Selbsts）的意识，因此它是自己在创造那支撑它们的东西，并且它就是灵魂。”不客气地说，是意识的虚妄生活方式创造出一张覆盖万物的薄膜，也正是这种虚妄性使它坚信一切都是虚妄的。这种虚妄性固然并非哪个被教化的个人凭他一己之力就能发明出来的，固然是所有教化意识的行事方式，也是教化世界中一切事物显现的方式，因而是一种客观的存在，但它就像现代种种意识形态一样，并非牢不可破的绝对根基，并不等于事情本身——可以说它是现代意识形态的预演。

黑格尔接着重述了教化意识追求权力与财产，试图借此占有二者的普遍性，因为权力与财产是那个世界上被普遍承认的两种最典型的力量。它以为由此可以使自身获得普遍的效准，在占有后却发现，它们自身并不具备什么本质，它们作为被占有物（财产）是惰性的存在、虚妄的存在。因此意识自身通过机智的语言表现出超脱它们而存在，这种语言本身成了意识的最高兴趣。正是在这里，机智的语言在客观上成全了意识的纯粹洞见。意识发现自己居然可以脱离世上的一切分裂而存在，可以“自觉地变成精神的、真正普遍的东西”，这样的自身乃意识的“本性”（Natur)。超越一切分裂状态的意识，它对一切都采取否定的态度，唯一肯定的乃“纯粹自我本身”。——读者可能会觉得，这种返归内心、坚持自身同一性的意识似曾相识，但实际上它与此前出现过的一些类似形态不同，下一小节中黑格尔会将这种意识与斯多亚主义和德行意识详细区别开来。

（二）信仰与纯粹洞见

正如教化世界与教化意识相伴相生一样，信仰与纯粹洞见也是如此。信仰与纯粹洞见都建立在对颠倒混乱的现世的离弃感和超越欲之上，二者都是思维（Denken）。而在这个共同前提下，二者之间又构成某种张力，形成一个新的生活模式。因此下文中说到“纯粹意识”时，往往表示它是离弃现世的生活模式，这个术语并不一定单指纯粹洞见，也可涵括信仰在内。

第1段主要澄清了纯粹意识与意识先前的一些类似形态的差别，以表明目前阶段的纯粹意识的特质。

意识在现世发现一切都是异化了的，它在其中找不到真正如意的安家之所，于是将目光收回自身之内，再投向彼岸世界，认为这种回归到思维及其投射物的做法可以避免现世的污染，保持意识的纯粹性。黑格尔说，彼岸世界的内容是“纯粹的被思维物，思维就是它的绝对元素”。因此思维及其投射活动便是下文中要讨论的信仰与纯粹洞见的共同基础和共同内容。但因为意识身处这个信仰世界中，处处只见思维之物，反而“不识庐山真面目”，将它们当作绝对而真实的实在，忘记了它们本来只是一些思想（Gedanken）。既然生活在思想之物中，这种生活本质上便还是受到现世规定的，并未真正脱离现世，而纯粹意识所得到的自身等同性也只是它自以为的等同性，在哲学家和读者（“我们”）看来那只是一种被构造出来的等同性，并非真正完全与现世隔绝而生活在一个异己的世界中了。用黑格尔自己的术语来说，纯粹意识只是将自己浸泡在“表象”（Vorstellung）中，即生活在它自以为是的种种想象图景中，而没有真正思辨地理解和思考它所表象的内容的本性。——然而黑格尔更不忘提醒我们，纯粹意识对于这些全不知晓。

接着黑格尔进一步澄清了纯粹意识的本质。纯粹意识只是因为对现世绝望才跃向彼岸世界的，这只是一种直接的跳跃，这种跳跃无论多么美妙，都还反过来受到“对此世的否定”这一点本身的规定，而不是意识反过来支配这两个世界的对立。它的跳跃并非基于对两个世界的透彻思考和理解之上，因而它的跳跃及其成果都反过来受到此世的规定。这就像一个小孩因为偶尔对父母生出怨恨，在激愤之下离家出走，他在外地见到的永远是“比家里好”，永远是“和家里不同”，对父母的这种怨恨会被他涂抹在他见到的一切事物上；而一个对家庭及其局限有着缜密思考和理解的人，在父母的支持之下出外游学，这个人看到的世界是没有那种怨念的，他对世界的理解显然会更公正，因为他是真正以开放的心态去融入世界本身中的，而不是像那个离家出走的小孩一样以封闭的心态理解事物。黑格尔说，这样一种纯粹意识的本质并非真正“抽象自在的形式下的本质，毋宁是一种**普通现实事物**（eines *Gemeinwirklichen*）的形式下的本质”，换句话说，它还没有达到作为绝对精神的宗教的层次，没有真正着眼于绝对精神本身，而只是将信仰用作与世界中的某种现实之物相对抗的力量，因而还深陷在世界的某种形态之中，根本不可能对世界本身有什么思考。

纯粹意识与斯多亚主义的意识不同。后者只坚持一种形式上的自我同一性，至于思想内容，它完全不介意从现实世界中随意取来加以利用，也就是说，斯多亚主义没有自己的思想内容；而纯粹意识则不仅有自我同一性这一思想形式，还有它自己构想出来的思想内容，那些内容最大的共同之处就是与现世的不同，或者是对现世的否定——尽管纯粹意识没有意识到：正因为依赖于这种否定性，这些内容实际上依然受现世规定。纯粹意识与“理性”章中的德行意识也不同。德行意识自身固然认为它推行的就是事物本身的本质，然而它在实践中毕竟发现自己推行的这所谓本质依然是与事情本身两隔的，依然只是理性的构想；而纯粹意识则不同，它自己并未将一种合理性结构强加于事情本身之上，它反而是事情本身逼迫出来的一种反抗意识，或者说它只是成全了事情本身走向对其自身的反动。与此类似，制定规律的理性与审核规律的理性都仅仅运行在理性自己描画的图景中，不具备纯粹意识的这种现实性。

最后黑格尔又考察纯粹意识的这种现实性是什么性质的现实性。相对于斯多亚主义的意识、德行意识、制定规律与审核规律的意识而言，它固然是生根于世界本身的，因而具备了现实性；然而如果立足于当前阶段来看，这种现实性究竟是不是我们可以将对真理的一切希望都寄托于其上的那种最终的现实性？纯粹意识当初作为简单意识而秉持抽象的善恶标准时曾被那些老成世故的人嘲笑奚落，如今它因为事情本身走向了对自身的反动而具备了现实性，大大充实了。换句话说，在人们普遍厌倦了现世的颠倒错乱、尔虞我诈而寻求出路时，简单意识就不再是简单意识，而似乎具备强大的现实性了。尽管如此，它并非十分自由的一种意识，因为它只是产生于对现世的逃避，它从头至尾都受到这种逃避的规定；对于注目于现世的纯粹洞见而言，它并不具备真正的现实性，因为它“只是纯粹意识的一种现实，而不是现实意识的一种现实”。

第 2 段讲述信仰的面貌。黑格尔一上来就说，宗教在这里出现了，不过还不是自在自为的宗教本身，即不是下一章中作为绝对精神的那种宗教，而只是作为信仰的宗教。接着黑格尔又将这里的信仰与苦恼意识和家族守护神信仰区别开来——后二者也都是广义“宗教”的一些面向。

苦恼意识只是立足于自我意识，从意识的自我感受出发去寻求彼岸的安慰，而完全不了解事情本身的情形如何，更不知道世界本身的双重化结构，黑格尔称之为“意识自身的无实体的运动”，这意味着此时的意识自身根本还没有扎根于实体之中。到了伦理实体阶段的家神崇拜中，意识固然已经扎根于实体之中了，但那家神作为守护神与先辈的灵魂毕竟还只是伦理实体本身——具体而言是家族自身——的一个组成部分，而且家族成员对家神的态度还只是一种天然的素朴信赖，还没有建立在对伦理实体的反思之上，即那时还没有出现世界本身的双重化。如今的信仰是建立在对世界本身的一种反思和对现世的明确拒绝上的，现世的一切据说能体现本质与真理的特定存在如今都不能令意识满意了。虽然信仰可以被视作基于实体本身之上的运动，甚至可以被视作是实体自身的运动，可是它的局限恰恰也在这里，因为与现世以及自我意识的现实状态这二者的对立彻底规定着信仰。因而信仰毕竟只是意识的行动和对彼岸的设定，还不是本己意义上的宗教，即不是作为世界之自为存在、作为绝对精神的宗教。——我们看见，原本很不易区分开来的苦恼意识、家神崇拜、信仰和宗教本身，由于有了《精神现象学》在意识的诸层次之间的划分，很清楚地“各就各位”了。

第 3 段描述纯粹意识这个整体生活模式中是如何分化出信仰与纯粹洞见的。

如前所述，与现世的对立本就构成纯粹意识的内在规定性，因而在纯粹意识内部本就否定地包含了现实世界，它决不仅仅是对彼岸美好世界的描画，而是深受现实世界的影响，这种影响甚至波及它对彼岸世界的看法。因而黑格尔说这种意识在自身中就是异化了的，而信仰只是它的一个方面罢了。

那么纯粹意识是如何内在地包含了现实世界的呢？这便是纯粹意识内部超出信仰的一面的另一面。纯粹意识在某种意义上说是如实反映了现实世界的：它看出现实世界的各个单元一方面作为精神性事物而相互依赖，因而必然相互过渡，陷入无止息的运动之中，永远无法取得静止的本质性存在，因为它们永远在自己的对方中将自身扬弃；另一方面这些单元又总是力图通过坚守与对方的绝对差别而保住自身，总是陷于自身之一隅而不见全体，试图以自身代表或支配全体，因而它们自身并不认为自己陷于差别之中。它们是一种纯粹的自为存在，但这种自为存在并非毫无见识的、格局狭小的斯多亚主义式的存在，而是作为普遍性运动的自为存在。它们认为运动才是最真实的存在，它们认为一切静止的崇高本质都是自矜自夸的表面文章。（这与虚无主义时代的精神状况何其相似乃尔！）

纯粹意识对现实世界的这种状况洞察于心，正是在此基础上它获得了一种确定性，即只有那超越这些相互过渡的无休止运动的自我本身才是真理，确信自己只要对所有这些颠倒错乱采取否定性态度，就可以保住自己这个“绝对概念”。这样它就可以将现实世界中的一切对象都转化成一种“意识的存在”（einem Sein des Bewußtseins），即在它自身中赋予它们一种否定性意义。和现实世界的那些单元一样，纯粹意识所见的差别并不是真正的差别，因为它对于各单元之间的差别并不关心，它只是对各方全部采取一种否定的、超然的态度而已。那么纯粹意识除了否定现世之外，是否还有肯定的一面？当然有，那就是它构造的信仰世界。纯粹意识在自身内直接构想出一个肯定的世界，黑格尔将这种做法称为它“简单的自身内反映”。

这样一来，纯粹意识除了有对所有现世环节采取的不停息的否定运动一面之外，还有作为这否定运动之自我满足的归宿的肯定性静止一面，那就是宁静而至善的天国。这两个方面同属纯粹意识这种异化了的意识，像是一个双重意识一样。前者是纯粹洞见，它否定一切具有肯定性内容的对象性或表象形式，如果说它毕竟还有一个未加否定的对象的话，那就是纯粹自我，可是它所剩下的这唯一一个肯定的对象却是一种纯粹否定性的形式，没有任何肯定性的规定。而信仰的一面则有许多肯定性内容，其实那些内容都是从对现世的否定中构想出来的，是以否定的方式从现世中取来的，但纯粹意识自身不会承认这一点。信仰不承认自己来自现世，而坚持自己的内容的独立性，这正表现出它缺乏洞见，因而黑格尔说信仰是“有内容而无洞见”的。黑格尔这里极为深刻地指出了信仰的一种自欺：表面看来纯粹洞见缺乏内容，而信仰则有不同于现世的一些美好而充实的内容，然而信仰的所谓内容其实同样来自自我意识从现世撷取来的一些东西，它在本质上只是自我意识的一种构造，而且它之所以认识不到自己的这个局限，是因为它只是反思性思维，而没有达到思辨的概念，只是简单否定现世的纯粹意识，却没有达到对自身的进一步反思，即认识不到自己完全基于对现世的否定之上，而且它的种种自认为“肯定性”的内容，也深受上述否定的影响。

信仰实际上是一种思维，是一种知识，是自我意识的构造物，然而信仰本身却认识不到这一点，或者说拒绝承认这一点。信仰自认为它有一个实在的彼岸本质作为对象。一旦信仰固守这个彼岸的对象世界而对此世采取更加彻底的抵制态度，它就更加失去了认识到自己的这种本质的机会，此时“信仰的本质就从思维下降为表象”，一心忙于想象那个彼岸世界的各种美好之处，将信仰是如何从意义世界的根源之处生发出来的情形遗忘净尽。

如果说纯粹思维在意识中沉淀下来的过程，在信仰那里是对于彼岸世界的无尽的表象和对于这些表象的一种固化，遗忘了作为一种精神形态的信仰本身的来源，那么这个过程表现在纯粹洞见那里则是向自我这一极的固化：一切对象性都是要被否定的，除非它能表现出向自我的返回，或者说除非它能表现出自我来，“只有自身才真正是它自己的对象，或者说对象只有当它具备自身的形式（die Form des Selbsts）时才具有真理”。——这同样是一种莫大的异化，这正是黑格尔将启蒙界定为另一种“异化的精神”的根源。后文中黑格尔固然叙述了纯粹洞见对信仰、启蒙对迷信的批评，但他决不简单地站在纯粹洞见和启蒙的这一边，在他看来，这二者同样是偏颇的。

以下分别分析信仰与纯粹洞见。第4段引起话头，表明下文要从如下三方面来分析它们：本身的自在自为的存在、与现实世界的关联和与它们双方之间的关联。

第5段开始的四段分析信仰。这一段分析信仰的对象（它自在自为的存在），即上帝与天国。黑格尔认为天国世界只是纯粹意识将现实世界提升和普遍化的结果，因而现实世界的世界结构会在天国世界复现，只不过那不是一个像现世一般不断异化和颠倒的世界，而是一个无须异化的、自我同一的宁静世界。这个世界以及上帝内部的各要素之间的过渡，只是在哲学家和读者看来才是相异之物之间的转化（异化），才是一种规定性向另一种规定性的转化（异化），并构成一个必然性的序列，但对于信仰这种表象性意识来说，它们之间的差别是静止的，它们之间的过渡则是偶然发生的，换句话说，信仰意识其实并不理解它所信仰的东西。

第 6 段简单介绍三位一体学说。

需要注意的是，此处纯粹意识完全是立足于本身来看天国、上帝及其道成肉身等现象，它看到的并不是作为绝对精神的宗教及作为该宗教之核心内容的三位一体现象本身。上文中黑格尔将天国世界看作纯粹意识从现实世界进行的投射，也是在这个意义上说的，而到了下一章的绝对精神层次上，黑格尔的说法是不同的。因此我们根本没有理由说黑格尔认同“宗教是主观意识的投射，是人民生活的鸦片”一类观点。

作为永恒而简单的实体的圣父是第一个环节；而这个实体概念在人世间的实现，即以具象化的肉身形式表现出来，就成了圣子，这是第二个环节，那是他的为他存在（为这个世界存在），这是本质变成一个自我牺牲着的肉身之人了，但这个肉身之人虽然是人之子，同时却保有其绝对本质性；第三个环节则是圣灵，即作为这种异化了的自我向着其简单性的回返。只有经过这三个环节构成的完整序列，实体才能被人们表象为精神（Geist，亦译“灵”）。

第 7 段考察了看似矛盾的两种现象：一方面，上述三个环节都只能通过关联于上帝本身才有意义；另一方面，之所以需要在它们之间进行分殊，那却是因为上帝要与现世（具体来说是与人的自我意识）发生关联，要“分有信仰着的自我意识”。表面看起来，圣父、圣子、圣灵这三个位格（Personen）都只有在它们与上帝这个整体的关联之下，才是可以设想的，好像它们全都是关于上帝的事务，我们应该将它们全都当作静止的神圣形象加以供奉。然而事实上，它们三者的划分却是着眼于现实世界的，具体来说是着眼于信仰意识的，换句话说，它们三者之中本就含有现实世界作为它们的规定性——这便是前面几段中黑格尔所强调的“对现世的否定规定着彼岸图景”。然而信仰意识毕竟是立足于精神这个意义世界之上的，因而问题的关键还是意义世界本身，而不像纯粹意识想当然地认为的那样是纯粹分离的天国世界。

黑格尔以此表明，三位一体的架构本身是为现实世界而设的，现实世界才是问题的关键。如果事实真的像纯粹意识认为的那样，上帝就是单纯静止不动的三个面向，与现实世界截然不同，那么这三个面向之间的区分其实根本没有必要。黑格尔在下一段中还会接着剖析纯粹意识的这种想法所蕴藏的矛盾。

第 8 段告诉我们，只要纯粹意识坚持两个截然不同的世界的分划，即便有了三位一体的教义，分离的问题依然无法解决，它只不过将问题推延到现实世界中罢了。

这一段一上来就说，信仰意识以对现实世界的拒斥为主要特征，看起来它好像构成了颠倒混乱的教化世界的“精神”，但这种拒斥只是一种直接的设定，而不是基于对两个世界的真正理解之上的，因而信仰意识实际上并非“*一种富有精神的意识*”，信仰意识实际上根本就将整个现实世界及其精神都斥为虚幻之物。

但黑格尔揭示出，上帝的三个环节之间的运动之所以发生，不过是因为现实世界被意识设定为一种“*无精神的定在*”，一种要被它所以为的真正的精神克服的存在。意识将现实世界中得到的感性知识与行动一并否弃，只满足于内心中对上帝进行崇拜和赞颂，满足于“自己与上帝相统一”这种感觉，然而正如“苦恼意识”部分揭示的，这种统一感注定会不断颠覆自己，因为人据以判断和充实这统一感的内容其实都来自现世，这种感觉实际上只是一种不断求而不得的感觉。

对于一个基督教团契（Die Gemeine）而言，圣灵与他们同在，他们固然认为自己达到了与上帝合一的目标，然而对于个别的自我意识而言，彼岸终究是彼岸。即便彼岸的上帝道成肉身化为人子，那也是公元初年带有特定神圣性、处于特定区域和人群生活中的人子，是与个别的自我意识的感性生活不同的另一个感性世界，即便它亲自去耶稣生前到过的那些地方瞻仰，那也不能改变那个世界与自己的感性世界的隔离状态，因为人对于圣地的瞻仰并不能使自己成圣，反而只是确认了人与神之间的距离。

由此可见，作为意义世界本身的双重化的秘密，对于信仰意识而言始终是最隐秘的东西，它无法理解这一秘密——这是由它的结构性缺陷决定了的。

第 9 段引入了纯粹洞见的讨论。黑格尔依然要从它自在自为的存在和它与现实世界的关系这两方面入手讨论，并涉及它与信仰的关系。

第 10 段讨论自在自为的纯粹洞见。如果说信仰是坚守彼岸之精神[①]或本质的一种宁静的、纯粹的意识，那么纯粹洞见就是专注于这种本质的

① 这里的“精神”当然只是纯粹意识所认为的精神，而不是黑格尔自己的那个意义上的“精神”。

“自身”（Selbst）的一种意识。黑格尔在这个意义上将纯粹洞见叫作对精神或本质的“自身意识”（*Selbst*bewußtsein），这个词的字面写法跟我们常说的“自我意识”（Selbstbewußtsein）是一样的，但黑格尔将“Selbst”改为斜体后，就表示他要说的是人对精神之“自身”的反思，而决不是人以精神自居并成为这精神本身的“自我意识”了。纯粹洞见与信仰一样并不真正了解上帝这一精神现象的实质，它就像后者要将上帝设定为一个静止的实体一样，要将他设定为一个与世间一切事物均不相同的主体，因此在纯粹洞见看来，一切与这自身意识不同的、带有自主性的身外之物，就都是应该扬弃的——它要将它们全都改造成自己的世界图景中所能接受的那个样子，赋予它们以否定性的意义，无论这东西只是现实地存在在那里，还是不仅现实存在，而且在它自身内就具备其存在的根据。这就是黑格尔所说的将那些东西制造成“概念”时所指的意思。

黑格尔在段末顺便拿理性的确定性与目前阶段的纯粹洞见对比。纯粹洞见不仅仅像理性那样直接对自己的世界感到确定，还“知道它就是这种［确定性］”。这就是说，它明确了解自己既与世界有差异，又确信自己与真正的精神的关系，因而坚信自己有权力将现世的一切都编织到它的世界图景中去。这种有着某种实体作为自身坚强后盾的意识，显然已不同于理性的那种试探性的确定性，它比后者更加自信。

第 11 段告诉我们，纯粹洞见，即纯粹意识对现实世界的否定活动本身，是如何向下一种异化的精神形态——启蒙——过渡的。

需要说明的是，就像古希腊伦理实体中的两种规律向法权状态的过渡并不单纯是人的规律战胜了神的规律，而是整个世界格局都发生了变化一样，这里的局势也不单纯是纯粹洞见“战胜”了信仰，或者说理性战胜了蒙昧那么简单（虽然黑格尔的个别字句单独抽象出来看似乎会给人这种印象），这种过渡同样是整体格局的转变，新的格局是启蒙与迷信之争——后者当然只是启蒙映照之下的、启蒙所以为的迷信，而不能代表作为绝对精神的宗教本身。那么这种整体转变是如何完成的呢？由于篇幅和体例的限制，黑格尔显然无法进行全盘的考察，他只能抽象地描述精神形态的内在缺陷与变化。我们知道，在宗教改革之前，基督教引领下的西方世界虽然不时遭受蛮族的入侵，但基本上都被基督教文明化了，基本上维持了长达一千几百年的一个比较稳定的格局（“天国一人世”双重化世界）。但正如黑格尔以抽象化语言讲述的那样，对双重化和谐秩序的素朴信赖毕竟让位于此世全盘的颠倒错乱、私欲流行和彼岸的疏远与隔膜。波及整个中、北欧乃至东欧的宗教改革运动正是对这种局面的反拨。宗教改革提出的“因信称义”等原则正符合黑格尔所说的“纯粹洞见”的基本特征。但更值得注意的是，学界一般将启蒙精神与它之前的整个时代区别开来，好像启蒙是理性在近代的突然勃兴造就的，但这种两极化图景在黑格尔这里完全不存在，他反而注意到宗教改革为启蒙提供了精神土壤，而不仅仅是像以往常见的思想史叙事所讲的那样只提供了一般性的社会氛围。在黑格尔这里，宗教改革造就的精神氛围不仅在社会环境方面，而且在思想内容与思想特色方面都堪称启蒙之母，也正是这一点决定了启蒙同样是一种“异化的精神”。

回到黑格尔的文本。对于现实世界之否定性的意识，起初毕竟只是个别人的偶然体会，那时“因信称义”、直接与上帝交流的想法毕竟只是一种遥遥无期的目标，在实际生活中看不到任何实现的希望。这种意识的意图（Absicht）只是将自己偶然得来的信念（纯粹洞见）普遍化，即在事物中寻找能印证这种信念的方面，从而将这些事物都编织到纯粹洞见的世界图景中去，同时努力让他人了解并普遍接受这种纯粹洞见。

这种意图与它欲加以确立的洞见之所以是“纯粹”的，是因为它们在实质上并不沾染现实事物，而只以一绝对无限的概念为内容。这概念的无限性表现在：它并没有一个屹立不倒的对象与之对立，一切对象性的东西本身都没有自在的坚固性，它们在意识看来都是要被否定的，另外，对于这一点的意识也不是一己之见，而是值得并可以在所有人中加以普遍推广的一种意识。这种普遍可推广性实在并非哪个人的异想天开，它有着现实世界的颠倒错乱状态长期造就的一种社会精神氛围作为基础。个人无论多么有才干，在“*精神的动物王国*”（黑格尔这里借用了“理性”章中的语句）中也注定只能成为普遍混战和普遍欺骗的工具。当纯粹洞见宣布此世的一切——包括那些自称为代表上帝的建制力量——都不值得信赖，个人原本就可以直接仰望上苍，直接追求上帝，人们对这种洞见的狂热信赖和投入完全是可以想象的。

在个人看来，事物的种种品类都不具有坚固的特征，它们会相互过渡而失去差别性。他不再信任什么自来便有效的本质（“*事情本身*”），无论这本质被设定为现世的权力，还是像教廷那样貌似有彼岸的“背书”。个体性本身也没有任何取自现世的特殊内容和目的，作为教化的产物，人与人之间只有量上的差别，但这个量所称量的质本身却不具有固定性。比如说，人们可能以辩才作为比较优劣的标准，在这个尺度衡量之下，各人的差别都被化约为辩才的大与小的差别；但辩才本身却没有理由自居为最终的、不变的标准，它随时可能被聪慧、毅力等其他一些尺度替换。然而这些尺度之间的区别在分裂的意识那里全都变得不重要了，在那种意识看来，唯有心向彼岸与沉迷此世这两种质之间的区别，只有这种质的区别才是衡量人与人之间的优劣的唯一标准。在这种意识眼中，现实世界的一切事物都只是照鉴自身的镜子，它可以不受限制地对一切事物进行判断。自我个人天然具有的一切特征，包括性格、脾气、意志力等，都无关紧要了，只有一个纯粹的自我形象才是它唯一的对象，纯粹洞见对于人自身的要求便是向这种纯粹的自我形象靠拢，那是它关切的唯一事情。

这样看来，纯粹洞见此时便成了自我意识的本质、作品和财富。自我意识一方面将一切都当作自己的镜子，整个世界都成了它的个体性与行动的场所，“天高任鸟飞，海阔凭鱼跃”；然而另一方面，它的个体性实际上并非真正的个别性和特殊性，因为它对自身的要求就是向一种纯粹的自身形象靠拢，所以它的个体性毋宁是普遍的。它要普遍地向一切自我呼吁和推广这样一种理想状态：当每个人认为是在为自身而个别地存在时，实际上是在努力成为它应当成为的一种普遍的状态，特殊的即是普遍的，随性的即是**理性的**（*vernünftig*）。——然而当这种理想真正推广之后，它便会成为最强硬的一种意识形态，成为将人们的生活强行“格式化”的一种强力。

二 启蒙

既然“启蒙－迷信”的基本格局代“纯粹洞见－信仰”的基本格局而兴，这种新的格局有什么特点呢？启蒙的世界是继教化的世界之后而起的另一种异化的精神。何谓异化的精神？意义世界的本质或重心被设定于意义世界之外，此之谓异化的精神。正如“导引”中曾辨明的，教化世界将重心置于意识所投射出来的一个彼岸世界，而启蒙则在意义世界的表面蒙上了一层“有用性”的外壳，以此衡量并汇集世上的一切事物与知识（成为法国百科全书派的那类成果），攻击信仰（称之为“迷信”）。启蒙实际上是近代西方历史上首次在整个生活世界范围内出现的强制性意识形态。但在黑格尔看来，启蒙是西方文明史上的一种深具缺陷的异化精神形态（详见下文的分析），他不仅在“理性”章中剖析了它在近代人类知识与实践中的主要体现形式——理性——的封闭性与外在性，还在本章中用大篇幅解释作为一种精神形态的启蒙本身的合理性与局限性。

值得注意的是启蒙的有用性原则与理性的封闭性之间的内在关联。启蒙出现于世时，高举理性的旗帜，这使它似乎具有了科学、公正、严格的面貌，具备了无往而不利的冲击力，时至今日，学术界还常有关于“启蒙是否尚未完成?”这类问题的大范围研讨，但像康德、黑格尔对启蒙的那种深刻反思却很少见了。理性是启蒙在近代人类知识与实践中的表现形式，它主要的特征是“世界合乎理性之人的设想”和“世上一切要经过理性的审核才被承认为存在”。然而理性在近代的极大昌盛并非无来由的，它的根据在于启蒙这种精神形态的出场。在黑格尔看来，启蒙并不表明西方人在近代突然变得有智慧和开明起来了，彻底摆脱了愚昧之境，走向了真正的文明，它只是对中世纪基督教的双重化世界的一种反拨，而矫枉往往会过正，这种反拨同样陷入了异化。它虽然揭示了彼岸世界依然生根于意义世界整体这一事实，却又在现实世界表面蒙上了一层理性的面纱，并从万事万物中索取“合理性”，而“理性”章中的“合理性”要求的本质在本章才真正大白于天下：原来它就是理性的“有用性”，换句话说，对理性有用的东西就是正当的，否则就应该被排斥、被压制。

黑格尔在这一小节的“小引”部分（共四段）简单讨论了启蒙与现实世界中万物的关系，然后告诉人们，启蒙真正用力并大放异彩的地方并非它与现实世界某一事物的关系，而是它对所谓“迷信”的批判。

第 1 段告诉我们，纯粹洞见与信仰①固然都是因为对现实世界不满而返回纯粹意识的结果，但当纯粹洞见以单纯的自身同一性（合理性、有用性）为唯一标准去批判信仰，并建立与世界万物之间的关系时，一种新的精神形态就出现了（那就是启蒙）。接着黑格尔说，他在“小引”中要简略交代的就是启蒙与现实世界的关系。

第 2 段表明纯粹洞见是无内容的一些片断性机智议论，需要启蒙这种精神形态将其连缀为一幅貌似完整的图景，并赋予它一种貌似强大的力量。

关于纯粹洞见的无内容性，前文中在将它与信仰的无洞见性进行对比时已经充分展现过了。它是一种跳出颠倒错乱的教化世界，永远只停留在这个世界的表层指指点点的一种“洁身自好”的“宁静意识”（des ruhigen Bewußtseins），对于关于具体事物的那些具体知识，它最多只拿来评

① 这里的“信仰”当然是指中世纪基督教的晚期阶段，以及随着宗教改革而兴起的“因信称义”潮流，不是指整个中世纪基督教信仰，因为在中世纪基督教前期阶段，信仰与现实世界曾经维持过相当长时期的和谐，虽然那是以一种层级宇宙观为前提的。

点一番便予以抛弃，决不会当作它自身的内容与根据。这种偶然的、片断性的评点被黑格尔称为“特殊洞见”（*besondere Einsicht*），他说这类特殊洞见既包含最痛苦的情感，又包含最真实的洞见。前者是对世上一切稳固东西都陷于瓦解错乱这一点的感觉，后者则是这类洞见置身事外所做的机智评论。

但这些机智却杂乱无章的零星片断性评论若不收拢过来构成一个貌似强大的整体，其本身就会转瞬即逝，这就需要启蒙人士将它们汇集成册（“百科全书”或“哲学词典”）。[①] 黑格尔称完成这种工作的意识为“第三种意识”（ein drittes Bewußtsein），他所指的应是在纯粹洞见和信仰所构成的教化世界之后兴起的一种新的精神形态：启蒙。

第 3 段分析纯粹洞见是如何通过这个手段获得一个貌似井然有序的世界的。黑格尔一上来就说，启蒙的重心并不落在世上的任何特定事物和对这些事物的特定知识之上，而是落在纯粹洞见对这些事物和知识的判断与讨论之上，以之为“实体和支点（Halt）”，有了这个支点之后，纯粹洞见为了寻找内容而寻找内容，这才将种种单元（关于各类事物的知识）保留下来，并编缀为一个整体。在这种编缀过程中，自我意识自认为获得了一种自为存在和个别性内容，然而它其实深知这些内容的虚妄性和空洞性，这种虚妄性其实也是它自身的虚妄性。

然而这样的知识在有次序地编缀成整体之后，虽然无法补救它自身的虚妄性（在黑格尔看来这种做法实际上更明确地暴露了它的虚妄性），却获得了一种力量，那就是呈现出现实事物被教化世界涂抹上的那种更脆弱的虚妄性。在教化世界中事物被赋予的种种短暂易变的意义，在纯粹洞见的机智之下陷于崩溃境地，因为这种机智告诉人们，更好的知识应当是公共的、普遍的、持久的知识。这样一来，对个别事物的兴趣便消失了，关于个别事物的特殊知识便消融为普遍洞见，意即它只因其与普遍洞见的关联才有意义。

最后一段说的是，在启蒙这种形态下，纯粹洞见只有与信仰斗争才能表现出它真正的活力（Tätigkeit）。黑格尔由此即将进入历史上启蒙人士对宗教狂信的那场批判大戏中去。在此有两点需要注意：第一，此处要展示的是一种真正意义上的意识形态，因此启蒙所描绘的“迷信”并不代表基督教的精髓，后者要到“宗教”章中才被揭示出来；第二，启蒙之所以

① 笔者此处的理解得益于王玖兴先生在他的中译文下加的注释。

在对信仰的批判中才表现出其活力，是因为对于启蒙而言，现实世界的事物及其知识无法构成根本性挑战，只有同属“纯粹意识”之产物的信仰才是真正的劲敌。信仰对于为事物普遍地涂抹上自己所中意的意义这种手法了然于胸，实际上它对此已经有了千百年的实践，而启蒙只有挑战这个“旧王”，才能立起自家的“新王”。它攻击信仰的手法，只能是从意义世界这个根源之处着手，暴露信仰与实际生活之间的疏离，但由于它自身的根源也在此处，因此它在攻击信仰的同时势必受到信仰的回击，它自己的脆弱性也便大白于天下了。最终我们会看明白，启蒙与信仰之争并非简单的真理对谬误之争，而是一种权力之争。——这对于深受启蒙洗礼的一般常识而言，恐怕相当“匪夷所思”。

(一) 启蒙与迷信的斗争

这一小节开篇的第 1 段界定二者的斗争所在的层面，并勾勒了这种斗争的基本格局。

黑格尔先以寥寥数语说明，纯粹洞见作为对世界的一种“否定的态度”(des negativen Verhaltens)，要比“自我意识”层面的怀疑主义和“理性”层面的理论理性、实践理性来得更根本，后者与它相比只是些“次级的形态”(untergeordnete Gestalten)。这就好比一个大家庭中，怀疑主义就像一个顽劣儿童，稍不如意就要离家出走，他只知道站在一己的角度看问题，根本不知家庭为何物；而理论理性与实践理性则像是一个在学校初识“人人平等”一类知识的青年，回到家里这里看不惯，那里也看不惯，因为他心中只有他关于合理性的那一点知识，以那个知识来衡量，现实太过于粗糙了；与之相比，纯粹洞见则更像一位见证了家庭的结成与变迁的成年人，他不仅了解家庭作为一个整体的重要性，还不为家庭中种种爱恨纷乱所动，他要家庭各成员勿以文艺作品中描绘的“模范家庭”为念，回到实际的家庭生活中来。然而可悲的是，他所说的“实际生活”却不是作为共同体的家庭本身的和谐，而是某种由他所设计的“进步”模式，这种模式的是与非尚无定论，我们要等待黑格尔整个论述的展开才能知晓。

接着黑格尔比较了信仰与纯粹洞见。信仰依靠的是对于神圣者的一种美好表象，它仅仅想象而不真正思考神圣者，因而对它的对象缺乏概念性、思辨性的透彻理解。它只知道对象是无比美好的、值得追求的，与衰颓的现实形成鲜明对比。而纯粹洞见与此不同，它坚定地将重心放在它自身，它既不希求某种美好彼岸，也不投入现实世界的种种争斗中去，而是只相信它自己。这样的两种纯粹意识在人群中形成两个阵营后，冲突的局面是不可避免的。

起初，信仰似乎拥有一切内容，然而当纯粹洞见将信仰否定之后，它将取得它自身的一种规定性和内容。信仰当初将现实世界形象的反面设定成它宁静的本质，因而现实世界有多少内容，它也就有多少与之相反的内容，而纯粹洞见却是以无内容为基本特征的，因为它只专注于对现实世界的一切内容予以否定，并未着力建立自己的内容。但我们在后文中会看到，启蒙是有特定内容和指向的。

第 2 段剖析了纯粹洞见所见的那个由迷信（信仰）造成的谬误王国（ein Reich des Irrtums）的基本结构。这个基本结构通过一般性分析和阶层分析两方面被展示出来。

纯粹洞见认识到，信仰的问题决不仅仅是在知识层面上“无洞见的盲信”那么简单，它还是一种整体性的社会建制，涵括了社会各阶层在内，简直构成了一个“谬误王国”。这个王国的一方面是因为被美好彼岸世界的许诺打动而朴素地、无反思地崇信教会教导的“普通大众”（die *allgemeine Masse*），另一方面则是有反思而躲在背后愚弄操纵这些大众的一群教士。

但一般性分析不等于实际政治。纯粹洞见发现，在实际的公共世界里，“螳螂捕蝉，黄雀在后”，专制政体企图在二者背后坐收渔翁之利，这才构成了完整的国家结构，然而在纯粹洞见看来，这样的国家结构是“一种异常不连贯的东西”（ein seltsam inkonsequentes Wesen）。纯粹洞见认为教士阶层希望永远独霸人们的见识，满怀嫉妒与自私，甚至还与专制政体狼狈为奸，欺骗压制普通大众。而专制政体也没有任何公心，反而乐见教士阶层对普通大众的愚弄，鄙视并利用愚蠢的民众和恶意的教士，希望双方都有求于它，从而实现它的专断统治和私欲。然而在纯粹洞见看来，这三方都同样深陷迷信和谬误之中。

但第 3 段告诉我们，纯粹洞见极有策略性，它对这三方面的敌人采取分别对待、分化瓦解的办法。纯粹洞见既然自命为自在自为地普遍的东西，它就不能以“个体对个体”的那种斗争模式去揭露教士群体和专制暴君们的恶意（否则人们只会怀疑它也只是出于个体身份行事，怀着推翻这二者并取而代之的恶意），而是要将重点放在揭示理性的普遍真理，将普通大众从愚昧中拯救出来。这种看似不针对具体个人的普遍化做法反而能更好地达成启蒙的原定目标，因为当人们“觉醒”之后，自然就会从教士与暴君手中挣脱出来，投向启蒙的怀抱，因为教士与暴君的统治正是基于大众的愚昧之上的。——当然，所有这一切的前提是大众已经有了被理性引导的能力，这一点在基督教的基本教化中已经默默地准备好了，只不过理性是以一种潜在的形态存在于大众之中，还没有形成为概念，而启蒙只需将这种潜能呼唤出来即可。

第 4 段揭示出，纯粹洞见争取普通大众的手段是取得他们的"同感"，也就是使他们认为它站在他们这一边，而信仰所宣扬的那套东西虽然看起来也不错，但只是某一小部分人自己的东西，不属于大众。

一方面，纯粹洞见展现出一副真正立足于这个世界，真正为民众谋福利的样子，使大众的"天真意识"（das unbefangene Bewußtsein）认同它。另一方面，大众又真心认为教士们展示的绝对本质（上帝）及其天国世界虽则美好，但一任其在"思想的简单元素"中发展和持存——因为他们认为那终究只是思想中的对象——美则美矣，却与他们的实际生活无关，更不能代表他们自身的喜好与利益。这样一来，民众在中世纪初年的那种和谐的基督教世界中与信仰建立起来的信赖关系无形中就被纯粹洞见"离间"和"疏远"了。在大众看来，信仰似乎成了一个异己的小圈子内部的事情，有它的"自身意识"。只要大众有了这种想法（甚至不必是一种明确的思想，只需是一种模糊的感觉即可），纯粹洞见便已经有了极好的"群众基础"，找到了它自我实现的土壤。

第 5 段以大篇幅描述了启蒙在民众的意识中是如何悄然得势的。

纯粹洞见与天真意识都立足于现实世界，纯粹洞见也真诚地以为自己是在谋求人类的合理利益，因而它与天真意识的沟通毫无障碍。从今以后，无论还有什么为私或为公的考虑、天国或现世的顾虑进入天真意识，它都不会认为那与启蒙有什么冲突，因为它早就认定启蒙是站在它这一边的，而且启蒙一心只为开启民智，毫无"私心"。启蒙成了消融一切这类考虑的一种简单性。就这样，启蒙在大众那里打造了对它自身的忠诚之心，没有任何东西能够离间它与大众的紧密关系。大众对于启蒙的这种绝对信赖之感使启蒙的概念可以轻易"收编"他们。

黑格尔将启蒙对大众意识的渗透比作香味在空气中的传播。如果说物体和身体之间的碰触是明显的相斥现象，作用必然伴随着反作用，那么气味的渗透则并没有这类相斥和反作用现象相伴随，因而发生于无形，当人们感觉到不适的时候，渗透已经造成了疾病，已经无可防范了。

天真意识何时感觉到自己被渗透了呢？当它发现启蒙有它自己的一

套，发现自己的整个生活已经深受启蒙规制的时候，才有此感觉。启蒙最初出现于世人面前时的形象是一心为人类谋取普遍的福利，然而启蒙其实对任何具体的福利毫不经心，因为它对于世上的一切原本就采取否定态度，这种超然于万物的态度极易转化成普遍的福利的对立面——只要启蒙认为普遍的福利是一种感性的沉沦，有悖于“理性”。当天真意识发现启蒙成了自己的对立面，为时已晚，因为启蒙犹如痼疾般深入骨髓，无可医治了。（黑格尔这里以“概念”来形容启蒙。启蒙既可以包含天真意识的旨趣，因而可以在必要的时候获得天真意识的支持，但它也在自身中将这种旨趣扬弃了，因而在另外的时候会露出它的本来面目。）

在这个基础上，再来看启蒙是如何推倒信仰的，就很容易了。因为启蒙是慢慢地在人们没有觉察的情况下深入骨髓的，所以当初启蒙表现为个别的外在现象时，人们并不会觉得它与信仰有什么冲突，甚至会有学问家来调和二者，证明理性与信仰是可以并行不悖的——经院哲学盛期过后，这种调和的努力的确时有发生。而此时正是启蒙大力扩张、逐步成长的敏感时期，它的对手居然毫无防范，这乃“最有利的情形”。当它渗透得足够彻底，直到那信仰的神像的看似高贵的各个部分都被它彻底掏空和填充，那么一旦它在某个临界点稍稍发力，便可摧枯拉朽。

第 6 段挑明，纯粹洞见并非只有长期的渗透而已，这种渗透只不过是天真意识比较容易想到的一面而已，在这种表面的渗透活动背后还有更隐秘的一种通过自我否定而自我进展的面向，否则天真意识在长期渗透之后感觉到的纯粹洞见的“异己性”就显得像一个毫无操守的朋友的突然翻脸一般不可理解了。那么黑格尔所谓纯粹洞见是一种疾病的说法就更不可理解了。其实并非什么突然翻脸，而是纯粹洞见从来都没有与天真意识走在同一条道上，它只不过利用了天真意识的纯朴性而已。

纯粹洞见在渗透活动中更多表现的是“相同的东西与相同的东西互相投合”，似乎它与天真意识两不相害。比如水渗透到沙中，是因为水的渗透力与沙子的空隙相互投合；但水如果被放入火中或油中，就谈不上什么渗透了。黑格尔说，所谓渗透之说只能表现纯粹洞见与天真意识之关系的一个面向。除了这个面向之外，纯粹洞见还保留了一个自我区别和自我发展的面向，即它发展出各个环节并在这些不同环节之间催生种种冲突、斗争的面向，后一个面向也一直在暗地里深刻影响着天真意识，只不过天真意识对此并不了解而已。

第 7 段告诉我们，其实纯粹洞见与纯粹意图在发展过程中遇到的所谓

“对方”，都是它一步步否定自己而得来的，都是它自己的产物。纯粹洞见作为能否定现世一切事物的普遍者，它在其概念中就能容纳“一切本质性”(alle Wesenheit)，或者说其概念就是一切本质性。

这个说法十分有意思。理性和启蒙看似科学、客观、公正，有着不可移易的原则，实际上它们除了“事物对我自身的有用性”这一点之外，并没有任何必须坚持的、固定不变的东西。正如“理性”章中理论理性与实践理性在世界上横行无忌时并不认为自己将世上一切东西（包括相互矛盾之物）纳入囊中有任何不妥之处，正如下文中会详细展开的启蒙的类似做法一样，纯粹洞见不断否定它暂时抓取的特殊规定性，这不是对它自己的消灭，恰恰是它借以显示自身的普遍适用性，借以巩固自身的生命力的一种方式。（在“理性”章中我们已经见识过，这种对外物的欢迎态度实际上只是表面现象，它只是在事物中寻找一些千篇一律的合理性结构而已。）因而黑格尔在这一段的最后说，纯粹洞见甚至可能暂时以非真理和非理性的面目出现，纯粹意图也可能暂时以谎言或目的不纯的面目出现，只要那样能反过来巩固它自身就行。——这方面的问题下文中黑格尔还会详细展开。

第8段顺此思路揭示出，启蒙实际上是意识对陷入谬误的自身的启蒙。①

我们通过上一章的解读可知，当意识占据理性的立场时，它便认为自己具备了探索与审核一切的权力，它可以深入世界万物中去，可以看似设身处地地考察一切观点，然而它的落脚点始终在它自身，它是表现为最大的开放性的最大的封闭性。纯粹洞见自以为在客观公正地对待事物，同时对自己的做法又信心十足。黑格尔说，它的底气来自理性的上述特性，即它以否定的方式包含了他物，它是那将知识与知识对象合而为一的范畴（见前一章中对范畴的分析）。当纯粹洞见认为它发现了他物或对方中的谬误、谎言时，它只不过是要调整它自身的某些看法，它纠正的是它自己——然而它自身对这一点未必有清楚的意识。接下来黑格尔说了非常类似于《法哲学原理》“序言”中那句说明合理性与现实性之间关系的名言的话：“凡是不合理性的东西，它就没有真理，换句话说，凡没经概念把握的东西，就不存在”②。理性根本不承认不合乎它提供的那个标准的东

① 读者可留意康德对启蒙的定义，并与此处进行对勘。

② 黑格尔在本章第一节中谈论伦理行动时也说过类似的话。

西存在。所以当它宣称在谈论他物时，它谈的不过是合乎理性要求的东西，换句话说，它谈论的不过是作为标准的它自己。

因而它与对方的斗争并非真正与外物本身的斗争，而只是将对方身上体现它自己的那一面呈现于世，并收回它自身之内，黑格尔称这个过程为理性的“实现”(*Verwirklichung*)。这种实现的第一步是“区分”，即理性“投入”各种事物中去，并以其为自己研究的对象和内容。当然，它此时完全没有意识到，这种“区分”只是表面现象，它并未真正投入千差万别的事物本身中去，它在事物中见到的完全是它自己。事实上这种不了解就是它自身的异化，即在事物中错认和忽视了它自己，还误认为它面对的就是事物本身。第二步便是所谓的“完满实现”，即认识到它起初当作对方的那个东西实际上就是它自己，或者说认识到它在对象中能认识到的只有来自它自身的那种合理性结构。因此纯粹洞见的成果并非修正什么知识论上的错误，或者维持第一步中的那种认识，即它认识的就是一个与它自己不同的对象，反而是清楚地认识到它自己在事物中设定了一张合理性之网并将其收回手中。

然而话说回来，上述关于理性的完满实现和理性与事物斗争的两个步骤的认识，只有哲学家和读者才能达到，理性本身则只是被动地停留在斗争的第一个步骤上，即认它的对象为与自己不同的他物。作为当事方的纯粹意识，以及同样发源于这种纯粹意识的信仰意识，也都是这样认为的。信仰以为原本超然世外的纯粹洞见变得不纯粹了，居然企图到世间的事事物物中去谋取它的什么利益，那无疑是对纯粹意识的背叛，只能意味着“谎言、非理性和恶意（schlechte Absicht）”；而启蒙理性则反过来攻击信仰只是相信现实世界之外的虚幻之物的“谬误和偏见”。正如“理性”章中揭示过的，启蒙在投入事物中去的同时，虽然看似信心满满，实质上对于那些事物依然抱持一种外在与不信任的态度，它反倒认为那是以往被信仰占据着的一片疆域，属于上帝和教会人士管辖。

第 9 段重点讨论信仰，黑格尔认为启蒙对信仰的攻击之词并未触及信仰的实质，接着还详述了信仰的内在结构与运动方式。

启蒙并不知道它在对象中认识到的是它的投射物，它认为自己是要在知识上修正对象的错误，因为在它看来对象的本质就是知识，然而如果没有经过理性的检验与渗透，那样异己的对象本质上就是存在谬误的。对象是意识的本质任务，意识一定要渗透对象，并在千差万别的对象中保持住自身。意识不仅描述静止的对象，还理解对象的产生与运动，经过理解的对象及其运动便是合理的，方可被理性承认为存在的。

启蒙一方面在世界面前充当权威审核者，另一方面又以现实世界为标准攻击信仰是意识的虚构。它说信仰所坚持的是不现实的东西，是意识中的思想，是意识的虚构物，在现实世界的衡量之下，信仰是一种谬误和胡说。

就信仰坚持彼岸的东西而言，启蒙对信仰的描述是正确的，然而这种彼岸性恰恰是令信仰感到自豪和骄傲的优点，而不是什么谬误的标志，因为信仰并不认为启蒙拿来作为标准的现实世界是真正实在的，它反而认为彼岸才是比现实世界更实在的存在。信仰认为自己坚持的本质才是真正纯粹的和值得追求的，它甚至将自己的整个自我意识都托付给这个彼岸而无怨无悔。黑格尔说，当我对另一个人彻底信赖时，我会将自己的确定性系于这个人对他自身的确定性之上，并相信他承认我，以我的自为存在为他的本质。简言之，彻底的信赖导致彻底的托付，并导致坚信对方也承认自己。信仰者对于他的信仰也有这种合为一体的信赖感。

信仰意识有着双重化结构。一方面，它是完全投入彼岸世界中的一种纯化了的自我意识，那种自我意识似乎是“另一个人”，它摆脱了生活于此世的自我所具有的各种个别性、偶然性和自然性；但另一方面，它之所以能感觉到这“另一个人”，是因为它依然保持着此世生活着的这个自我，这个自我对于前一个自我洞若观火，它发现后者是整个中介运动中的一个要素。

黑格尔将这种双重化结构叫作“洞见”（Einsicht）。洞见的基本特征就是一方面在对象中无须反思便直接看到自己（纯粹洞见在此世看到自己，是因为它看到了合理性结构；信仰在彼岸看到自己，是因为它在那里有一个纯化了的自我意识），另一方面它又以它本身的立场看到前一个自己是一个中介运动中的要素，看到了它自己在那个运动中的行动或产生，因而也看到了它自己与对象的统一。应该说，这样的洞见是启蒙与信仰所共有的，作为纯粹洞见的启蒙意识当然也具备这样的双重化结构，只不过它投入进去的不是彼岸世界，而是此世。——黑格尔将教化世界与启蒙都称为“异化的精神”，良有以也。

虽然信仰将自身的重心放到彼岸，但黑格尔明察秋毫，直接指出信仰[①]作为一种精神形态，实际上是扎根于此世的。表面看来，信仰者的服

① 注意这里谈的不是作为绝对精神的宗教。

从与行动都是因为他对于彼岸本质的彻底的确信才产生的主观行动，它们依赖于绝对本质，而非反之，也就是说服从与行动对于绝对本质而言是外在的、偶然的和次要的。但黑格尔指出，信仰的绝对本质其实并非彼岸的抽象本质，它最根本的存在形式是运行于团契中的灵（Geist，精神），后者当然包含抽象本质的成分，但它更是抽象本质与自我意识的统一体。这个灵绝非彼岸的上帝独自可以产生的，它需要团契成员的有意识的活动才能从抽象的本质中实现出来。当然，团契成员对于上帝并非外来者，他们本就以其意识和活动成全上帝的自为存在。

紧接着的第 10 段则分析启蒙对信仰的攻击的误导性。

我们一般的常识印象是，启蒙对信仰的批评是完全有理的，那么它又如何会具有误导性呢？难道启蒙明知信仰有理，还要故意诱导民众离开信仰吗？本章第二节行文至此，读者应不难明白，双重化世界格局导致了纯粹意识的出现，而纯粹洞见与信仰同样源发于纯粹意识，同样是异化的精神，黑格尔绝非单纯认同纯粹洞见并否定信仰，他对二者的局限性了然于胸。在当前阶段的格局下，启蒙承接了纯粹洞见的家产，虽然貌似在信仰面前居于上风，但它不过是将前一阶段由此世与彼岸构成的双重化世界改造成了由现实世界与作为世界之表皮的合理性结构构成的双重化世界罢了，它如今将废除信仰对人心的辖制，要将信仰在世间的财富悉数夺来。因此它明知信仰有其自身的根据，并不纯粹是迷信，但为了达到它自己支配世界的目的，它势必要趁着新的世界格局的兴起，将信仰打成旧世界的遗物，将它涂抹成蒙昧无知的面貌，以图占领人心。而信仰在这种咄咄逼人的攻势之下，对启蒙的攻击也逐渐流于片面，不惜给后者描摹出一副虚伪、恶意的样子来，试图让人们离弃启蒙。二者之间的斗争本质上是一种权力之争，在这场混战中，没有哪一方是绝对有理的。

作为纯粹意识，纯粹洞见与信仰一样认为可以自外于对象，比信仰更狂妄之处在于它对对象采取一种否定性态度，并自认为可以构造对象。它攻击信仰投靠了一种异己之物，似乎信仰愚笨无比，那个异己之物被偷偷塞进自家内，自己成了一个怪胎，还对这怪胎无比忠诚。

对于这种说法，信仰当然无法接受，它认为启蒙完全不知道自己在说些什么，还在那里宣扬什么“僧侣的欺骗和群众的迷惑”。按照启蒙宣扬的那种思路来看，信仰不仅接受一个完全异己的怪物被填充到自己之中，还完全放弃了自己的个体性（无论是个人的性格特质之类的自然个体性，还是个人追求与认识普遍性时体现出来的特殊方式，即普遍的个体性），最终还极力以自己的行动促成这种统一性。如果信仰真是如此，那么它不是盲目的迷信还能是什么？

黑格尔接下来并不就事论事地与启蒙的思路争论，而是揭示所谓的“欺骗和迷惑”之说究竟在哪些东西那里适用，在哪些东西那里根本不适用。黑格尔直言，在事关一个人或一个共同体的直接确定性的本质性知识方面，是不可能发生欺骗或迷惑的。对于真正的异己之物，比如我没有见过的货币或者没有亲身参与的一场战役，别人的描述或报道或许会暂时蒙蔽我，令我相信眼前的一枚赝币是真币，或相信一场败北的战役是一场大胜，但如果那货币的设计、生产与流通等各个环节都是由我一手督办的，如果那场战役是我亲自参与的，在这种情况下就不可能发生什么欺骗或迷惑了。而精神性的事物都属于此类，无论启蒙与现世的关系，还是信仰与彼岸世界的关系，都是如此，它们的对象本就是由它们全程赋予意义（尽管这意义可能与事物本身并不完全是一回事），由它们全程体验甚至构造出来的，换句话说，它们的对象在某种程度上就是它们自身，此时谈论什么信仰受到异己之物的蒙蔽，并反过来迷惑民众，那是完全没有意义的。黑格尔顺便提到腓特烈大帝于1778年在柏林科学院公布的悬赏征文题目——《是否可能迷惑一个民族》——并说那个问题根本就是废话(nichts tauge)。一个民族作为一个精神性整体，它创造着自己的生活，也过着自己的生活，此时如果有个人跳出来硬要把这样的生活说成另一个样子，并努力说服他们相信这个说法，那么这个人除了招致嘲笑之外，只有唯一的一种理论上的可能会“成功”：那就是所有人一起约定改变生活的名称。比如说将辛苦的生活说成是“幸福”的，同时又约定以“幸福”二字表示原先由“辛苦”二字表达的意思。但这样一种文字游戏不仅在实际生活中不可能真正实现，而且恰恰反过来证明了欺骗或迷惑的不可能。

黑格尔的意思是，启蒙对信仰的那种批评根本是它自欺欺人的一套宣传话语，连它自己都不一定认为有说服力。

在一般性地讨论了启蒙对信仰的误解之后，第11段预告接下来的五个段落将从信仰的对象（绝对本质，上帝）、信仰与其对象在知识上的关联（论证该对象为其自身的根据）、二者在行动上的关联（礼拜）这三方面具体展开启蒙对信仰的误读。

第12段展开第一个方面：启蒙试图将信仰的对象感性化，再反过来以自己心目中的感性事物带有的缺陷为借口攻击信仰。

信仰固然将自己的对象当成纯粹的本质，即在现实世界中找不到的本质，真正说来这种本质只能被思考，不能被表象，因为人的一切表象必定只能取自现实世界。可是正如康德的图式（Schemata）理论揭示过的，人如果不通过一定的表象形式，是完全无法设想一种思维之物的，因而信仰依然必须借助于某些表象形式。两难之下，信仰意识采取了一种折中的办法：它既通过石头、面包、鱼、葡萄酒一类感性形象来表象神及其力量，同时又附上一些断言，即断定这些感性物本身并不等于神及其力量，它们只是神及其力量的一种象征。

但启蒙并不会“同情地理解”信仰意识的这个意思，它只会利用这两方面意思中的一方去攻击另一方。信仰意识的这种将两个极端（思维中纯粹的自在存在与感性的具体存在）杂糅起来的做法在启蒙看来是不可接受的。作为纯粹意识，纯粹洞见断定那被具象化了的神圣对象是一个异己的他物，是对自我意识的否定。当然，从理论上讲，它可以允许信仰将对象收回到纯粹思维中去，将它当作纯粹的自在存在，而不顾及人在理解它的过程中对感性表象的需求；它也可以允许信仰将那对象彻底感性化、具体化。但在实际上，它只能接受感性化、具体化了的对象，因为它自己惯于认现实世界的事物为对象，它无法设想一个彼岸的对象会是什么样，于是它也认定信仰的对象必定是如此的。它在咒骂信仰的对象如何不堪重任、表里不一时，它所咒骂的实际上只是它自己设想出来的一个对象而已，这就是说，启蒙在信仰对象身上架起的靶子不是信仰对象本身，而是它自己提供的。

黑格尔直言启蒙的这种态度是“不公”（Unrecht）。它说信仰的绝对本质（上帝）不是别的什么，只不过是一块石头（比如耶稣的墓穴）或木头（比如十字架）罢了，根本就不像信徒们以为的那般神圣，似乎里面藏着神圣的眼一般在观察万物，既然木头看不见东西，它就没有那样的眼；耶和华赐给旷野里流浪的犹太人的吗哪（Manna）也不是什么奇迹般突然冒出来的东西，而不过是田里长出来的作物，经过加工之后被某些人偷偷扔回田里去罢了；信仰之人还喜爱将绝对者拟人化，似乎神真的是那样一个爱恨无常、赏罚不明的人。——值得注意的是，启蒙在这里针对的并非上帝本身，而是信徒们对上帝的表象方式。

第 13 段接着点明，这种表象化的信仰图景完全是启蒙强行诬栽给信仰的，因为信仰所崇拜的根本不是那些感性事物本身。信仰并非完全与那些感性事物无关，因为它们毕竟作为辅助性的因素，作为引发信仰本身的外在契机在起作用，但从根本上看，信仰的对象毕竟只是纯粹思维才可设想的本质，而不是那些感性事物中的任何东西。

第 14 段讨论第二个方面，即信仰与其对象在知识上的关联。启蒙在这一点上的策略是将信仰的对象本身如何的问题转化为历史事实的偶然性问题。

信仰直接设定它的对象——绝对本质——是存在的，但那并不是一种空空的、从不与人世发生关系的存在，而是在历史上对人发生过种种影响并道成肉身或显现为神迹的存在，因而是经过了历史事件之中介的存在。上帝与人之间的这种间接的关系作为上帝力量的体现，也构成信仰的根据。这样一来，启蒙就认为信仰系于偶然的历史事件了。但在信仰本身看来，信仰的根据并不是偶然的历史事件，而仅仅是上帝本身。上帝作为绝对精神，固然是我只能予以思考的一种纯粹而抽象的本质，但它也是具有自主性的自我意识，而不完全是被动地等着我认识的一个对象。既然信仰的对象有这种自主性，启蒙便有理由将它与信仰割裂开来，说那是与信仰者不同的一个异己者，是否定信仰者的一个他者。

正如前文中分析过的，纯粹洞见并不认为自己与在外物中发生的那个中介运动有什么本质关联，它还没有认识到纯粹意识可以既保持自身，又是那中介运动本身。如此这般割裂地看待自己与自己的对象的这种纯粹洞见，自然也无法理解信仰与它那作为一个中介运动过程的对象之间有什么本质联系。当它自认为设身处地地理解信仰的立场时，它认为那个中介运动对于纯粹意识而言是必不可少的，认为信仰必定依赖历史上的那些奇迹和事件的确证。于是它就认定信仰的确定性建立于对个别历史事件的见证之上，依赖于个别文件的流传保存和辗转传抄，以及人们对文件中文字的准确理解。

然而这与信仰本身的实情截然相反。信仰在乎的是上帝本身，它认为上述这些偶然的见证、流传和理解只能有限地体现上帝的存在，而且对于上帝的权威最多只能起一种外在的巩固作用，而不是像充分必要条件那样起确证作用。即便没有它们，上帝的存在和信仰的坚固性也丝毫不受影响。个人只需在内心强化自己对上帝的信仰，即是见证；一切信徒普遍表现出对上帝的信仰，即是见证。反过来说，如果信仰把启蒙的话当真，以为那些偶然因素才是对上帝的确证，那它就已经中了启蒙的计。——我们看到，黑格尔去世后，青年黑格尔派的宗教批判大多正是从历史偶然之物入手的。①

第 15 段则着手考察第三个方面，即信仰与其对象在行动上的关联。在这个方面，纯粹洞见依然像前两个方面一样，有意无意地将信仰的自我意识与中介过程割裂开来（这里具体来说是将合目的性与目的割裂开来），正如它忽略它自身的统一性一样。

信仰意识的行动是为了消除信徒的个体特殊性，扬弃个人生来便自然有之的那种自为存在，向上帝这一绝对本质靠拢，最终与其合而为一。个人的这种自然有之的自为存在未必一定是群体生活中的“自私”，但信徒认为，无论是否自私，只要有个人之“我”以及围绕这个“我”而产生的种种生活需求、交往方式，就不能免除此世的污染，无法升入天国。这种行动说来容易，做来难。在付诸实践时，它的合目的性（Zweckmäßigkeit）和目的（Zweck）必然是分开的。合目的性是一种遥远的理念，目的则是现实可及的具体目标。比如说，信徒克服私欲的行动不是一蹴而就的，而要在不断克制自己的欲念的同时，在外在言行方面逐步改善，他的一言一行固然要以“合乎上帝的要求”（合目的性）为标准，但上帝的要求必须体现为现实可见的事物与程度（目的），他才可以实行，否则就成了空洞的口号，比如放弃自家的田产，去为他人的或集体的农庄劳作。然而现实可见的事物与程度又会带来多方面的争议与妥协空间，这里就隐藏着伪善的可能。比如为他人或集体的农庄干活，多少会产生维生所必需的收入，那么这个人是不是为了这收入或为了别人的赞扬才装出奉献精神来的呢？这里面是否隐藏着更大的私欲呢？

启蒙正是从这里入手攻击信仰的行动的。在合目的性方面，它说信仰居然期望与一种空洞的东西合而为一，那简直是痴心妄想、愚不可及；在目的方面，它攻击信仰还是依赖于现世，以信仰自认为的“坏的东西、享受和占有”为目的，以此看来信仰自己标榜的“纯粹意图”毋宁是最不纯粹的。

第 16 段顺此思路继续分析启蒙对信仰的攻击，最后揭示出启蒙的思路的虚伪性。

启蒙认为信仰意识无论是放弃自然享乐，追求更高尚的东西，还是放

① 青年黑格尔派的宗教批判是一个比较复杂的主题。大体而言它是以简单化、通俗化的方式阐发了黑格尔对宗教的某些片面现象的批判，并不是一种原创思想。正如斯泰克勒所说：“这里费尔巴哈只不过是将黑格尔从形式方面开展了的东西加以通俗化了而已，而且将相关的问题过于简单化了。” P. Stekeler. Hegels Phänomenologie des Geistes. Ein dialogischer Kommentar: Band 1. Hamburg: Felix Meiner Verlag, 2014: 141.

弃个人财产，都愚不可及。因为无论是自然享乐还是私有财产都是一个人成为个别之人所必需的条件，是自然形成的生存格局，强行打破这种格局的做法既不合目的，又不正当。之所以说不合目的，是因为纯粹洞见认定自然享乐与私有财产本就有一种自然的合目的性，与上帝对世人的要求并不冲突。因而那有意放弃这二者的人便反而不合目的了，但与此同时，启蒙又反过来鄙视那些为了吃而吃的人，认为他们缺乏纯粹意识。之所以说不正当，是因为私有财产有自身的价值，它自身就是一种目的（尽管可能是有限的），将这财产白白抛弃未免不正当。

黑格尔在此给了纯粹洞见当头一棒：既然它认为享乐和占有本就合乎目的，本就有价值，那么它未免将它们看成本质性的东西了，这样一来，纯粹洞见自我标榜为“纯粹意识”岂非虚谈？另外，纯粹洞见在思想上主张超脱自然存在物和对这存在物的贪欲的羁绊，可是它只是在内心中这么想，却不愿通过行动来实行它的超脱（因为它认为那是愚蠢和不正当的）。这样看来，纯粹洞见乃自欺欺人。

最后，黑格尔说，这样的纯粹洞见既配不上纯粹洞见之名（因为它拒绝实施证明自己合目的的行动，等于拒绝脱离感性偶然之物的羁绊），也算不得纯粹意图（因为它连以行动做此证明的意图都没有，等于缺乏纯粹意图）。

在讲完启蒙对信仰的无理攻击之后，第 17 段开始正面讲述启蒙的内容。

启蒙自命“纯粹”，却没有认识到那通过他物而进行的中介运动过程与它自身原本是一体的。它之所以有意无意地在对信仰的批判中将信仰感性化，之所以光有内心的超越姿态而不付诸行动，就是因为它根本没有领会这一点。黑格尔说，或许在启蒙看来，这个问题只是它的外在表现问题，无关乎启蒙的核心内容，那么现在就来看一看启蒙所谓的“肯定性实在”是什么样子。

既然启蒙说它不像信仰那样传播偏见和迷信，那么它自己要传播的真理是什么呢？其实并没有什么新的真理，黑格尔说启蒙自己其实也与信仰一样免不了与现实事物打交道，只不过启蒙在对待现实事物和上帝这二者的方式上表现得与信仰不同：它更积极地排除现实事物对绝对本质（上帝）的污染，使后者成为一种真空（Vakuum），同时又使现实事物各安其位，也就是说，它将二者极端地区隔开来了，但事实上它与信仰一样离不开二者，以二者作为自己的内容。以往时代人们对上帝的种种规定，都被启蒙视作一种有限性，视作“属人的本质和表象”。它认为绝对本质应该保持真空，不应被加上任何规定和描述，将规定和描述附加到绝对本质上去的任何行为都容易导致迷信。

启蒙其实依然以现实事物为它的内容，但它的机敏之处表现在，它宣称这些内容都是个别性和有限性，它们不属于绝对本质，而应该安于它们各自那种外在的和低下的地位。但问题在于，这只是启蒙的独断主张，启蒙根本不知道事实上可否做到这种彻底的区隔，其实它更在乎的是做出这样一种区隔的姿态，好使自己在与信仰的斗争中取胜，而不是能否在事实上做成这件事。

第 18 段从上一段对绝对本质的讨论转向对启蒙意识之个别性的讨论。

启蒙意识的个别性就是感性确定性和意见，表面看来，似乎意识从“感性”章走了一大圈，到“精神”章的目前这个部分又回到了它的起点。那么这个长长的发展历程岂不是白走了？当然不是。“感性”章中的意识是直接的、自然的意识，它并不了解感性确定性本身的局限与走向，它只是简单地直接认定感性杂多的印象为真，其他一概不管。如今则不同，意识在经历了诸多形态之后，牢牢地扎根于生活世界之整体之中，远不再是那个任感性印象摆布、无所依凭的纯个体意识了。撇开个体特殊性本身的局限不论，意识现在不顾身外之物的种种繁复操劳而返回“绝对自在而又自为的存在”时，是将感性和个体性看作一种整体生活方式（而在“感性确定性”形态中，是无所谓整体的，因为整体还没有出现在感性意识的视野中），即当它回到作为个人的自身之中时，主动以感性的方式对待它周围的一切。打个比方，这两种形态之间的区别，犹如懵懂无知的小孩和追寻与体会自己的童心的成年人之间的区别一样。

当纯粹洞见体会感性生活方式时，未免会反过来认为意识的一切其他形态都是脱离实际生活的虚无，而感性确定性倒显得成了绝对真实的生活。但这并不能反过来“证明”感性确定性为真，因为感性确定性除了在与其他各种形态的直接对照之下显得是“真实”的生活之外，别的什么也不是了，因为它本身最大的特点就是排除一切中介作用而直接认定感性印象为真，因而它其实并不像它表面看来的那么丰富，反而是最贫乏的。任何一个意识，都可以认定自己直接能接触到而无须任何反思与中介的东西为最真实的，并反过来将一切身外之物排除于真理之外。这样一种直接的确定性无须什么努力就可以轻易做到，但它也仅仅是主观设定的确定性而已，除此之外无他。

第19段进入启蒙意识的第三个方面，即它的个别性与那绝对本质之间的关系。启蒙当然并不像第一章的感性确定性那样完全受到感性状态的束缚，它在必要的时候会越出感性状态。纯粹洞见认上帝这一无限者与绝对同一者为本质，它虽然空无内容，却是真正的实在，感性状态虽然是它无法摆脱，可以暂时回味乃至沉溺其中的地方，然而从根本上来说它毕竟才是差别物，是“*单纯的他在*”（bloßes Anderssein）。

彼岸实在而空无内容，感性状态充实但并非本质，启蒙便以一种“差序结构”将这二者关联起来。这种关联的内容来自感性状态（自为存在），形式则由彼岸（自在存在）提供，可以依上帝之意而形成，感性状态无法干涉——这里其实为启蒙选择与制造各种不同的形式创造了巨大的空间，因为它可能会打着崇高的旗号行自利之实。形式是自在的，它是对感性状态的否定，是逆着感性状态而来的。

如今的局面已经很清楚了：就现实世界而言，启蒙取其内容，好像是对它的肯定，但从外面给它加上形式与规定性，这又是对它的否定。一方面，在绝对者的看护庇佑之下，感性事物得到了承认和肯定，似乎它不再是基督徒的“罪”的表现，而是本身就成为必需的（自在的）了；另一方面，在根本上而言它毕竟是要被否定的，因为它的本质不在它自身，而在绝对者那里，所以它不是自在的，而是为绝对者而存在的。与教化世界中相比，感性事物身上褪去了“恶”的色彩，而成了“有用的”东西，成了一种表面看来中性化的、为上帝所用的东西。然而这恐怕是表面现象，事物在启蒙的格局下，究竟为谁所用？

黑格尔紧接下来就深入讨论为谁所用的问题。第20段揭示出，在启蒙的世界格局下，有用性成了事物最根本的意义，事物之间是普遍地相互为用的。

在对文本进行具体解析之前，我们有必要思考一个问题：从教化世界中的善恶格局到启蒙世界中的有用性格局，这种转变究竟意味着什么？回顾古希腊、古罗马世界与中世纪教化世界不难发现，无论是否在一个“异化了的精神”的世界中，这个善与恶的维度始终存在着：无论是伦理实体状态下个人对他认定的共同体与相应的规律的全身心投入与牺牲，还是法权状态下公民对于国家的服务，以及中世纪基督教社会中神恩与信徒个人的生活之间的两极格局，都体现出人对于比自身更深、更根本的一种根据（善）的服从与成全。那么有用性（Nützlichkeit）又代表什么呢？代表为理性所熟知和被理性认可的一种功用关系，事物内在的崇高性或卑下性的维度消隐，一个事物的存在的意义完全取决于它在一个整体功用格局中占有多大分量，而我们后面会发现，这个整体功用实际上是由理性指定的，而不是由上帝给予的。从根本上说，善恶的格局代表的是人向着更高秩序的开放性，而有用性则代表理性的封闭性，或者说世界被理性封闭起来，世界上除了理性认可的东西外，再也没有不必通过理性的认可便自在地有效的东西。在这个世界上，即便崇高的东西，也是由于理性的承认方才能作为崇高之物出现于世。简言之，一切存在皆以理性的承认为前提，而不是像以往时代那样，先有崇高事物的存在，然后人因为崇高事物的崇高，便心生向往，欲以全身心成全之，并在这个过程中成全自身。虽然在黑格尔看来，异化的世界依然在启蒙这种形态中得到了延续，似乎启蒙在很大程度上堪称中世纪之子，这一方面的确表现出黑格尔与众不同的深刻洞见；然而与此同时，作为读者，我们也要明白启蒙的有用性原则实际上标志着一个全新时代的到来，因为它开启了现代性大爆发之门。

黑格尔说，一切事物都既是自在的又是为一个他物的，因而一切事物只要在世界上持久存在着，便都是有用的。这个整体功用格局无处不在，因为一切东西都既为其他事物所用，也为后者所需，即反过来利用其他事物。因而一切事物皆因这个整体功用格局而有了价值。但正因如此，一切事物都同样地无价值，同样地失去了前现代社会中所见的那种内在的崇高维度。因为它存在的意义和根据仅仅在于其他事物对它的需求，而不在于它自身；但需求对于需求者和被需求者而言都同样是外在的，这就是康德在讨论审美问题时一定要撇清利益因素的原因。

人因其理性而意识到了这个局面，人的特殊地位便由此产生。人固然像其他存在者一样有自在存在、自然存在的一面，但作为一种个别的、自为的意识，它又是绝对的，即其他的一切都是为他而存在的。黑格尔这话当然不是指每个人都可以成为君临天下的霸主，而是在普遍意义上说整个人类是“万物之灵”，他所说的“个别的”不是特指人群中的张三、李四等哪一个人，而是说人有成为特殊、个别的自为之物的能力。黑格尔还借用《圣经·旧约》中耶和华赐予亚当的地位来描述启蒙世界中人类的地位。

知识树上的果子使人知道区分善恶，但此时的善恶却是服从于知识的，而非反之。换句话说，善恶只是人类用来防止因过度欢乐而带来自我伤害的工具性知识，而丝毫不会导致人类对自身知识的反省和约束。知识成了人类开拓与征服世界、寻找或制造有用之物的利器，理性成了“意识的力量”。在这种情况下，享受（Genuß）成了普遍的第一标准，它自身不受任何限制，它唯一的尺度或标准就是防止自己受到限制，换句话说，享受的尺度和标准就是无尺度和无标准。——唯一的“标准”只是不要因为过度享受而破坏了享受本身，要将享受控制在一个可以永续的程度内，这就像一个爱吃甜食的人为了以后总能吃到甜食，就不能一次吃得过多。

一切事物的存在都以对于人的“有用”为标准，有用性成了事物的唯一意义，每个人的使命也在于成为共同体中有用的一员，人与人之间相互有用就像“一只手在洗另一只手”。

第 21 段告诉我们，在启蒙的视角下，宗教成了最有用的东西。

宗教树立的绝对者就像在攥着世界的整个功用格局所织成的那张大网的一只巨手。一切事物都因与它的关系而获得自在自为的存在，也都要抛弃自身，趋向于它。有人会看到，世间种种感性的追求与享受，终究是过眼云烟，只有皈依上帝、投向上帝的怀抱，才是人最大的“利益”。启蒙明察秋毫，看到宗教才是最方便地能使人诚心归附的那个“一切有用性之中最为有用的东西”，因为它既能使一切东西立起，也能使一切东西倒下。

这样一来，原本在教化世界中最脱离功用关系、最令人升起普遍崇敬之感的纯粹本质（上帝），如今却成了启蒙手中最有用的工具。宗教成了启蒙觊觎的第一目标。历史何其吊诡！

如此巨大的阴谋，不可能不为宗教界的有识之士察觉，信仰意识对启蒙意识的这种“狼子野心”是极端厌恶的。第 22 段说的是，在信仰看来，启蒙既是极端讨厌的，也是极端平庸的。

启蒙认为信仰所坚守的绝对本质固然是最高的存在，但更是绝对的空虚，因为它毫无内容。它大大方方地将有用性思维套到绝对者头上，认为它那种思维就可以将个人与绝对者之间的关系表述净尽。信仰当然感到被启蒙冒犯了，因为启蒙居然要拿它最讨厌的东西来改造它的整个形象。

信仰也认为启蒙是最平庸的，因为它对于绝对本质根本没有任何真正的了解，反而将绝对本质当成一个绝对空洞干瘪的抽象之物。而信仰最为戒惧的世间之物，却被启蒙当作真实的东西（因为它们能产生实际可见的功用），关于世间之物的知识也被启蒙看成最高的知识。

尽管如此，启蒙依然有权利批评信仰，然而这种权利并不一定被启蒙自身清楚地认识到了。第 23 段开始到本小节结束的各段落便向我们揭示这种权利。

看完启蒙与信仰之间的互相攻击，我们不禁感叹：它们都同样有权利，也都同样没有权利。因为信仰虽然高尚，可凭借的仅仅是从意义世界抽象与投射出去的一个虚空世界，启蒙虽然实用，但又没有任何崇高的指向，将一切都降格为功用。它们各自从对自己有利的角度出发进行攻击和防守，并未建立起真正的交集。在这场斗争中，双方徒然将自身的局限性暴露于天下。但问题在于，为什么在近代历史上，启蒙还是最终得势了呢？我们读者作为旁观者，会发现这背后的根本原因是内在性世界观在近代的得势，而不是启蒙在知识性观点上说服了信仰。一切事物，包括信仰在内，在近代都需要经过理性的承认方才被认为存在，这一点使启蒙获得了无往不利的力量。当然黑格尔对启蒙的获胜有他自己的解读，我们转回黑格尔自己的说法上来。

信仰抗拒启蒙，凭借的是神圣的权利（das göttliche Recht）、“绝对自身同一性或纯粹思维的权利”（das Recht der absoluten *Sichselbstgleichheit* oder des reinen Denkens）。它认为启蒙对它的描述纯粹是胡说八道，根本不理解它真实的状况。而启蒙反对信仰，凭借的则是人世间的、非等同性的、自我意识的权利。启蒙虽然在口头上也称颂绝对本质，但只是将它当作一尊可资利用的神像，高高地供在它认为最有利可图的地方，好指引那些膜拜的人奔向它感到中意的地方。它完全不管绝对本质的单一性和最终根据性是否能获得保存，即便当它在口头上认可绝对本质的同一性与纯粹性时，那也只是为了骗得人们的信任。它的最终尺度唯在于它自身（自我意识）。

但启蒙不会满足于此。它也明白信仰站在自己的角度主张自己的权利，因而它的野心不是仅在于自己与信仰出于不同的立场相互攻击，相持不下，而是要主张自己的权利才是绝对的权利，自己的立场才是绝对的立场，信仰的立场是无效的。它的这种野心的根据在于：信仰只是一种直接的意识，即直接断定绝对本质值得皈依的那种意识，而启蒙自身则带有自我意识的概念否定性，换句话说，它并非仅仅直接主张什么东西有效，而是对意识的主张的有效性有所反思，它触及了意识在概念上的特征。为了方便读者的理解，这里可以联系康德的做法来看：康德之所以有力地指出了先前的大陆唯理论的独断性，是因为他利用了意识的概念本性，懂得对理性本身进行批判反思，为理性划界。——当然，目前的启蒙还远没有达到康德的高度，因为正如黑格尔在前后文中反复指明的，它与信仰都还不懂得将纯粹意识自身与中介运动过程统一起来理解，而它比信仰高明的地方只在于懂得把焦点放在知识表述的连贯性这个问题上。我们后面会看到，双重化世界向下一种精神形态的过渡，以及启蒙得以胜过信仰，这种种现象的关键全在于启蒙手握的这把秘密钥匙，虽然启蒙思想家们本身也很少能透彻地理解这把钥匙的机理。

第 24 段告诉我们启蒙所采取的策略：它总是以子之矛攻子之盾，指出信仰当下所认可的东西的反面，说那个反面其实也是信仰不得不承认的。

启蒙并未向信仰提出什么固定不移的尺度，并以这个尺度衡量对方观点的得失，而是顺势在信仰中找到对方原本持守着的现成原则，指出对方在别的时候同样持守与该原则相反的原则。它是将信仰意识中原本相互分散的一些想法集合起来，呈现给信仰意识看，指出它顾此失彼而又彼此矛盾。启蒙以此向信仰显示：它自身是有整体大格局的，是能在特定环节上见到整体的，也是能经受住一个环节向与之相反的另一个环节的过渡而不倒的，即能把握住流通于所有这些环节中的概念的。——实际上这只是启蒙的自我标榜，它目前根本达不到概念的层次。

信仰固然心生怨怼，认为启蒙总是在捣乱破坏，总是当它自己要揭示某一个环节时跳出来将它引向一个相反的环节；然而信仰也不得不承认启蒙揭示出来的一个事实，即启蒙的确将那另一个环节同样当作很本质的东西，它的确在其他地方、其他时候坚持过那个环节，那个环节的确不是启蒙生造的，而是信仰意识内部的环节。因此信仰面对启蒙的攻击也无话可说。

接下来的第 25 段揭示出，启蒙不但没有达到概念的那种统一性，反而坚持知性的做法，只认取对自身有利的一面，攻击另一面，以此批判信仰，而信仰恰恰因为自在地是一种精神性的、概念性的存在，但又同样陷入一种类似的知性思维，即对于它自身的这种精神性、概念性认识不清，因而面对启蒙的攻击哑口无言。

黑格尔说，从真正概念的、思辨的思维来看，启蒙自身也像信仰一样只知其一，不知其二，只知道坚持对自身有利的观点，攻击相反的观点，而不知道这相互对立的观点之间的内在统一性，在这个意义上看，启蒙毋宁是尚未启蒙、深陷蒙昧之中的。启蒙认定信仰总是与自己对立的，它拒绝以纯粹意识的立场（这立场曾是它和信仰共同的发源地）同情地理解信仰的观点，更不会考虑信仰的观点与它自己因之而持有的相反的观点之间有任何内在统一的可能性。其实信仰的那种被它所谴责的观点恰恰可以成为它自己的思想，但它宁愿陷入对立之中，“每次都只承认那与信仰相对立的一个环节，而另外一个环节，它就使之与前一个环节分离开来，正如信仰的做法一样”。

由此看来，启蒙不自觉地陷入概念的自身运动中，却不能把握概念的这一运动，即不能把握纯粹洞见与中介运动之间的统一。它发现一个环节必然向另一个环节过渡，并利用这种过渡来反对信仰，但它并不理解何以会有这种过渡，以及它自身与这种过渡之间有什么关联。换句话说，客观上而言，纯粹洞见自在地已经以概念的方式运行了，但它并不理解自己的这一概念本性。黑格尔说，纯粹洞见眼见自己被迫异化为一个他者，而后又被迫回到它本身，但启蒙只是被动地随着这个运动而前行，这个运动在它看来是一种异己的力量导致的。它根本没有意识到，概念性、整体性、精神性事物的本性就在于按照自行分裂自身而又回到自身的那种运动方式存在。

启蒙虽然对于纯粹洞见的概念本性懵懂无知，却还是利用这种运动方式，对信仰形成一种“概念的权力”（die *Macht* des Begriffes）。具体而言就是前述“以子之矛攻子之盾”的策略，即将各种孤立而对立的环节收拢起来，显出信仰的自相矛盾。纯粹洞见或许自身经历过这些对立环节之间的过渡，但面对信仰，它不会说出这类过渡，而只会强调对立环节之间的对立，逼迫信仰认输。信仰由于不自觉地和启蒙一样陷入了知性思维，认为矛盾是“不对”的，然而与此同时，它作为纯粹意识，在本质上本来是概念性的、精神性的存在，因而又时常经历这种过渡，于是在启蒙的逼迫面前，它也不得不承认那个对立面是它的观点。这样一来，启蒙便保有了它反对信仰的权力，在信仰面前占了上风。

在前面几段对启蒙的论证策略的抽象描述之后，从第 26 段开始，黑格尔介绍了它的几个典型的批判观点。这一段说的是，启蒙认定信仰所推崇的那种绝对本质（上帝）是由意识创造出来的。

在信仰看来，绝对本质固然是自在的东西，即信仰意识无法完全领会的、有其自己的自主性与独立性的东西，或者说超出个体信仰意识的更根本的东西，但它并非启蒙宣称的那样是什么异己的东西，即与信仰意识完全无关的一个无来由地冒出来的东西。在信仰意识看来，它之所以能成其为一个个体之人，完全是因为它扎根于这个绝对本质之中，或者说完全是由绝对本质所赐，它如果不通过顺从和礼拜巩固这种关联，就会失去自己固有的根基，因而它必须在这些活动中使绝对本质成为其绝对本质，它的自由也恰恰在于能以其他物种所不能的方式主动巩固这种关联。相反，如果不从事这些活动，它不仅不会排除干扰，还会失去自身的自由，因为那种失去根基的存在只是一种任意，而不是自由。

这种设想固然很好，然而由于信仰意识没有脱出知性的思维，在启蒙的强大攻势之下，它就被瓦解成了无生命的两端：一是陷入孤立的个别性行动，二是作为抽象空洞的思维构想物的绝对本质。而这两端原本只在共生共成的过程中才能保持双方的生命力，一经分化便会成为两个抽象物。但信仰完全没有意识到这一点，这导致它在应战之前便已经失去了自身的根基，因为它一上来就认同了知性的两极思维。

启蒙表面上好心地指出了信仰的行动似乎可以补足那抽象的绝对本质，但它在内心里根本不理解二者的统一性（其实信仰也并未真正理解，这正是它被启蒙击败的原因），而是认为信仰的对象只是意识制造出来的一个东西。与此相应，信仰的行动就被它认为深陷具体的偶然细节之中，这行动不过是不断在产生一些幻想和虚构的活动罢了。而在绝对本质这一面，它又似乎忘记了它刚刚说过的“意识制造的产物”一语，宣称那绝对本质是彼岸的、异己的本质，与意识无关。换句话说，它采取将信仰与其对象隔离开来分化瓦解的策略，使信仰忘记它与绝对本质的融合才是它的生命力。这种策略果然起作用了，信仰一方面直接信赖绝对本质，认为后者才使它自己获得对自身的确信，另一方面却又满腹疑惑，感到那条据说能抵达绝对本质的路是不通的，绝对本质是不可到达的。这样一来，它对绝对本质的信赖只是一种主观的信赖，它对绝对本质不可得的疑惑倒成了它现实地置身其中的、不可摆脱的客观处境。

第 27 段谈到启蒙的另一个典型观点，即信仰意识崇拜的是石头、木头一类有限物，崇拜的是对绝对本质的不恰当的拟人化投射。启蒙在宣扬这个观点的同时同样在背后实施一种分化，只不过这一次是对信仰活动与它所利用的工具、象征进行分化。这种分化同样成功了，因为信仰无奈之下也接受了启蒙的批评。

信仰意识再次表现出了知性思维，表明它自身无法对事物进行概念性把握。它直接认定纯粹本质是自在而自为地通行的东西，认为后者有时是那退回自身并保持自身的纯粹本质，有时又莫名其妙地体现在普通的感性事物身上，但从不深究这两方面之间是如何统一起来的，只是简单地以“并且”这个词将二者并列起来，一并予以承认。它没有意识到，当启蒙凭借概念的威力①来攻击它时，它很可能会同时失去这两方面。

信仰在它那专门设想超感性世界里的种种独立形态的纯粹意识中也受这种知性思维的支配。这里所谓的种种独立形态应是指圣父、圣子、圣灵三者。信仰只知道现成地设定这三种形态及其相互转化，然后加以表象，设想出一系列壮丽的情境。黑格尔说，这种表象思维方式必然免不了感性因素的纠缠，而无法呈现那三者之间真正的、概念上的统一性。信仰只知纯朴地设定“三位”，并信赖它们是“一体”的，却并不真正理解“一体”。

现实的感性世界既然已被启蒙隔离开来，就失去了精神性和整体性，此时它既不能上达精神，也并非彻底的虚无，其自身也不具备自在自为的存在，只是一种等着消失的东西。

在此基础上，第 28 段呈现了启蒙与信仰的“错位”。在启蒙的进逼之下，信仰意识承认偶然的知识。这一方面是因为它在信仰与行动中不得不与偶然性事物建立联系，另一方面是因为它只懂得以表象化的方式构想绝对本质自身。无论是在对绝对本质的认知上，还是在它与绝对本质建立的联系上，它都只是一种主观确定性，而没有达到真理。然而一旦信仰意识注目于绝对本质的精神性、整体性时，它又以为自己直接达到了普遍必然性，它忘了自己虽然心灵升腾，然而身体却落于凡尘。于是启蒙提醒它记住后一个环节，但正如前文反复说过的，启蒙自身也没有达到概念性认识，它提醒信仰意识的时候只注意到中介运动过程，却忘了这个中介运动过程只是那精神性的绝对者自我实现的一个方面而已，即它虽是间接的，然而同时也是直接的。

第 29 段进入启蒙的第三个典型观点：信仰者舍弃享受、财产等现世固有的东西，这一做法既不公正（unrecht），又不合乎目的（unzweckmäßig）。先说它的不公正。由于前述启蒙对于信仰的分化策略（将现实与彼岸分化）的成功，信仰意识本身也承认占有和享用财产是公正的、现实的。而且它越发承认这一点，它在为彼岸而放弃财产和享受时就越坚决、越狠心，好像只有放弃它最心爱的东西，才能换取它在彼岸真正的自由。然而问题在于，它对于彼岸的认识是很“心虚”的，它并不了解真正的绝对者和彼岸，只能靠猜想和一些表象维持自己的美好愿望，因而它放弃财产和享受的做法纯粹是一场豪赌，是它在上帝和众人面前摆出的一种标记（Zeichen），根本不是建立于对真理的体认之上的坚实行为。这样看来，

① 再重申一遍：启蒙自身并不真正了解概念，它只是将概念的力量拿来利用而已。

它的这种牺牲和舍弃的做法并不公正。

第 30 段讲这种做法如何不合目的。一方面，个人始终只能做到舍弃个别财产和享受，而对个别财产和享受的舍弃终究不是一种普遍的行为，因为这一次的舍弃并不代表其他时候都能舍弃。这就是说，在这种舍弃行为中，目的是普遍的，而实行则是个别的，二者之间始终有差距。这背后的原因在于黑格尔要说的另一个方面，即具体的舍弃行为总是外在的行为，而外在的行为无法保证内心占有欲和享受欲的戒除；如果内心的戒除达到了，那么即便表现出来的行为每一次都是个别的，也不妨碍这个人已经达到了普遍的舍弃。我们看到，启蒙在这里照样采取了分化的策略，迫使信仰承认自己只能达到外在的个别行为，而达不到内心中普遍的禁欲。在启蒙看来，信仰意识企图通过一次次具体的舍弃达到普遍舍弃的要求是“太天真了”（zu naiv）。

第 31 段更清楚地指明了启蒙的这种分化策略。启蒙如今将舍弃行为中内在的普遍性方面与外在的现实行为对立起来，这和以前它将虔诚信仰的内在性对象与信仰沾染的外在事物对立起来的做法是类似的。它力图说服信仰认为这两方面是无法真正沟通的，真正的关键在于意图和目的，而从自然目的中解脱出来的那种实际行为则可以免去。——这同样是一种割裂的知性思维，倘若信仰接受这种看法，那便是掉到启蒙设下的陷阱中去了，因为那样它既会失去绝对本质，依其本性也不会在现实世界中安心生活，最后什么也得不到。相反，内在的普遍之物是形式性的东西，它一定要在自然冲动中得到实现，而后者的正当性也反过来取决于那内在的普遍之物，因为它是上帝造就的自然之物。换句话说，只有在精神性的统一整体中，而不是在分化后形成的那些部分中，内在与外在的两类环节才能得以成全。

第 32 段告诉我们，启蒙之所以能击中信仰的痛处，是因为信仰本身就有缺陷，它是一种分裂的、双重化的生活。

表面看来，启蒙对于信仰是一种外来的干扰力量，它要将信仰意识的那种直接的信赖和确定性构成的美好的统一性予以破坏，以感性现实的低级东西玷污神圣的东西，以属人的各种理智、意志和实践方面的虚骄抵制那谦卑恭顺的信仰所赢得的宁静心绪。但事实上启蒙不过是将信仰中缺乏概念思维的那种分裂状态公诸天下而已。自从双重化世界格局形成以来，信仰从未达到对世界本身的概念性理解，它一时使用一种尺度（如绝对本质的纯粹性），一时又使用另一种尺度（如虔诚的心绪需要实现于外），却从未想过要比较不同的尺度或者将它们统一起来。黑格尔以颇为生动的笔触写道，“信仰生活在两种知觉（Wahrnehmungen）中，一种是昏昏然的、纯粹居于无概念的思想之中的那种意识的知觉，另一种是清醒的、纯粹居于感性现实之中的那种意识的知觉”。

启蒙则极力启发信仰注意感性世界，极力提醒它说，它必须而且已经使用感性世界的种种表象。而信仰之所以只能承认这一点，是因为它客观上是精神性的意识，生活在感性世界的中介过程与纯粹本质的直接存在这两方面的思辨的统一之中，这两方面都是它无法否认的，只是信仰并不理解这种统一，故而只能甘受启蒙之攻击而百口莫辩。——当然正如前文多次说明过的，启蒙也同样是一种知性思维，没有能力理解那种统一性，启蒙只是利用了信仰的知性思维带来的缺陷攻击它罢了。

最后一段（第 33 段）描述信仰被启蒙攻击后的处境，以及启蒙接下来的任务。

原本就处于守势的信仰，被启蒙攻击之后只得退居绝对精神自家的领域，而它与凡俗社会的牵扯、它对现世政权的支配力便都被剥夺了。正所谓“上帝的归上帝，恺撒的归恺撒”，让信徒的信仰回到内心，让教会的势力退缩到纯粹宗教事务的范围内，这种做法看似令信仰回归其“本分”，非常合理，实则不然。如今的信仰已经不同以往，不再是基督教初年那种一心归附天国、不问世事的形态，也不再像中世纪前期那样处在教会与俗世和谐一体的纯朴状态，而是已经被启蒙的分化策略成功“策反”，如今它与启蒙一样只认世间偶然事物为实在，失去了对绝对本质的真正理解的“世俗化”信仰——即便它在感情上相信上帝更实在，然而在启蒙的攻势之下，它也不得不承认世间事物才是现实可感的、真正实在的。而对于彼岸，它只剩下一种“纯粹的眷望”（*reines Sehnen*），因为彼岸成了一个完全空虚的方向，信仰在此世既没有立足点，又失去了通往天国的可行之路，那些都被启蒙剥夺了。这样看来，撇开表面上的差异不论，信仰实际上成了和启蒙一样的东西，它们的基本格局都是：一方面认为现实世界才是真正实在的，另一方面又打着绝对本质的旗号，并将前者联系于后者之上。它们之间的不同是启蒙赢得了这个实在的世界，志得意满，而信仰则失去了这片领土，不满于心。

但启蒙并非十全十美，它身上同样带有信仰的“污点”（Makel）：它同样没有达到现实世界与绝对者的真正统一，更没有达到对这种统一性的概念性理解。不过它既然拥有这个现实世界，相比起信仰来，它至少可以更切实地实施通达那空虚彼岸的行动和运动，也可以更便利地将那有用的事物（des Nützlichen）据为自己的内容，因为有用的事物是无自身（Selbstlosigkeit）。接下来的一小节考察的就是启蒙如何消除这个污点。

（二）启蒙的真理

启蒙将现实世界收归自己管辖之后，试图通过从绝对和感性存在这两端出发，发展出两个不同版本的统一性，以便最终消除它身上的那个和信仰相同的污点。然而黑格尔在这一点上再次表现出他的深刻洞见：在他看来，启蒙无论是号称“自然”，还是号称“精神”，实际上都是理性的抽象活动的产物，都没有把握到真正的统一性，启蒙只是将理性这张貌似完整而漂亮的皮蒙在了大千世界的万事万物之上而已，它始终是一种异化的精神。

第1段讲述启蒙为何会分化为坚守精神（或纯粹思维）和坚守自然（或纯粹物质）的两派。（事实上我们在历史上的启蒙人士中的确可以见到这样的两个派别。）

启蒙实际上继承了信仰的双重化世界格局，只是它自命为可以通过理性来透彻理解这个世界格局罢了。因而原先在双重化世界格局中的两端——绝对本质和现实世界——便被启蒙继承了下来，它会赋予这两端以新的意义，它们便分别成了精神和自然。

在这里，精神是那纯粹的一端，它直接被启蒙设定为在世界上已经实现了的，因而包含了现实事物的各种规定性在它自身内。表面看来，这很符合黑格尔对“概念”和“精神”的规定，因为这种功成名就的精神形象不就是一个完美的整体性形象吗？前一阶段相互争持的启蒙与信仰二者自在地而言都是精神性、概念性的东西，但二者又都并不理解精神性、概念性的存在为何物，实际上这里的“精神”同样如此，它只是启蒙直接独断地予以设定的一个绝对本质，启蒙意识与这被设定的“精神”本身都没有达到对精神与概念的真正理解。因而黑格尔在这里只说纯粹洞见“*自在地*是概念”而已。精神作为纯粹事物、绝对本质，是一种抽象的设定，它实际上没有任何更进一步的规定，如果一定要有所规定，那就只能靠意识在一些现成的抽象概念或纯粹概念之间做出一种生硬的区别和编排来，附属于它之下。这些抽象概念，比如善、美、公正等，原本都只能在现实世界的种种运动和中介活动中才能显现出其意义，如今它们被从那个运动中抽象出来编列到绝对本质之下，这只能显示出绝对本质是与现实世界相对立的，它只能将它自己作为对象，而对于现实世界，它是没有能力进行实际的区分和辨析的。

以上是绝对本质的立场，除了这个立场之外还有自我意识的立场与之对立。后者立足于现实世界中，将绝对本质当作绝对异己的彼岸。而被抽去了本质规定性的那个中介运动和现实世界，其各种环节之间的本质区别便归于消失，整个运动就成了沉闷而无意识的一种“编织”(Weben)——黑格尔此前也曾用这个说法描述绝对本质。换句话说，剩下来被留给自我意识的就只有纯粹属于此世的感觉或事物性。

但由于目前尚处在“异化的精神”阶段，概念只是客观上自在地存在着，还没有被上述双方理解，因而自我意识的运动和自我意识的绝对本质之间的统一性同样没有大白于天下，而那统一性本来是双方的“实体和持存”(Substanz und Bestehen)。正因为意识不了解这种统一性，它才会将本质当作彼岸，这种意识在黑格尔看来显然是一种“有限的意识”。

第 2 段表明，接下来要展开论述的启蒙之两派，要在和对方的斗争中获胜，可以通过表明它自身就含有对方的规定性，即自身就能分裂成两派，这两派中有一派带有它从前曾经反对过的原则，通过包含这种对立原则在内，它就克服了先前它自身具有的片面性。

第 3 段开始具体展开这两派。本段是从义理上澄清看似截然相反的两派何以是从同一个源头产生的。黑格尔在此有“两种纯粹本质”之说，一种是指绝对本质，一种是指现实世界中的外在存在。前者只存在于纯粹思维中，是作为那有限的自我意识的否定者的形象出现的。也就是说，从自我意识及其生活所在的整个有限性世界的角度来看，绝对本质是对这一切的否定。然而一切否定也意味着限定，意味着一种现实的关联。从自我意识本身的角度来看，绝对本质作为世界的创造者，似乎化身为我身外的一切现实事物，带着高压之势向我逼迫而来，那么刚才看来还与我站在“同一阵线”的那些现实事物，如今似乎又都站在绝对本质那一边了，于是我要通达绝对本质，就必须老老实实地从我能尝到、看到的事物中一点一滴地学起。

第 4 段解释何谓纯粹物质(die reine Materie)。如果我们考察绝对本质从纯粹思维之物向现实的感性存在的过渡，并将我们人为的种种感知方式抽除掉，剩下的就是物质(Materie，亦译“质料”)。其实正如本书第一、第二章中对感性确定性和知觉的考察所表明的，事物从来就处在与人的感知关系之中，虽然人的感知活动表现出许多局限性，然而这些活动却并不是遮蔽某种真正客观的纯粹物质的障碍。然而启蒙人士恰恰认为那就是障碍。他们中主张纯粹物质的那一派认为，我们尝到的只是咸味，看到的只是颜色，这些都是主观的东西，只有隐藏于它们背后的那种既无法尝也无法看的纯粹物质才是真正的客观之物。黑格尔说，他们设定的所谓纯粹物质其实不过是纯粹的思维抽象物，是思维构造出来的自身无区别、无规定、无宾语的一种绝对之物。那是思维中无声、无色、无臭的透明之物，是思维的一厢情愿。

第 5 段指出，启蒙的两派所主张的其实是同一个概念，只不过两派的出发点不同而已；另外，两派都没有达到思有同一的高度。

表面上看，主张物质、自然的一派和主张绝对本质、精神的另一派差异颇大。因为自然看起来就是一种沉闷的循环，如今在主张精神的那一派将种种鲜明的形式规定性夺走，在自然界与人的种种感性的干涉也被抹去的情况下，自然界看起来就像一台既没有活力也与人无关的机械，永远以同样的方式在运转着，却令人提不起兴趣。而精神那一端则被排除了与现实世界的关联，它虽然被配上善、美、全能等美好崇高的词汇，却永远局限在自身的范围内不得动弹，它似乎与人之间隔着同样遥远的距离。

然而黑格尔说，细看之下会发现它们“完全是同一个概念”，它们之间其实根本没什么区别，区别只在于“两派思想形成的出发点不同”，而且因为各自在那个出发点形成之后，只顾着坚守自身（将貌似不同的事物拿来为己所用也是坚守自身的一种方式，而不代表开放性），停留于这个定点上原地不动，所以它们看起来才格格不入。它们都是纯粹思维的产物，只不过一个认为自己坚持的是现实世界可感的事物，另一个则认为自己立足于绝对本质。如果它们不是固守自身的这个出发点，而是看看整体，看看它们自身向这个出发点之外展开的可能性，它们就会走到一起，会发现二者憎恶的其实是同一个东西。比如对于那坚守绝对本质的一派来说，如果它们稍做反思就会发现，既然它们坚持绝对本质对于有限性存在的否定性，那么它们直接认定的绝对本质就必须含有存在在内（即中世纪思想中所谓的“本质包含存在”），即绝对本质必然被设定为存在的；然而既然绝对本质对于自我意识的否定也是与自我意识发生关系的一种方式，而这样一种关系要成为可能，就必须假手于自我意识所能现实地理解的周围世界，换句话说，绝对本质自身必须能被表象（而表象必定是设想成现实世界中的某种形象），而且必须显现于现实世界本身之中，并且不同于现实事物身上与我们发生感性关系的一面——这难道不正是启蒙所界定的自然概念吗？

为了全面地说清自己的意思，黑格尔不满足于仅举绝对本质为例，他接着又分析了另一派的观点。那一派眼中的自然是不与人的感官发生关系的“真正自然”，是所谓中性的、科学的、纯客观的自然。其实正如黑格尔在前文中暗示过的，那种自然是一种纯粹思维，是被思维设定为隐藏在具体现实自然背后的东西。然而细察之下不难发现，那被思维独断地设定为直接存在着的自然，这个看起来纯粹肯定性的东西，其实完全存在于对自我意识及其能接触到的事物一切属性与活动的否定之中，完全是一个否定性的东西。它之所以貌似取得了“肯定性东西”的资格，只能凭借它与其自身的等同。——难道这不正好符合绝对本质的形象吗？

然而启蒙的两派之所以没能见到这一实情，根本原因在于它们都没有像笛卡尔那样达到对思有同一的理解。笛卡尔以“我思”所显示出来的“我在”这一基本事实为出发点，一步步通过理性承认上帝、外部世界等的存在，并通过以“清楚明白”等标准为主干的一套科学方法论，试图建立起各门科学。这一思路的确被近代思想的主干传统继承了下去。黑格尔所说的“笛卡尔形而上学的概念”即指笛卡尔开创的这一传统。而启蒙的两派却没有达到这样的思有同一。它们既不知道对所谓纯粹的存在的认定虽然在生活世界中能产生相当大的客观效用，但也纯粹是思维之事（当然这里的“思维”不是个人的思维活动，而是人类普遍思维），因而纯粹存在是思维；它们也没有认识到，纯粹思维既然被设定为简单的直接之物或被设定为对自我意识的否定，也必然体现为现实世界中的存在，因而那看似只与其自身等同的纯粹思维也必定是存在。思维（Denken）与物性（Dingheit）是同一的——这一点正是黑格尔眼中启蒙的最大缺陷，既使启蒙无法达到真正的精神本身，恐怕也是它在现实世界实施后导致所谓“绝对自由与恐怖”的根本原因。

第 6 段说的是，启蒙的这两派既然同出一源，同属纯粹思维对于世界的构想，就不可能长期陷入两端对立的僵化局面中，它们迟早会意识到那个共同的根源，并走向纯粹思维在不同环节之间的交替运动，并最终只以事物对于理性的有用性为唯一尺度。

从哲学家的立场来看，两派虽然表现得极端相反，然而它们的共同之处在于都是纯粹思维构造出的抽象物，而精神与自然都不过是这纯粹思维自我表现的形式罢了，或者说这纯粹思维是“*简单的围绕［自己这个］轴心旋转的运动*”，而精神与自然只是这种自转运动抛撒出来的环节罢了。表面看起来，如果它抛撒出来的环节成为固定不变的东西，它就会将其当作无用的空壳抛在身后——不难看出，前文描述的那种精神与自然都面临着这种危险，因为二者都被当作固定而抽象的东西了。然而由于启蒙没有达到概念的高度，它始终不知道这种区别诸环节的运动与纯粹思维这个统一性之间还有什么一致之处，它只知道以知性的方式将二者分开看待，所以它实际上还会将这些固定的环节反复捡起又抛下，反复利用又换掉，但就是无法回到作为统一性的它自身。所以我们会发现，启蒙只是诸种关于绝对者与世界秩序的不同立场的反复轮替，除此之外无他，而支配这个反复轮替过程的只有一切事物对于理性（这里叫作“纯粹洞见”）的有用性。

第 7 段具体分析这种有用性。

事物对于理性的有用性固然并不与人的自私直接挂钩（坚守有用性的人极有可能大公无私，因为那不是对于他个人的有用性，而是对理性本身的有用性），但它明显是对一切本身崇高的东西的矮化，因为无论这理性将自己吹嘘得多么伟大，它始终不过是当前人类与世界接触的方式而已，而为这种方式所用便意味着崇高事物成了工具，崇高性成了装扮出来的假面。因此无论是信仰意识，还是率真的感性意识，都对有用性感到厌恶。可是纯粹洞见却对有用性乐此不疲，因为它最能使纯粹洞见得到实现，而且凭借有用性这一终极尺度，纯粹洞见也可以放心地承认先前那两派所坚守的对象了，因为无论它们坚持什么，那对象都可成为纯粹洞见利用的对象。纯粹洞见似乎成为一个有着自身强大权力与坚定自主性的人格，这个人格所区别出来的诸环节却并不是什么可以固定下来并予以坚守的东西，而是“纯粹概念”。也就是说，区别出来的诸环节只是作为构造物而存在，因而并无持久性。

与之相比，自居于纯粹洞见的那种自我意识却可以自在而自为地存在于直接的统一性中——虽然这统一性的机理并不为纯粹洞见所知。首先自我意识并不固守其自在存在，而是可以分化为诸环节，这样它就是一种为他者的存在，比如上述的两派都是如此。在那两派中，似乎自我意识是为自然或精神而存在的，自然或精神需要自我意识努力奉献，而自我意识本身倒显得并不重要。但这种为他物的存在也会像自我意识的自在存在一样归于消失，因为自我意识迟早会意识到它本身才是隐藏在背后的真正力量，只要它自居为理性（纯粹洞见），它就可以将一切事物拿来为己所用，因为一切事物都要符合理性的标准。这种返回自身的自我意识就是自为存在。表面看起来自我意识又回到了它的出发点，但它根本不会停息，它会再次出发，建立某种立场，成为为他者的存在，而后又回到自身……如此这般，循环不已。

而那有用的东西，即为理性所用的东西，也随着自我意识的运动而在它自身的自在存在、为他者的存在和自为存在之间往复循环，只不过它不像自我意识那样是一个主体。首先，有用的东西是一种持续存在的、自在存在的东西，但作为纯粹洞见发展出来的一个环节，作为为理性所用的东西，它又是为他者（理性）而存在的。它凭借这种持续存在才有资格成为有用的东西，反过来说，它作为有用的东西才能保障它的持续存在。这两个看似相反的方面在它这一个事物中同时存在，势必扎根于这个事物的统一性中，那个统一性就是它的自为存在、返归自身的存在。但有用的东西与纯粹洞见的不同在于它只是后者的表现，是由后者赋予意义的。有用的东西与纯粹洞见的不同态度相应地呈现出三种不同的面貌，是这三种面貌之间的交替循环，它在根本上是一种被动的存在，因而无法像作为主体的自我意识那样以其自为存在主动安排或干涉它的自在存在与为他者的存在。

纯粹洞见有鉴于此，便认为自己有了一个由自身的三环节和对象的三环节构成的整体世界，而不仅仅是自己在与自己的构造物玩游戏。它认为自己有了一整套的形而上学，然而“它是对这种形而上学的意识，却还不是对这种形而上学的概念把握；它还没有达到存在与概念的统一性本身”，它只是不自觉地陷入这种处境中（尽管它认为自己像一个主人一样掌控着这种处境），但始终只是以一种知性的态度在不同的方面摸爬滚打，却对整个事情本身缺乏概念性理解。这个世界很大，启蒙当然不会直接认定世界就是它自身，然而它却坚信那个与它自身相区别的世界饱含着为它准备的果实，只等着它去收获。

第 8 段通过与异化精神此前的两种形态（教化世界与信仰世界）进行对比表明，如今启蒙的有用性原则似乎有了能实现“人间天堂”的自身确定性，即在当前的这个世界既保有了个别性、现实性，又得到了普遍的真理。说明启蒙的这一心态，是为了介绍启蒙何以有底气寻求绝对自由，实施普遍的恐怖统治（下一小节）。

教化世界的发展表明，人在这个世界上无论充当哪种角色，无论追求什么东西，终将是虚妄（Eitelkeit），终将是普遍的颠倒错乱。在这个世界中，个人审视自身时发现，无论他在这个世界上占有多少财富或权力，他终究只是一个言不由衷的人，无论有多少臣民表面看似拥戴或者依赖他，那些人同样是言不由衷的。这就是说，撇开表面的阿谀奉承不论，个人实质上永远无法获得真正的普遍性，他始终只能陷溺于个别性中不能自拔。这种意识返回自身成为纯粹洞见，它在世上始终无法找到任何真正的肯定性；而信仰意识则不同，它在彼岸似乎找到了纯粹肯定性的存在。那么如今的情形如何呢？我们还记得先前信仰貌似与纯粹洞见相互补充，最终却被后者咄咄进逼以至消灭的那个过程。在那之后，纯粹洞见就将信仰的遗产（绝对本质及其在世间的支配力，即精神）收归己有，与纯粹洞见早就关注着的现实生活（物质）构成了一个新的二元结构。

尽管启蒙在物质与精神的两派中似乎将整个世界都纳入自己的构想之下了，它用合理性结构这张皮将全世界都包覆起来，然而它与世界之间却始终未达一间，它所意想的只是它自己投射到世界上去的纯粹思维因素，反而缺少原先在教化世界中的那种现实性——虽然后者终究沦为虚妄。但在启蒙发觉自己是世界的审核者与赋义者后，它也意识到自己唯一的原则就是有用性，如今它干脆肆无忌惮地利用起这个原则来，因为这个原则可以让它在事物身上见到肯定的对象性，在事物那里获得现实的满足。凭借这一原则，原先如清教徒般持守某种纯粹形态（精神、自然）而对现实的感性因素十分忌惮的启蒙的两派，如今似乎消除了门户之见，都知道自己实际上本就是扎根于这个原则之上的。自觉地利用有用性原则的纯粹洞见，如今反过来以先前启蒙的两派分别持守的观念世界和实在世界的最终真理的面目，甚至以更早时代的教化世界与信仰世界的最终真理的面目出现于世了。

何以如此？在教化世界中，我们只能见到相互分离的各种特定的形态，它们都具有个别的确定性，却不具有对将这种形态收束起来的类（Gattung）的认识，因为普遍性认识在那个世界中都在颠倒混乱中归于瓦解，无人承认了，可以说这个世界有现实性而无真理；而在信仰世界里，人们认真持守的是自在的真理，与前一个世界里的个别确定性形成对照，因为个别的确定性在信仰世界中是要被放弃的。而到了有用性世界中，有用性就是真理，而有用性都是在现实世界中的具体事物的有用性，因而这真理也不缺乏个别的确定性。可见有用性世界将现实性与真理结合起来了。一方面，它所利用的任何对象，都能使它得以确证自身，得到享受；另一方面，它在事物身上的洞见，则被它自己毫不客气地当作事物的真理，整个世界在它面前都是透明的。这种既个别、实在又普遍、本质的形态，便是启蒙自诩能实现人间天堂的那种能力，便是先前的种种双重化世界的和解。

细察启蒙如何从信仰那里接手它的遗产，又如何演化成自觉利用有用性原则并自诩能建立人间天堂的整个过程，我们发现最崇高的东西向最卑贱的东西、最谦卑的东西向最狂妄的东西的转化，不仅可能，而且就在启蒙这里实际发生了。启蒙决不像它自己声称的那样客观、科学、公正、无私，它是现代性集中爆发的一个大舞台。

三 绝对自由与恐怖

这一小节以法国大革命为例，表明当近代理性成为一种纯粹只意愿其自身的意志（即纯粹权力意志）之后，会发生什么事情。

开篇第1段描述这种意志是如何产生的。意识以往认为世间的各种事物只是为它所用罢了，似乎用完了就可以扔掉，似乎有用性只是附着于那有用的东西之上的一种属性罢了，当意识利用那东西时，有用性就产生，当它不与那东西发生关系时，就无所谓有用性了。然而黑格尔要表明的恰恰是作为精神之形态的有用性，即作为世界之整体关系模式的有用性，换言之，有用性并非当意识与对象发生工具性关系时才偶尔出现的，而是此阶段上意识本身的存在方式，后者在此阶段上整个地就只能以有用性这种方式生活。这意味着，意识虽然认为是它在利用工具，用完就扔，毫不受工具的影响，但正如马克思描述的资本主义或霍克海默笔下的文化工业中那样，自以为控制了工具的人却在不知不觉中将他的整个生活工具化了，他只懂得以工具主义的方式对待他生活中的一切，乃至对待他自身。这种新的形态被黑格尔称为绝对自由（die absolute Freiheit），黑格尔在这一段会表明，这种形态并不像它起初听起来的那么高妙，因为它会走向它预想的状态的反面——恐怖（Schrecken）。

值得注意的是，黑格尔在本段中将启蒙对双重化世界的消除和统一与理性阶段的某种现象进行类比：在理性阶段，由于事情本身及其自为存在还没有成为世界万物的实体，因此表面看来人可以直接占有各种有用的东西，拿来为他自己所用；而启蒙虽然是精神的一种形态，但并未自觉地认识到这一点，因而它也只懂得以理性的姿态，将世上的事物拿来为己所用，因为后者在它看来终究只是对象而已，它认为自己对对象的利用并不会影响它本身。

第2段详细描述了这个过渡过程。表面看来，意识是意识，对象是对象，然而黑格尔说，一旦二者都以有用性为根本规定性，那么对象的对象性便只是一种虚假的表面现象，对象不再具有对立的、独立自主的存在，而就是自我意识本身的一种表现形式。

如果说以前还有现实世界和信仰世界的二分，那么如今这两个世界就都返归它们共同的根据（Grund）了，那就是意义世界本身。原先的双重世界中所有事物的持存和有效，在根本上都反过来取决于这个共同的根据。黑格尔的这个看法恐怕是科学界和教会界人士都不会认同的，却恰恰是深通西方文明的历史与逻辑的哲学家都不得不认真对待的一种观点，因为至少就新教改革以来的信仰与理性这两方面而言，它们之间的相互浸染以及它们以一个共同的世界为根据这一点，都是至为明显的。黑格尔说，如今有用性这个简单规定不再像先前一样只是现实世界中的局部偶然现象，而是整个精神形态（或曰世界形态）的整体规定性了，正因为它是整体规定性，它反而没有任何专属于它而不属于别的规定的独有之物（Eignes）了，因为根本就没有什么别的规定与它对立了。黑格尔说，在这个意义上看，它成了一种“纯粹形而上学”（reine Metaphysik），成了“纯粹概念或自我意识的纯粹知识”。一切内容，包括自我意识，都无往而不在地受到有用性这种普遍形式的规定，这种规定是无差别的，因为一切有差别的内容都得服从于有用性，都得在有用性的基础上才能建立起它的差别性内容，而有用必定是对他物的有用，故而一切事物都得在对他物的有用性中才能获得自身的“自在存在”，而不再具有那种自来便有效的、无关乎有用与否的自主性了，因而那种“自在存在”反而成了表面现象，成了抽象形式。然而话说回来，此时的意识毕竟还没有像哲学家这样对目前的局面有什么深刻反思，它还以为对象就是对象，具有它的独立性，它将“自在存在”这一抽象形式在事物身上设定乃至固定下来。此时的意识作为纯粹洞见，以科学理性自居，仿佛也真的具有上帝般的权能，它为事物设定下来的内容，似乎都是具有客观效用的普遍概念。

在意识对事物的设定中，仿佛对象都具有一种独立自主的“自身”（Selbst）。但哲学家分明看到这种说法是自欺欺人，因为意识在对象内部构想的那个“自身”，实际上只不过是人自我投射进去的一个形象，它根本不是与人的自我并列的另外一个自我。因而当意识仿佛在对象中看到一个自主的“自身”时，它看到的毋宁说只是它自己，即以他物中的“自主性”这一形象出现的一个投射物。这里真正有效的只是作为普遍主体的人类理性，是理性本身的那种从事着认知的概念。

如果说在以前，有用性只是偶然的、局部的现象，它只是有用者对于使用者的单向关系，或者说是世上各种事物之间互为效用的相互变换

(Wechsel，或译“更替”)，是人的认识可以从中脱身而出的对象属性，那么现在的形势就不一样了。如今，作为普遍主体的人类理性本身就是相互更替的运动，它就是“这种运动的向其自身返回的统一性”；它只是有用性，而不可能跳出有用性；而且尽管人的自我与对象的“自身”看似分离的两造，但这双方实际上都是人类理性的有用性格局的支配物。

黑格尔的这番话在当时想必是石破天惊的，因为法国大革命与半个世纪后的欧洲革命毕竟并未从根本上撬动现代性的生活方式，我们发现，迟至 19 世纪末期，像茨威格的《昨日的世界》中描绘的中产阶级安宁平和的生活图景毕竟一直是西方人的主流看法，现代性的美梦一直占据着大多数人（包括知识分子）的头脑，直到两次世界大战的发生，才使人们不得不对现代性进行普遍的反思（尽管这种反思往往还是以回到常识的轨道告终）。黑格尔如此之早便对于知识与权力之间、理性与有用性之间深度绞缠的局面了然于胸，令人不得不佩服！难道马克思所批判的资本机制、海德格尔揭示的“常人”生活和技术宰制，以及霍克海默和阿多诺所揭露的文化工业、福柯所讲的知识权力化，在相当大的程度上不都是黑格尔笔下的现代性之弊端造成的结果吗？而黑格尔对于意义世界本身从古代到法国大革命为止的这整个演变过程的描述，无论含有多少以现代眼光投射并误解历史的成分，其立足于内在性世界本身来看待现代性之弊端——进入堡垒内部揭示其弊病——的手法都不能不说是前无古人，后无来者的。

第 3 段向我们揭示了如今的情势：每个人都认为自己可以代表普遍的意志，认为自己抓住了，甚至就是一切精神势力的本质，但实际上他只是自居为普遍者的个别者。无论是在现实世界还是在信仰世界中，事物的本质何在？启蒙的意识认为关键并不在于从事物身上直接截取的任何特质或成分，而在于意识所代表的理性本身，真理的标尺在理性这里，而不在事物那里，简言之，这种意识认为自己凭借理性便占有了事物的本质。因此当前首要的任务不是对那纷繁复杂的世界进行归类和解释，而是反身自省，了解理性自身的结构。

我们知道，在精神层次上，事物的本质不在于其直接的实存，而在于其意义。而此时的自我意识对于它自身在规定事物意义方面的关键作用了然于胸，而且它明白，抓住了赋予事物意义这个最关键的权力，就等于抓住了实在世界的核心。此时它相信“世界全然是它的意志，而这种意志又是普遍的意志”，它愿意赋予哪个事物以根本的意义，哪个事物便因此就具备了崇高的地位，而且它既然将自己的意志与事物的本质合一，自然便认为自己的这种意志是最重要的意志，其他人也理应服从于它。

但问题在于，这个人以为自己的意志具有普遍的地位，这一点未必会得到其他人的认同。黑格尔说，此时个人心目中的“普遍意志”再也不像以前时代中那么抽象，即由一部分人发布指令，而另一部分人表示赞同（比如君王与臣民之间的那种关系），而是一个个人的具体意志，只不过这些意志并未达到协调一致，只是此亦一是非，彼亦一是非。每个人都认为自己代表那没有发生分裂的整体，而整体的行为只是每个人的直接的、有意识的行为，除此之外别无其他。其实黑格尔在“理性”章中的实践理性部分已经告诉过我们，如果人人都是这样一种“大义凛然”而不可侵犯的意志，如果整体除了是这些离散的个人的加和之外别无其他，那便到了发生普遍混战的前夜。

第 4 段描述了这种普遍的个人自由导致精神的整个体系瓦解崩溃的情形。

每个人都认为自己占有了世界之未分解的本质，那么当他持守这种信念往前冲的时候，他是无所顾忌的，精神以往划分成的种种势力（家庭、国家、教会、贵族等）在他看来便全都不具备它们凭其自身便自来有效的那种合法性了，换句话说，一切精神势力在他面前都是应当臣服的，因为他自认为代表了精神实体的真正本质。加上意识向来是精神实现自身的唯一渠道，没有个人的支持与努力，一切精神形态都无以实现，一旦所有个别意识都自认为代表了对象的本质，对象自始就是握于他手中的概念，而不是对象本有的任何秩序，那么当初由各种精神势力构成的整个精神体系便陷于瓦解。

这里发生了概念与对象在地位上的一种颠倒。原先一个或一群人要使自身持守的概念得到实现，就必须在那原本已经凭其自身的意义世界——这意义世界已经存在，当然不取决于这个或这些人——中结成某种势力，经过他人承认后成为一个持存着的公共政治单元。如今则不同，对象自身被认为就是概念，即以人的理性所设定的某种构想为其本质，那么对象自身就再也不具备任何持存性了，它的持存性只能由人的意志来赋予，“否定性已经渗透了它的一切环节”，换句话说，它的一切环节只具有否定的、依赖性的意义。那么如今对象的客观性何来？黑格尔说，在每个人都认为自己是整体性存在的情况下，他便不再受到原先他所属的精神单元的束缚，他的劳动和事业也不再是仅仅作为精神之某个区域环节的劳动和事业，而是脱身而出，自居为普遍的意志。当然这并不意味着以往的种种精神单元的废除，如今个人只是认为自己有权为整个意义世界操心，有权辖制所有的精神单元了，因此他的劳动尽管依然与具体的事物和具体的需求有关，但具有了全新的意义：它是“整体劳动”(ganze Arbeit)，即着眼于全世界并为全人类谋福利的劳动。

这样一来，所有精神单元、阶层（Stände）便都不能凭其自身便具备有效性和持存性，个人意识也不再隶属于它们，并从它们之中获得自身的身份和意义，而是突破了它们的局限，如今个人对这些单元的关系只是表面的相属关系，实质上它们的意义要靠人的理性——最后落实为人的意志——来赋予。个人的意识认为，“它的目的就是普遍的目的，它的语言就是普遍的法律，它的作品（Werk）就是普遍的作品”。

第5段讲的是对象与彼岸的地位。如果说在“有用性”这种精神形态中，意识还承认对象的自在存在，它只是抱着侥幸的心理从对象那里“取一瓢饮”来为己所用，对象还被视作一个实在他物，那么如今它却相信对象的本质与意义已经完全掌握在自己手中，如今它关注的焦点完全转移到自己的意志能否成为被众人普遍承认的意志。这便是黑格尔所谓的“个别的和普遍的意识的差别”：个人虽然相信自己代表了普遍意志，也应当成为普遍意志，可是他人未必会承认这一点，因为人人都如此自信，在这种情况下，个人必须通过斗争获得普遍意志的地位，无论是通过强迫还是通过说服，一定要使他人都承认自己居于普遍意志的地位。那么原先被众人信奉的彼岸天国的地位又如何呢？它成了人人只在口头上共同尊奉，实际上却像漂浮于尸体上空的一缕名为“普遍存在”的空虚气息（黑格尔在此以“尸体”隐喻万物的独立性的逝去）。

第6段挑明了个人的看法。个人直接认定自己的意识和意志就是也应当是普遍的意识和意志，即应当为一切人承认的意识和意志，同时它也知道普遍的意识和意志必须凝结为个人的意识与行动，并通过这种意识与行动方能得到实现，因而在他身上便体现出“具有普遍性形式的意识与私人的意识之间的一种交互作用”。个人的意识认为自己面对的一切对象“就是它自己制定的法律和它自己完成的作品”，而且这法律和作品不是它从个人的角度出发专门为了辖制眼前的这个对象而制造的，而是为了普遍辖制一切对象并作为国务活动（Staatsaktionen）而产生的。也就是说，特定的个人与特殊的对象通过个人意识所构想出来的一种普遍意志的中介而打交道，但下文中黑格尔会向我们揭示出：实际上并不存在什么真正为全人类谋福利的普遍意志，个人意识即便真诚地认为有这样一种普遍意志，并奋力维护它，却依然改变不了它只是为个人意识所用的权力工具这一最终事实。但这并不表示个人都是自私的，它与个人品格无关，即便个人大公无私也改变不了这一事实。

第 7 段讨论行动和作品的分化与个人对普遍性的要求这二者之间的矛盾。

黑格尔在前文中描述的这种人际关系格局说白了就是尼采所说的“权力意志”，它并不寻求人与人之间的协调一致，因为既然每个人都同样有权声称自己代表普遍意志，那么它就不认为有超出个人的任何共同体。客观来看，人虽然生自共同体，也扎根于共同体之中，在自己生命的多方面都受惠于共同体，但是个人从古代伦理实体的纯朴信赖中步出，后来又脱离了双重化世界的束缚，如今便一心只管张扬理性的旗帜，借其实现自己的权力意志，不复对共同体有任何敬畏——虽然自我意识目前依然处在精神层面，但目前的精神形态恰恰看起来是极为“反精神”的，即极为反整体的。简言之，启蒙发展到绝对自由阶段便是一种反精神的精神形态，虽然它表面上打着为一切人谋福利的旗号。

黑格尔直言，这种形态下的自我意识一开始便陷入意识与意识之间的争斗之中，因而它无法完成任何肯定性的作品：既不能在语言上，也不能在行动上达成普遍一致；既不能制定大家共同承认的法律，也不能通过自由协力，实现什么行动和作品。这种人人皆主动以普遍者自居并主动实现自身自由的状态，要想在现实中达到持久的存在，就必须分化为各个不同的精神单元和权力部门。比如法国启蒙思想中主张的立法、司法和行政三权分立这样的思想构想，就是很典型的形式——当然这样的构想在现实生活中执行则会带来更细微的区分。这种分立相应地会在劳动方面产生各阶层和各部门之间的区分。

个人在这种格局下是非常矛盾的。虽然他声称自己是普遍意志，但这一要求又只能通过上述种种分化来实现，可是一经分化，个人就感觉自己的人格被嵌入特殊的部分之中，具有了特殊的规定性，从而失去了它所要求的普遍性。因此个人不会轻易跳入这个进程中去，他在表面上服从他自己制定的三权分立之类的区分性法律，也接受其他人在公共生活中作为他的代表去行使普遍权力，因为非如此则公共社会根本无以建立。但这些表面姿态并不会迫使他放弃他认为真正重要的那种现实（Wirklichkeit），这就是说，他坚持自己所从事的行动必须是普遍的，而所谓的代表制和分立构想都只是在观念中呈现他与普遍性之间的联系，而实际上却会毁掉这种联系。

第 8 段接着表明所谓的普遍自由在实际生活中何以必定是否定性的，必定会带来普遍的狂暴毁灭。上述矛盾情形不可能永远持续下去，因为普遍的混乱只能意味着对每个人的普遍削弱和普遍损害。个人要想既代表普遍意志，又以个别行动实现它，就得在公共空间中造成一种于己有利而又为众人所认可的权力或声势，这就会形成众人服从一个领导者的制度。在这种制度成立的前提下，个人再去寻求占取领导者地位，或者在这种关系格局中通过影响领导者或通过其他方式，寻求自己的意志的推广。这种妥协的产物实际上已经使个人不可能直接占有普遍性，他只能间接地在公共世界寻求自己意志的尽可能广泛的实现。然而每个人都并没有绝对的权力仅仅推行自身的意志，因而他所能做的只是尽可能地否定其他人的意志（尽管为达此目的，他可以利用表面上的宽容姿态欺骗别人），原先被当作诱人旗号而激荡人心的“普遍福利”“人间天堂”“大公无私”之类说法，如今真的成了纯粹的旗号，因为它们那崇高的肯定性内容在此已然消失殆尽，完全被权力之争代替了。

第 9 段告诉我们，个人一方面要坚守其普遍性而不放手，另一方面又不得不进入个别性的生活，唯一能使这两端直接结合起来的方式就是死亡，然而那却是一种毫无内容、毫无价值的死亡。

前文的讲述可能会给读者造成这样一种印象：好像个人之所以投入特殊的个别生活中去，与他所主张的普遍性本身无关，原因仅仅在于人的自然属性，即每个人都必须吃穿住用，必须在某个特定的自然与人际环境中生活。但黑格尔明确指出这种印象是错误的，因为果真如此，那个普遍性本身便不能永久维持其为普遍的，它本身也必须区别它自己，才能在世界上存在，“*因为它就是运动或一般意识*”。这就是说，它原本就只是一种思想中被构造出来的东西，它必须进入实际生活中才能获得它的现实性，必须成为一种实现其自身的运动。然而这种运动就是向两个抽象的极端的分化：一边是简单而冷酷的普遍性，另一边是人的现实生活的那种同样抽象的个别性，所有人都有这样一种抽象的个别性，因而所有人都只是一个抽象的点——这种点性（Punktualität）表明人的个别生活并不具备充实的实体性，人在客观上而言虽然扎根于实体生活中，然而在他的自为存在方面却是最不具备精神性的抽象存在。

在这个意义上，黑格尔才在这一段的开头说，自认为普遍自由的个人真正拥有的其实只是现实自我意识的那点抽象的、可怜的自由和个别性。

个人孤独地存在着，这种现状就是他唯一的现实与对象。他再也没有任何别的内容，他只有一种自以为的“绝对自由”。黑格尔称这种状态为“抽象的一般定在”，这就是说，虽然个人处在特定的存在中，然而它却只是抽象的、一般的，是从它的真正根据——世界本身——那里脱节了的。

如此一来，个人既要直接主张他的普遍自由，又无法摆脱同样抽象的个别存在。这两方都是直接存在的，它们在个人那里的共同存在也是直接的结合，并不假借于任何共同根据的中介。那么唯一真正能达到这个要求的便是个人的死亡，因为死亡既不会让人消除自己的个别性，又是个别性直接投入静止的一般中去。然而和古希腊伦理实体中的死亡不同的是，这里的死亡是没有任何内容和实质的死亡，因为个人原本就已经成为一个个的点，原本就被掏空了内容，黑格尔说，这种死亡“比劈开一棵菜头和吞下一口水并没有任何更多的意义”！

第 10 段讲述政府与个人的关系。

政府是普遍意志的现实体现，即体现为现实个体之物的普遍意志。如果普遍意志不体现为个人，它就永远只能是个人心目中的玄想；而当它体现为政府后，它就必定以个别性势力出现于世，因为并非所有人都是政府的成员，在那些并非政府成员的人看来，政府就是一个他者。政府虽然以普遍意志为旗号，但它意愿并实现的却往往是特定个人的意旨和行为，即控制政府的人——比如政府首脑——的意旨和行为。由此看来，政府的特殊性表现在两方面：一方面它与它之外的那些人是对立的、相互分离的；另一方面它推行的其实是特殊意志，这种特殊意志与真正的普遍意志——所有公民的普遍意愿——其实是对立的。这样的政府，并非不偏不倚的客观中立者，而总是一个派别，比如法国大革命中轮番登台的雅各宾派、吉伦特派等。换句话说，政府只是在实际的权力斗争中获胜的那一派人。既然政府是一个派别，这就意味着它并不具备普遍性，意味着推翻它并不犯法；它既然是一个派别，就必然对真正的普遍意志犯有罪过。

因此，普遍意志既然要实现自身，就必须通过政府这种形式，然而政府作为特殊派别，又必然要对普遍意志犯下罪过。但政府却对此毫无愧疚之意，它仅以它所面对的个人为对象，而后者只是它的斗争对象。它不仅监视公民的一举一动，甚至还不满足，它要窥测公民的内心意图。更有甚者，由于它失去了古代和中世纪那里共同体与个人之间的实体性关联，它与公民之间天然就是敌对的。在对公民失去信任的前提下，它认为当公民内心的嫌疑实现出来时，情况就无法收拾，悔之晚矣，因此它直接以它认定的内心嫌疑给公民定罪。对于这样被定罪的公民，它唯一的办法是从肉体上予以消灭，因为公民并无它可以拿到台面上去进行辩论的罪行。——这便是法国大革命中革命派相互之间种种暴行的来源。

面对这样的局势，个人应当何为？第 11 段开始在比政府更广大的世界图景中描述个人的作为。

前文中黑格尔已经说过，个人虽然总是试图以普遍意志自居，但他在现实生活中最后只能以个人的具体生活为对象，所谓的“绝对自由”实际上极不自由。它首先是一种主观的臆想，即人将自身的一切特殊倾向和一切个别规定性撇开不看，单纯只将自身抽象为一个貌似自足的主体时得到的一种抽象的构想；只有作为这种抽象的自我意识，绝对自由才是可设想的。但这种臆想中的绝对自由实际上是不可实现的，唯有在死亡中，人才可以以一种否定性的方式隐约“直观”到这样的自由。

这种实际的情形与个人当初对于绝对自由的预期大不相同。当初他曾以为可以以这个活生生的个体之人的方式保留普遍性，既为众人普遍承认，又不失去其个人特性。而如今则不同，对他自己的那种两全其美的肯定只存在于他内心的盼望之中，而实际生活中他却只能作为纯粹洞见将绝对本质或者当作纯粹思维，或者当作纯粹物质，他在现实生活中只能游走在这两种图景之间，而他希望保留的个别性以及他对于以个别性身份实现普遍性的期望，在这里都被否定了。如果不从政府的角度，而从更大的角度来看，如果说普遍意志体现为自觉构建的两种世界图景（纯粹思维、纯粹物质），那么后二者作为人们现实地持守的模式，对于个人而言是否定的本质，是对自我思维的扬弃。

第 12 段在此基础上重新简单回顾了一下当前的局势。普遍意志本身就要求区别其自身以得到自身的实现。作为对个人的特殊性的否定，普遍意志必须体现为具有持存性和实体性的“物质”。后者极有可能指的是政府。此时当然不会只存在着政府这唯一的势力，既然政府在公民心中只是一种势力，并不具备绝对的权威，那么公民自然有权力结成自己的势力，后者即是黑格尔所说的“各精神单元”（der geistigen Massen），人们各自聚集在这些单元中，既感受到自己所属的单元的集体力量，也感受到来自异己单元的死亡威胁，每个人在其所属的单元中完成的都是局部性的事业，虽然这种局部性与他当初主张的普遍性并不相符，他却无可奈何，因为只有在这种局部的事业中，他才能获得“实体性现实”（substantiellen Wirklichkeit），才不至于陷入毫无力量的空想。

第13段讲述这一局势的出路：道德世界观（die moralische Weltanschauung）或道德精神（der moralische Geist）。这种世界观构成此前的西方精神史上的第三个主要的形态，它的根本特征是：人从自我意识的角度出发，将世界涂抹上"属我"的色彩，并且仅仅从这种色彩去看待现实，至于现实本身则被虚化为只需加以设定而无须真正加以重视的物自体；与此同时，人将注意力集中在内心之中，力图从道德的角度寻求向着绝对本质提升。正如自我意识阶段的斯多亚主义、怀疑主义、苦恼意识，理性阶段的德行意识和双重化世界形态阶段的信仰意识一样，道德世界观同样是拒绝现实世界而退回内心寻求出路的一种形态，只不过它作为精神的一种形态，同时还身负着走向精神的自我反思形态的任务，因而不再单纯是个人的反思意识或群体性的信仰意识，还是意义世界本身的自我反思。

黑格尔在这个长段落的开头提出了这样一个问题：面对前述这种几乎令人绝望的处境，个人是否有可能直接回到古代伦理世界或中世纪教化世界中去？精神历史的发展会不会在当前这个权力纷争的关口重新回到它的起点，进行新一轮的循环？黑格尔并不急于直接回答自己提出的这个问题。他说，如果现今的人们接受实体对自我意识的完全渗透，不再以与普遍本质相对立的一种特殊之物的身份出现于世，而是完全忍受普遍精神的客观现实（不管这普遍精神是以何种扭曲的方式实现出来的），那或许还是有可能的。

然而他把笔锋一转，说现实的情形并不是这样的，个人不会忍受这种渗透，个人意识在自己这方面已经形成各种特定的形态，已经依照各种特定的目的和思想发展起来，而世界也依照现实或思维的各种趋势塑造出其客观的效准，二者之间并不存在古代或中世纪的那种相互渗透的情形，换言之，古代和中世纪是回不去了。意识不但没有收缩自身，任由实体渗透，相反它还将自身的势力扩充到世界之上，它眼中已看不到世界本身，而只看到作为普遍意志的世界，即只由意识赋予意义。而意识自身也不再将缠缚它的一切有广延特征的定在或各种具体的目的、判断当回事，它认为只有它的简单自我才是最本质的，而那些定在、目的和判断只是它的自我的一些外在表现形式或偶然特征，无足轻重。自我意识现在只与它所设定的普遍意志打交道，它认为依照这种普遍意志塑造起来的教化（Bildung）才是最崇高的（erhabenste）和终极的（letzte）教化，而由身外之物构成的整个现实世界，都隐退到这种普遍意志的背后，"过渡到空洞的虚无(das leere Nichts)中”。①

接着黑格尔回顾异化世界中的情形，说那时的生活虽然客观上而言也是被否定的，但人们意识不到身处异化了的世界中，生活毕竟还是充实的，然而如今的生活则失去了所有肯定性的内容，唯独剩下纯粹恐怖。在那异化世界的形态中，虽然人的生活内容在根本上是被否定的，但人们毕竟还有荣誉和财富，还有丰富的语言，或者完满的天国和世间有用之物，以备所需。但到了如今这个革命时代，随着个人自由的泯灭，生活内容的否定失去了一切肯定性，而且人们明确意识到了这一点。人们直接面临死亡的恐怖，而且正因为死亡的可能性不知会来自何方，不知何时会来临，也毫无必然性可言，毫无规则可循，人们的生活中才处处弥漫着恐怖气息。

这种死亡的威胁并不像中世纪那样来自彼岸天国的普遍的、必然的否定作用，也不来自可见的、确定的财产或某个现实可见的财产所有者的偶然性质。前者虽属普遍必然，却远离我的生活；后者看似偶然，却系于一个现实可见的物或人之上。对于这二者，我都可以找到规避之法，然而如今我面临的这种威胁则既非外来，亦非可见，它就渗透在我的整个生活中，换言之，它就是我的生活方式，我整个地就是以这种否定的方式存在的。个人发现所谓的普遍意志不过是一个空名，个人只要还主张自己的意识就代表了普遍意志，就必须担当起这种普遍否定性的生活方式，而且这种否定一旦使他牺牲生命，他是得不到任何补偿和纪念的，他的死就像前文中所说的一棵菜头和一口水一样无声无息。然而个人恰恰将这种毫无肯定内容的死亡视作最崇高之举，将这种纯否定性的存在视作“绝对的肯定性”(absoluten Positivität)，原因仅仅在于他认为自己通过这种存在达到了与普遍意志的统一。

意识如今抹杀了自己和对象双方中的一切特殊性，一意要将自己的纯粹知识和纯粹意愿等同于普遍意志。因为即便意识以普遍意志的某个特定的中心点自居，它也不能免于特殊化的命运。如今意识虽然只有在死亡的一刻才有可能达到完全的统一，但它现在至少意识到自己有达到完全统一的可能性了，因而撇开自己和对象身上其他的方面，而单纯只强调这统一性的一面。从这种统一性的经验反观先前的种种特殊性存在，它便觉得那

① 正如王玖兴先生所加的注释里说的，这里是指康德的“物自体”，即自我意识认为事物本身并不具备现实性，只是精神现实后面的一种空虚的背景。

只是抽象的存在，或者“无实体之点的直接性”（die Unmittelbarkeit des substanzlosen Punkts），这种直接性被扬弃后，如今反而成为普遍性的表现，成为对“意识就是纯粹意志”这一点的证明。现在意识自居为纯粹意志和真正的本质，而只将“纯粹意志和纯粹本质必然实现为特殊之物”这一点作为它们的外在表现方式，或者干脆将这一点忽略不计。换句话说，它现在根本无视“纯粹意志和纯粹本质经过实现之后异化为权力之争”这一点了。纯粹意志实现出来，就成了革命政府的那种无政府状态。意识如今只盯着自己的“纯粹知识和意愿”（*reines Wissen und Wollen*）看，即只强调自己的主观意愿和追求。但意识的这种做法并非单纯主观的任意之举，它在事情本身那里是有根据的，这一点在下一节中再做辨析。

纯粹意识如今在世界上看似在与种种无自我的纯粹客观之物打交道，实际上却只是在与被意识设定为纯客观的形式打交道，换言之，它是在与它的构造物打交道；与此相应，它也将自己这方面设定为“主体的或现实行为的（wirklichen Tuns）形式”，这就是说，它自身也成了它的设定物，它只是作为行动者或主体的身份而运行于世。

本小节的最后一段简单介绍精神的新形态——道德精神（des *moralischen Geistes*）——是如何形成的。

这一形态最主要的特征是，精神将普遍意志与个人意志之间的对立“降低为一种透明的形式”，并由此走出了异化的形态（双重化世界）。这就是说，两种意志之间的对立是建立在它们更根本的统一性之上的表面对立，而不再像中世纪以来异化的精神形态中的种种隔离式甚至敌对式对立——前者是个人追求普遍性而不可得（教化世界或功用世界），后者是普遍性异化为各自对立的精神单元，从而使得所有人都面临死亡的威胁（“绝对自由”的世界）。

在“绝对自由”阶段，普遍意志一经实现便成为权力团体，任何个人都被迫隶属于某个团体，在“抱团取暖”的同时却也时刻面临死亡的威胁，这是普遍意志与个人意志之间实实在在的对立（虽然实际威胁着个人生命的是一个对立的具体团体，它并不等于普遍意志，因为普遍意志与个人意志在此双双都异化了，然而那时的局面毕竟是由普遍意志与个人意志这二者合力造成的）；而到了道德世界观中，个人在其他人和其他事物身上见到的不再是敌意的目光，而是道德的世界格局的体现，个人与他人或他物之间固然还是有区别的，但他和后二者之间只存在着一种形式上的对立，因为他知道后二者都已经被道德的世界格局渗透了，它们在他的道德眼光看来是彻底透明的。精神又像自我意识、理性或精神阶段的那些自以为是地为世界涂抹上自己的颜色的形态那样，在对象那里只见到自己了。

如今绝对自由虽然并不能在现实生活中的各个精神单元中真正被找到，而只能在人们的内心中被向往，但被当作真理了。康德伦理学和浪漫派优美灵魂都是这种形态的典型形式。

第三节 对其自身确信的精神；道德

本节“小引”部分的第1段对伦理实体、法权状态和双重化世界等诸种精神形态做了一个非常精炼的回顾。接着黑格尔说，在道德精神中“知识现在终于显得与它的真理完全一致了”。这里“显得”一词的使用极为精准，因为自我意识自认为与它的真理——普遍意志或普遍自由——完全一致，它在世界上明明到处见到与它自己相契的这种普遍性的活生生体现，世界成了它熟悉的家园，但这一切都只是表面现象，因为自我意识自以为的统一，以及它在世界万物身上见到的“普遍性的体现”，整个都只是事情的一面，事情其实还有另一面，它会使道德意识陷入极为难堪的处境。——下文中会显明这一点。

自我意识认为它自己是一个可以超越自己的个别意志与普遍意志之间的表面对立的“首领”（Meister，或译“大师”“师傅”），因为所谓的对立根本就没什么意义了，在它看来简直无足轻重，或者干脆可以说是“消失”了。因而它对于自身的那种确定性也就没有什么意义了，因为所谓的“对自身的确定性”本就是建立在自身与他者的对立之上的，如今二者之间既然无所谓对立，成了一家人，那种拘于“小我”之中的自身的确定性，连同它自身的所有不同于他者的规定性，就都失去意义了。如果说它还有什么确定性的话，那就是因为它具有的普遍而纯粹的知识而带来的那种对于整个道德世界的确定性，因为后者就是对它自身的确证。

第2段剖析了这种确定性（这里叫作“知识”“实体”①），黑格尔说它既是直接的，又是绝对中介了的。

它的直接性表现在它像古代伦理实体中人那样与自己的义务融为一

① 自我意识以此知识为实体，因为它在世界上到处都见到这种知识的体现形式，世上事物的根本意义都在于体现这种知识。

体，“本身知道义务，履行义务，并且以之为自己的本性而隶属于它”。但目前的道德意识毕竟与伦理意识有所不同：后者生来就隶属于某种特定的伦理势力，对于后者没有也无须反思；而道德意识则对世界有着整体性的深入反思，并以此反思为自己的前提条件。这就涉及上文所说的中介性了。

和教化意识、信仰意识一样，道德意识是一场扬弃人生来直接具有的定在并追求普遍者的运动，但和前二者不同的是，它不是出于双重化世界中意识与现实世界之间的异化关系或隔离关系，对于它而言，自己的实体就直接在世界上体现，并呈现于它面前。这实体就是它对于它自己融入其中的那个普遍者的确定性，就是它的道德知识，也可以称为它“直观到的那种对它自身的纯粹确定性”——如果“对自身的确定性”不是指与他者隔离开的那种自身的确定性的话。它认为自己可以将这种直接认定的确定性当作一切现实，因为它如今在世上万物那里所见到的不再是事物粗糙的、与它自己对立的存在，而是经过了双重化世界的异化精神形态之锤炼的更精纯的存在，是真正的存在（“一般存在或一切存在”）。

第 3 段揭示出，这种以思维为万物赋予意义的做法造成了“道德”阶段的新格局：如今道德意识不再将它心目中的绝对本质仅仅当作它的思维，还将它当作一切现实，而且一切现实都是作为知识的现实。我们仿佛看到意识在“理性”层次的那种做法重现了！只不过这一次是精神或意义世界本身在这样做，道德意识只是精神的这种做法的具体实现方式。“倘若是意识所不知道的东西，对于意识来说就应该没有任何意义，没有任何权力”，这种自信与普遍意志合一的意识，它的意志就决定了一切事物是否能被承认，乃至是否能出现于世！这种知道自身有如此这般的权力与自由的意识，便只以它对自由的这种知识为它的实体、目的和唯一内容，因为它在世界上到处都只能见到对自己的自由的确认。

一　道德世界观

本小节起首的一段便说明道德意识与世界的关系：道德意识看似完全渗透了对象，实际上它所渗透的只不过是它在事物身上描摹出的一个形象，而对象毋宁与它完全不相干。

对于道德意识而言，最要紧的任务就是在现实世界中实现自己的义务。但是依照“小引”部分描述的那种道德意识，实在算不得什么意识，它的对象也不是真正的对象，因为它所见到的一切，无论是义务还是对象，其实都是它自身的思维构造物，换言之，它只见到它自身。可想而知，这种完全封闭于自身之中的意识所以为的义务，虽然是发自内心的，却根本无法真正实现于外，因为它所以为的对象其实只是它自己的知识。这个意义上的意识与对象当然不是真正的意识与对象。

正如当代现象学中的"意向性"概念一样，自我意识的概念本质上是外向的，它内部就必须包含自己与一种他在（Anderssein）的关系。然而在道德意识那里并无真正的他在，它只见义务与义务的"应当实现"（即对象身上能表现出义务之实现的一面）。黑格尔说，如今对象的他在对于自我意识而言是完全无意义的，然而正因此，它也是完全自由的，完全从自我意识那里解放出来了的。说它完全无意义，正如我们在上一节的末尾已经见到的，是因为对象之他在的一面早已被道德意识有意忽略了，道德意识只愿为对象之投合它的那一面赋予意义，并将这一面视为对象的本质和全部，殊不知这一面只是自我意识自己强行拼凑出来的。说它是完全自由的，也是因为道德意识弃之不顾，在这种情况下，道德意识越自由，便越无视它，它也便越自由。"天高皇帝远"，如今对象完全与道德意识隔离开来，也感受不到道德意识的威势，它在本身中按照自己的规律，"成了一个在自身中成全其个体性的世界"，这便是与道德意识完全无关的一个自然世界。——我们在康德和费希特（尤其是后者）那里，分明看到了道德意识对自然的这种漠视，而后来谢林极端不满于费希特的也正是这一点。这就造成了道德意识自身的根本缺陷。

读到这里，读者可能会产生一个疑惑：既然道德与自然两不相干，那么它们各自运行于"自己的范围"内不就很好了吗，怎么会产生"道德意识的缺陷"呢？这种疑惑是基于抽象的知性思维方式而形成的，殊不知道德作为精神的一种形态，它与知性、自我意识和理性阶段的意识根本不同的一点是，它自来已经立足于整体并以整体维持自身的命脉，因而不可能任凭人的意思对世界予取予求，强行将世界划分成它需要的一部分和它排斥的另一部分，这就好比一个儿童可以凭借家长和法律的庇护而无视别的家庭的存在，乃至犯些小错误而不必承担什么责任，但家长作为成年人却必须与家庭之外的他人建立法律关联，即便他们内心中厌恶某人，也摆脱不掉与那个人的法律关系，因而决不能凭着一时的喜好或厌恶而随意对待他人。

第 2 段告诉我们，道德世界观运行于两个完全矛盾的预设（Voraussetzungen）之上：一方面道德像前面描述的那样，与自然全不相干，二者各自独立；另一方面意识却又只认道德为本质，同时完全忽视自然的独立性和本质性。之所以说这两个方面完全矛盾，是因为道德意识一时承认自然独立而自由，一时又彻底否认这一点。当它认为自己的那个世界图景足够丰富，完全无须涉及自然本身时，它可能会承认自然有与它自己无关而又不会打扰它自己的某种独立性；但当它要通过自然而实现自身时，它感受到来自自然的阻力，此时它便一心想通过剥夺自然的本质性和自主性去消除那种阻力。道德意识在哪个阶段采取哪种态度，完全取决于它当时的需要，上述两种态度其实都没有从自然本身出发，而都是从道德意识出发的。然而同样是从道德意识出发，这两种态度相互之间却也是矛盾的。

第 3 段说的是，由此道德意识必定陷入“德福并不必然一致”的尴尬处境。

道德意识固然愿意以义务为本质和生活的唯一内容，但它同时也必须设定自然有不受它控制的自主性和自由，这就意味着，当道德意识自认为它所持守的现实（义务及其实现）与自然的现实是一致的时，自然却依然自顾自地运行，毫不理会道德意识的这种一厢情愿的想法，因为那种想法对于自然而言完全是不相干的、外在的。自然也许会偶然“配合”道德意识的愿望，让好人获得幸福，但它同样可能不如此，德福是否一致完全是偶然的。现实很残酷，因为当道德意识有了行动的动机并实施行动，却并未带来幸福与满足时，那不道德的意识，即“坏人尽管作恶，也不会遭到惩罚”一类的想法便会有恃无恐。这并不是说道德之人都希求幸福与享受，因而都是自私的，这里问题的关键并不在于道德是否应该像康德伦理学中那样从动机出发，不考虑后果，而在于现实生活是否会纵容与鼓励恶行，换句话说，在于现实本身是不是恶的。道德意识面临的尴尬处境是：现实似乎无关乎善恶，德福一致毫无必然性。

令道德意识感到失落的是，现实对它“不公”（Ungerechtigkeit），它怀着崇高的心境设定“**纯粹义务**”（*reine Pflicht*）并认真奉行，但在现实中却根本找不到这个纯粹义务的影子，也无法实现它自身，它似乎处处都在碰壁。

第 4 段集中解析“德福一致”的构想，黑格尔说道德与幸福的不一致必然在经验中表现出来，然而德福一致却又必然成为道德世界观的预设，它只是一种在观念中直接被认定的东西，并不具备概念的必然性。

黑格尔先从目的、享受、意念（Gesinnung）等方面表明幸福对于道德的必要性：幸福或者说现实性本就是道德意识的内在要求，它对于道德意识决不是可有可无的外在因素。首先，道德意识必须在具体个人的自我意识身上才能实现其目的，道德决不是抽象的观念，而必须体现为个人对于它的信念以及他对此信念的自觉持守。其次，通过直观道德目的的实现（即道德义务的履行），个人感到满足，这是一种享受，它首先并不意味着像感性欲望的满足那类令人物化的享受，而是意味着现实对于道德行为的一种肯定，意味着道德行为之意义的完足。这个意义上的享受固然不直接包含在道德的意向中，却必然包含在道德的实现中，否则道德的实现终将是不完备的。最后，即便在尚未进入行动阶段的道德意向中，享受也可能已经被纳入规划了，因为意向不会甘于使道德仅仅成为一种空洞的抽象之物，而是要力图使其实现，力图有所行动（handeln），而一旦有所实现或行动，上述那种意义上的享受就成为一个必要的环节。总体来看，道德只要是一个现实的整体，就必然包含具体的道德行动和行动者的个体性因素，就必然内在地包含自然因素，即内在地包含对幸福的要求。

然而自然与道德的不一致是必然要在经验中表现出来的。如前所述，自然与义务各有其自主性，自然既不像道德那般“本质”，也没有自我意识的伴随，是无反思的存在，这二者之间如果说还存在着一致的话，那只能指望命运的偶然性。

但这种一致却又是道德必然预设下来的东西。黑格尔重点辨析了这种必然性是何种意义上的必然性。它是在概念上必然被悬设的（postuliert），是直接被认定为存在的，它虽然不同于人们一时兴起偶然想起的东西，但它作为被直接认定为存在的东西，并不具有概念上的必然性，用黑格尔自己的话说，这种必然性“并非作为概念的概念的一种必然性，而是存在的一种必然性”。换句话说，从道德意识的角度来看，德福一致是必然要被预设下来的根本条件，没有这个预设条件，连道德意识本身都不存在，因此道德意识甚至将它作为“现实”来对待，因为道德意识本身的出现就建立在它的基础上；但从事情本身来看，德福一致之出现于世毫无必然性，它纯属偶然现象。

以上是关于“意志自由在世界上必然存在，并必然与自然相和谐”的公设（Postulat）。① 黑格尔说，康德的道德世界观要建立起来，不是只需

① 如果细究康德的文本，会发现黑格尔并非按照康德对于三个公设以及“德福一致”的论述顺序在进行忠实的转述，而是貌似“天马行空”地穿插论述，因此这里的确有理由批评黑格尔“不严谨”。但思想家转述另一个思想家时往往原本就不是为了完全忠实地复述，而是为了提出自己的思想。其实从思想的事情本身来看，这未必不是另一种更深层次上的忠实。

要一个公设，而是要有一系列公设，第 5 段便介绍另一个公设：灵魂不朽。

灵魂不朽的公设主要是针对意识本身的自然性而来的，也就是对于“一个本身尚属感性的人如何能实现道德”这个问题的回答。黑格尔首先提醒读者，自然不仅仅是完全位于意识之外的“一个纯粹对象”（einem reinen Gegenstande），它就是意识本身的基本事实。意识越是寻求自身的自主性和独立性，它便越是感受到周围世界对它的钳制，以及周围世界有它不能理解也不能渗透进去的一种“自由”。它甚至感到自身反而是被自然的那种不为它所理解的“自由”深深渗透了的，因为它的种种不由自主的意愿、冲动和情欲等感性因素，分明是出现在它自身之中而非外加的，那些因素造成的一切后果都得由意识来承担责任。换句话说，道德意识发现它对自家的门户是否能清理干净没有十足的把握，那些感性因素甚至经常形成它们自己的一些个别目的，人稍有不慎就会沦为这些目的的工具，这是与道德意识所声称的“纯粹意识”和“纯粹目的”不相符的。

然而纯粹意识面对这个“家贼”，决不会坐以待毙，它又重新拾起公设这个武器，抢先一步悬设了灵魂不朽，也就是悬设了如下这一点：无论感性因素对纯粹意识、纯粹目的产生多大的干扰，即便人在一生中都无法实现道德，他仍可希望于死后依旧延续的灵魂中实现道德，人生的意义不仅仅在于现实可感的这一生中，它还延续到死后不朽的灵魂身上。换句话说，纯粹意识承认感性因素就在它内部，但它更希望自己能在内部将这类因素化解或消解掉，通过自身对它们的支配来实现与它们的“纯粹统一”（reine Einheit）。意识这一次对于这种统一性的悬设不再是设定它本来就已存在着，而是设定它在无限遥远的将来有出现的希望，即在知晓了感性与理性双方的对立的基础上再试图产生它们的统一。这是包含和预设了对立在内的统一，这样的统一“才是现实的道德”。因为这样的道德不再是道德学家空喊的口号，而是经过现实生活的考验（即黑格尔所说的“中介”）而依然屹立不倒的道德，令人折服。

对立双方的定位是很明显的：纯粹思维是本质，而感性因素是干扰因素和否定物。因此所谓二者的统一无非是使感性因素臣服于纯粹思维。这种统一在现实中并不必然存在，它与前一个公设一样是被悬设的。但正如上文辨析过的，第二公设与第一公设的不同在于，纯粹意识对感性因素的克服不是被悬设于道德意识之外，而是被悬设于道德意识的行动之中，作为该行动的一个固有目标，由行动本身来证明这个目标的实在性。有道德行动一日，双方的一致便存在一日，虽然完备的一致不是任何具体道德行动能现实地达到的，但依然可以寄希望于将来的不断行动，这种“渐近”式进展的过程本身是无限的。

道德的实现过程之所以是无限的，原因在于人的有限性本身。假如完备的道德竟有一天真正实现了，那么道德意识也就没有必要存在了，那样的景象在人间社会是无法想象的。从道德义务的角度来看，感性因素固然纯粹是干扰性的、否定性的，前者必欲除之而后快，但殊不知在现实中倘若真能完全消除感性因素，那所谓的道德意识乃至道德现实（ihre Wirklichkeit）也便消失了，即我们在道德行为中经历的种种预期、奋斗、遗憾和喜悦都会一并消失，而决不是剩下纯粹的道德意识和满足感；反过来说，在现实的道德意识中，道德的完全实现也是不可能真正达到的。

然而道德意识宁愿生活在对道德的完满实现的这种恒久期盼中，因此黑格尔说道德的完成是“一项绝对的任务（*absolute Aufgabe*）”，亦即一项永远在实施过程中而又永远完成不了的任务。但道德意识本身对于这一点并没有足够清楚的认识，它不会满足于将道德看作一项绝对任务，而宁愿直接设定：道德在遥远的将来一定是存在的。这样一来，它至少可以在自己内心中将这个缺口堵上。其实依照这个设定的实情来看，道德在将来——即便在永恒灵魂的意义上——可能实现，也可能不实现，它的实现是偶然的，而非必然的。但道德意识有意忽略了这一点，用黑格尔自己的话说，“反正真实的情况究竟是怎么个样子，由于目标的达到要推之于无限渺茫的辽远，那么在这样模糊的无限辽远中是不再可以明确分辨的了”。

这样的一种任务，其本身就是矛盾的：“这样一项任务，既永远是任务，却又被完成了”。这就意味着道德意识既是意识（从任务永远是任务来看），又不再是现实的意识（从任务被完成来看）。然而这样的事实过于残酷，是不能向常人的道德意识揭示出来的，因为倘若说他们设想的那种完满实现了的道德中居然有矛盾，那无异于说道德本身的神圣性受到了玷污，无异于说世界上永远实现不了道德，也就不必有道德存在了。

第 6 段回过头来总结这两个公设。意志自由公设设定的是道德与对象性自然（der gegenständlichen Natur）的和谐，此为“世界的终极目的”（der Endzweck der *Welt*），它超出个人的努力，属于世界（包括人）的自在存在的情形，人只要存在一日并希望保有自己的自由自主性，就必须设定这种和谐的存在；灵魂不朽公设设定的是道德与人自身的感性因素的和谐，此为“自我意识本身的终极目的”，是人能够希望通过道德行动的努力而达成的，属于人的自为存在的情形，其成立与否有赖于人的行动是否尽心与努力。

表面看来，这两个公设的性质截然不同，然而在实际生活中二者恰恰是为对方而存在的，实际的道德行动就是融合这二者的那个中介。任何一个道德行动，都必须既以意志自由公设为前提，又向灵魂不朽公设努力趋近，不仅如此，两个公设本身也互为目的。因此可以说在现实中道德要求既有自在方面的和谐（意志自由公设），又有自为方面的和谐（灵魂不朽公设）。

至此黑格尔的行文便自然推进到现实的道德行动了。由以上对道德意识的内部结构和它的两个公设的分析可知，道德意识本身就是极为矛盾的。这样的道德意识在实际行动时的结果可想而知。第7段便初步分析了道德意识在实际行动中陷入的矛盾处境，以及道德意识的应对之法。

道德意识不能停留于对抽象义务和目的的遐想中，它总要落实为道德行动，这就使它必然与复杂多样的现实发生关联，产生多方面的道德关系。针对每一类型的局面，道德都会提出相应的规律，比如如何应对撒谎者，如何协助生活困难者，如何与心智尚不健全的儿童打交道，等等，这些规律本身虽然也是一些一般抽象物，然而它们的数量依然非常多。这些局面和规律从形式上看，都是由意识与无意识之物之间的矛盾关系促成的。接着黑格尔从义务、行为两方面揭示了这类矛盾。

在义务方面，道德意识区分了不与具体事物、具体情境相关的纯粹义务和那些与它们相关的特定义务，认为只有前者才是真正神圣的，然而后者虽然不那么神圣，却也是同样必要的。这就涉及行动方面，因为行动必然使道德意识与具体事物和具体情境关涉，道德意识虽然不愿被牵扯进这些妨碍它的神圣性与纯洁性的因素中去，却又不得不行动。

那么道德意识将如何应对这种处境？它不得不承认自己与这些因素相关，即不得不将它们纳入自己这同一个意识中，同时却又要保持原先道德意识的纯洁性。无奈之下，它只得将道德意识区分为两个阶段的两种状态：先前的道德意识怀抱纯粹义务，如今出现了与它并列的另一个道德意识，后者因为道德行动的实际需要不得不涉入那些虽不纯洁却也必要的因素中，但依然以纯粹义务为真正自在自为而神圣的义务。后一种意识实际上只是现实的道德意识构想出来的另一个主体：上帝。——这就走向了康德的第三公设。不难看出，这种区分的策略其实是一种不得已而为之的自我分裂。

第8段再详细分析这“另一个意识”的由来。

按照前文的说明，这另一个意识是承认种种特定义务的必要性的，而且那些特定义务正是作为特定义务才被另一个意识承认的。正因此，特定义务的内容，而不仅仅是它们的形式，便也是本质性的（wesentlich）了。这当然不是说上帝认可每个人、每个事物的单纯为其自身的那种存在，而是说这些人或事物作为成全道德世界的要素，是完全必要的，否则道德就沦为单纯主观的抽象原则，永远无法实现了。

由此看来，这另一个意识既以普遍性为事物的指向，也承认特殊内容的必要性，是普遍性与特殊性的合一，在它的安排之下，我们方能希冀现实的德福一致。而在第一公设那里，德福一致只是被人的道德意识主观认定为存在着的，他的一切道德行动都是基于这一公设之上的，在此基础上他才能以道德行动约束自己的感性因素，进而才有了第二公设。也就是说，在第一公设那里，人的道德意识与现实世界之间实际上还是隔离的、对立的。而在上帝的道德意识这里，双方之间的合一就不但可以设想，甚至还成了“必然”。

另外，同为人的道德意识的设定，第一公设是被设定为客观存在着的、不受意识支配的，而在第三公设中，纯粹义务与特定义务的统一则被设定于上帝的意识之中，即被设定为一种意识。但那种意识却不是什么主观任意的意识，而是彻底成全道德的意识，这意味着，具体事物同样受到上帝的道德意识的支配，而且被纳入道德义务之中，被当作这种义务的具体内容，现实事物都有了义务的规定性，即都是就其道德意义方面被看待的。而所有的道德意义和义务规定性，则构成同一个思维统一性，存在于同一个上帝意识中。

由此看来，另一个道德意识就成了一个“世界的主人和支配者”（Herr und Beherrscher der Welt）。（为了强调上帝的道德意识对于世界的支配性，黑格尔用了通常表示“主人”的“Herr”之后犹嫌不够，还使用了“Beherrscher”这个通常只出现于文学作品中的概念来强化这个意思。）而这个道德意识实现统治的方式则是通过将特殊义务“神圣化”（heiligt）。所谓“神圣化”不是指直接承认作为特殊事物的特殊事物，直接将各种事物“封圣”，而是承认它们对于实现道德是必要的，引导并利用它们合乎道德的一面以成全道德。换言之，人和其他事物若是表现出不合乎道德意识的要求的那一面并以那一面为主导，那就无所谓“神圣化”了。

第9段揭示出，从第一公设进展到第三公设之后，人的意识所处的地位发生了变化：它开始从纯粹义务的一端走向特殊的、个别的因素的另一端，成了不完备的（unvollkommne）道德意识，而纯粹义务则落于上帝的意识那里。

值得注意的是，个人意识地位的变化是随着整个意义格局的进展而自然发生的，并不是个人意识出于纯思维的兴趣从一个现成的端项滑向另一个现成的端项。个人的道德意识如今依然承认纯粹义务为真正神圣的东西，然而当它开始现实的道德行动之后，它发现自己深陷具体事物的羁绊中，连它自身内部都有着感性因素的无尽纠缠，它原先用以自我标榜并将自己与现实世界区隔开来的纯粹义务，自然不能直接归它占有，只能寄托于上帝对世界的支配了。话虽如此，作为精神的形态，它并未与纯粹义务绝对分离，因为无论纯粹义务的易手，还是“另一个意识”的出现，抑或整个道德意识的格局变化，都只是同一个道德世界观内部发生的分化和变更，如今个人的道德意识要与它心心念念的纯粹义务接触，只不过多了现实世界这个中介程序，二者中间的道路并未彻底断绝。另外还要注意的是，整个道德世界观（Weltanschauung）只是道德意识对于世界（Welt）的一种直观（Anschauung），即道德意识在世界上取其所需，虽然道德意识本身也是精神的一种形态，是世界的一种自我表现方式，然而道德意识自身还没有意识到这一点。

个人意识如今将自己看作“完全个别的”意识，为了实现义务，它不得不以现实为对象和目的（即以对现实的有效引导为目的）。但纯粹义务一经实现，就变成各种特殊义务，反而落于作为神圣立法者的上帝的道德意识之中。陷入具体行动之中的个人意识现在将它身处其中的现实事物当作实在的、直接有效准的东西，虽然它承认纯粹义务为神圣的，但那却只是一种遥望，它认为要达到那样的神圣者，就必须克服现实生活中的重重难关，必须以眼下实在的东西为桥梁。

第10段进而说明何谓“不完备的道德意识”。它在知识方面认识到自己对于道德和世界的了解是不完整的和偶然的，在意愿方面知道自己所追求的事业是受到它本身的各种感性特质侵袭的。打个不太恰当的比方，如同坠入凡尘的天使也会因为凡俗事物的羁绊而忘记自身的来源一样，此时它完全自视为一个价值不高的存在者，由于这种深透骨髓的偶然性的影响，它不再有第一公设中对于德福一致的那种信心，而只能期待幸福作为上帝的恩赐偶然降临到自己头上。

这样的道德意识是如此之不完备，以致我们都很难设想它如何还有权利希求上帝给它什么恩赐。然而第 11 段向读者揭示出，道德意识发明了一种近乎诡辩的策略，让自己在纯粹的思维中被当作完备的存在。有道德意识的人宁愿相信上帝在他死后只会看到他的主观道德品质，以及他在道德行动中表现出来的好的一面，而将种种妥协和含混之处忽略不计，相信上帝会按照他自以为的所值（Würdigkeit）来给予他相应的评价，赐予他幸福。——黑格尔在此实际上是在向读者暗示：虽然这里不是某个聪明人发明出一套自欺欺人的说法来诓骗世人，而是身处道德世界观的每个人都普遍认同了这样的想法，但从精神本身的角度来看，整个彼岸及其对于个人意识的接纳、赐福，都是道德世界观本身投射出来的一种纯粹思维之物。

照此思路，道德意识[①]在第 12 段使它构想出来的上帝这个统一体扬弃了纯粹义务与现实这对立双方，并因此成全了它自身，“道德世界观到这里得到了成全”。从上帝这个统一体的角度往回看，道德意识先前的各种形态都是片面的，纯粹义务与现实这双方也都无法独立自主地存在，它们都需要对方来充实自身，换句话说，这双方都成了上帝统一体中的一个被扬弃过的环节。道德意识看到先前由它怀有的那种未经实现的纯粹义务只是个人表象中构造的一个东西，在现实生活中并没有什么实在的体现，即与现实生活并不符合，虽然如此，上帝会扬弃二者的不一致，将现实引导和改造成与道德相一致的东西。——这个计划简直堪称“完美”！

但这一切都只是表面现象，黑格尔在第 13 段把笔锋一转，揭示出道德意识所构想的最终的统一与自由都是它一己的主观想象（表象）。道德意识对它扎根其中的事情本身并没有透彻的理解，因而当它以为事情符合它的概念时，实际上是它将自己的概念投射到事情本身上，并从事情本身的表面剥下符合它的概念的一面来，它并未在事情自身的内部验证它的概念并使它的概念成为它真正的对象（即真正自在存在着的对象）。道德意识“对无论是形式方面的还是内容方面的对立都没有任何意识”，即并没有真正对事情本身的形式方面或内容方面的内部对立进行考察，根本没有看到事情本身的概念，而只是自顾自地从事情本身那里截取自己认可的一些表面现象，求取它自己的所谓“进展”。其实它明明知道，“纯粹本质或对象，如果对象是指义务，如果对象是指它的纯粹意识的抽象对象的话，

① 以下如不做特殊说明，“道德意识”皆指人的道德意识，而不指道德世界观构建出来的上帝的道德意识，对于后者，笔者称之为“上帝的道德意识”。

是一种纯粹知识或者说是它自身”。在黑格尔看来，这只算得道德意识的主观思维，算不得真正的概念性理解。与此相应，它在现实生活中碰到的对象其实远不像它以为的那般透明，因为它根本没有真正进入事情本身。真正的概念性理解，是立足于意义世界本身并揭示出那些以“他在”(*Anderssein*) 的形式出现的事物事实上依然扎根于意义世界这一事实。——概念性理解与表象性理解的关键区别在于是立足于事情本身，还是立足于人的意识。

道德意识固然戴着自己的有色眼镜，将现实世界判定为非本质之物，却并不固执它一己的自由，它认为自己的自由依然要依照纯粹义务而提升成“纯粹思维的自由”，其实它对自然并没有深切的理解，在自然事不关己的时候，它宁愿听任自然保持其自由。这样一来，道德意识的对象既是被它思维的对象，也是自己存在着的、保有其自身之自由的对象。黑格尔最后将道德意识对对象的这种表面化理解称作“表象活动”(das *Vorstellen*)，而对象的存在只是被道德意识表象了，还没有被真正深切地把握。

接着黑格尔从第 14 段开始，以三个充满张力乃至对立的命题总结了道德世界观的三个阶段，表现了道德世界观的脆弱性。（由于前文中已对三个阶段做了细致解析，接下来的三段只是一种复述，因此我们的讲解力求简单明了。本节最后一段也类此。）

最初，道德意识认定世界上的确有道德和道德自我意识，认为一切现实事物都只有在符合纯粹义务时才是合乎其本质的，而且道德意识认为自己直接掌握关于这种纯粹义务的知识。正如“理性”章中那样，道德意识直接将自己关于道德的认识当作现实对象的本质，当成世界的终极目的。此时的道德意识并非看不到现实世界中不符合纯粹义务的那些因素，只是它采取一种旁观者的姿态，认为那些因素在彼岸终将被克服。但它不知道，这个彼岸只是被它的思维设定为存在着的，现实世界也只是被它设定为应当符合纯粹义务的，即它看待身外的一切都是从自己主观的设定出发的。

第 15 段走向了第二个命题：“没有任何合乎道德的现实之物存在。”这是道德意识进入实践阶段之后遭遇的基本境况。它发现根本没有任何现实事物是完全合乎道德的，它到处遇到的都是道德与现实之间的不和谐，但道德恰恰只因为其纯粹性才成其为道德，于是它得出这样的结论：现实与道德之间并无必然联系。——这当然并不意味着现实是“不道德”的。

第 16 段来到第三公设，上帝作为一个主体被认为自在地就是纯粹义务与现实的统一，它能在彼岸将前两个命题予以扬弃，得到一种新的统一。这种统一并非简单地回到第一个命题，即不是简单地坚守纯粹义务，而是经受住现实世界考验的纯粹义务。

第 17 段重申了第三公设对于纯粹义务与现实这对立双方的扬弃，建立起二者的统一，但同时又强调这只是纯粹思维或表象进行的扬弃，而不是事情本身进行的扬弃。

从内容上看，纯粹义务与现实如今都不能脱离对方了。纯粹义务必须实现，才能避免成为人的主观思维之物；现实则必须被标榜为不断趋近于纯粹义务的，即便必须有意忽略现实的诸多其他方面，也是如此。

但从形式上看，我们很快会发现这种扬弃和统一只是道德意识的表象之所为，也就是说它们双方是人为地被强行扭结起来的，并非出于事情的本性（否则就不会有现实的许多方面被有意忽略这种现象了）。

二　倒置

这一小节充分展开了道德意识内部蕴藏的种种矛盾，这些矛盾足以使我们原本在道德世界观中看到的或希求的那幅图景发生颠倒。

第 1 段揭示出道德意识的一种矛盾处境，后文中要陆续呈现的一系列矛盾说到底都是由这种处境中生出的：它明确认识到它的对象（包括那整个彼岸世界，以及它在现实世界中碰到的义务性因素）说到底乃它的投射物和构造物，而不管这投射物和构造物是否真有一个实在的事物作为背景。即便它意识到那里有一个实在的事物作为背景，它所在乎的也只是那事物身上它愿意接受的一面，而不是那事物本身，因此无法脱离自我意识而独立存在，但它又不得不真诚地认定它的对象在它自身之外是客观实在的，是它自身之外一个真实的彼岸（Jenseits）。

第 2 段直接告诉我们，后面的各种矛盾只不过是这个根本矛盾沿着各个方向发展出来的“*整个一窝*无思想的矛盾”（黑格尔这里借用了康德的说法），而且由于道德意识自己明知道这一点还坚持要这样做，因而它事实上并没有认真对待矛盾双方中的任何一方。

其实上一小节中我们已经见识过道德意识先建立一个环节（比如纯粹义务），而后不得不走向它的反面（比如不纯粹的、沾染感性特征的种种特殊义务），但紧接着又必须将这第二个环节再予以扬弃的那类运动过程。这里所说的矛盾发展过程与此相同，只不过在这一小节中，自我意识对于这种运动过程的性质有了更自觉的认识。它是明知会如此运动而仍要如此运动，因而它为了建立某个环节，便故意主张它的反面是成立的，而后再将这反面予以否定。这种态度不能不说是不真诚（伪善）的，而黑格尔要证明的恰恰是道德意识的伪善性，证明它所主张的真理是一种“假冒的真理”。至于这些矛盾的具体情形，还须看后文的分析。

第3段解析意志自由公设（道德与自然的和谐）。这一公设以“存在着某种现实的道德意识”这一命题为根据，而这个命题则不以其他东西作为自己的根据，它是一种直接的认定。

那么道德与自然之间的和谐应当是何种和谐呢？道德意识认为，它是不为意识所知的、隐藏在彼岸的一种“自在的”和谐。为何不为意识所知？因为意识眼下在现实生活中所见的大都是二者的不和谐，换言之，意识在现实中根本见不到二者的必然和谐。身处现实中的意识反倒清楚地看到，如果道德被当成现成的行动，那么现实就是它的敌人和对手，是违逆和抵抗它的一股现实势力。

现实的道德作为行动，能自己创造出它要求的和谐来。① 这种被制造出来的和谐，并不是从事物本身出发而产生的和谐，因为“行动只不过是内心道德目的的实现，只不过是去制造一种由那目的所规定的现实，或者说，只不过是去制造出道德目的与现实本身的和谐”。正如“理性”章中对实践理性的描述所展示的，这不过是在事物的表面打上意识自己的烙印，并没有真正进入事物本身之中。通过行动，道德意识不仅将自身实现为个别意识，取得了客观的存在，同时在取回客观存在的过程中自然也获得了享受和所谓的幸福。

表面上看，道德行动是实现了当初被设定于彼岸的那个终极目的，但这种实现根本达不到纯粹义务的标准，因为它包含太多现实世界的“杂质”，意识其实是在明知不能实现那终极目的的情况下去行动的，“它并没有认真对待那个公设”，因为它若是认真对待，就会一直保持义务的纯粹性。不仅如此，它简直是在利用那个公设，因为它先是设定和谐在终极意义上一定是存在的，有了这个自以为的保障，它便放手去行动，哪怕具体行动及其带来的表面和谐与它原先设定的那种和谐相去甚远，甚至根本不可能在可见的将来发生重合，哪怕它如今在意的其实是现实的享受和幸福，那个设定对于它的行动也是绝对必要的。

① 这里能看出费希特的“本原行动”思想的影响。

第4段讲述纯粹义务是如何被倒置的。

顺着道德意识在前文中的思路，黑格尔说，要是只严肃对待道德行动，而对纯粹义务虚应其事，道德意识其实也不会安宁。现实的道德行动只能是个别行动，因为无论是行动本身的方式，还是它产生的作品和影响，都只能是个别的、偶然的东西。但道德意识的野心远不止于此，“理性的目的作为普遍的、无所不包的目的，丝毫不小于整个世界”。因为道德意识当初的期许并不是它一时和一己的行动是否被人认可为“道德的”，作为精神的一种形态，它期待的是整个世界的“义务化”和“道德化”，即整个世界以道德意识认为善的东西为善，向着道德意识认定的方向趋近。这样一个终极目的虽然不是任何一个道德行动所能达到的，却始终是道德意识心之所系。以它所树立的“至善”标准来看，现实中那些被称作“善”的东西没有一样是名副其实的。

但在实际生活中，无论道德意识的野心有多大，无论它的目的有多么崇高，也无论它将现实世界看得多么低下，它的这种种想法都会被倒置。道德行动虽然在现实中得不到完全的实现，但还是以纯粹义务为本质，而且那在现实中不尽如人意的道德行动，也仅仅被视作终极目的的不完美实现，而不是着眼于它受现实世界的限制而被看待的。纯粹义务原本被当作与自然无关的东西，被当作与它在现实中是否能得到实现这一点无关的东西，因为道德意识认为纯粹义务一经实现便必然不能保持其纯粹性了。然而这只是一厢情愿，道德意识不得不承认，纯粹义务在本质上不能仅仅保持为其自身，它必须靠行动得到实现才能成为真正的义务，“绝对义务应该在整个自然中被表现出来，而道德规律（das Moralgesetz）也应该成为自然规律（Naturgesetz）”。

第5段说的是，如果仅仅让至善充当本质，那么和道德意识表面上的崇高严肃相反，它不仅不算严肃对待道德，反而简直会取消道德行动的必要性。

为什么说它没有严肃对待道德？道德意识如果满眼只有这个至善，当它与自然打交道时，它眼中所见的只不过是被它的眼光道德化后的自然，“自然并不是于道德所具有的规律之外另有一种别的规律”，这样一来，它在本质上其实绕开了自然或现实，根本就没有真正与自然或现实打交道，它完全是在固执地推行它自身（这情形非常像“理性”章中的实践理性），换个说法也一样：表面看来它是在世界中行动，实际上它完全生活在它自身中。此时也就无所谓“道德行动”了，因为道德行动并不是意识只在它构造的世界内部活动，而是意识实实在在地在一个独立的、异己的世界中活动，即必须有这行动需要加以克服的否定物存在，才谈得上行动。自然被如此这般弄得“合乎道德规律”后，道德规律实际上也就被损害了，因为真正的道德规律谈的只是道德行动的法则，它必须以道德行动的存在为前提。

这就是说，坚守至善的道德意识实际上取消了道德行动。换句话说，只要道德意识彻底坚持第一公设，它就是自相矛盾的。因为这个公设表面上以下面这一点为条件，即道德行动沿着道德与自然之和谐的方向不断进展，实际上却恰恰泯灭了道德行动。道德意识正因为坚持道德行动的纯粹性和绝对性，即只顾道德本身而不顾自然，这样反而无法成全道德。

但这并不意味着意识会反过来认真对待道德行动，它对纯粹义务与道德行动都没有认真对待。第 6 段展示了道德意识不断在道德世界观的两端之间来回颠倒，因而并不认真对待这两端中的任何一方的情形，用黑格尔自己的话说就是：“意识把每个环节都在它的对立面中扬弃掉了”。意识在现实中发现道德与现实并不和谐，但它并不认真对待这种不和谐，因为它在内心中总是已经设定了它们的和谐。对于行动必然具有的个别性，意识也没有认真对待，因为它以现实中见不到的至善为最崇高的目的。但可想而知，它同样不会认真对待这崇高的至善。我们发现，当它面对现实时，它总是向往至善，使道德行动成为多余；而当它被迫面对至善如何实现的问题时，它又不会认真对待至善。由此可见，虽然道德世界观已不算“异化的精神”，但从生活方式本身的双重化来看，道德世界观继承了太多双重化世界的因素，它是一种在自身中无法得到真正的满足和安宁的精神形态。

为了摆脱这样的困境，道德意识从对道德与自然自在地是否和谐一致这个问题的争论转向了它能否自为地通过自己可控制的行动克服同样可被它改变的那些感性因素，这就转向了第二公设。第 7 段告诉我们，第二公设同样面临被来回颠倒的窘境。我们知道，第二公设里的感性因素是人自身中的欲求与冲动。道德意识的第一个步骤是，设定自己的目的为纯粹的、与这些感性因素无关的，认为这个道德目的本身已经与各种具体的感性目的隔绝开了。

这一局面接下来马上被颠覆了。这同样是具体的道德行动造成的。只有行动才能沟通纯粹意识与现实，使道德意识设定的目的成为现实，而行动就等于对自我意识内部的感性因素（黑格尔这里称之为“自觉的感性”）

的扬弃，这就必然将感性因素牵涉在内。因为对任何规定性的真正扬弃，都要以认真对待这种规定性所处的关系整体或关系格局为前提。比如要克制当下的食欲而做到“不吃嗟来之食”，就不能置身事外，故做道学家形象，拿出道德文章、高堂讲章在那里滔滔不绝，而是要身临其境，在自身内心中兴起强劲的食欲而难以抑止的前提下，依然能够艰难地衡量孰重孰轻并艰难地痛下决心，克制这种欲望。这就是说，对任何规定性的扬弃，都要首先承认这种规定性与相反的或更高的规定性之间的张力格局，并在实践中做出取舍。这样的扬弃不是隔岸观火式的旁观姿态，而是以置身其中的深度纠缠为前提的。道德意识要扬弃感性因素，就必然把这感性因素当作它自己的现实，简言之，当成它自身（“自身实现着的自我意识”）。

那么我们应该如何理解道德与感性因素之间的关系呢？二者之间有些类似于古代哲学中形式与质料的关系，但各自的自主性又分别比形式与质料更强一些。这就是说，道德对感性因素起塑造作用，当后者接受前者的塑造时，它是“符合于理性”的；然而感性因素并非纯惰性、纯被动的东西，它又有一套自己的规律，道德不能直接充当它的规律。比如前面举的“不吃嗟来之食”的例子中，人什么时候饿，什么时候吃饭，这是有一定规律的，不受道德的控制，人只有在饥饿并没有其他食物来源的情况下才会需要上述那种道德抉择。从感性因素有它自身的规律这一点来看，与其说它符合于道德意识，毋宁说道德意识要顺应于它。但道德意识为了坚持自身，恰恰不可以完全顺应于感性因素。所以黑格尔得出结论说，道德与感性因素之间的和谐其实同样只是被意识主观设定的，而不是现实存在的。

换句话说，道德与感性因素之间并没有现实的和谐，前一个颠覆得到的成果又被颠覆了。而在道德意识期盼的未来的和谐中，道德与感性因素之间的斗争会止息，感性被设定为必将符合于道德，尽管它究竟以何种方式符合道德这一点是完全不明朗的。正如前文分析过的，那时道德意识也就无所谓道德意识了，道德行动也会消失。如果道德意识以这未来的所谓和谐状态为中心，那又是对上一次颠倒的颠倒，因为它不再将自身视为现实的道德，而毋宁视为这种现实的道德的扬弃，视为与一切现实的具体目的相对立的纯粹目的。此时意识自认为绝对超拔于一切感性因素，自认为与混进它自身中的感性因素水火不容。

但要是我们以为道德意识就此不再反复颠倒，而是归于宁静，那就错了。其实严格说来，道德意识并没有严格对待道德的这种“成全”（Vollendung），因为它其实是站在现实之中向往那超拔于现实的状态，将它自己的立足其中的现实因素尽数撇开，企图置身于它抽象地构想出来的一种无限性（Unendlichkeit）中去，后者其实是它永远达不到的。

第8段又向我们揭示出，道德意识也会颠覆这个所谓“前进”的过程，因为它并未认真对待它的这个逐渐趋近于道德之完全实现的过程，而宁愿永远停留在当下的这种中间状态（Zwischenzustand）。这主要出于两方面的理由。一方面，鉴于道德完全消灭感性因素的时候也意味着道德、道德意识与道德行动本身的消失，因而这种所谓的“前进”其实不过是道德逐渐步入虚无的“减退”过程。——可以看出，黑格尔这里并非倡导不道德的行为，而是对道德这种精神形态的双重化格局本身感到不满。另一方面，所谓前进或减退都暗示道德有数量大小的区别，因为前进就是增大，减退就是削小，但那坚持纯粹义务的道德意识不会承认自身有数量大小的区别，那种区别在道德意识看来是太肤浅了，而纯粹义务就是纯粹义务，不能以大小来衡量。这就像一个痴迷于艺术鉴赏的人对于古代某个大家的真品，一定会拒绝那种以金钱或其他任何东西来衡量作品价值的做法，他甚至会认为将“价值”这个概念与作品挂钩都是对后者的亵渎，尽管这件作品并不一定是艺术史上的上品，可能存在着种种缺陷。

第9段表明道德意识实际上退回到第一公设中对幸福的追求中去了，这样的道德意识已经失去了道德的本色。黑格尔在这里干脆将这种中间状态叫作“非道德”（Nichtmoralität），意即这样的道德意识明知道德无法真正完成，因而甘于陷溺在现实的各种因素的纠缠之中并追求一种所谓的“自在而自为的幸福本身”。但它在这种追求中并没有十足的底气，因为它不敢自居为配当幸福者，而只敢期待幸福像上天的恩赐一样降临于它。这种态度无疑本就是一种十足的矛盾。黑格尔不客气地说：“非道德在这里恰恰显露出本性来了：它原来并不关心道德，而是关心那与道德无关的自在而自为的幸福。”

如果说道德与幸福的和谐在现实中不是必然的，那么第10段表明它们之间的不和谐也不是必然的。关于这种不和谐的情形，人们常拿现实生活中有德之人常遭逢不幸，无德之人反而常常生活幸福来“证明”。但既然人只能处在尚未达到道德之“成全”的“中间状态”，那么无论是道德或不道德，还是自在自为的幸福或不幸，就都是谈不上的。正如一位古罗马皇帝所言，没有人能在摘下他人生的面具（指死亡）之前声称自己是幸福的。这就是说，这两种情形只是生活中的偶然情形，并不具备任何必然性，当人们将它们弄成必然性判断时，那样的判断只是一种无根据的独断。黑格尔最后干脆说，那样的判断只不过是披着道德外衣的嫉妒（对于断言者认为“不配”幸福的人）或私人愿望（对于他认为“配当”幸福的人）罢了。

那么第三公设的情形又如何呢？第11段同样表明道德意识并未认真对待第三公设，它同样是第三公设的来回颠倒。

前文中对第三公设的分析表明，当道德意识认为真正的道德只是完成了的纯粹之物，相比之下那现实生活中的所谓道德现象就都是不纯粹的道德，它就会将道德寄托于一个神圣人格（上帝）的道德立法和神圣恩典，以便既保证道德规律的客观设立，也保证它的最终成全。这样一来，那些尚未完成的道德，就是与现实生活中具体的他物、差别与规定性纠缠在一起的道德，因而就成为许多具体的道德义务或道德诫命，这些义务与诫命在道德意识看来是非本质的和不重要的，因为它们并不纯粹，不具备真理。——以上是当道德意识感叹自己的现实生活之有限时，将希望投射到它自己构想出来的一位神圣者身上。

可是道德意识马上又颠倒了这种认识。表面看来，道德意识是将道德的成全寄托于未来，寄托于上帝在人死后的审判之类，换句话说，它希望人在现实生活中种种并不纯粹的道德行动因为上帝的审判而变得神圣化。但当道德意识立足于所谓纯正的道德之上，而不再单纯盯着自己生活的有限性看时，它实际的看法是，*只有纯粹义务才是真正的义务，那些不神圣的东西自在地就是不神圣的*，它决不会因为上帝的某种操作而奇迹般地变得神圣起来。只有那些自身原本就具有神圣性的东西，通过自身的努力，才能神圣化。

我们看到，道德意识如何看待上帝这一公设，端赖它站在哪个角度和哪个立场上看问题，也就是说，它根本没有什么定见。第12段一开始便阐明了这个意思。如果我们站在特殊义务的立场看，那么上帝存在这一公设就被推翻了；相反如果我们站在纯粹义务的立场看，上帝才是神圣的本质。纯粹义务的有效性依赖于道德意识在彼岸投射而成的那个上帝是否获得人们的承认。然而道德意识又不能永远投靠那彼岸的上帝，它要想成为现实生活中的道德，就必须投身于现实的各种感性因素的纠缠之中，用黑格尔自己的话说，“*它同时也是自然的意识*”。

黑格尔这里还揭示出道德的来源：它实际上只是感性生活中被激发出

来的偶然之物，纯粹是人的意志的产物，是人鉴于对义务的认知而生发出来的一种对善的追求，而那所谓自在自为的道德，就更是人投射到彼岸的永恒本质那里的一种理想了。黑格尔这里并不是在否定上帝的存在，也不是说，道德就是某个人即兴生出的主观念头，随时可能发生，随时也可能消失。他是站在人类的角度，分析人类的意识在道德世界观下的一种普遍的思想倾向。因而不宜将他这里的说法与后来的青年黑格尔派的宗教批判等同起来。

第 13 段引入“纯粹的道德本质”（Das reine moralische Wesen）① 这个概念，以便为后文中关于良心与伪善的关系做铺垫，黑格尔直接表明这种纯粹道德本质也是一种颠倒之物。

纯粹义务的实在性和现实性完全在于它在自然（客观一面，见第一公设）和感性（主观一面，见第二公设）中得到了实现，但道德意识对此心有不甘，它认为正因为自己在现实世界中的种种纠缠才使自己不完满，认为自己只应该与自然和感性保持一种否定的关系，否则就会失去道德的本色。然而纯粹道德本质却不这么看。它虽然不同于现实斗争中的道德意识，而是试图从斗争中抽身而出，对自然和感性持一种超然的观望姿态；然而这种人为构想出来的超然姿态，其根本立足点依然在现实世界中，它所能见到的依然是自然与感性方面的种种需求，它虽然将自身与它们隔离开来，然而对于它们的种种规定性和格局依然是予以承认的，这就是黑格尔所说的它与它们“事实上只还剩下一种肯定的关系”的意思。但从这纯粹意识与现实强行隔离开来，并不直接肯定现实这一点来看，它只是一种无意识的和不现实的人为抽象。纯粹意识身处现实之中，既承认现实的规定性与格局，又对纯粹义务念念不忘，这种自相矛盾的态度迟早会导致它被扬弃。虽然此时还没有充分展开它的内部结构，黑格尔却直截了当地说：“这个如此纯粹的道德本质因而也不过是事情的一种倒置，也会被扬弃。”

第 14 段说的是，纯粹的道德本质并没有能力将先前被反复倒置的各环节中的任何一个扬弃掉，反而更显眼地看出它们的纷然杂陈、前后相继。这就是说，它虽然没有能力摆脱它们，但希望强行与它们隔离开来，

① 亦译“纯粹的道德者”“纯粹的道德生物”，这里的“Wesen”不是指通常意义上的“现象背后的本质”，而是指意识眼见道德世界观中的反复颠倒而心生退意，因而在内心中设想自己是一个脱离种种争斗的超然意识，即后文中所说的“良心”。

它唯一能做的就是躲回内心中去，那便是“良心”。

第15段表明了纯粹的道德本质陷入无法摆脱的两难或两可境地。它有时眼见自己是“未成全的意识”（unvollendeten Bewußtsein），有时又幻想自己是“成全了的”，反复颠倒，永无宁日。——造成这种状态的原因是这种纯粹的道德本质本就是一种被倒置的东西，一种片面的、抽象的东西，倘若再往下挖掘，我们会发现更根本的原因在于整个道德意识与道德世界观的缺陷。

道德意识不愿停留在抽象的纯粹义务状态，一定要使现实世界臣服于它之下，这时它就感到自己是未成全的。黑格尔从道德本身和道德义务两方面来演示这种未成全之感。一方面，道德意识对现实生活欲拒还迎，它既需要现实，又急欲摆脱现实，因为现实的杂质让它觉得受到了污染；另一方面，现实的事件必定要求现实的义务，后者不再是“道德准则应该成为可普遍推广者”或“人应当向善”这类毫无实际内容的纯形式性原则，而是包含了事物的具体内容，需要人们当下进行道德决断的，比如“堕胎是否可被允许?”“是否可以向恶人撒谎?”都属此类。黑格尔说，具体事件涉及许多具体的义务，就像每个知觉对象必然包含形状、颜色、重量、硬度等许多属性一样。这就使具体的感性内容成为道德义务和道德目的的一部分，使道德不纯粹了。

接下来黑格尔详细分析了对他物的这种依赖关系给道德意识造成的困境。

这样的道德意识有自在的和自为的两个方面。自在的一方面是指道德意识本身扎根于现实生活中，深陷现实生活中的上述种种具体因素的纠缠之中而无法脱身；自为的一方面则指它毕竟是一种意识，具有主观的自主性，它可以进行种种迎合、逃避或思想投射的行为。

于是这两个方面就构成了意识的两个面向。那自在的一面构成所谓“未成全的意识”，即意识深感自己与身外之物（自然）和自身之内的感性欲求绑缚在一起，虽然它们被道德意识藐视，它急欲摆脱它们而后快，然而那毕竟是做不到的。而自为的一面则构成“成全了的意识”，即意识自欺欺人地满足于它的自主性，它自我安慰地认为既拥有了生活的充实内容，又可以自由地摆脱它们，退回内心之中。这后一方面让我们不禁想到鲁迅笔下阿Q的形象。

这种自居为纯粹道德之物的意识，其实不过是新一轮的往复颠倒。它一时满足于纯粹抽象的道德义务，一时又认为那样做是完全无效的，一时认为完全摆脱现实的状态才是值得追求的，一时又信心满怀地投入现实的怀抱。

道德意识并不严肃认真对待它的各环节，它了解到整个道德世界观只是它的一种构造物，因而当它厌倦或厌恶前述种种来回颠倒时，它就会退回自身之内，成为良心。然而黑格尔的深刻洞见在这里再一次表现出来：他在第16段直接揭示出因厌恶“伪善”而产生的这种良心本身就是一种伪善。

道德意识不认真对待那些区别，这并不是因为那些区别原本很重要、很实在，而道德意识不负责任地忽视它们，而是因为道德意识的确看到了它们都不坚固，随时可能发生动摇，即是“非本质的区别”。那些区别有时显得是坚固的实在之物，有时又显得是“虚无之物”（das Nichtige）——至于究竟是什么，全取决于道德意识站在哪个角度看待它们。像纯粹义务这种处于现实生活和现实意识之彼岸并被道德意识设定为绝对者的东西，完全只因为道德意识的设定才“存在”，因而它毋宁说实际上是虚无之物。而现实世界其实也遭受了同样的命运，当道德意识坚称只有纯粹义务才是绝对本质时，现实世界便被视作虚假之物或非本质之物了，反之当它立足于现实生活时，这个世界倒是极为实在的。

那么认识这些区别的意识又如何呢？意识现在之所以显得对这两端都不甚认真，是因为它将这两端的局面放在一起进行反思和比较了，它发现站在其中任何一端或站在事情本身的任何一个方面看问题都是片面的，它毋宁要采取超然物外的态度。与此同时，它明明白白认识到那些区别其实都是道德意识的构造物，原先那种片面的态度下看到的“绝对的思想事物（*Gedachte*）”或“绝对的自在”都是被构造出来的形象，并不具备真理。

它如今认为，片面地坚持事情的任何一个方面并混迹于那个颠倒混乱的过程中的任何做法都是“伪善”（*Heuchelei*）。但道德意识宁愿为了保持自身的纯粹性而抛开所谓现实世界的表象与彼岸本质的思想之间的区别，怀着对它们的厌恶心情逃回自身中来。它自居为“纯粹的良心”（*reines Gewissen*），它认为整个道德世界观的所有环节与建制都是自欺欺人的伪善，而它自己则宁愿单凭本心中简单的自身确定性行事，它认为凭借这种确定性它就能得到真理。——当年路德的“因信称义”倒是与此颇为相似。

但黑格尔不客气地指出，这种置身事外、沾沾自喜的道德意识本身倒是一种伪善，而这一点是它自身认识不到的。为什么说它是一种伪善呢？

因为它明明知道，无论在现实生活中，还是在彼岸世界里，它以往坚信的所谓真理其实都是“假冒的真理”（eine vorgegebene）①，却又不得不用这假冒的真理在现实世界或彼岸世界混充真理，虚应其事，好让它自身在作壁上观时有一种“解脱感”和“自由感”，因为这样它就可以反过来鄙视那被人们认真对待的真理了。但黑格尔在这里恐怕并非仅仅为了揭示良心的虚伪性，以显示自己的见解有多么高明，而是为了告诉读者，良心并没有力量走出道德世界观的根本局限，它只能自欺欺人。这就涉及下一小节的问题了。

三 良心；优美灵魂；恶及其宽恕

正如精神的前两种形态（伦理世界、双重化世界）都走向一种对该阶段进行自觉反思并缩回内心的自我意识一样，道德世界观也来到了它的自我反思形态：良心。大概是鉴于康德伦理学和浪漫派优美灵魂说在同时代的巨大影响，黑格尔在这一小节中花了比前两小节的总和还要多的篇幅来揭示良心学说的内在冲突。

第1段延续前一节中的分析，表明良心这种形态不仅仅是个人偶尔做出的一种孤芳自赏的姿态，它还是一种整体生活方式。

所谓整体生活方式，就是以某种目的或方向为指引，对整个生活的方方面面，包括彼岸世界，都做出某种定义，并随之赋予它们相应的意义。良心作为一种整体生活方式，并非只顾内心而不管外部世界，它实际上对于现实世界与彼岸世界都有它自己的界定方式：它对此前的道德世界观中的种种颠倒混乱局面采取分化策略，由近及远地安排现实世界与彼岸世界。一方面，它承认现实世界中的非道德意识，说它也是通达最终的道德状态的一个必要阶段，因而将现实世界以及其中的种种道德行动、特殊义务都接受下来了；另一方面，它又将先前各阶段中观察到的矛盾移到彼岸世界中去，将调和那些矛盾的任务留给了上帝，并满怀希望地期待那样的上帝会恩赐给它幸福。黑格尔说，这样的做法其实无论是从形式上看（即上述的分化策略）还是从内容上看（即经过分化后形成的各个部分的具体规定性），都是矛盾的，分明是一种自欺欺人的做法。

黑格尔指出，良心的这种做法，对于道德世界观中的颠倒混乱局面并未带来真正的改善，而且当前的局面与先前的局面“自在地就是同一个东

① 原文中省略了“真理”一词。

西”，因为无论是纯粹义务还是现实世界，抑或彼岸世界，其实都并不是事情本身，而是纯粹思维，更准确地说，是道德意识在意义世界中揭下的一张满足它自身需要的皮，它们在本质上都是“意识的自身”。而如今这个作为精神之形态、作为整体生活方式的良心，之所以被黑格尔视作自我意识向其自身的返回，是因为无论就自我意识本身的作为而言，还是就精神在这个阶段的运动而言，都达到了对意识的自身的上述关键地位和关键作用的自觉反思。

于是这样的自我意识便开始自我陶醉起来，它虽然无时无刻不置身于具体的生活处境和各种偶然局面中，却将自身当作远远超迈于这种偶然处境而有效的东西：“它，作为在其偶然性中有效准的东西，知道它的直接的个别性就是纯粹的知识和行动，就是真正的现实和和谐”。

第 2 段比较了精神在其三种形态中分别达到的三种自我意识。从精神的角度看，这三种自我意识实际上是精神（或意义世界）本身在它的历史上的不同阶段进行的自我反思。

黑格尔将伦理世界的自我意识称作“人格的自身”（das Selbst der *Person*）。我们还记得，法权状态下的人格虽然看似独立自主，却只是一种普遍得到相互承认的抽象存在，人格是直接地有效的，无须像在伦理实体中那样必须借助某种特定的伦理势力的中介才有效。然而这样的自身实际上并非我们当代人理解的“人人平等自由”那个意义上的个人，因为人格只是静止不动的抽象之点，它不具备与自身的普遍性分离开来并以个人特有的方式主动成全那种普遍性的能力——后者在黑格尔看来只有在现代才是可能的。个人与普遍者之间的关系，就像一张网上的节点与这张网之间的关系，每个节点都没有自己的特殊性，普遍者只是无区别地体现在这些节点之中，这个普遍者并不构成节点独立自主地追求的目标和寻求的归宿（因为它们根本不具备真正的独立自主性），因而那些节点看似平等，实际上都是最贫乏的一些点状存在，它们毋宁依赖于这个普遍者而存在。

精神在双重化世界阶段建立起来的自我反思形态则是教化世界中的“绝对自由”。这种看似绝对自由的状态毋宁总是陷入普遍的绝对混乱和绝对分裂。因为双重化世界的基本格局决定了普遍者总是从世界本身中被割裂开来并被置于一个单独的世界中，它看似纯而不杂的绝对本质，实际上却依赖于精神对它本身的双重化设定。在黑格尔看来，这样的普遍性并不能脱离精神的自我设定而主动体现于个别具体事物中，因而算不得真正的充实，也不具有积极的内容，“没有成为任何世界”。德国观念论的内在性立场决定了黑格尔不会认为那种与现世隔绝的天国世界是真正的世界。

如今在道德世界观中，道德的自我意识虽然不再像双重化世界中那样把自己的根基置于彼岸世界，而是认识到它自身的设定才产生了彼岸世界，然而它依然深受双重化世界之遗产的影响。良心貌似尊重普遍性的独立地位，实际上在内心中却将它当作自己的支配对象，它只是在需要让普遍性显得独立的时候才宣称它是独立的，它随时可以颠覆它分配给普遍者的这种形象。良心如今既以归属于它自己的普遍性充实了自身，使自己不再是古代那种空无内容的抽象点状存在，也避免了教化世界中的"绝对自由"必须仰赖于双重化世界为生的局面，反而保有了古代人格的那种直接的有效性。看起来良心保留了历史上的自我意识的积极成果，同时又避免了它们的消极特征，事实果真如此吗？我们且看黑格尔进一步的分析。

第 3 段告诉我们，良心以扬弃了先前的种种颠倒错乱环节的一种"具体的道德精神"自居。所谓扬弃颠倒错乱的环节，主要是指扬弃纯粹义务与现实世界（包括身外的自然与身内的感性因素）之间的分裂。它说服自己相信，自己是可以不顾这种分裂而缩回自身，拥抱一种"直接的统一性"的。换句话说，无论纯粹义务与现实世界相比显得多么空虚，无论现实世界与纯粹义务相比显得多么混乱、有限，良心都可以因为其生来就在自身具有善的直觉而洁身自好，不受那同样有局限的两个方面的影响。凭借良心做出的行动，直接就是正当的、具体的道德形态，而良心也自认为是在当下的生活中"自行实现着的道德本质"。

我们看看黑格尔在第 4 段中是如何具体解析良心的这种孤芳自赏的。根据黑格尔的考察，良心的核心特征就是既置身于现实的具体生活并做出具体的道德行动，又坚称自己决不受具体义务的局限，宣称自己的道德行动是直接有效并不受局限的，换句话说，良心只是一种一厢情愿的独断。

首先，良心不是主体对客体的偶然性知识，而是自居为一种扎根于精神之中的整全性知识，它认为自己在本质上并非个人的独特认识，而是意义世界假借个人之口道出的它自身的实情①，而良心之人也自认为代表意义世界本身在说话。就像古希腊神庙的祭司发布神谕的情形一样，良心认为自己所言所行虽然都是具体的、与感性或自然相关的，然而那绝非良心

① 在某种意义上说，苏格拉底心中的"精灵"（Dämon）与此颇为相似，但它是一种与伦理实体更紧密结合在一起的自我意识。

之人偶然兴发的感受或观点，不是由作为旁观者的思想从外面强加给现实的看法。因为良心自认为是从对“自在与自身”——普遍性本质与现实的、有限的自我意识——的扬弃起步的，那么它的所作所为既是它直接的、感性的确定性的表现，也是事物本身的样子。

其次，良心对于它自己的行动的定位也相当高，它认为自己的行动才使现实世界中惰性的存在得以转化为精神性的存在，是它的行动将现实变成了精神的实现，因而这行动是现实之不可缺少的本质环节。在良心看来，现实世界似乎原本是与精神无关的质料性、自然性存在，只有经过它自身的道德行为，这个世界才首次有了精神的光泽，仿佛良心代表精神将现实世界“神圣化”了。至于良心将生活中的什么因素当作这转化的内容，取决于意识当下的兴趣何在，良心并不致力于改造这内容，而是将这内容原样保持下来，仅仅在它的表面包裹上一层普遍性的、本质性的形式或意义。比如良心如果凭借它自认为直接得自上帝的一种直觉，认定救助眼前的这个乞丐是义不容辞的，它便不会深入去考察这个乞丐是不是擅长表演的“职业乞丐”（那样的乞丐没准比救助者更富有），反而会给它的救助行为蒙上一层神圣的正义面纱，使质疑者难于开口。

再次，随之而来，显而易见的是，良心并不认为自己履行的是有局限性的具体义务，它只是认定当下的这个行动直接就是普遍的（实际上它却是特殊的），而非仅仅是特殊行动的一个外在的媒介物，因为良心已不同于我们在前文中见过的纯粹义务了。这就是说，良心并不自居为与特殊之物分裂的普遍者，因此是有局限的，它自认为早已克服了特殊与普遍之间的矛盾，它在生活中的行动虽然是具体的，却直接是普遍的。我们还记得，先前黑格尔考察过的纯粹义务就是充当了特殊行动的“肯定的普遍的媒介”（*positives allgemeines Medium*），因为当道德意识站在纯粹义务的角度看问题时，它虽然极力强调现实行动的有限性和不完满性，但这种强调恰恰表明它不得不承认现实生活中那些不“纯粹”的具体义务具有“不容颠倒的实体性”。这种以纯粹义务为依归的道德意识实际上是相当无力的，它或者根本不能有所行动，因为任何具体道德行动都包含着一系列相互对立的具体义务，这些义务中势必会有某一方受损害，或者它即便有所行动，而眼见这些义务中的某一方受损害而束手无策。良心看起来就是为了克服这种尴尬的局面而诞生的，因为它根本无视那些具体因素的实体性，而自命为具有绝对自主性的自我意识，它虽然事实上根本与那些具体义务撇不清关系，却并不认为自己仅仅是在履行这一种或那一种具体的义务，它认为自己真正说来代表的就是普遍的正义，而且代表活生生的、具体的普遍正义（其实这种说法本身就是一种自相矛盾）。良心有了这种胆量，就不惮于进行这种或那种道德行动了，它看起来是消除了先前道德意识的那些顾忌，不再战战兢兢、裹足不前了。

最后，良心实际上是将各种具体义务杂乱地搅拌在一起，弄出一团混淆不清的东西来，因而根本就谈不上在各种义务之间进行比较和审核了。先前的道德行动都是明确地居于某种具体规定性之内的，因而与其他道德行动或义务明确区别开来，凭此它们便可在各种具体义务之间进行比较或审核，然而与此相反，良心并无定见，它在不同的时候会宣布不同的义务是直接而普遍有效的，它看似具有“不可动摇的确定性”，实际上却总在不同的具体义务之间跳跃。——黑格尔对良心的这种自以为是的任性态度的讥讽之意溢于言表。

但在表面上看，良心是异常坚决而不可动摇的，甚至看起来消除了先前的道德意识的那种“徘徊动摇的不确定性”。第5段告诉我们，它至少不再像后者那样时而将本质置于彼岸的神圣者那里，自视为非神圣的东西，时而又认为自己这种具体的生活才是真正有担当的纯粹道德，反过来将感性与道德如何结合的问题推给彼岸的神圣者。

顺此思路，第6段展示出良心是如何单凭它对自身的坚定不移的确定性来“克服”道德意识“在完成纯粹义务时并不行动，在行动时却又脱离了纯粹义务”的这一困境的。

回顾前文中的分析便不难得知，道德意识之所以能坚守纯粹义务，即它之所以能坚守真正的道德，恰恰是因为它并不行动；而当它行动时，它又意识到自己是个别的、不纯粹的，因为它怀有特定的目的，在履行特定的义务，换句话说，它是不道德的。

而良心则清楚地知道纯粹义务与道德行动这二者的局限性，因为纯粹义务不过是“纯粹思维的空洞抽象物”，它本身并没有任何实在性和内容，真正的实在性和内容在特定的现实这一边，前者是思维事物，只具备抽象的纯粹性，后者是个别事物，只具有抽象的实在性。这样看来，单纯以纯粹义务为目的的做法是对事情本身的一种颠倒。

而良心则自认为它对自身的直接确定性就是真理。良心以它偶然遇到的个别因素为道德行动的内容，而道德行动的形式则只剩下良心的自身（Selbst）①，

① 请注意，本节中的“自身”往往特指良心或自我意识。

后者仅有主观信念，别无其他。

第 7 段揭示出良心是何种意义上的“自身”。如果说先前各阶段的道德自我意识只认为自己是一种现成的存在、自在的存在，那么良心则明确意识到先前种种颠倒错乱皆因它自己的分裂性构造、分裂性投射而起，因而良心是道德自我意识的自为存在。既然良心已看到道德世界观的种种矛盾皆根源于道德意识的设定和构造①，那么作为那些矛盾的根据的分裂或区别便表明自身不是坚固不变的区别了。那些区别现在看来只是“自身”在一定情况下做出的“纯粹否定性”，它们的根子在自我意识。而后者作为良心，则既是纯粹知识，又明确知晓自身所处的有限性环境，它既有以前的空虚本质所不具备的个体性内容，又使现实的东西不再是于道德而言陌生和异己的因素，因为现实的东西因良心的“神圣化”而成了良心的本己之物。用黑格尔自己的话说，这个良心因为既包含了纯粹本质，又有各种区别和内容在内，而且是有意识地这样做的，所以它“是一种自在而自为地有效的内容”。

第 8 段探讨新格局下义务的定位。

在当前，良心凭借自己当下的知识和信念便构造出义务来，这与过往的情形大不一样了。义务不再被认为是与现实的具体生活割裂或对立的普遍者（纯粹义务），因为良心认识到这种割裂状态之下的义务即便再纯粹、再普遍，也是没有实际效准的东西，反而因为这种割裂状态而成为有限的。如今道德规律由良心直接发布，它再也不是良心之外赫然与之形成对立的异己之物，“如今规律为了自身（Selbsts）而存在，而不是自身为了规律而存在”。需要注意的是，良心不会仅仅满足于规律为了它而存在，因为那样就会显得规律和义务成了良心的主观之物，它还要极力使规律和义务与此同时成为客观的自在之物，而且要显得它们的自在存在好像并不依附于意识的自为存在，而是独立自主的客观存在，只不过这种客观存在具有为意识而存在（“为他存在”）的一面罢了。——黑格尔下面将良心的这种做法称为对义务的“放任”（verlassen），即表面上使之看似一种自主的客观存在，实际上却依然紧紧抓住它的根脉。

后面这一点又是如何达到的呢？义务原先被道德意识设定为纯粹的、绝对的本质，如今它成了被良心“放任”的一个环节。这个环节表面看似

① 当然这不是说道德世界观取决于某个或某些人任意的设定，这里的“设定和构造”是在整个近代西方人或整个近代文化的意义上而言的。

独立自主，它的根子却依然扎在良心的设定和赋义活动中，而且它的“为他存在”（为良心的存在）始终是它的本质所在。但与此同时，义务因为被良心赋予一种“直接的现实东西”的面目，因而显得不再仅仅是“抽象的纯粹意识”了。

第9段表明良心不是私人内心的信念，而是一种受到众人承认的意识，因而具有公共性和普遍性。

黑格尔先揭示出，良心的公共性实际上是扬弃而非放弃纯粹义务的结果。既然义务在良心那里既有为他存在，也有自在存在，它便被良心当作与自我意识有所区别的独立实体，其实它只是先前的义务被良心重新赋予意义罢了。或者说良心将先前的种种义务（纯粹义务与具体义务）照单全收，变成了自家的东西。良心自居于普遍者的地位，它并没有放弃或抛弃（aufgegeben）纯粹义务，而是在改造的同时保留——这意味着扬弃——了纯粹义务。良心之所以认为自己不是个人的突发奇想，而是可以诉诸人人皆有的“共通感”的普遍之物，自认为对于种种特殊的事物具有超然的裁断者的权利，其原因皆在于它继承了纯粹义务的遗产。

与之相比，道德的自我意识则不具有“被承认”这个规定性，因为它不可能同时既具备特定存在，又成为纯粹意识，它必须二者仅居其一。因而道德意识在强调其纯粹性的时候，往往并不行动，并不在现实生活中具体实现出来，只是抽象的、非现实的东西；而当它实现为行动时，它又失去了精神性和本质性。良心则不同，它既是一个现实的自身，在当下的周围生活环境中活动着，又是一种受到承认的自我意识，因而恰恰实现了黑格尔在“自我意识”章的引文中所说的“我就是我们，我们就是我”。它在相互承认中达到了对自身的认识，成为一个现实的自身。

这样看来，良心的行动不过就是将它的生活中的个别内容“翻译”（Übersetzen）成为得到普遍承认的“对象性因素”的过程，这个过程对私人内容赋予公共意义，因而才是“现实”的行动——否则就是私人的任意妄为。而行动之所以能获得承认，获得这种公共的现实性，是因为个人生活中原本客观而异己的内容直接与良心关于它自己在奉行普遍义务的信念（Überzeugung）结合在一起。比如一个人只要公开声称他的某个特殊行动（比如前文中提到的救助乞丐）是出于良心之举，他实际上就是在宣示，一切正派而有良知的人自然都会认同他的做法，这样一来，良心就将特殊的内容提升到普遍性层面了。良心在原有的道德行动之外新添加的因素只不过是这种翻译活动而已。良心根据它对义务的信念而做出的行动，就是获取承认和获取普遍有效性的活动，但它同时又是特定的行动。

如今再也不能说有什么只被个别人在内心怀有而得不到伸张的正义或义务了，因为良心认定为善的东西自在地便应当受到普遍的承认。连“好人遭遇厄运”的说法也不成立了，因为既然这个人是好人，他的良知所肯定的东西一定会得到其他人的普遍认同，于是根本不会有不同的人对他采取不同态度的现象。但所有这些都只是良心这种精神形态的一厢情愿。黑格尔说，只要我们撇开良心急欲提升到普遍性层面的那些特殊内容不看，它不过就是“一般的空无内容的本质性”，换言之，良知的行动只不过是千篇一律地将一些公式或定义套用到它要加以提升的各种具体内容之上而已。

在此基础上，第 10 段强调良心实际上是事情本身（意义世界本身、精神）的自为存在（自我反思）的开始，而在以往的阶段上，精神还从未像现在这样取得过主体（或主语）的地位。——而绝对精神的端倪正孕育于此。

此前我们见过良心作为人类道德意识的一厢情愿的一面，但良心的另一面，即它作为绝对精神的开端的那一面，还是首次被提及。后文中我们会发现，这两面推到极致，实际上就构成良心之内部结构的两端：一端是个人意识的偶然性和个别性，另一端则是道德意识撇除自己感性易变的因素而追求的普遍本质，即那种存在于人人内心之中并以精神性、公共性的方式存在着的善，那就是绝对精神。①

此为后话，这里我们且回到这一段的文本，看看精神何以在良心这里才首次自觉地成为主体。黑格尔这里将“理性”章第三节第一小节（“精神的动物王国和欺骗；或事情本身”）中的“真诚意识”拿来与良心进行对比。真诚意识立足于意识的角度，站在事情本身外部来看待事情本身，因而它始终只能见到作为另一个个体的事情本身。我们前面分析过，那根本不是真正的事情本身，而是被意识抽象化后的事情本身。无论意识表现得多么尊重事情本身，事情本身在那里终归只是被意识拿来当作自己的一个宾语；与此不同，精神到了良心这里才真正成为一个主语（主体），良心的自我确定性实际上只是以一种代理人的身份表现出事情本身的自我确定性，而道德世界观中的各种因素，包括彼岸世界、现实世界和意识，就

① 关于黑格尔那里的绝对精神，参见：M. Theunissen. Hegels Lehre vom absoluten Geist als theologisch-politischer Traktat. Berlin：Walter de Gruyter & Co.，1970。

都成了精神这一终极主体的表现者。

黑格尔在这里有一段极为经典的概括，足以说明精神在其发展史的各个阶段上的地位："事情本身在伦理中是一般实体性，在教化中是外部的定在，在道德中是认知着自身的思维本质性；而在良心这里，事情本身就是主体，主体知道这些环节都在它自己本身中。"经过了这些阶段，良心背后代表的事情本身早已不是真诚意识站在局外观望所见到的"空虚的事情本身"，而是一种充实的事情本身。良心本身作为事情本身的代理人，将先前道德意识的各种因素只当作自身的一些环节，而它自己则只充当一个超然的否定性力量，支配着它们，似乎既可以得到它们各自的优势，又不至于陷入它们各自的片面性之中。

然而良心是否真的像它急欲表现的那么公正、全面地代表了事情本身？第11段马上揭示出，尽管良心不再置身于事情本身之外，而是扎根于事情本身之中并明确知道这一点，但无论是在认识还是在实践中，良心其实都只是在事物本身当中扩展它自身。

对于道德行动所面对的种种现实规定性，良心是以一个超然的"认知者"（*Wissendes*）自居的，它自信普遍性这个环节就在自己身上，也认为自己有责任对面前的现实进行详尽无遗的理解，对于行动所处的各种具体情形进行周详审慎的考虑，但愿望归愿望，情况是否果真如它所认为的那样，它是否真的能做到这一点呢？

黑格尔说，真正普遍性的知识是不会以他者的身份外在地去把握它的对方的，而必定是已经潜存于对象之中的普遍性因素的自我总结或自我反思。比如我们对生命的把握不是将我们关于生命的一套构想拿到生物那里去验证，它在本质上是生物本身原已潜在地具有的生命机理被我们把握到，通过我们而形诸思想和语言罢了。然而良心具有的所谓普遍性远未达到这一步。良心明确知道普遍性只是"一个环节"，而它要予以把握的那些实际情况则是另外一些环节，换言之，普遍性与那些情况是相互外在的，良心对于是否能以它以为的这个普遍性真正认识那些情况，并没有十足的把握。良心的行动总是涉及意识的一种否定物，涉及它所不熟悉的"一种自在地存在着的现实"，后者是"绝对的他者"，无限繁复，简直让良心感到手足无措：现实像一望无际的蔓草一样，往后面望去是目前情况的条件（Bedingungen），往旁边看去则是与之并列的其他事物（Nebeneinander），往前扩散开去则是目前情况会造成的后果（Folgen）。面对这种局面，良心如何是好？

良心对这种局面看得真真切切，它根本不自信，“它知道，它在认识它于其中行动的那种情况时，不是按照所要求的这种普遍性来认识的，它知道，它佯言对一切情形都做这样本诸良心的考虑衡量只是一句空话”。但良心倒也并非无所作为，它也的确在努力从事认识和行动，只不过它是以外在的态度对待事物的，即将它们当作一种与普遍性分离开来的环节。但与此同时，良心依然习惯于宣称它那根本就不完整的知识完全代表了事情本身，是一种“充分而完备的知识”，而它之所以有做此宣称的胆量和勇气，仅仅因为它自信那种知识是出自它的良心，而它的良心又是与事情的真理直接相通的。

读到这里，我们未免会对良心产生失望之感，因为它的做法非常像是前一章中理性的种种做法的翻版，但事情并没有这么简单。良心身处事情本身之中，它面对现实世界虽然极为无力，但它所在的层面和它的存在本身却蕴含着精神（事情本身、意义世界）的自为存在。换言之，良心如果继续往真正的普遍性方向发展，它是有充当事情本身之代言人的潜力的，正如后文中对精神阶段向绝对精神阶段的过渡的描述表明的那样；但它如果纠缠于个别性因素之中而无法自拔，这样的良心只会走向纯粹的孤芳自赏乃至狂傲自大。因此我们在阅读这个关键转折部分时，一方面要留意良心的局限性，另一方面更要用心体会良心之中是如何生发出绝对精神的芽苗的。

接下来，第 12 段还解构了良心对于普遍性的代表权，揭示出良心实际上只具有“对其自身的直接的确定性”，即只具有自然的冲动和欲求，因而实际上是任意的、偶然的。

良心自认为“本质的普遍性”（Allgemeinheit des *Wesens*）是它自来就拥有的内容，然而正如先前的道德意识一样，一旦它采取行动，它必然与实践情况的多方面纠缠在一起。这情况分裂为多个方面，纯粹意识与它的关系也分裂为多个方面，这样便产生了多种多样同时并存的义务，在这些义务之间并无明显的高下或优劣之别。

良心必须在多种义务之间进行决断。这些义务中没有任何一种是绝对的，只有那原本就不与现实发生关联的纯粹义务才是绝对的，然而绝对的纯粹义务如今只作为良心的单纯、静止的纯粹信念而存在，后者就是良心对纯粹义务的绝对性的一种主观坚守，并无任何充实的内容。然而良心毕竟不能终日坚守这空虚的信念，它必须采取行动，于是对空虚的纯粹义务的坚守就过渡到了良心那同样空虚的“对其自身的直接的确定性”，后者不是别的，只表明良心总是将它当下发生的冲动和欲求直接认定为正当的。

良心虽然深陷这些具体规定之中，却又不认为自己受到它们的任何束缚，它自居为对这些规定的“绝对否定”，它认为自己是绝对的自主性，一切事情全凭它自己来决定，它不受外界事物的影响。然而黑格尔明察秋毫，他直接指出这种所谓的绝对自主性不过就是感性罢了，良心给自己取来的任何内容都不过是感性因素而已。

良心陷入感性的同时，便将此前各种形态下的善与恶、法律与法权都当作一种异己的他物，其实它们才是真实的普遍之物。在良心看来，如今它们都成了良心之外为良心而存在的东西。黑格尔说，被良心重新定义过的这类真实的普遍之物，不仅不会使良心通达事情本身的真理，反而会将二者隔离开来，因为良心的姿态本身就是封闭性的：良心只把它的自我确定性当作真理，但良心实在又无法为这种确定性找到什么内容，它能拿来填充这种确定性的不过是“个人的任意性和他的无意识的自然存在的偶然性”。

第 13 段进一步通过比较和举例展示了纯粹义务的空虚性和具体义务的驳杂性乃至矛盾性。

正如“理性”章中描绘的审核理性一样，意识最看重的其实是其自身，它对于事物只施以它自身感到满意的一种空洞的形式，那种形式可以对任何内容皆一视同仁地予以接纳。良心作为精神的一种形态，它比审核理性还多出了一种规定性：它不像理性那样不知道自身的根底，它是精神的自为存在，而且它本身对于纯粹义务的空虚性有着明确的意识。纯粹义务虽然被当作绝对本质，但它终究只是一个宾语，它反过来以个体之人及其个体情境为主语，这个主语可以任意赋予宾语它需要或喜好的内容，并将这内容打扮成纯粹义务的形式，意识说一句“它出自我的良心”就行。

接着黑格尔举了一个致富与帮助人的例子来讲解这个意思。某人将自己的致富看成帮助他人的必要条件，他认定这才是真正的善，将他对善的这个定义当成他直接确定的良心知识（良知），因而他也坚持认为，这样做就是在履行义务。但是旁人却不这么看，他们或许会认为“帮助人”只是这个人自私地聚敛财富的一个幌子，这个幌子完全是为了满足他自己的利欲，所以这个人是在骗人。

这样一来，就会产生一些针锋相对的悖谬现象：别人认为聚敛财富强横不义，他却当作是在履行义务，认为只有聚敛了足够多的财富，才可以不听命于人，才能随着自己的意思帮助他人；别人认为为了保存财富而躲避危险的做法是怯懦退缩，他却以为不保全性命便无法积累财富，更无法帮助他人；别人赞赏舍生取义的勇敢行为，在他看来却是盲目牺牲，同时损害了保存财富和帮助他人这两项义务。其实这只是两种看法的极端化，一种人为了保存财富和性命而对危险过于敏感，另一种人则极端敌视那种为了保存财富和性命便回避一切危险的做法，二者都将过多的东西贴上了道德善恶的标签。其实那主张勇敢的人，通常并不至于鲁莽到丝毫不知保全性命的地步，不知道造福于他人也是道德义务，假如一个人全然不顾自己的性命和他人的福利，而一味追求他所以为的“勇敢”，那只能说是一种纯粹的鲁莽，“拙劣到了不道德的地步”。这里的双方并无绝对的优劣、高低之别，无论是被称为怯懦的还是被称为勇敢的那一方，都认为自己是出于良心在履行义务，因为所谓“良心”和“义务”，在这里都被弄成了一个空洞的形式之物，可以容纳各种内容，即便这些内容是一些相反的规定性，也未尝不可。

然而采取行动的人既然宣称自己的做法是出于良心在履行义务，他便可以大义凛然地要求别人承认他的这一主张，似乎他只要如此这般宣称，他的行动便光芒四射，成了现实有效的东西。

第 14 段讨论良心是如何在各种具体义务之间进行权衡的。

正如前文揭示的，原则上而言，良心安排任何一种内容到纯粹义务之中，都没有根本区别，因为后者完全是一个被动的皮囊，良心可以自由地安放任何内容进去。一种内容根本不是否定另一种内容的根据，它反而只能证明良心有将它本身替换掉的自由。从具有规定性的污点这一方面来看，任何内容都处在同一层面上，良心虽然可以选择接受或鄙弃它们，但这并不意味着良心可以消除它们的这种污点。

虽然原则上如此，这却并不意味着良心不可以在各种具体义务之间做出相对的高下之分。良心往往会依据它自己对普遍性程度的看法进行这种排序。相较之下，那种看似代表了普遍性的义务好像就能代表纯粹义务了，它的形式与内容便不会发生什么冲突（比如一个纯粹，一个不纯粹）。黑格尔举了一个例子：普遍的善行看起来比个别的善行更可取。但什么是普遍的善行呢？黑格尔说那其实就是法权、法律、伦理实体之类更根本的精神性存在，那些已经超出了道德的界限，不再依赖于个人的知识、信念、旨趣而本身就具有了客观的效准。对于这样的东西，道德先前就已扬弃了它们的形式。道德面对种种伦理、法权、法律时是自豪的，因为它们只是精神的自在存在，它们各自都是有缺陷的，却无法自由地走出这种缺陷，而道德引以为傲的就是它的自由性，它可以任意取来什么内容并赋予它“良心所得”这个光环。

黑格尔马上揭示出，所谓个别性与普遍性之间的区别，其实只具有相对的有效性，因为所谓普遍性义务其实也只是被良心推举为普遍者的一个个别之物，它同样是一种有限的具体义务。而且更重要的是，个别性义务与普遍性义务之间的区别也不是绝对的，因为生活中并不存在纯净的个别性义务或纯粹的普遍性义务，实际的情形往往是“我为人人，人人为我”。人既然在共同体中生活，就会在客观上相互利用，在现代工业化社会中更是如此，这与这个人是否“自私”没有本质关联。“因此在完成对于个别人亦即对于自身的义务时，对于普遍者的义务也便被完成了。”

但问题在于，良心根本无法衡量行动能在多大程度上成全普遍者，因为这种做法与良心的能力和定义都是相悖的。从能力上讲，良心其实无法了解何谓普遍者，它只有不断偶然冒出来的一些洞见（Einsichten），仅此而已，它根本没有能力找到纯粹普遍者，最多只能在各种具体义务中间进行一些相对的区分。就定义而言，良心本就不会去诉诸什么普遍者，因为它向来只满足于直接凭它内心做出决断。

那么良心又是如何在超然于具体义务的同时又将它们拿来充实纯粹义务的呢？第15段便探讨这个问题。

良心横跨并统一那以往被区别开来的两界（纯粹义务和特殊义务），既将普遍性的纯粹义务设定为自己的自在存在和最终目的，又在个体性的生活与行动中展开它的自为存在。超出良心自身的视角来看，它就是自为存在的精神。换句话说，良心是事情本身克服分裂而收束为自我意识形态的表现，事情本身便是自身的根据，它为良心规定的努力方向便是巩固它自身的“善好”。因而黑格尔说，真理就存在于精神自身赋予的那种关于义务的知识中。

为什么真理存在于关于义务的知识中，那又是怎样的一种知识呢？其实这里关于义务的知识并不构成一种自立自足的东西，因为义务隶属于良心的“自身”及其自我确定性，虽然良心很有可能使它在表面上呈现为自立自足的模样，但它之所以能呈现那副模样，则完全依赖于良心的认可与设定，换句话说，义务的自在存在，或者说它作为独立对象呈现在良心面前的那种形态，“不作为真的东西，而仅仅作为被扬弃了的东西、仅仅作为环节而有效准”。这样看来，关键并不在于作为自在存在者的义务知识，而在于作为被良心认可之物的义务知识。

前文中黑格尔多次重申，良心的内容是被它从实际生活中取来的偶然东西，在被它“神圣化”或“普遍化”之后形成的。良心自认为通过这种方式也将纯粹义务的空虚性扬弃了，使纯粹义务充实起来。

可问题在于，良心对它这所谓的内容也并不认真，它总想超然于这些具体个别的内容。它唯一在乎的就是一定要保住自己的确定性，即保住它对这些内容随心所欲地或分或合的权利，并拒绝人们对于这一权利的质疑。它只能通过直接断定的方式主张它那特殊内容是合乎普遍义务、合乎知识的。一旦人们追问这种内容何以合乎普遍义务，它就摆出超然的架势说：“那是因为它出于我的良知，而我的良知是直接具有普遍性的。”——良心的这种做法的脆弱性一望便知。

第16段开始转向良心的普遍性的问题，关注良心之人相互之间的普遍承认。

良心的纯粹知识不再像先前阶段中道德意识怀有的那种纯粹义务一样，只将目光投向未来在彼岸的和谐，而是以共同体中的相互承认为本质特征，因为它自始就认识到自身是现实生活中的一种直接的存在，自始就在现实生活中主张它的自身等同性，而不是期待于遥远未来的彼岸。人人都可以宣扬自己的良心，而且人人都主张自己的良心是扎根于绝对普遍的事情本身之中的，因而人人都有权要求别人的承认。良心由此达到了一种新的人人平等，而且与法权状态下“法律面前人人平等”不同，这不是一种无自身的（selbstlose）抽象平等，而是明确地以良心的个体性自我的身份获得的一种平等。

在此基础上，第17段描述了个体良心与作为精神之自为存在形态的普遍意识之间不对等的张力关系。

这里所谓的普遍意识在前文中不曾出现过，它指的是共同体中普遍被认可的观念，即各个体良心共同予以承认的一些意识内容——实际上这个因素是在为宗教这种精神形态的出现做准备。与之相比，个体良心是特殊的意识，它并不必然被承认。后者的行动虽然被后者认为是正当的，但它毕竟陷入现实世界的具体规定性之中，成了一种“为他存在”。良心既不知道这种行动究竟在多大程度上实现了它自身的意愿和规划，也无法确定它的实际效果是否称得上道德，它只能在主观上认定自己的行动是正当的。换句话说，良心的行动陷入它所不了解的幽暗之境，它无法像它原以为的那样可以轻易建立区别，随后再扬弃那种区别，甚至无法对自己的行动取得完整的知识。行动一经实施，似乎就走出自我意识，不完全受良心控制了，可想而知，这样的行动是否被其他意识承认，是一桩偶然的事情。

个体良心与真正有权评判个人的道德行动是否合乎义务的那种普遍意识，看起来都不受行动的个别性和特殊性的束缚。这双方之间的关系是在共同体层面上的关系，然而二者完全不对等：普遍意识，即通过共同体的普遍观念而具有自身确定性的精神，处于优势地位。个体良心对于普遍意识是否能承认自身，是否认可它的任何一次道德行动，是不确定的，并没有十足的信心。普遍意识在其行动进程中树立起的任何规定性，都必定得到其他意识的认可，因为它们本就依赖于这种普遍意识。

但这种普遍意识不会停留于任何一种特殊规定性上并斤斤计较，即便它沾染了一些具体的规定性，它的重心也不在这些规定性上，而在于维持共同体的道德感和凝聚性。它类似于一个族群、社区或聚落中的整体道德风气，不会仅仅表现为某一种特定的义务或现实的行动，它往往只利用具体的存在和特定的义务作为它暂时表现自身的环节，而不会局限于这种存在或义务之上。因而正如整体道德风气既能将一个人树立为众人学习的楷模，也能在这个人有了道德瑕疵的当时便废弃这种楷模一样，这种普遍意识在设定任何特殊存在或特定义务的当时，就已经埋下了在必要的时候废弃它的种子。这种普遍意识作为自身确定的精神，它的现实性就是它暂时设定的那些义务和规定性，而不是能巩固它对其自身的绝对确定性的那种抽象普遍意义上的义务和规定性。

既然良心在共同体面前只是毫不自信的“小我”，那么在接下来的第18段中，良心阶段的真正危机出现了：不同人的良心之间根本没有天然的高下之别，它们之间会发生普遍的“混战”。

既然个体良心并不把特定的义务及其规定性当一回事，完全注目于自己的确定性，那么其他个体良心就无法了解它是善还是恶，也根本不会受到前者的束缚。换句话说，它们之间似乎没有了共同的标准。其他人的良心与其设定这个人的良心是善的，不如设定它是恶的，因为在它们看来，它根本没有诚意与它们达成共识。一个人的良心设定和提倡的东西，既然它自己都不认真对待，其他人的良心当然就可以随意将其废除掉。每个人的良心只表达他一个人的心声，而无法推及他人。其他人往往通过自己的判断和解释，在自己内心将这个人的良心的有效性消融掉，以便保持它们自己的自我确定性。——由此反观先前良心对于获得他人的普遍承认的那种自信，可以发现那不过是一厢情愿。

难道良心无法摆脱个体性了吗？当然不是。那么良心要如何才能获得共同体的普遍承认呢？第 19 段告诉我们，良心的行动（die Handlung）和作为（die Tat）要被共同体承认和具有道德效准，就必须成为知识。——这里引入“知识”的讨论是为了下文中引入语言问题做铺垫的。

良心的行动毕竟与动物的活动不同，它具有人的生活世界中的意义，它决不是与纯粹自我两相隔绝的纯粹存在。义务之所以被共同体承认和具有效准，就是因为它在人的生活世界中被归于一种知识之下，那种知识就是：它是义务，它是主体在生活中实现这种义务的活动。是知识将行动与它的主体关联起来，也是知识为行动赋予普遍有效的意义，使具有普遍性意义的行动成为良心之生活的核心。

假如存在着未经知识赋予普遍意义的活动，那么它就和动物饿了去觅食一样，是一种纯粹自然性的现实，是人的自然兴趣和自然欲望的一种实现而已。一种定在，要想被提升到本质性（Wesenheit），就必须由知识赋予意义，必须“被知”（*gewußt* wird），而且被众人知道是一种“表达着其自身的个体性”——这意味着它的个体性并非被消灭了，而是成了被共同体承认的个体性。被知即是被承认，尽管那被知的东西只是定在，而且在被知之后依然是定在。打个比方，一个小孩出于调皮玩闹而轻轻敲击窗户，此行为碰巧引起屋主的注意，使之发觉了正躲在门口准备作案的盗贼，这种行为并不能被称为道德行动；而如果那个小孩先发觉盗贼的行为和意图，而后有意识地轻敲门窗提醒屋主注意，这个行为由于被纳入小孩关于这种情况下该如何做事的道德知识，也被纳入共同体内的其他人（比如屋主、旁观者等）关于一个道德之人该如何帮助他人避免损失的知识之中，它必定会被共同体普遍承认为道德之举。

第 20 段接着重申这个意思，并进一步提出只有自我意识才具有持续存在和被长久承认的潜力，而具体行动的效果（Wirkung）则做不到这一点。为何如此？其实我们只要稍稍回想“自我意识”章中欲望的对象为何一定要从物转向自我意识，就不难明白这个问题了。行动的效果本身毕竟是物性的因素，它始终无法长久，更重要的是它无法主动成全人的共同体生活。因而正如那一章中一样，在这里，承认归根结底是对自我意识本身（良心）的承认，是对主体的共同体成员身份的承认，而不仅仅是对行动及其效果的承认。

第 21 段开始引入语言的问题，它揭示出语言对于良心的自我意识有三重的作用：它既使自我意识成为它自身的对象，也使之成为他人普遍承认的对象，还可以由此反过来巩固它的特定存在，亦即使之成为一种被赋予了普遍性、公共性意义的个体存在。

关于语言自来便带有的普遍化功能，我们在“感性”章中早就见识过了。这里所说的语言当然不是偶然的闲谈或随意的话语，而更多地指赋予良心的特殊行动以普遍性意义的那种规定性、界定性话语。比如上述那个例子中旁人与当事人谈论孩子行为的那种语言，就既能使这个孩子意识到自己是得到赞赏、受到关注的，也让共同体中的众人接受这个孩子为颇具道德感与正义感的好孩子，更反过来坚定了这个孩子在他的具体生活中以他特有的方式坚守某一条他隐隐约约地察觉到了的道德之路的信心——请注意，无论是这种方式、认识还是信心，都是这个孩子的一种“变成了自身的定在”（das *zum Selbst gewordne Dasein*）。

第 22 段顺此思路，接着论述了语言对于良心、对于良心行动的实现的根本作用。

上文的论述告诉我们，语言的根本作用在于普遍化，或者说在于使个别的、直接存在的事物在共同体中获得普遍承认。但这种局面只有在精神开始进入其自为存在时才是可能的，而不是一蹴而就的。黑格尔在此回顾和比较了精神发展史的其他各阶段上的语言。

在伦理阶段，语言的任务是在既有的伦理实体或法权状态框架下，在伦理势力（城邦、家庭、帝国等）与个人之间进行传达，即传达伦理势力的命令，表达人的或神的规律，或在日常生活以及艺术作品中表现个人对于伦理势力之必然性的抱怨（die Klage）。当然这并不意味着个人只有哀叹的份，不意味着个人不可以像毕达哥拉斯、赫拉克利特、柏拉图和亚里士多德那样达到对世界和宇宙的精深思考，但黑格尔的意思是，即便如此精深的思考，也要服从那个世界的根本生活模式——伦理——的制约，并运行在那种生活模式之中。

到了教化世界中，自我和世界都成了分裂的、颠倒的，于是语言便成了表达和巩固这种双重化生活模式的东西（比如前面讨论过的阿谀奉承），它无法像在道德阶段那样确信真理就在自我意识以及自我意识扎根其中的意义世界之内，并在找回自身重心的基础上寻求共同体内的相互承认。

然而即便在道德阶段，良心的语言与它之前的道德意识的语言还是有所不同的。道德意识“还是缄默的，封闭于它内心深处与自身为伴”。原因在于，道德意识虽然没有像教化与启蒙那样将自身的本质公然异化，而是将本质收回自身（实际是收回自身的生活世界）之内，然而在其自身之内依然将普遍性与特殊性割裂开来了。当道德意识实现为行动，进入定在时，便会失去普遍性，因而“定在与自身相互之间才刚刚发生外在的关联”。此时的语言才刚刚开始尝试着沟通独立的自我意识和被承认的自我意识这两端，但前者还不是通过语言的普遍化功能在被赋予共同意义后提升为普遍道德意识，而只是通过语言直接断定自身是普遍的、多样的而又被承认的，这种断言虽然也是一种语言形式，却只是道德意识的主观行为，终究没有达到语言应有的普遍化功能。

良心的语言则不同，语言在这里真正开始发挥其普遍化功能，使良心真正确信自己就是意义世界本身的自为存在，确信自身就是本质。我们在上一段中见到的那种语言活动，才算是“行为的真正实现和行动的适用(Gelten)”，因为一种活动只有在共同体中得到承认，才称得上真正的道德行动。因此严格来说，目前阶段才有了真正意义上的道德行动。行为之所以能升格为义务，仅仅因为意识关于它的那种信念被公开表达出来(Aussprechen)，且在共同体内部被承认了。我们在前文中就已发现，一个行为并不因为它被做出来就天然地成为普遍的，它作为一种行为其实算不得什么，它必须作为人们公开表达和公开承认的信念，才在共同体层面上获得普遍的效准，成为真正的精神事物，成为道德行动。

语言对于良心行动的实现的作用也很值得玩味。如果我们忽视语言及其普遍化作用，而直接思考我们的目的如何实现于外部世界之中，那么我们无论是对自己的主观目的（它处在自为存在形式下）还是对于外部世界的表象，便都是抽象的，此时外部世界并不因为其具有极多而繁复的规定性而天然地成为具体的。因为我们一上来就将自我与世界当成两个分离的现成对象，而不是设身处地地体会实际行动者如何在他的整个生活中扎根于意义世界之中，并在种种普遍性意义中获得共同体的承认，与此同时融入世界的普遍性层次之中，那么我们看到的世界并非具体的、真正的现实世界。黑格尔说，所谓行动的实现，并不意味着从抽象的自我一端走向抽象的现实一端，如果没有语言的普遍化作用，行动的实现根本不可能。这实现“意味着把知道它的知识或自为存在即是本质的那种对其自身的直接确定性（*Gewißheit*）的形式，转化为对于意识之对义务深信无疑以及它自主地认识到义务即是良心的那种保证（*Versicherung*）的形式”。这句话初看极为费解，实际上说的是，良心在行动之初固然自认为完全符合本质，但这种“自认为”只不过是一种主观的确定性，或者说是一种主观的独断，它并不足以保证行动的实现，行动的实现必须通过语言的提升或普遍化作用，在得到共同体的接受从而使意识对于自身的合义务性深信不疑的情况下，即在确定性转化为保证的情况下才能达到。——所谓的“保证”是指个人因其行动得到共同体的接纳而获得的一种更深厚、更具客观实在性的确定性。

第 23 段提出了良心的一个疑问：这种保证可靠吗？按照它而做出来的行动一定合乎义务吗？

这些问题极为关键。在本段中黑格尔虽然预设良心会真诚而合乎事情本身要求地行动，因而这种行动自然不存在是否可靠的问题，从而显示出上面这两个问题的不必要性，然而后文中他却极为敏锐地发现良心恰恰可能钻这些问题的空子：良心并不专注于行动，反而利用语言的普遍化作用，发明出一套貌似正确而能欺骗共同体的说辞来为自己的特殊性辩护，那它就无法走向真理了。因而语言的普遍化作用固然是有的，但良心如果企图打着这种普遍化作用的幌子而行自我封闭化之实，而不是实际地通过行动向更深的真理与根据进展，那么语言的普遍化作用对它是无济于事的。

正如上文所说，本段的讨论还没有走到那一步，这里黑格尔权且预设良心会顺着事情本身的要求走向普遍性。在这种情况下，他认为提出上述两个问题是毫无意义的，因为这就像一个孩子怀疑自己父母存在的真实性时，必然将本不可割裂的关系和事实割裂开来了（即设想他的存在和父母的存在毫无关联，他可以将父母当作像外人那样的现成对象），因而这种怀疑本就很可笑。同样，当良心怀疑保证是否可靠时，它就将它内心的意图与那使它得以成立的共同体之意义（“眼前现有的意图”）割裂开了，即它必然假定了个人的意愿可以从共同体的普遍意识那里分离开来。但黑格尔提醒读者，这种分离的状况恰恰已经被克服了，因为在道德意识阶段，外部世界是不可信的，只有个人内心中的意愿才是真实的，那个阶段的个人感到行动是危险的、不纯洁的，但到了良心阶段，由于个人体认到共同体对于它自身的根本作用，那种分离的确已经被扬弃了。

经过这样的辨析，黑格尔才可以说出下面的话而不担心读者会误解：“那对自己确信的自身，它的直接知识就是法律和义务；而它的意图，唯其是它自己的意图，就是正当的东西（das Rechte）”。尽管如此，意识也必须了解这一点，即知道自己是扎根于共同体之中的，不能自以为完全

“独立自主”而陷入任性胡来的境地。当自身公开说出上述信念或保证时，它等于公开承认了共同体的根本地位，也接受了语言对它的普遍化作用，凭借后者它便把自己身上的特殊性扬弃掉了。而共同体中的所有人之间又是通过这种语言的作用，而达到相互承认、相互提升的：“正当的东西的本质就在于那对自己确信的自身的意愿活动（Wollen）中，就在于‘自身即是本质’这一知识中。”

最后，黑格尔再次强调了语言（“说出来”）对于个人意愿被提升为普遍性这一点的关键作用。一个人说他依据良心在行动，这个做法在这里主要不是在自言自语式地陈述他个人所见的事实，而是在向共同体“表态”，表明他愿意依照他的良心指引的那个普遍性方向去行动。这种表态必须在公共空间中进行，而不能私下进行，否则就不成其为表态了。它是极为本质的，因为自我如果不承诺并且未在公共空间实践那个普遍化过程，那么无论他的行动的内容是什么，那内容都不会具有普遍性意义，这正如前面那个例子中的小孩如果不以任何公共地可理解的方式表明他已经学会了那个道德行为，而且在当时是有意在实践道德行为，那么无论那个行为在客观上多么有利于帮助屋主避免损失，它都不能算是一个道德行动。因而黑格尔明确地说，普遍性并不在于行动的内容，而在于行动的形式。而且这种形式才使行动的主体达到与其他主体之间普遍的相互承认。

第 24 段开始引入对优美灵魂（die schöne Seele）① 的讨论。

根据上面的分析，良心在此做何决断（是通过语言和共同体的承认达到普遍性，还是固守特殊性，为此甚至不惜扭曲语言的作用）是至关重要的。良心意识到这一点之后，开始凌驾于一切特定的法律和义务内容之上，惯于将它中意的随便什么内容置于知识和意愿的普遍性形式之中。于是良心自居为“道德天才”（die moralische Genialität），宣称自己内心的声音就代表上帝的意思，而且它是直接与这声音相沟通的，它简直就是“在其概念中便有生命力的那种神圣创造力”，简直无所不能了。在此基础上，它自然认为自己在内心中直接就是在服侍上帝，而它的行动也便直接

---

① “优美灵魂”是自柏拉图、普罗提诺以来欧洲文化界关于集真、善、美于一身的形象的一种人格构想，到中世纪史诗中演变为“因善而美，因美而善”的人的形象，在近代则以浪漫派人士为代表，但也不完全局限在浪漫派。中世纪末期以来比较明显地提出这一构想的有神秘主义、虔敬派、莎夫茨伯里、席勒、理查德森、卢梭、格奥尔格、雅可比、歌德、维兰德。（以上参见德文版维基百科网站。）可见优美灵魂只是一种松散的思想倾向，它并不意味着一套系统的理论和一个固定的思想家群体，黑格尔只是借力打力，以这个概念来刻画精神在近代的一种发展势头，并非专门用来攻击哪个或哪些人。

具有了神圣性和正当性。——黑格尔当然对这种态度是有保留的，他认为这种态度如果不走向普遍性，那么它不仅不意味着向上帝的真正开放，还像本书中以往阶段上出现过的种种意识形态一样，极易走向一种打着开放性的幌子的自我封闭化。

第25段展示出优美灵魂的良心如何能沿着一条良性的道路走向宗教这个更深、更根本的层次。

优美灵魂在内心里对上帝的崇拜其实并非孤立的私人行动，它在本质上是共同体本身的上帝崇拜，而崇拜上帝的共同体便是团契。这就是说，这并不是个别人内心中偶然冒出来的念头，它在本质上是团契向着绝对者（自为存在的精神）本身的开放。这种崇拜是一种持久而自觉的意识，而不是一种忽起忽灭的偶然念头。黑格尔接着复述了前文中关于共同体内良心的表达与相互承认的思想，说在宗教团契中这种情形更为强烈，是“本乎良心和怀有善意的相互保证”，人们相互之间会因为大家怀有的目的的纯洁性而产生喜悦之情，进而会产生维护高尚东西的更强信心和动力。

但良心并非自来如此，这种状态是需要努力才能达到的，只要良心抽象地将纯粹意识与它的自我意识割裂开来，那么它的生活就只能说潜在地受到上帝的庇佑，上帝虽然也出现于它的心灵之前，却总是像一个陌生人一样由外而内地向它做出启示。而它是否听从启示，那还得看它自身愿意不愿意。换句话说，上帝并不是它的现实，只有它的本心才是它的现实，而那是与上帝有距离的。

相反，如果良心得到成全（Vollendung），即当它自觉地走向普遍性时，上面这种区分就被扬弃了。它明白，其实上帝本应该是它的现实，它先前以为的那种与它隔离的纯粹意识只是它自己构造出来的。而那看似自在存在着的上帝只是被人为地构想为与良心无关的存在者，尤其当它隐而未显时就更容易引起良心的这种想象。良心与上帝之间是直接关联在一起的，它们无须第三者（比如教会、现实生活或自然）来沟通；如果需要第三者，那它们之间只会是一种外在的、间接的关系，即一种强行扭结在一起的关系。

黑格尔接着说，当意识超越了上述区别，不再固执于那种区别时，它就认识到，当上帝在它那里呈现时并不是作为一个外来的异己者出现的，而是作为上帝与它自身的统一出现的，而它自身也因此而重新具有生机（“是活生生的自在”），这种认识就是宗教。宗教不是与人的实际生活无关的什么玄奥的知识，也不是关于九天之外的什么神物的知识，它不过就是

“团契说出了它的精神”罢了。——这里再次体现出黑格尔以意义世界为本的思想。

达到与精神（上帝）融合为一的地步后，自我意识恰恰面临着最关键的抉择，它既有可能走向宗教，也有可能陷入对纯粹自我的迷恋而不可自拔。第26段开始展示这种危险。自我意识由于是在自身中直观到绝对者的，它就可能返回到“我＝我”式的直观中去，将它自身当作一切本质性和定在。此时自我意识便将以往被读者们或被意识本身认为实在的各个环节，都视作“再也没有支点和实体的一些抽象物”，以往被意识当作本质的一切都消散为意识构想出来的抽象物了。

黑格尔敏锐地看到，这种貌似最纯粹的状态实际上是最贫乏的形态，而且这种贫乏本身只是一个消逝过程（Verschwinden），根本无法自我保持。自我意识将一切实体都消融到它的绝对确定性中，但这种绝对确定性也并非什么稳固可靠的东西，它“就是在自身中崩溃的绝对非真理”。——这种前景恐怕并非优美灵魂所乐见的，然而问题的关键在于，优美灵魂凭其自身是看不到这种前景的，它被自身蒙蔽了。

有了对此危险的展示，第27段继续说明优美灵魂如果沿着封闭化的方向发展，就会走到一种空虚软弱的境地。

自我意识如今认识到它自身是最重要的，看起来自在存在着的实体实际上是自我意识的知识，而过往的那些分裂的环节实际上并不构成什么对立，因为分裂与对立只是自我意识构造出来的，因而所谓的“异己”之物对自我意识实际上是完全透明的。自我意识设定的诸环节中没有任何一个是真正自在存在的，它们只会相互消失于对方之中，亦即它们中每一个的存在只依赖于对方的存在，而它们相互依赖的这个整体格局本身则是由自我意识设定出来的。

黑格尔将各环节之间相互更替的这种情形与苦恼意识相比。它与苦恼意识的不同在于，自我意识不是被动地在各环节之间来回往复，而是明白整个事情的究竟，进而主动在它自身内进行，用黑格尔自己的话说，此时的自我意识“知道它自身即是理性的概念（der Begriff der Vernunft），至于前者（指苦恼意识——笔者按），则只自在地是理性的概念”。这就是说，苦恼意识自身并不知道它是理性对世界进行内在化的一种尝试，只有哲学家知道这一点，而当前的自我意识则明白地意识到它自身就是理性把握和支配世界的结果（因为世界本身在它看来就是合乎理性的）。如今的自我意识到处都只见到它自身，客观对象在它眼里也都只是它自己涂抹上去的那种色彩和形象，它在世界中只是直接听到它自己所说的话语。

但这并不表明自我意识向世界开放，恰恰反过来表明了它与先前的苦恼意识、近代理性等诸种形态的相似之处：自我封闭性。用黑格尔自己的话说，这里我们只能看到自我意识的自为存在，而看不到它的自在存在，自我意识在这里其实根本就不具有特定的存在，不是一个现实的东西，而它的对象也并不在世界中构成对它的一个现实的否定。自我意识自称为优美灵魂，但这种“不与世俗同浮沉”的自我标榜恰恰显示出它的极端无力：它根本缺乏把自身外在化并经受住定在的能力，反而终日生活在为了保持自身的纯洁而对外物的污染惶恐不安的心态中。悖谬的是，它虽然意识到这种无力，却反而要坚守这种无力，因为只有这样才能在内心中保持它自身的那种美好形象。

于是自我意识就像本书“序言”中所说的那样，满足于它自己创造出来的一些空虚对象，它在这些空虚对象之间的空虚游走总是表现出它对于充实自身的渴望，然而这种渴望在它体会到它自身设定的那些对象的空虚性的过程中总免不了一次次地失落。这就是所谓的“优美灵魂”，黑格尔说，它“在自身中逐渐熄灭，如同一缕无定形的烟雾，扩散于空气之中，消失得无影无踪”。——在这个意义上可以说，优美灵魂就是封闭化的良心。

关于优美灵魂的虚弱性，黑格尔认为不仅要从优美灵魂自身来考察，还要从良心实现于其身外的运动现象与行动的方面来考察，第 28 段开始这一工作。与道德意识可以在行动时暂且认可特殊性的必要性不同，此时的良心或优美灵魂一方面在行动中必须依赖特殊性，另一方面在内心中却一定要超离这特殊性，否认自己与特殊性的关联。因而优美灵魂是言行不一的。——后文中黑格尔正是由这一点出发讨论优美灵魂的“伪善”。

优美灵魂自以为它碰到的对象都直接是它所以为的普遍性，而它的这种理解即是它自己的知识，但它忽略了一个事实，那就是不同的良心对于普遍性的理解和认识其实是不同的。当它们同声赞美上帝的崇高伟大时，它们的语言看起来是一致的，它们因此也能相互承认对方为善的；而一旦从抽象的空虚之语转向具体生活，要以它们各自中意的内容来填充这种普遍性时，它们之间的分歧就显现出来，此时语言“这种普遍的等同性就分解成个别的自为存在的非等同性”，各人的良心就开始坚持自身而相互拒斥。此时不仅出现了个别与个别的对立，还出现了个别与普遍的对立。其情形与上一章中的理性极为相似——只不过那里的理性不像这里的意识一样是自觉地作为精神之形态而出现的。

这样的自我意识，实际上已经像先前那行动的道德意识一样脱离了普遍性，进入个别性生存状态和特殊环境中了，在它看来纯粹义务只是表面化的抽象知识，是与它无关的异己之物，那样的义务在口头说说尚可，却不是自我意识自身的生活中碰到的特殊义务。此时良心已经陷入自相矛盾了，因为它自始便以“与特殊内容无关”来自我标榜，然而它在实际生活中又不得不拿特定的内容来充实空虚的义务。“解决”这种自相矛盾的办法便是它更加强化它自身，即强调那以特定内容充实义务的行动的主体是它自身，强调那些内容只是被它拿来用用而已的工具，而它自身还是不受那些内容沾染的。

但这种“解决”之道不过是走向了另一种更深的自相矛盾罢了，因为对象方面的矛盾被内化为良心自身行为方式的矛盾了：它在内心中以为自己是纯粹自身（reines Selbst），但在现实生活中它又意识到自己完全是特殊的个别存在。

第 29 段展示了这种自相矛盾如何导致良心的伪善（Heuchelei）态度，即反过来将它一向倚重的普遍性或普遍意识称作恶（das Böse）。

前文中我们看到，良心在表面上呈现出两种矛盾：一是不同人的良心之间的矛盾，二是每个人的良心本身与普遍性之间的矛盾。但这两种矛盾都是表面的，它们背后的根本原因是良心与自身的矛盾，即良心的行为方式本身就是言行不一的，而这种言行不一最终又归结为良心的自我封闭化。黑格尔在本段中说，良心赋予它自身和普遍性以不相等的价值，即它终究认为它自身（“对其自身的确定性”）是本质，而普遍性（“自在存在或普遍者”）只能是服从它自身之支配的诸环节之一。在这种格局下，良心与共同体的普遍意识必然是对立的，因为在后者看来，普遍性是本质，而顽固坚持自身的那种优美灵魂则是需要被扬弃的；但在良心自身看来则不然，它认为普遍意识是恶，因为普遍意识不仅不顾它内心的声音，还处处揭露出它与普遍性的不一致。但良心没有看到，它所谓的内心声音并不具有天然的正当性，它越是坚守这内心的声音，反倒可能越偏离它时时标榜自己代表了的那种真正的普遍性，因而它在客观上而言构成了伪善。——请注意，黑格尔对伪善的分析主要是从客观的角度着眼的，他并不是说良心在主观意愿上是伪善的。

第 30 段表明必须揭露良心的伪善。

良心之言行不一、表里不合，实际上就是一种恶。这种恶的糟糕之处恰恰在于它在共同体内营造了它言行一致、表里相合的假象，它依照这种假象来表达自身，它的实际行动（定在）也给人符合这种假象的印象。因此如果不将这种伪善揭露出来，它实际上的不一致性就不为人所察觉，反而在公共世界中呈现为一致性。通常人们相信良心在公共世界中的口头承认和表态，认为它会像它口头宣称的那样尊重义务和德行。

殊不知良心的伪善远不仅仅是良心有意而为的诡计，它在根本上是良心的存在方式，并不完全取决于良心一时一地的意愿。良心只要封闭化地对待自身和事物，就必定会表里不合，这与这个人的私德是否良好并无本质关联。因此黑格尔说，这种良心当它承认普遍性的自在存在时就已经在内心里放弃了这种承认，因为它在内心里对自在存在是蔑视的，是要加以利用的。在它眼里，自在存在根本就没有什么本质，也没有分量，自在存在只是作为真正本质的它自身的一种“*外在工具*”（äußerliches Werkzeug）而存在。

那么该如何揭露良心的伪善呢？接下来的两段分别表明，揭露既不能通过恶的意识的认错与纠正，也不能通过坚持普遍意识的判断来达到，因为它关乎更根本的存在机制，而不是这种整体机制中的任何一个环节（如良心或普遍意识）就能加以改变的。

先看第 31 段，这一段说的是意识本身做不到揭露自己的伪善。

假如恶的意识顽固坚持自身，不管自己与普遍意识有多么不一致也要宣称自己符合内心的规律，那只能视作一种主观的保证，这样的保证显然是不可信的。然而即便撇开不可信的问题不谈，也存在着它的良心与别的意识的良心是否一致的问题，它显然并不能天然地获得其他意识的承认和信赖。反过来说，即便意识招认自己是主观任性的，不一定符合普遍性，那它也只是承认自己陷入内心中感性易变的因素中去了，这样做根本没有揭露出自己的伪善。

黑格尔接着对后一种情况做了一点延伸讨论。其实只要意识顽固地坚持所谓的内心规律和良心，而置大家公认的普遍意识于不顾，那它就等于公开招认自己是恶的了，因为内心的东西只要符合普遍规律，就不该是它个人独有的任性之物，而应该符合普遍公认的东西。黑格尔甚至说那种顽固坚持个人内心的所谓规律的做法等于是“*虐待别人*”。另外，其实现实生活中很难见到绝对只坚持内心判断而完全置共同体于不顾的人，因为即便是封闭化的意识也会发现，要更好地达到封闭化的目的，更好的办法其实是不要让别人发现自己的封闭化，也就是在公共生活中要做出尊重普遍性、承认普遍义务的样子来。

第 32 段讲的是普遍意识也无法揭露伪善。因为当普遍意识斥责良心伪善、卑鄙时，它依据的仅仅是它自身，这等于承认了对方有和它自身一样的存在权利。这就像一个人指责另一个人犯错误时，不是就事论事地指出对方如何错了，其依据仅仅在于自己不同意对方，这种指责是外在的、不成功的。因为这最多只能表明两个人的不一致，而且反过来会暴露出对方与自己一样有道理，至少不能表明自己比对方更有道理。本段的情形也是如此，黑格尔说普遍意识的那种外在的指责反而使恶的意识所宣称的规律成为合法的了——这倒不是说普遍意识为恶的意识背书，或帮助它做了什么论证，而是说它的指责反而使人们注意到了它与恶的意识都存在着这一事实。它的指责恰恰暴露出有人还不承认它，有人还在顽固坚持自己的一套。

不仅如此，第 33 段甚至揭露出，目前阶段的普遍意识（亦称“义务意识”）本身也是伪善的、自相矛盾的。

而这种伪善的根本原因同样在于普遍意识将自身与对方隔离开来了。普遍意识为了跟恶的意识区别开来，有意将现实行动排除在自身之外，希望通过仅仅从事超然的评判来摆脱个别性与普遍性之间的对立。——我们还记得，良心在极力摆脱道德意识深陷其中的个别性与普遍性之争这一点上，与普遍意识是相同的。但是由于它们都没有看到事情本身方面更深的根据并走向那一根据，最后都难免走向片面化、封闭化。

普遍意识所做的判断（Urteil）毋宁只是一种外在的判断。因为它将自己同那恶的意识并列起来，二者在地位上其实是等同的。良心眼见共同体的普遍意识以超然的姿态对它自己做判断而无动于衷，因为这种判断一方面根本不以实际的行动体验为基础，是一种“纸上谈兵”，不会使实际的行动者信服，另一方面，它在这判断的姿态中实际上已经承认了个体良心的存在（“正当性”），良心既然已经具有和普遍意识等同的地位，也就无须在意后者那无关痛痒的评判了。不仅如此，普遍意识的判断还暴露出它如今已违背了自己的初衷：它现在只能等良心的行动实现出来之后才做一些被动的理解，而它当初则是以普遍性的“绝对义务意志”（dem absoluten Willen der Pflicht）自居的，即自居为从一开始便能全面制约行动者的那种普遍者。如今它这般小心翼翼地与实际行动隔绝开来，固然很好地保全了它的纯洁性，然而这又是一种绵软无力、毫无现实性的纯洁性。这同样是一种伪善，它体现为学者或公共人士的话语，他们只想说出一些卓越的言辞，只想表现公共道德的正直性，却丝毫不愿意投入行动中去。

这样看来，义务意识（普遍意识）与良心（恶的意识）同样都是伪善的。这两种意识都是言行不一的，它们的实际情形都不同于它们口头上宣称的，但发生不一致的原因则有所不同：义务意识那里发生不一致的原因在于它自绝于行动而不从事行动，并专门空谈义务，是根本不了解义务的；良心那里的原因则是它自觉地有所保留，因为它原本就没有打算按照口头宣称的那样去行动（因为它认为那是不可能做到的），用黑格尔自己的话说，因为它的行动有“自私的目的”。

黑格尔揭示出对立双方都是伪善的，是为了告诉读者，伪善或自相矛盾是良心或优美灵魂的结构性特征，而不仅仅是哪一方的主观意图。只要处在这个阶段上，无论是个人还是共同体，就必然是伪善的。

顺此思路，第 34 段接着表明，当这种伪善的普遍意识不满足于无力的抽象判断，而要将它的理解伸向具体的行动时，它也总是习惯于对行动者的内心动机做出一些“诛心之论”，却丝毫不反省自己本就是伪善的。

付诸行动的良心（这里称作“行动意识”）声称自己的特殊行动合乎义务，对于这个说法，普遍意识（这里叫作“判断意识”）无力反驳，后者只能从事一些抽象的讨论，但正如前文分析过的，义务抽象地看只是“能容纳任何内容，［本身却］没有任何内容的形式”，就像一种能装下各种水果的漂亮篮子一样。良心的具体行动，既有其普遍性意义，也有其满足个人利益的一面，良心只需强调前一面，用义务概念覆盖这行动，普遍意识也便无话可说了。比如说，如果某人利用公共资源在自家门前的公共土地上搭建花坛，美其名曰“美化公共环境”，实际却是为了用来配合自家装饰的需求，只要法律并未明令禁止这样做，大家即便觉察到他的真实用意，通常也不好说他什么。

但这类现象多了之后，普遍意识一定会有所反应，它不再满足于抽象的义务以及据此义务进行的抽象判断，而是要对具体行动做出判断了，它不再被动评判，而要“主动出击”了。此时它虽然无法改变个人良心与普遍意识之间的基本关系格局，却开始窥测个人内心的动机。它的基本预设是，人人都自私。黑格尔看到，这种做法不过是普遍意识从上述具体行动之两面中的一面（普遍性）直接滑向了另一面（特殊性），它的正当性与先前那种抽象的被动判断相比并无丝毫增加。接着黑格尔举了三个典型的例子：沽名钓誉、好大喜功和追求幸福。当然这三者都是普遍意识自以为能辨别出来的内心意图，行动者真实的内心想法是否如此则未可知。这三个例子都比较简单，读者细思之，其意自明，此处不赘。

最后黑格尔还拿法国那句“仆人眼中无英雄”来发了一番感叹。他的意思是，只要那判断意识偏执地坚持只从个别性来看待行动的这种解读方式，那么无论多么高尚的道德行为，无论多么伟大的人物，在这意识的眼中看来都变得微不足道甚至琐屑可笑了。——这倒颇类似于尼采后来所说的“奴隶道德”。

这种“奴隶道德”在下文中有了更充分的发挥。第35段接着说，判断意识卑鄙且伪善，它做出与行动意识相等同的姿态，诱使行动意识招认，并在内心里鄙夷后者，认为自己要远高于后者。

正如上文中说到的仆人与英雄的例子一样，那做出判断的仆人极有可能诱使英雄放低身段，谦虚地承认自己有常人的一些毛病，希望以这种平易近人的姿态让仆人产生亲近感和忠诚感。这是一种真正的谦虚，因为英雄本可以拿起架子而不失身份的——但他的美德恰恰在于能更谦虚。然而仆人则不这样理解，他会认为自己终于抓住了主人的把柄，以为在人前高高在上的英雄也不过尔尔，他以往一直苦于屈居人下而不能将主人从高台上拉下来，如今终于出了一口气：原来主人也不过是与我一样有着常人缺陷的人。这种想法背后有着仆人深深的自卑感所造成的一种扭曲的自大感和优越感，他的用意还不仅仅在于将主人拉到和自己相同的水平上，他还妄图鄙视主人。

正如上文所说，主人却不然，他将这当作难得的与仆人拉近距离的机会。他以为既然仆人心无芥蒂，愿意与他平等对话，他便大大方方地承认自己也的确有那些常人的毛病。其实这些毛病在主人看来本也不是什么大不了的事情，他承认这些毛病并无损于他是一个英雄，他的承认是为了在仆人与他之间达成相互承认的局面。主人的意愿是良好的，他的做法实际上是要通过语言这种“作为直接的自身的精神之定在”，达成人与人之间的共同体生活。

第36段说，面对行动意识的好心，判断意识却完全没有诚意，它根本无意建立什么相互承认的共同体（Gemeinschaft），黑格尔由此引出了优美灵魂的一个根本特征：拒绝共同体，或拒绝精神。

上述仆人和英雄的例子只是我们借用黑格尔在前文中的例子来说明这里的问题，并不表明两种意识之间一定存在着一种地位高下之别，黑格尔在这里强调的毋宁是两种意识在是否向共同体开放自身这一点上的区别。那封闭的意识在开放的意识招认了自身之后，居然摆出一副大义凛然、矜持自负的姿态，夸耀自己灵魂的优美。这让开放的意识愤怒不已，因为它原本以为自己可以独立存在，在带着十二分的诚意和期待坦白了自身之后，却只招来对方的鄙视。开放的意识交出了“投名状”，不仅不被对方接纳，反而被对方当作要挟自身的把柄。

然而优美灵魂是否真像它自身宣称的那般优美高贵呢？黑格尔根本不欣赏它的这种骄矜姿态，说它不过是“既被精神遗弃又否弃了精神的意识”。这是因为它根本没有认识到，只有精神，而非优美灵魂，才是“在对其自身的绝对确定性中成为一切作为（Tat）与一切现实性之主宰，能够抛弃它们并且能使它们根本不发生”的东西。同时还因为，优美灵魂没有意识到它自身根本就是自相矛盾的：一方面它在语言中客观上已经扬弃了行动的特殊性，另一方面在内心中却又不承认这种扬弃，固执地认为精神的本性只在它的内在良心中，而不在它的实际行动中，与此同时它又相信语言的力量，认为自己内心中的真理得通过语言表达出来。其实行动意识真正在意的是共同体，而不是这种优美灵魂，它只是期待优美灵魂充当共同体对它自身的承认的一个表现者，而优美灵魂居然拒绝实施这一步骤，有意要阻抑行动意识扎根于共同体之中的这个“水到渠成”的过程，要将它内心中对于行动意识的鄙夷，将它与行动意识、与共同体的不一致性发扬出来。那么接下来的局势会如何呢？

第 37 段谈的是，优美灵魂既然是无力的，它终究会见到自己是自我矛盾的“无精神的存在”，终究会忧郁而死。

先说无精神的存在。由于优美灵魂只坚持自己的判断，而不顾共同体这一精神性存在，它就既不能与其他意识达到一种可被直观感受到的统一，也无法进入定在，只能深锁于其内心，玩味它自以为的与绝对本质的所谓“统一”。凡此种种，都是因为优美灵魂脱离了意义世界本身这一根本，成为“一种无精神的存在”。

再说矛盾。优美灵魂一方面坚持只有它自身在内心里才能通达上帝，因而退缩于内心之中，完全不顾世界的情形，但另一方面，精神只有在共同体中才是现实的，虽然普遍意识有退化为公共意见的危险，但共同体却是精神现实存在的必由之途，优美灵魂完全置之不顾，等于是切断了自己与真正现实的精神的关联。在这种情况下，它所能依凭的唯有它内心中与绝对本质的所谓直接沟通，这种直接沟通只是它自以为的沟通，而不是真正的沟通，黑格尔说那不过是“纯粹存在或纯粹虚无”——熟悉《逻辑学》“存在”章的人很容易理解，纯粹存在与纯粹虚无都是最抽象的、最无内容的。

优美灵魂其实并没有力量长期坚持这种状态，它必定消散，只留下无精神的统一性的一缕青烟，供那些有相同精神气质的人追忆。浪漫派人士或许一时之间风云际会，能形成像海德堡、耶拿这样的精神“中心”，但终究会四分五裂，郁郁而终，这些都是黑格尔亲眼所见，因而他所说的浪漫派“忧郁而死”当非虚言。我们记得，黑格尔在耶拿和海德堡这两个浪漫派的重镇任教时都曾对这个流派有过深入观察，他应召前往柏林大学任教的一个原因就是对海德堡的浪漫派风气感到厌倦。

本章的最后三段要从良心过渡到精神的自为存在形态——宗教。

第 38 段讨论良心应走向更高也更深的普遍性，而不是像优美灵魂那样走向自我封闭，因为其实优美灵魂也只是整个事情本身的一个环节，只不过这个环节表现为封闭自主之物，即表现出“非环节”的外貌罢了。

两类意识之间的和解（Ausgleichung，亦译“协调”“平衡”），以及说到底，内心声音与外部现实之间的和解应当如何达到呢？黑格尔说，其实恶的意识（行动意识）先前所做的坦白招认，便是很好的榜样，换言之，和解之路在于良心要向普遍性开放自身，并自觉地扎根于普遍性这个更深的根据之中。这种转变无须暴烈的革命，也不会留下什么后患：“医治精神的创伤，不留丝毫疤痕”。

接着黑格尔提出了行动的个别性与精神之间的关系模式：这种关系是一种运动过程，精神会保留运动的普遍性一面（良心的作为“被精神收回于其自身中去”），并使它的个别性一面（无论那是行动者的内心意图，还是这意图实现出来时遭遇的否定和限制）消失掉（“是直接消逝着的东西”），因而行动者及其个别行动都不是一成不变的，而是运动过程中出现的一些环节。可想而知，强调有限性的现代哲学恐怕绝难同意这种观点，但在讨论这种观点的得失之前，我们是否应当给予它充分的“了解之同情”，即将它的意思尽量弄明白？按照现代的观点，且不说个人的有限性是不可泯灭的，连共同体本身也极有可能被政治狂人或集体意识异化为意识形态的牢笼，黑格尔的这种观点简直不可理喻。殊不知黑格尔作为一个古典型哲学家，根本不是说个人意识或意志要被泯灭（相反，那种情形在现代政治下倒更可能以隐蔽的形式，即以“个人自由”的假面出现），他只是说纯粹私人性的意识或意志与普遍性相比是次要的；他也不是在实然的意义上说共同体一定不会异化（当然由于时代的局限，他可能并没有设想过共同体如何会像 20 世纪这个“极端的年代”那般发生严重异化的情形），而是在应然的意义上说只有普遍性才是真正持久的根据，个人和共同体都应当以普遍性为依归。他并没有以先知的语气对未来做什么预测，即便后来共同体发生异化现象，那也是后代人“不争气”，不是普遍性本身的错，更不意味着我们应该全盘抛弃普遍性。

下文中具体阐释了先前所说的两种类型的意识（恶的意识，或曰行动意识，以及优美灵魂，或曰判断意识）其实都只是这个运动过程中的一个环节。前文中已经通过恶的意识的主动招认，表明它已认识到自己是这样一个环节；现在问题的关键在于表明判断意识为何也是这样的一个环节。判断意识根本不像它自以为的那样可以超然于对立双方做出公正的评判，它的片面性也是同样明显的，它其实只能代表它自身，而不能代表其他与它同样骄矜自傲的优美灵魂，更不能代表事情本身。它作为顽固坚守这种片面性而又自认为根本不片面的一种意识，可想而知是无法得到共同体的承认的，因而它的判断也无法得到共同体的承认。而要获得这种承认，它必须放弃它先前自以为拥有的对精神的“直接代表权”，首先放下身段，承认自己是一种特定的存在，承认精神是比它更根本的、更高的力量。

第 39 段描述了行动意识与判断意识各自是如何走向绝对精神（der absolute Geist）的。

判断意识（优美灵魂）之所以能放弃自己那种内外分划并固守内心的生活方式，根本原因在于它感觉到本质并不在自己内心中，相反，它的对方（行动意识，恶的意识）恰恰是极为本质的，它自身的根据也部分地体现在那对方之中（“事实上它在前者［指行动意识——笔者按］之中直观到了它自身”）。为什么说它的根据也体现在对方之中呢？行动意识既然供认了它的现实是一种特殊物，这就表明它已经投身于或扎根于普遍性之中了，表明它已经从自己的那些感性的缺陷，从先前固守自己的特殊性的状态，转回到它自身真正的根据之上去了——这倒不是说完全消除感性因素或特殊性，而是指它们服从于普遍性。这样一来，只要优美灵魂秉持公心，真正以精神为后盾，它便能发现那行动意识归服于普遍性（精神），它便能在行动意识中认出它自身了。

行动意识如今宽恕了判断意识曾经对自己做过的夸大其词的评判，这种宽恕已经表明它不再固守自己原先的立场，相反它认识到自己原先当作本质的东西（自为的行动）实际上是非现实的，而它先前在内心里当作恶的东西，即共同体事物，如今则被它当作好的东西。换句话说，就像判断意识放弃了所谓出自个人内心声音的那种判断活动一样，行动意识也不再敌视普遍意识所规定下来的思想并固守自己对行动的那种“自为存在着的规定”，而是看到了这貌似极端相反的两方之间的内在相通之处。

到这里便不难明白，和解的根本不在于个人与个人之间的宽恕，而在于普遍性支配特殊性，因而它是“定在的精神”，这种精神不仅能在绝对个别性中依然保持其自身为普遍性本质，而且能自觉地直观到这一点。在黑格尔看来，精神自觉地认识到自身的存在方式，并通过相互承认而成全自身的这种存在方式，就成了“绝对精神”。

在描述完过渡过程后，最后一段表明了绝对精神的宗教阶段[1]的逻辑起点与局限：它虽然是认识到自身即是绝对本质的精神形态，它的两个主要环节也达到了这种极为纯粹的认识，都不再受到此前的六章所描述的各个阶段中的种种环节的局限，但它毕竟还是一种一分为二的精神，换言之，即便在达到自为存在的精神内部，也还是分裂成普遍性（连续性）的一方和个别性（离散性）的另一方，绝对精神尚未走向它自身内最隐秘的统一性根据。

段首劈头就提出了作为其自身的绝对精神——不是作为意识、自我意识、理性、精神的绝对精神，尽管它们也都是绝对精神的某种低层次的表现形式——在什么条件下才出现于世的问题。“它（指绝对精神——笔者按）只有在顶点（Spitze）上才进入定在，在那里它关于其自身的纯粹知识（reines Wissen）就是它与其自身之间的对立和交替。”这就是说，人虽然生活在感性事物的包围中，但他依然能只在纯粹知识的层次上与这些事物打交道，比如当我喝葡萄酒时，我不是着眼于它的自然、经济、伦理、法律乃至道德意义，而仅仅着眼于它作为绝对者（耶稣的宝血）的象征者这一意义。我与精神事物乃至其他人打交道时也同样如此。此时我所进入的问题格局（“对立和交替”）便是绝对知识与我关于绝对者的个别知识之间[2]的争执，此时我们的自我意识便可被视作绝对者的表现者。上文中黑格尔这句话的意思是，只有当我们进入这样的纯粹知识之争时，我们才算达到宗教的层次。而宗教本身在人类历史上是一直都存在的，尽管在

① 实际上包括了后来体系时期所说的“艺术”和“宗教”这两个阶段。

② 而这两种知识相对于此前的现象学中的所有知识形态而言，都是极为纯粹的。

不同时代它的完善程度与精细化程度有所不同。这就意味着，黑格尔上述“在顶点上”的说法不是在时间意义上，而是在逻辑的条件或存在的条件的意义上说的。换句话说，绝对精神在不同时代都作为绝对精神透显出来，但没有达到上述“顶点”的人群与文化就不知绝对精神为何物，也不会有真正的宗教。

辨别清楚宗教的定位问题后，黑格尔在下面要谈的意思就不难理解了。

在宗教中，构成张力的双方是认知着的义务（wissende Pflicht）和个别性知识（亦称“恶的意识”）。前者是自知其为抽象知识的一种关于义务的知识，在宗教中被视为“真正的信仰”“上帝之道”“真理”等，它虽然是抽象的，却被视作判定一种行为是否合乎义务的真正尺度，它惯于将个别性和特殊性视作恶（das Böse）；后者是信徒个人对于这真理的认知，它总是带有个别性，但被信徒自身视为真正现实的本质知识。前一种知识则容易被信徒当作抽象而脱离实际的教条，在它看来，后者并没有什么独立自主性，反而容易沦为为个别集团利益服务的空洞口号。当然，与此前的意识与精神的种种形态相比，如今这对立的双方都是极为纯粹的，因为它们所争执的只是绝对精神本身，而不是比绝对精神更低或更浅的层面上的任何身外之物，它们所争执的只是与意识的真理最切身相关的东西，而不是意识之外的什么东西。认知着的义务主张的是精神关于自身的知识的普遍性、统一性一面，而恶的意识也同样是精神的自身内存在（Insichsein），只不过它措意的是这种存在在个人内心的体现。黑格尔也将这种体现称作话语（Rede）。话语是精神在个人意识中的当下存在，是精神的具体体现。如果没有话语，精神便无法达到对“在其自身之中”的确定性，因为那时精神便无法达到对自身的理解。①

这两种精神或两种意识，除了纯粹意识（或绝对精神）本身之外别无目的，也没有绝对精神之外的存在，然而二者之间还是有区别的。由于这种区别是绝对精神本身在宗教阶段的结构性特征，因而它是绝对的，换句话说，我们用此前的一切概念都无法弥合乃至理解这种区别，必须站在绝对精神本身的立场上才能理解这种区别。而且值得注意的是，这种区别不仅仅是对哲学家和读者而言的，还是对绝对精神的双方而言的，它们都明知有这种区别却还要坚持这种区别。由于区别是绝对的，有两种意识分别

① 这里的语义颇有可与海德格尔的“此在”概念相比之处。

以这区别的某一方为自己的全部，而看不到区别还有弥合的可能。这两种意识都认为自己就是自我（Ich），都认为自己具备了应当具备的全部内容，是完整的存在，也都认为对方是与自身绝对对立的东西。接着黑格尔说出了对于我们理解它的宗教思想极为关键的一句话："这样同其自身对立并进入定在的东西，是完全内在的东西（das vollkommen *Innre*）"。换句话说，黑格尔将宗教阶段的对立双方，无论是那代表普遍真理的绝对者，还是那代表个别性的信仰意识，都当作人的理性能理解的内在之物，而不是像中世纪那样理解成超越之物。

但宗教毕竟是绝对精神在"意识"阶段的表现，它还不是达到了"自我意识"阶段的绝对精神。由此黑格尔就进入宗教的局限性问题了。意识在宗教发展过程中逐渐认识到，虽然对立双方中的一方强调连续性，强调世界（包括那对立的另一方）理应是连续一体的，另一方强调自己的独立性，强调要脱离抽象的统一性，然而世界本身更深的根据却是"我＝我"式的连续性和同一性（这与上述对立双方中的前者已经有所不同，它不再是抽象的统一性）。这样意识就走向了自我意识，宗教便转入了哲学。哲学所认识到的那个作为世界之终极根据的统一性，其实同样还是宗教所追求的那个对象——上帝，但哲学对上帝的认识却与宗教的认识有所不同，此为后话，我们在"宗教"章向"绝对知识"章过渡的地方再讨论。

第七章 宗 教

导 引

一 黑格尔所见的宗教

翻开“宗教”这一章，读者可能会心生疑窦：为什么黑格尔没有沿着上一章的思路直接写良心与优美灵魂所找寻的上帝，在这一章的进展过程中也没有费什么笔墨回到这个问题上来，去专门探讨它们心目中的那位上帝的性质？因为良心与优美灵魂只是黑格尔拿来从意义世界向意义世界的统一性过渡的一个阶梯。黑格尔要谈论的根本不局限于现代基督教的某种特殊形态，而是作为意义世界的统一性，或作为精神的自我反思形态的绝对精神是如何出现的。那么何谓意义世界的统一性？何谓精神的自我反思？

与专业的神学研究相比，“宗教”章显得相当单薄，它只是简单对比了宗教和艺术的几种类型，并初步讨论了一下基督教的上帝观和三位一体学说。但这样的讨论对于呈现出黑格尔眼中宗教形态的绝对精神的基本特征而言，已经足够了。不仅如此，“宗教”章是黑格尔在学生时代与家庭教师期间研究宗教哲学的一个系统化总结，也为晚期更加体系化的《宗教哲学讲演录》提供了基本的结构框架和大量的思想种子。我们无意详细追索这个发展史，这里只将注意力放在对理解本书极为关键的一个核心问题上：黑格尔究竟是如何看待宗教的？换句话说，宗教与意义世界之间的关系如何？这个问题既关系到如何理解这一章的文本，也涉及如何在近代以来的宗教思想谱系中看待黑格尔宗教观，更决定了我们该如何看待青年黑格尔派的宗教批判。

正如上章末的文本解析所证明的，黑格尔的宗教观是一种内在性的宗教观。无论黑格尔在此前各章中的超感性世界、苦恼意识、伦理宗教、中世纪彼岸世界、启蒙宗教、道德宗教的视角下，还是在如今绝对精神（达到自我意识的精神）的视角下看待宗教及其相关现象，他始终是站在意识的自我分裂（作为意识形态的宗教）、自我双重化（作为精神形态的宗教）或自我反思（作为绝对精神的宗教）的立场上在讨论问题。而读者考察过整个“精神”章后不难明白，意识的形态其实说到底依然是意义世界自身内的事情，以意义世界为根据，精神的形态自不必说，它们当然也是意义世界的形态，而绝对精神则是意义世界通过人的意识进行的自我反思。这样看来，无论黑格尔从哪个角度考察宗教，后者在他看来都是意义世界本身的自我运动的产物。

但这并不意味着宗教、上帝和天国都是人的主观意识制造出来的安慰剂。站在黑格尔所持的近代内在性世界观的立场看，他对双重化世界的描述是可以说得通的，但那是世界本身在自行双重化，而不是人的主观意识与主体行动就能做到的。探讨黑格尔宗教观的时代局限固然是有必要的，但那要建立在尽量同情地了解他的基础上，而这种“同情”恐怕不能直接从青年黑格尔派的宗教批判立场出发，将黑格尔的宗教观当作这种批判的反面。如果不立足于世界本身，而立足于意识，我们恐怕抓不住黑格尔宗教哲学的真正立场。

为什么说宗教是世界本身的双重化，而不是意识的投射物呢？我们都知道，后来的尼采和海德格尔都将西方的上帝观纳入一个更大的双重化谱系之下来考察，这个谱系还包括柏拉图的理念、亚里士多德的不动的推动者、新柏拉图主义的元一、近代哲学中的绝对者，以及黑格尔的绝对精神。其实这样的考察方式本身在很大程度上源出于黑格尔本人。

表面看来，我们似乎可以对宗教现象做一种客观知识性研究，考察者自身的眼光、视角和立场在此无关紧要。然而如果我们还没有达到意义世界本身的层面，而是局限在意识的各层次（比如知性、自我意识）来看待宗教，那始终只是一种外在的观察。回顾“知性”章中对“超感性世界”的描述，我们会发现知性始终只是站在它自认为有把握理解的实在现象一面，凭着它对这现象的观察总结，自以为是地在实在现象背后设定一种超越此现象的“真实存在”。其实这种设定并不是为了那所谓的真实存在本身，而只是为了知性能在实在现象面前、在普通常识面前占据一种优势性的“权威解释者”地位。这种做法的外在性是不言而喻的。到了“自我意识”章中，苦恼意识依然驻足于自身之中，它切身感受到的是自身内心世界和周围生活世界的空虚性与抽象性，无论是心中还是身外都找不到安身立命之所。于是它开始将目光投向它一厢情愿地认定的一个彼岸的美好世界。（在这个层次上看，青年黑格尔派的宗教批判确乎是有理的，宗教的确有意识的自我投射的成分。）然而无论这种认定是个别人的偶然活动还是长时间、大范围的集体现象，这里终究无可否认的是，自我意识只是从自身生存的窘境出发主观地认定有一个希望之地存在罢了，至于那个世界是否真与世界本身相关，它在苦恼意识的主观认定之外是否还有任何客观的存在，苦恼意识除了主观的苦恼之外是否还有并未被意识到的更深根据和出路，这些都是意识没有能力也没有兴趣了解的问题，因为它们全都超出了意识的层面，只有在世界本身的层次上才能得到探讨。

然而“精神”章也并非考察宗教的合适地方。读者读到“宗教”章自然会产生一个疑问：既然前面各章（包括“精神”章）中已经在各个层面上、以各种方式多次考察过宗教了，甚至已经在意义世界本身的层次上讨论过宗教（伦理宗教、中世纪彼岸世界）了，为什么还要单独开辟一章来专门考察宗教？这个问题的实质是自在存在的精神与自为存在的精神之间的差异，或者说“精神”章与“宗教”章之间的差异。

黑格尔将宗教当作精神的自为存在，或者说精神在这里达到了它的自我意识阶段。首先，这就意味着宗教是一种精神形态，或者说是世界本身的一种整体形态，它关乎世上万物和所有人的生活，而不是“宗教界”人士的私事。其次，究竟何谓精神的自为存在，或者精神的自我意识阶段？它指的是意义世界的统一性（绝对者）作为它的根据显现出来之后，假手于人的意识与行动而逐步使自身明晰化并巩固自身的过程。这并不意味着教会神职人员或一般信徒对于自身充当绝对者之代表这一点都有清楚的意识，也不意味着他们一定都有一种对于意义世界本身的根据的宏大思考，他们和他们的活动只要在客观上促进事情本身的如上这般运动，便足以成为“宗教”章的描述对象了。和“宗教”章相比，“精神”章虽然已经达到了意义世界的层次，但那一章中涉及宗教问题的方式仍显外在化，我们以伦理宗教和双重化世界为例简要说明这一点。在伦理实体或法权状态层面上，人们虽然都超出了意识的立场，而扎根于比个人更大的某种伦理或法律势力之中，但都只是将神作为自己的自然正当性的根据来对待的，而并非真正以世界为念，绝对者在世界上的体现方式和这种体现方式的局限性这些问题更非人们所想。到了中世纪基督教，“精神”章依然是以世界自身的分裂为现成的前提，在此前提下讨论彼岸世界与教化世界会给人的生活结构与知识结构带来何种影响，以及人们在这类结构中如何自处，还有世界的这种双重化会走向何方等问题。世界的统一性本身依然不是那里关注的焦点。到了启蒙时代，考察的方式依然与此类似。总而言之，在“精神”章中，意义世界本身的统一性根据始终不是考察的对象，那里虽然有意识地将世界当作超出人的意识的根据，但考察的对象终究只是上述统一性根据的表现形式：世界的种种形态和现象。

这里需要注意的是黑格尔从意识到绝对精神的各层面贯彻始终的内在性。即便彼岸世界和上帝被设定为超越意识和尘世的存在，但这种设定终究是人可以理解的一个世界本身之所为，黑格尔也始终是将这彼岸与尘世作为同一个意义世界（双重化世界）的两个不同层面来看待的，“上下彼此一盘棋”。换句话说，在黑格尔那里不存在中世纪意义上只可无限接近，但始终无法彻底理解的一种超越性上帝。上帝虽然被放置到世界的统一性根据这一至为崇高的地位上，但这样的放置毕竟还是理性所为，上帝不是因为他自身崇高而崇高，他的崇高是以理性的承认为前提的。

二　黑格尔宗教观的源与流

这种内在性宗教观绝非黑格尔独创，在黑格尔之前，这种观念已经孕育和演变了数个世纪之久。这里无暇详细梳理中世纪晚期唯名论、德国神秘主义（以埃克哈特和库萨为主要代表）对于内在性思想的预备工作，以及费奇诺、布鲁诺等早期近代思想家对这一思想的展开和固化，也无法展开讨论内在性思想在近代全面拓展的情形，而只以近代唯理论为例简要展示一下近代内在性上帝观。

我们在“精神”章的“导引”中已经介绍过笛卡尔的上帝的内在性。这样的格局绝非笛卡尔一人任意所为，他之所以一方面认为我思足以充当认知意义上的根据，另一方面又援引上帝作为存在意义上的根据，是因为这个世界在他之前已经先行内在化了。没有这种内在化，我思的根本地位和人对自己的理性上帝观的确定性便都是无法想象的。上帝或许还存在着不为理性所知的超越的一面，但那并不重要，只有理性可以认知的内在表现才是真正重要的，人可以凭借自己的认知获取一条通达上帝的坦途。因而上帝固然在存在上创造和规定着世界万物，然而人更可以凭借理性的认知而承认上帝的崇高地位，并摸索世界的内在理路，寻求通往上帝之路，这两方面是同样确定的，而且根本不矛盾。

人不再是中世纪信徒那种战战兢兢仰望上苍、对自己有关上帝的知识并无十足把握的开放性形象，而是确信自身对“崇高上帝”的认识是唯一的真理之路的一副志得意满的形象。斯宾诺莎与莱布尼茨思想尽管有许多细微的差别，甚至往往被后世学者认为风格迥异，然而他们只是从不同方面巩固了笛卡尔的上帝观。

斯宾诺莎的哲学历来被人视作“泛神论”，良有以也。表面看来，斯宾诺莎的上帝有着相当传统的形象，它是世界的总根据，万物只有作为它的属性与样态，才可能存在，难道中世纪神学家们不就是这样描绘上帝的吗？但稍加详查，就不难发现斯宾诺莎与中世纪之间存在着一个关键的区别：具体的事物与事物之间，固然有着相对而言的局限性，这个事物是那个事物的属性，那个事物是这个事物的承载者，这个事物是那个事物的前提，那个事物是这个事物的结果；但世界之整体却是人的理性可以把握的，它和理性一样都是自足的封闭体。这里有两个证据：(1) 斯宾诺莎有时干脆就把上帝与自然等同起来，这证明在他心目中，世界，或者广义上的自然，是一个自足的整体，它的各种规定是它自身就具备的，不是外来的，它也不依赖于外物，而上帝不过是这样一个内在世界的终极秩序罢了；(2) 他对上帝的“实体－属性－样态”三个层次的描述，本身就是理性能力的结果，他从未像库萨那样，尽管对上帝已经有了十分完备和系统的描述，却总不忘加上一句：这些描述最多只是人的一种猜想，上帝本身对于人而言是不可能完全通达与认知的。斯宾诺莎有着近代人的自信，他一方面认为世界是自足地存在着的，自身就具备着一种神圣性，另一方面认为人在原则上、理论上而言是有可能完全理解世界的。

相比之下，莱布尼茨的世界图景则更偏重于个体的自由。每个单子，包括上帝、人与其他各种可以自成一体的事物，都可以以一种封闭主体的身份对待他者。单子的关键不在于是否具有可见的独立形体，而在于是否具有自足性。如果把莱布尼茨放在从笛卡尔到康德的“我思－先验统觉”谱系下来看，他的单子论无疑担当了全面铺展与推进笛卡尔的主体观的重任。和笛卡尔、斯宾诺莎类似，莱布尼茨那里除了有进行感知的各具体单子的层面之外，还有一个普遍理性能力的层面，这个层面承认与设定了单子与单子之间的先定和谐，这种先定和谐规定了各自由单子的活动范围与方式。尽管在存在的意义上说，先定和谐是由上帝创造的，但它恰恰是一种内在化了的世界秩序，这就是说，上帝的创造和在世界内的体现方式都是可以理解的，人也只从这可理解的内在化一面去理解和追求上帝。

德国一位功底深厚的哲学史家舒尔茨（Walter Schulz）提出过一个观点，对我们这里的问题颇有启发。他说德国观念论之前的近代哲学总是将上帝设立为人的理性的一个边界，而德国观念论则不同，它企图否认上帝的不可认识性，而要在有限与无限的整体关联中彻底理解上帝。[①] 这就是说，对于上帝及其奠定的世界终极秩序，先前的近代哲学（包括康德）都抱持承认、预设、接受而不予正面思考的态度[②]，但这并不妨碍笛卡尔在“第三沉思”中向上帝伸出援手，斯宾诺莎提出上帝即自然，莱布尼茨提出充足理由律和先定和谐论，他们认为我们可以思考上帝力量在这个世界上的各种体现形式，而且这些体现形式正好反过来间接证明了我们对上帝的预设是正确的，但这毕竟不等于正面思考上帝。德国观念论则不同，它不认为这些体现形式是上帝力量的外在表现，而认为那就是上帝力量本身，或者说就是上帝力量必然的活动方式，而且它们作为一个体系的各个层面，遵从一种井然有序的层级架构，乃至它们本身就构成上帝由自然到社会再到自身的神圣天意的运行过程。这就意味着，近代理性到了德国观念论这里，真正成了整个世界之存在的唯一审核者，那些高于它的、异于它的，乃至表面看来反对它的因素，也都必须先经过它的承认，才能高于、异于或反对它。换句话说，近代理性在德国观念论这里才真正达到了对自身的彻底反思，或者说真正达到了它的“自我意识”。

费希特、早期谢林、黑格尔的哲学就是系统推进这一计划的形态，这里自不必多说。与之相比，后期谢林的肯定哲学像是一个异数，它极其强调理性的有限性和上帝的超越性，甚至指出理性连现实的世界也理解不了，只能满足于它为世界构造的一种可能性。谢林的这种构想算不算一种超越性思想？笔者以为，谢林的确看到了近代理性的界限，他的上帝观的确是对黑格尔所处的那个完全坚信而不反思上帝的内在性的传统的一种强劲反动，更不能划入黑格尔思想的势力范围之内，但他并未因此而直接跨出上述界限，走向一种真正的超越性思想，因为他虽然说上帝之内在的、可被理性理解的一面是以上帝本身的超越性意志为根据的，但他依然承袭了近代以来以理性的承认为上帝的超越性之前提的传统，并没有恢复人对

---

① Walter Schulz. Der Gott der neuzeitlichen Metaphysik. Pfullingen: Verlag Günther Neske, 1991: 24-25.

② 笛卡尔、斯宾诺莎与莱布尼茨的上述图景严格来说只是一种独断的设定，缺乏证明。我们可以将其作为近代人看待世界与上帝的典型模式，但同时也要注意，他们并未从理论上论证上帝的内在性，换句话说，上帝与理性的关系在他们那里毕竟还是相当外在的。

上帝的认识的猜想性和开放性。这就是说，尽管他声称上帝超出人的理性，极力恢复上帝神圣潜能的自主性，但他对这种超越性的描述本身并不具备开放性，这种描述本身恰恰还是理性的行为（谢林深入创世之前的上帝内部对其结构与活动方式进行的描述更是如此），很可能依然是将上帝内在化的一种尝试。

在大致了解内在性上帝观在黑格尔之前和他所在时代的发展情况后，我们不妨再看看黑格尔本人的内在性宗教观在他身后的影响。

通常我们说到内在性宗教观时，比较容易基于青年黑格尔派的宗教批判的立场来看问题，这样就很容易认为费尔巴哈、马克思一系的观点（认为宗教仅仅是意识的构造物与投射物）才是内在性宗教观的典型代表。在这种观点看来，近代哲学家们的上帝观是一种与基督教千年传统无异的超越性上帝观，而尼采以降的现代思想家则持一种无神论主张（“上帝死了”）。这种观点的漏洞是显而易见的，它既不能理解近代上帝观的内在性，也看不到这一内在性上帝观在现代哲学史上的长久影响和后续发展。而它的要害在于青年黑格尔派对黑格尔内在性宗教观遗产的片面继承，即站在意识哲学的立场或社会性（主体间性）的立场上，将上帝仅仅解释成人的意识或人的社会活动的产物，简言之，它认为上帝是人造的。

费尔巴哈以来的青年黑格尔派所做的宗教批判虽然在很大程度上是黑格尔宗教思想的遗产（当然这种遗产很多时候恰恰表现为对黑格尔的批判），但这种遗产与老师本身的思想之间也有很明显的错位。费尔巴哈曾在他的《未来哲学原理》中将基督教以来的有神论、泛神论和唯心主义全部纳入同一个传统中，他甚至说上帝就是唯心主义的最初创始人。而在近代唯心主义看来，自然的存在、秩序和意义是由一个思维主体赋予的，或者至少必须得到思维主体的审核和认可，才向人显现，才被人所理解，才是“真实”的——而这种所谓的真实，在费尔巴哈看来恰好是虚假和幻象，因为它是如下思维活动的思想后果：真正真实的自然，被思维主体扭曲为一种“任思维摆布”的幽灵和空虚，真实的存在在思维中被抽离了一切性质，成为一种臆想出来的存在。[①] 而他自己的自然概念则要接续古希腊人对于世界的理解，是最为丰富、最具意义的存在本身。

马克思的批判则以社会性为立足点，我们明显可以看出他对黑格尔的双重化世界思想有了更多的同情，然而他终究还是没有立足于世界本身看

① 费尔巴哈. 未来哲学原理. 洪谦，译. 北京：生活·读书·新知三联书店，1955：30，43.

问题，他真正在意的是社会性。他在《关于费尔巴哈的提纲》中说："费尔巴哈是从宗教上的自我异化，从世界被二重化为宗教世界和世俗世界这一事实出发的。他做的工作是把宗教世界归结于它的世俗基础。但是，世俗基础使自己从自身中分离出去，并在云霄中固定为一个独立王国，这只能用这个世俗基础的自我分裂和自我矛盾来说明。"①

从二人的论述中，我们明显可以看见黑格尔在《精神现象学》中的宗教哲学的影响，说他们对宗教的批判运行在黑格尔的世界双重化思想这个舞台上，当不为过。然而更值得注意的是，他们却都或多或少从黑格尔已经达到的世界本身的立场那里退缩了，分别回到了意识哲学立场和社会性立场，而那两种立场恰恰是黑格尔在《精神现象学》前五章中已经克服了的。可想而知，如果我们说到"内在性宗教观"时便只想起这两种立场，那么我们对近代上帝观及其现代遗产的理解就必然会发生偏差。

至于现代哲学中内在性宗教观的演变，比如在尼采、海德格尔那里的情形，由于它们不像青年黑格尔派这样与黑格尔哲学紧密关联在一起，这里暂不涉及。那属于另一项考察任务。

三 余下的思考

但宗教果真如黑格尔所言是内在的吗？其实近代以来对宗教的整个内在化解读都只有在中世纪晚期唯名论日渐得势和神秘主义思想对上帝内在性存在的通透描述（比如库萨《关于能一在的三人谈》中所做的那样②）的基础上，才是可能的。

上文说的是，站在近代以来的内在性世界观的立场上看，黑格尔关于宗教史的论述是可以说得通的，但问题在于，这种内在性世界观本身是在中世纪晚期以来才逐渐成形和固化下来的，它并不是古代人和中世纪人本身的立场。而黑格尔自己却和其他近代哲学家一样，并不知道这一点。如果在还没有进入黑格尔思想之前就匆忙提出这一点，并据此全盘拒绝黑格尔，那未免对黑格尔过于苛责了，而且照那样说，基于内在性世界观的几

---

① 马克思. 关于费尔巴哈的提纲//马克思恩格斯选集：第一卷. 3 版. 北京：人民出版社，2012：134.

② 当然这里只是说库萨思想有其内在性的一面，并不是说库萨完全认同唯名论。根据卡西勒等当代德国学者的考证，库萨的内在性思想有一个借道于费奇诺、布鲁诺影响后来的近代欧洲思想的隐秘的历史。参见：E. Cassirer. Individuum und Kosmos in der Philosophie der Renaissance. Wiesbaden：Springer Fachmedien，1924：Kap. 2。

乎整个近代思想都不必研究了。但如果我们对黑格尔思想有了充分的了解之同情，则反而必须留意这一点，否则就容易陷入对内在性世界观的盲信而不自知。

正文义解

在本章的“引子”部分，黑格尔列述了绝对者在先前各阶段上的各种非本己的表现形式，表明那些都不是对宗教的正式考察，进而显示出本章的任务，并初步介绍了宗教精神的一些基本规定性。首段即是对整个“引子”的一个预告。黑格尔说，此前对宗教的种种描述都是“从了解到绝对本质（absoluten Wesens）的那种意识的立足点（*Standpunkte*）出发而言”的。这当然不是说此前的所有形态都属于意识哲学，而是说无论是在意识、自我意识与理性的层面上（前五章），还是在世界本身的层面上（第六章），意识都或者只是感觉到精神的重要性，或者只是基于精神而活动，却没有立足于世界本身的统一性去看问题，后者才达到了黑格尔所谓的“自在自为的绝对本质自身”或“精神的自我意识”。但我们不可由此生出“精神抛开人的意识，自己现身于世”的臆想，在黑格尔这里，即便精神的自我意识，也只能通过人的意识和行动才能体现出来，并没有一个抛开人的意识的单独的、人格性的精神。可见“精神”章与“宗教”章的关键区别是不仅要立足于世界本身，还要基于世界本身的统一性之上行事。

第2段开始逐一梳理绝对者在先前各阶段上的表现形式。这一段介绍的是知性阶段的超感性之物和意识阶段的苦恼意识。超感性之物的缺陷在于，它只是知性人为设定的所谓“内在本质”，只是知性出于对感性现实之物的拒斥而对普遍者发生的向往之情，而根本没有立足于绝对者本身讨论绝对者，知性所见到的这普遍者“距离那知道自身是精神的精神还很远”。

与此类似，从精神本身的角度来看，苦恼意识只是精神再次企图使自身达到“对象性”而终未成功的一次努力。自我意识只知道站在自身的角度寻求它所意谓的“不变的本质”，它不理解的是，它的这种姿态或行事方式本身注定了它无法达到后者，后者只能是一个遥遥相望的彼岸，而且这样的彼岸远不如“精神”章中的彼岸那么坚实。

最后黑格尔还简单提了一下“理性”章中为何不见宗教的踪迹。“理性的自我意识是在直接的当前中了解或寻求其自身的”，换句话说，理性是在见到世上万物在某种程度上都有赖于它的设定之后，便自以为全世界“唯我独尊”，世界万物都是对它的力量的确认。这种以自身为本质的意识，当然无须往一个彼岸世界去寻找绝对本质。

和前面几种表现形式所占的篇幅相比，黑格尔对精神阶段的三种表现形式的讨论更详细。第 3 段讨论伦理阶段的“地下世界的宗教”（die *Religion* der *Unterwelt*）。（这里黑格尔没有讨论古希腊地方宗教，即奥林匹斯诸神的宗教。）这种宗教的缺陷是，死去的先祖的精神始终停留于个别的静止形象的状态，无法达到普遍性。一个家族成员逝去后，他虽然受到家族其他成员（尤其是后辈）的尊崇，也似乎时时都能当下出现于其他成员的意识中，“庇佑”他们，但那始终只是一种个别的形象。其他成员总是将其普遍化，使之具备普遍性能力，乃至能在他们的生活中为他们“复仇”，并在一切时刻保护整个家族，但这只是他们的美好愿望罢了，因为先祖只是个别的先祖，而他们寄望于先祖的能力加以支配的那个命运，却终究只是“无意识的黑夜，没有达到自身内的差别，也没有达到对自身的知识（des sich selbst Wissens）的那种明晰性”。换言之，先祖只是先祖，命运还是命运，前者有自我意识却不具备现实力量，后者现实却无自我意识，二者互不相干，被崇奉者始终达不到普遍性。

第 4 段展示中世纪基督教和启蒙宗教（Religion der Aufklärung）。虽然这里谈的是基督教，但并非在宗教本身的层面上进行讨论（后一种讨论见本章第三节“启示宗教”），而只是在自在存在的意义上讨论基督教，即仅仅把宗教当作世界自我分化出来的一部分，而不是当作世界本身的某种更深的统一性——其实自在存在意义上的宗教只是后面这种统一性的表现形式罢了。这样一来，古代信仰中始终无法统一起来的个别性与普遍性，在中世纪基督教中似乎就能达到统一了。但黑格尔尖锐地指出，在单纯精神的层面上看，这个信仰的王国始终被局限于思维这个有限的要素中，与纯粹洞见所关心的那个现实世界构成了对立的两端，因而始终是一种抽象的存在。而到了启蒙时代，宗教则被内在地改造为一种经过理性审核、合乎理性的所谓“启蒙宗教”，但这样的宗教只不过是那始终只注目于现世的启蒙意识的一个补缀之物，它只服从启蒙的有用性原则，在理性认为有必要的时候才被祭出来，然而启蒙意识始终不认为在它的许可下建立起来的这个空虚的、既不可亲又不可怕的彼岸世界有什么值得它追求的地方，也不认为那个世界有什么真实的力量。——这也正是“理性”章中无宗教的原因。启蒙意识所能许可的只有在“没有宗教也要造出一个宗教”这样的思维支配之下被组建起来的所谓公民宗教。

第5段考察的是在精神阶段最接近于真正宗教层面的一种近代宗教：道德宗教（Religion der Moralität)。这种宗教的重心当然在于主体的内心（良心），然而它同时也是包含了身内、身外两方面的感性现实，甚至是包含了一个彼岸在内的整体。不过由于这良心倾向于自我封闭化，因而感性现实与彼岸世界这些各具规定性（差异）的存在一经建立，就立即被否定了，因为良心在封闭化的同时必然会否定这些事物的实在性。只有当良心主动追求普遍性，向共同体以及共同体背后更根本的统一性（绝对精神）开放自身，才会发现它的所谓“命运”根本不是一种完全异己的、压迫性的必然性，而是良心自身的根据，它具备本质性与现实性，不容否定。

第6段呈现出宗教阶段（绝对精神）与精神阶段之诸形态（精神）之间的关键差异：尘世不再是精神形态的对立面或异己物，而是普遍精神自身内的一个环节，换句话说，在宗教这里，精神才真正回到了其自身。“精神”层面的精神恰恰是分化或异化了的精神，只有在“绝对精神”层面，精神才真正作为整体而存在。

在精神层面，作为整体的世界虽然被认为自在地就是人们生活的根据，但这个世界又分化为作为精神之具体形态（伦理势力、法权人格、信仰与纯粹洞见、道德意识等）的意识一面与作为无意识的现实世界的世界一面，后一种意义上的“世界”已经不是作为公共意义之整体的世界，而是从后者那里分化或异化出来的一个环节。精神的意识“与它的世界对立着，不能在后者之中认出它自身来”。

而从良心阶段开始，这种分化和异化的情况有了变化。良心有了一种“世界唯我独尊，服从于我”的感觉，因为它认为自己就代表了那普遍支配着世界的绝对者，后者包含着一切本质和一切现实性，然而它对绝对者的认识方式还是表象，即它只是形象化地想象绝对者是一个支配全世界的普遍性力量，但并不理解这种支配是何以可能的。因而它不会认为绝对者居然会和它身边的现实世界有什么内在关联，不会认为绝对者能采取“自由的现实性或独立自主地显现的自然”这种形式。它相信绝对者在现实世界那惰性的自在存在背后起支配作用，但它实在无法理解那种支配作用的内在机理是什么，因为它觉得现实世界就仅仅是它熟悉的那种惰性存在，除此之外无他，因此它只能独断地设定现实世界在此之外毕竟还是以某种神秘的方式受到绝对者支配的。

到了宗教层面上，现实世界就变得透明了，它清楚明白地作为精神而存在，或者用黑格尔的话说，“现实性是被包括在精神里面的，并且被扬弃在精神里面的”。如果说精神是一切现实性，那只是对哲学家和读者而言如此；如今在绝对精神中，精神对其自身而言就是一切现实性了。

接续这一话题，第 7 段进而展示良心形态中的各环节在宗教阶段的演变情形，并以此透显出宗教相对于哲学而言的局限性。

意识如今成为主动归服于精神的自我意识（信仰），但宗教毕竟还没有达到绝对者与世界之间完全的相互融合，用黑格尔自己的话说，精神的定在与它的自我意识还是分离的，宗教属于信徒群体的事情，它还没有遍及一切人和一切事物，因而宗教要获得完全的现实性，就必须将所有人和一切事物都吸纳进来，使之归入绝对者的羽翼之下。宗教的局限性在于，精神的现实性还落于宗教之外。站在精神的角度来看，崇奉绝对者的人群的信仰行为这方面和人们在现实世界中的日常生活那一面，是应当合而为一的。在哲学家和读者看来，作为意义世界本身的精神（“在其世界中的精神”）必须与那意识到自身是精神的精神（或宗教中的精神）相合，宗教的终极目的便在于这种相合：不仅日常的现实生活应为宗教所“把握”，而且要反过来，那意识到自身是精神的精神也不能整日局限在对绝对者的崇奉祷告中，它也要打开自身，成为现实的精神，成为在它的意识看来具有对象性存在的东西。

黑格尔在前文中说过宗教是精神的自我意识形态，但这种自我意识只是以表象进行的自我反思，而不是像哲学那样的思辨的自我意识。在宗教本身的范围内，意识通过想象上帝的各种形象和各种可理解的活动，而在这种表象活动中将现实世界中的许多东西（比如酒、面包、法器等）当成形态（die Gestalt）和外衣（das Kleid）。但现实性在这种表象活动中并未得到充分的对待，因为它不仅仅是精神的外衣，它有其独立自主的存在。这种独立自主的存在就被宗教当作一种异己因素。宗教始终无法完全将这种异己的现实理解成精神本身的表现，或者说始终无法完全理解精神与现实世界的合一。而这种缺陷在哲学中得到了克服，因为只有哲学才能思辨地思维，才能理解绝对精神如何能成为它自身的对象，即能自行成为一个独立自主的现实，同时又在这种现实中意识到自己的存在。换句话说，现实世界本就是精神本身的自我实现，而不是精神的什么异己之物。只有哲学才能真正理解“世界即精神”，才能成为绝对精神本己的存在方式。

由于宗教的这种局限性，第8段把视野从宗教扩大到精神（意义世界本身），讨论宗教与精神此前的各环节（意识、自我意识、理性和精神）之间的关系格局。黑格尔分三个要点来说：

第一个要点是，宗教既预设（voraussetzen）了那些环节，又是那些环节的根据（“是它们的单纯全体或绝对自身”）。自然的意识不可能直接跳跃到宗教层面看问题，它必须经过从意识到精神的逐步进展，才能逐渐探入事情本身更深的根据。达到精神层面之后，意识虽然突破了意识哲学的框架，但也只是直接以精神为自身生活的根据，还没有触及精神的统一性问题，即还没有自觉地成全精神的统一性，没有这种统一性，精神也便不成其为精神。而宗教作为这种统一性的初步体现，是以表象的方式探问意义世界之统一性根据的尝试。

第二个要点是，这些环节之间并不是简单的线性历史进展关系，即不是在最初的某个时段里只有意识，到下一个时段又变成只有自我意识，如此这般直至宗教。相反，从时间角度来看，宗教、精神、理性、自我意识都是一开始就有的，在现实时间的意义上它们都是和意识同步出现的，但往往只有在事情本身合逻辑地变形或充实到某种程度后才会出现它们最典型的一些形态（比如古希腊伦理实体、古罗马法权状态、苦恼意识、中世纪异化的精神或启示宗教、近代理性等）。这究竟是怎么回事？黑格尔用一句非常值得玩味的话表达了他的想法：“只有整个精神才是在时间中，而且那些作为整个精神本身之形态的形态，才依照某个先后次序呈现出来；因为只有整体才有真正的现实性，因而也只有整体对其他东西来说才具有纯粹自由的形式，这形式自行表现为时间。”这就是说，先前的诸种形态，尤其是意识的各形态（意识、自我意识、理性），根本不具备独立存在的条件，它们只有作为意义世界本身的一种形态，才能作为一个聚焦点或典型形式而在某种存在论的前提下（用黑格尔的话说，是在某种逻辑条件下），从而在某个时代或时段占据中心地位。从人对事情本身的认识或个人的教化的角度来看，自然意识进展到绝对知识的路途上必须经过“意识—自我意识—理性—精神—绝对精神”这个严整的序列，然而这并不意味着这些形态本身也在现实历史上各自占据某个时代，依序排列下来。它们都是共存的，每个时代都同时具备这些形态，但事情本身的逻辑又使它们能在不同的存在论条件下“各领风骚”，而不同时代由于具备了这样的存在论条件才显得以这些形态中的某一个或某些为焦点了。打个比方说，我们要认识人的心理机制，就必须先从我们最熟悉、最简单的心理活动入手，然后逐步进入这些心理活动背后的规律或动机，直至能综合地把握各种复杂心理活动，能整体性地理解心理世界为止。可是这并不意味着人在童年、少年、青年、中年、老年这些阶段时分别只有某一种心理活动，恰恰相反，人从童年时代开始就具备知、情、意了，我们必须在“作为灵魂整体的一种形态”的视角下才能真正理解这些心理活动，即必须基于灵魂这个总根据之上才能理解它的个别环节或个别表现形式。但人在不同的年龄阶段的确又具有不同的心理格局，比如人在青年时代情感勃发，而在老年时代却更富生活智慧，这些都是灵魂整体在不同时段的格局下呈现出的偏重和焦点。总而言之，精神各环节的同时并存与人在教化方面从自然意识逐步有序地进展到绝对知识并不冲突；精神与时间的关系是前者表现为后者，而精神的各形态与时间的关系则不是直接的，它们只能作为整体（精神）之各环节才能在一定的存在论条件下间接地与时间发生关联，在一定时代或时段居于核心地位。

了解精神与时间的关系后，就不难理解第三个要点了：精神的各环节本身又自行区分为各个小的环节或形态，它们之间也并非直接表现为时序上的先后关系，而是同时并存的，并且只有作为一个“特殊的整体”（比如意识）的下属环节（比如感性、知性、知觉），才在不同的格局与条件下分别占据焦点位置。这一点我们在对前面各章的解析中其实已经反复申论过了。

最后黑格尔还补充了一个意思：就精神的各形态间接地表现为一种先后顺序而言，在后的形态并非从在先的形态“飞跃”或脱离而来，而是包含了在先的形态在内的。这个问题我们在“导论”部分的“导引”中已经详述过了，此前各种形态之间的演替也展示了这一点。黑格尔辩证法的进展方式决定了往前的进展同时就是往更深的根据的回溯，而这根据又是一个个更大的整体，它为在先的形态奠基并包纳后者在内。

第9段正面表明宗教是如何将先前的这些形态作为它当下现实的存在而包纳在自身内的。

黑格尔在段首直言不讳地说，如今在宗教中，意识、自我意识、理性和精神“回到并已经回到它们的根据之中了”（in ihren Grund *zurückgehen* und *zurückgegangen* sind）。既然精神如今在宗教中达到了对它自身的自我意识，那么这些形态就不是精神的什么异己之物，它们都构成了“整个精神的定在着的现实性”，即当下便现实地构成宗教的某种形态。而精神也不是宗教的这些形态之外的一个什么单独的东西，而只是这些形态本身的运动，即这些形态从精神本身区别出来，建立它们貌似独立自主的存在，而后又认识到自身的根据就在精神之中，因而又回归精神的那个运动。

接着黑格尔又将意识、自我意识等形态称作“属性”（Attribute），说它们构成宗教本身的各种形态，直至宗教达到其顶点并向哲学过渡。黑格尔似乎在此暗示，这些形态在宗教中又“重演”了，比如“自然宗教”相当于宗教的意识阶段，它的三种形式（光明之神、植物与动物崇拜、工匠）则分别相当于宗教的感性阶段、知觉阶段和知性阶段，如此演进下去。但他并未在此深入展开这一点，因此读者不必过于纠缠这个问题。正如我们在先前的章节中见过的意识、自我意识等形态本身一样，宗教中的这些阶段并非作为与其他阶段并列者，因而是作为有限的部分而存在的，它们各自在出现时都是作为整体而存在的，即各自都是看待世界的一种完整的方式，是与生活世界中的万物打交道的一种普遍的方式，并没有别的方式与它相抗衡。在宗教中，精神在将这些形态“重演”的过程中达到不同层次的规定性（比如直接性的、自在的存在状态，以及获得对这种直接性的知识的状态或自为的存在状态），最终精神成为它自身的对象，它完全与自己的本质相同一——那便转入哲学了。

最后黑格尔重述了一下上述诸“属性”与宗教的诸形态相对应的情形。宗教的特定形态便是在意识、自我意识等诸环节的各种形态中“撷取与它相符合的那一个”，当作它现实的精神。至于究竟采取哪一种形态，那取决于宗教在其自身的演进过程中达到了哪个阶段或层次。但无论宗教采取哪种形态，它始终没有达到完备的绝对精神的状态，即始终贯彻了宗教的基本规定性及其局限性。

接下来黑格尔在第 10 段提醒我们，那些形态在宗教中既然不是作为独立自主的孤立部分，而是作为宗教这一整体中“牵一发而动全身”的发展环节，那么它自行安排（ordnen）的方式便与以往有所不同了。主要的不同在于：首先，所有环节都贯彻了整体的同一个规定性；其次，它们之间的关系也是经过重新整合的；最后，作为宗教这一“精神的自我意识”中的环节，它们都是自觉地围绕精神这一主体而存在的，不再仅仅自在地、仅在哲学家和读者看来才是精神。

正如上文解析过的，在前面的章节中，意识与精神的各种形态各有自身的确定性原则，它们将各自的原则发挥成一个整体，即将这些原则发展成看待万事万物的方式，因而在前面章节的每个层面上，意识都自认为是完整的，自认为能把握全世界了。但实际上只有考察意识发展史的哲学家与读者才能看到它们各自的局限，才能把握事情真正的深度（die Tiefe），或者把握精神。而在精神中来看，那些曾经自认为完整的形态便失去了独立自主的持存，换句话说，它们从来都不是独立自主的，先前它们自认为的独立自主只是假象。如今在宗教中，下面这一点便首次大白于天下，成为意识本身也不得不承认的事实，而不再仅仅是哲学家与读者的认知：它们不具备独立自主的持存，反而要依赖并贯彻精神整体的“同一个规定性”。

下面黑格尔用了一个关于线（Linien）和节点（Knoten）的隐喻来描述宗教中各环节之间的关系格局。回顾先前各章节，我们发现意识在各层次的开头建立起一种确定性（即黑格尔所说的“节点”和“普遍的环节”）后，便极力从各方面巩固这种确定性，甚至精神本身的发展陷入停顿、倒退（Rückgänge）也在所不惜——其实它们当时也根本不知道什么“精神”，因此严格来说，“在所不惜”是谈不上的。如今在宗教层面，形势就不同了，意识明确知道意义世界的统一性是其追求的目标，并且同时意识到那些环节的特质与共存，因而那些停顿、倒退的情形是不会有了，宗教的运动便将原先在各节点处发生曲折的线拆散，并且同时对各个环节进行一种类似于我们日常所谓的“统筹规划”的综合安排（这些线“合并成为一束”）。此时的意识、自我意识、理性和精神等各环节的形制和地位就全都直接合力服务于绝对精神尽可能完备的实现。

很明显，这些环节如今自觉地以精神为自身的主体了，而不是像在先前各章节中那样以一种惰性的方式成为精神这一实体的属性——这意味着它们成为这样的属性这一事实是它们自己不知道的，只有哲学家和读者才知道。如今“就它（指精神——笔者按）的现实性来说，重要的事情只在于它在它的意识里具有什么样的规定性，在什么样的规定性中它表现了它的自身（sein Selbst），或者在什么形态下它认识到它的本质”。这意味着，在绝对精神的重要性已大白于天下后，意识自觉地按照它在宗教的各阶段达到的深度来安排自己的追求，因而此时重要的事情在于意识明确地以什么样的规定性为主导，因为这决定了精神依什么样的规定性自行表现出来，决定了精神对自身的本质的认识达到什么样的深度。

第 11 段又回到宗教的局限性的问题上来：宗教虽然已经是作为自我意识的精神（绝对精神），但还不是完备的绝对精神。这一段主要涉及精神的诸形态被吸纳进宗教之后的演变问题。

正如前文演示过的，宗教作为绝对精神，会自觉地将上一章中的那些形态吸纳进来，而非与之疏离或对立起来。但宗教的局限性在于，那些形态与绝对精神之间的差异只是直接被吸收进宗教的整体格局之中，差异的各方并未返回到精神的统一性之中，换言之，意识只是认识到这种差异建立于绝对精神之上，终究应当消弭于绝对者之中，然而现实的宗教却永远无法真正达到这一点。——这就是宗教必须走向哲学的原因。宗教的自我意识，即信徒的信仰意识，认为自己是一切真理，这真理囊括了一切实在。这意识关心的不是自然界，而是人的意识本身，它关心的只是精神的诸形态是否能自觉地归服于绝对者，而不是仅仅保持其自在的、直接的存在。在宗教中，精神的诸形态与精神的统一性本质之间是有距离的，宗教的任务就在于克服这种距离。

如何克服？信仰意识将这现实存在的形态和精神的统一性本质这两方都接受并承认下来，使这双方相互为对方而存在时，精神才通过意识建立起对它自身即是世界之真理这一点的确定性，精神才“真正是绝对精神”。比如到了中世纪，伦理生活就被当作绝对者实现自身的方式，虽然它不一定被全盘吸收到宗教生活中去，但绝对精神的实体性得到人们的普遍承认，那么这种生活中的种种“自然的”或“客观的”内容就不再陌生，就不再是自我意识的否定物了。

但宗教的局限性再次体现出来。宗教只追求现实与绝对者之间直接的统一，而并未通过理性思辨地理解绝对者与世界的真正统一性，或者说真正思辨地理解世界的统一性，这反而使它始终只是宗教团体内部的精神性事物。至于这精神性事物与自然或现实之间的统一性，它只能通过教义和信仰进行直接的断定，那种统一性即便存在，对于信仰意识而言也只是幕布后面的神秘之物，而不是真正获得理解的东西。——这里再次体现出黑格尔对绝对者彻底的内在性的追求。那么宗教能做到什么呢？宗教能在意识的运动中产生出许多精神性的形态，比如下文中所说的宗教赋予自然事物的光明、艺术等诸种形式。这些形式就是宗教现象，而宗教的发展史就是这些形式逐步从外在的、朴素的形态走向内在的、精细化的形态的那个完善化过程。

第 12 段简单介绍了宗教的三种基本形态（自然宗教、艺术宗教、启示宗教），以便开启本章主体部分的写作。

自然宗教是直接的宗教，即直接将人们现成遇见的事物当成绝对者的体现。这种宗教追求的并不是原样的现实，而是被精神当成自身的对象的那种现实，它必须在自然界中找到表明自然隶属于精神的一些“证据”，并坚持自然的这一方面，换句话说，这种宗教注重的只是自然之被精神扬弃了的那一面，并将那一面当作自然的本质，黑格尔称之为“第二现实”。但自然宗教始终达不到令人满意的“第二现实”。

艺术宗教达到了这种现实。在艺术宗教中，事物质料的、现实的、自然的一面与人所赋予它的形式的一面达到了和谐，以致意识“在它的对象中直观到它的作为或自身”。但艺术宗教的片面性在于形式掩盖了质料，事物之为意识而存在的一面掩盖了它自在存在的一面，这是一种片面的状态。

启示宗教克服了这种片面状态，达到“第三现实”，后者的特征是：“自身既是一个直接的东西，而直接性也同样是自身。”黑格尔在此回顾了这三种现实：第一现实是意识直接与陌生的世界相遇；第二现实则是以意识统摄世界，而且这是一种自觉的活动，这意味着意识同时是自我意识；第三现实则达到了意识与世界的深层统一性，是精神达到其自在而自为存在的形态。

启示宗教虽然最为自觉地追求世界的终极统一性，知晓精神的运行方向，却依然停留在表象阶段，还没有过渡到思辨的概念，因而对象始终保有其陌生的对象性的一面，宗教也无法达到它的终极目标（征服世界）。后者只有哲学才能达到，在哲学中，精神也像哲学家和读者以往做到的那样，真正把握住了它自己的概念，那时精神现象学便结束了。

第一节　自然宗教

这一节有一个长达两页的“小引”，谈论的是如何考察自然宗教。

黑格尔首先交代了考察的具体对象。“宗教”章关注的是宗教的特定形态，它是在精神的自我意识中考察精神的意识，即考察宗教人士的意识中所认识到的宗教的定在，而不考察那脱离了思想的自然，也不考察那脱离了定在的思想。这里所谓宗教的意识，指的是人们对他们认为与神相关或能体现神性力量的各种事物的认识，而宗教的自我意识则是人们对神性力量本身的反思，这种反思以德国观念论的立场来看也就是绝对精神借助于人的意识而达到的自我意识。二者的区别与统一都发生于宗教的自我意识中，区别是宗教的起点，而统一则是宗教的目的。这就是说，宗教的建立源自信徒们认识到世人与世间其他事物应当归属于绝对者之下，但毕竟尚未全部归属，而从历史的横向维度来看，宗教的演进史是这样一个过程：绝对精神逐步脱离它对粗朴物质的依赖，在越来越普遍而深入地支配世人与世间其他事物的同时达到绝对精神越来越丰富而内在的自我反思。

宗教与宗教之间往往以某种核心规定性相区别，比如崇拜光明的宗教与崇拜动物的宗教就有不同的规定性；不过也有一系列宗教共享某种规定性的情形，比如在崇拜动物的宗教这个范畴之下也有崇拜各种不同动物的一系列宗教。宗教的要素往往是类似的，比如礼拜仪式、圣职人员、法器、圣物等，但各种宗教在突出这些要素中的哪一个以及如何突出那个要素这类问题上的表现则各不相同。黑格尔要考察的是宗教的演进史，这样的历史未必是每一种宗教的主观意愿，而是哲学家以宗教的本质目的为尺度，以时间为轴线所梳理出来的一个大致的谱系，这个谱系以宗教实现自身目的方面的逻辑进展为顺序，历史只是这个顺序的外在表现。就像黑格尔后期的宗教哲学讲演录与其他各种历史类讲演录一样，逻辑的序列始终是根本，而历史的实际发展则未必完全符合这个序列，因为历史中存在着大量的偶然性。宗教的目的就是通过一定的形态演进，达到在宗教的自我意识中克服它与意识之间的区别，换句话说，“赋予那作为意识对象的形态以自我意识的形式”。从下文可知，黑格尔这话的意思并不是指信徒形象化地想象一下他们心目中的神是一个“自我”或“自我意识”就行了，因为这样想象出来的自我还不是真正的自我，这自我必须切实地投入那种宗教所处的形态中去，而且较低的规定必须被扬弃到较高的规定中去，才能成为真正的自我。换言之，某种较低形态的宗教不能简单地通过信徒断言他们所崇奉的神具有多么发达的自我意识，便一下子跃升到某个高级形态中去，神必须主动活跃起来，使信徒在宗教生活的各种要素（仪式、工具、语言等）乃至他们的日常生活中，发现他们自己的生活本就是由神造就的，发现神并不局限于他们所敬拜并极力加以提升的那些笨拙的惰性材料（灵岩陡壁、树木鸟兽或图腾）之中。

在绝对者的这种提升活动中，原先居于支配地位的较低规定就被否定或被置于非本质地位了，换句话说，它被较高规定扬弃了，而不是像较低的宗教形态中那样，即便有较高规定出现，也任由其与较低规定并列存在，使较高规定无法居于支配地位。这样看来，每一种宗教的性格便由自我意识与意识的统一性模式规定了：那明确意识到绝对者的存在并追求绝对者的普遍支配地位的自我意识，是如何理解或扬弃体现绝对者之存在的种种事物，如何将它们化为己有，并对种种规定性分别赋予本质地位与非本质地位的。

照此看来，一种宗教如何理解它自身以及绝对者，它自身就会呈现出何种格局来。黑格尔举了一个东方宗教的例子来说明这一点。在他看来，东方宗教由于还没有理解绝对者与现世的内在和解，只习惯于远远地敬拜或仰望绝对者，那么即便有个别人相信上帝的人化（die Menschwerdung，意即道成肉身），那种想法也不会在东方宗教的整个大环境中获得真理的地位。

最后黑格尔提醒读者注意下文中对宗教的叙述方式。鉴于宗教演进史关注的就是各宗教的核心规定性或高级规定性是如何走向宗教的终极目的的，因而黑格尔只讨论由宗教的核心规定性支配并组织起来的“诸规定之总体”（Totalität der Bestimmungen）（其用意依然在于研究那核心规定性的性质，研究它达到了什么层次），而不再详细考察这个格局之下具体的个别规定的情形，即使讨论后者，那也是为了举例说明较高的形式是如何“为它的现实精神所证实”的。

一　光明本质

黑格尔最先研究的是波斯的拜火教。他说精神作为自我意识，在它的意识的运动中最初并未得到任何充实，它所了解的唯一的实在性便是那相当抽象与单薄的“它的概念”。这就是说，信徒们只是坚信精神就是本质，坚信它“就是一切真理并且知道一切现实性就是它自身”，但并不现实地了解这本质是如何成为一切真理、一切现实性的，即并不了解现实事物与绝对者的具体关系。绝对者虽然被想象成纯粹光明之神，但它毋宁是信徒心中最幽暗的秘密，信徒只是相信他们意识中的各个环节（包括他们的生活世界中的各种事物）都是这绝对者创造的，至于创造的机理，以及创造之后各种事物的现实存在与绝对者之间的具体关系，他们并不了解。在信徒们看来，秘密只是对于人而言的秘密，对于绝对者本身则不成其为秘密，现实生活中各种特定环节都因绝对者而具有了必然性（虽然信徒们自身并不真正理解这种必然性），绝对者以各环节为自己的对象，它的能力不受任何限制。绝对者于是成为“纯粹自我”（das reine Ich），它发现万物都体现它自身力量，它由此对自身是绝对确信的。在绝对者看来，它的力量能渗透到“一切思维与一切现实性”之中去。

第 2 段表明，光明本质这种宗教形态是绝对精神内部的感性确定性阶段，是绝对精神处在纯粹存在的状态，还没有任何具体规定性。

和意识内部的感性确定性阶段的那种毫无规定性的直接性状态不同，光明本质这种感性确定性以绝对精神为基底，是“充满了精神的存在”。也就是说，此阶段的宗教在万物中都直观到绝对者的力量，但也仅此而已，它对此并无任何更进一步的理解。也就是说，信徒们认为万物中都有光明的力量，他们见万物如见光明，但除了这种只有他们能体会到的直观感觉之外，关于绝对者与万物的关系，他们再也说不出来别的意思了。当然，黑格尔说，此时绝对精神也同样将先前在自我意识阶段中出现过的两种意识形式（主人与奴仆）包含在内了，前一种意识形式是以自身为主的独立意识，后一种是被束缚于对象与劳作之上的意识，但二者并不具有多么丰富的规定性，它们都只是直接的存在。总而言之，感性确定性是光明本质这种宗教形态中占据支配性的存在方式。

黑格尔称这种形态为“无形态性的形态”（die Gestalt der Gestaltlosigkeit）、“无形式的实体性”（formlosen Substantialität）。对于光明所要征服的对方，这种宗教也没有更多的规定性，只好径直称之为黑暗（die Finsternis）。而这个征服过程便被视作光明的外化和光明的放射（Lichtgüsse），或曰从一切具体形态返回自身或烧毁具体形态的火流（Feuerströme）。只有这光明的自为存在与自我维持才是最重要的事情，而这种自我维持恰恰要通过不断在各种特定存在中制造出种种差别，不断扩大自身的界限。——这让我们想起《逻辑学》中的“纯存在—虚无—变易”这组概念。

第 3 段谈论这种光明（纯存在、实体）与具体事物之间的关系。具体事物直接被外在地归于前者这“多名的太一”（vielnamigen Einen）之下，成为它的一个名字，这就使它们与光明之间没有活生生的内在关联，也使后者“没有沉潜到自身之中成为主体”。各种具体事物只是外在地宣扬、显示和赞颂光明，它们却像光明一样缺乏内在的深度，缺乏自身的意志。比如我们如果看见大河奔腾、高山巍峨、牛羊吃草、鸢飞鱼跃这些现象，便只知道无差别地归之于“天神的伟大”，那么这种做法一方面剥夺了这些具体现象的独立存在和差异性，另一方面却对于我们了解天神毫无助益，因为我们无法取得天神的任何可理解的或固定的规定性，这样一来，无论是具体现象还是天神便都成了空洞的语词。

然而这种两边都空洞抽象而没有自由的状态终将被打破，第 4 段展示了光明本质向下一种宗教形态的过渡。

首先要注意的是，这种“过渡”只是哲学家看到的“事情本身”的要求，并不是光明本质的宗教形态自身的要求。也就是说，并非那种形态下的宗教人士与平信徒感到必须改变自己的宗教形态，他们反而很有可能会安于现状——后面的各种宗教形态同理。因为一种宗教形态就是一种普遍的生活方式，不像哲学家这样立足于绝对精神本身来看问题的人便“身在此山中”，不会认为他们身处的宗教形态有什么“缺陷”。

然而黑格尔认为，绝对精神不会停步。前面所说的太一的直接存在，或者说各种具体现象将自身归于太一，那便已经初步表明了太一对它们的各种差别的普遍否定。但正如上文显示的，仅有否定是不够的，那只会使双方都迷失。接下来太一力求达到它的“自身”（das *Selbst*），即建立它的主体性或自为存在，换句话说，太一会在否定具体现象的分离性存在的同时肯定和回到它自身。它通过“将它的简单性分散成无限多的形式”，通过“牺牲自己”而达到它的自为存在，与此同时，具体事物也便明确获得了它们基于太一这一实体之上的持存。这是对绝对者与具体事物双方的成全。

二 植物和动物

现在进入崇拜动植物的“精神知觉的宗教”（die Religion der geistigen *Wahrnehmung*），黑格尔也称之为“泛神论”（Pantheismus）。——这主要是指印度原始宗教。①

前文说到的“绝对精神回到自身”并不是指它放弃在具体事物中的直接存在而回到一个单独的它自身中去，而是指就在具体事物之中获得它的自为存在。第1段展示给读者的便是如何获得自为存在。正如“知觉”章中展示过的，我们如果想摆脱对“这一个”之存在的直接断定（因为那种断定其实无法获得它预期的确定性），就必须从最表面化的感性存在进入事物内部。这进入事物内部的第一步获得的成果就是达到最初步的“实体性”，即看到有“这个事物的持存”，它不同于各种特质（即属性），后者依附于这种持存之上，但知觉并不明白它们是如何依附于这种持存之上的。与那里相似，在动植物崇拜的宗教中，绝对者初步成为各具体事物的内核，后者的各种杂多特质获得了释放，它们从前一种宗教中被否定、被束缚于安静的持存性的状态，过渡到它们的杂多、差异乃至相互敌对的状

① 依照贺麟先生的脚注的提示。

态。从植物崇拜到动物崇拜，便是这种自为存在逐步强化的表现。

但这样做并没有使矛盾消失，它只是将矛盾深化了。如果说先前的纯存在是一种令人窒息的“抽象之死亡”（den *Tod der Abstraktion*），那么绝对精神的知觉阶段只是以精神的方式将这种死亡承受起来了，并未消除它。在前一种宗教中，一切具体事物的特殊规定性和差异性在绝对者的创生面前都被抹平了，如今则还差异性于差异性，因为它们之隶属于绝对者乃已经建立起来的、无须多说的基本前提。现在问题的焦点在于，事物之间如此广大深刻的差异性居然都是渗透了绝对者在内的，既然如此，一切事物似乎都可以理直气壮了，绝对精神便将它们之间的“憎恨”（der Haß）激荡起来，仿佛“宁静的植物形态”无法维持，要进入敌对性运动的动物形态。黑格尔看到，这根本不是所谓植物形态走向动物形态（提高信仰对象的级别）就能了事的，因为它们的自为存在本身被损害了。问题在于究竟该如何协调绝对者一面与具体事物的差异性一面，而在黑格尔看来，当前阶段的宗教在这个问题上显然并没有寻得一个很好的安顿。

各地区、各社群都有自己崇拜的动植物，这些偶像是“一大堆个体化的、不合群的民间精灵（ungeselliger Völkergeister）”，它们相互之间是水火不容、殊死斗争的。黑格尔看到，表面看是各种崇拜偶像之间的差异，实际上却是由于民族的信仰生活太受那极为有限的动物生活状态束缚了，是绝对者的普遍性没能挣脱动物的有限性的约束而取得自由。

第2段表明，绝对精神的这种抽象而无着落的自为存在要被扬弃，成为更具体的、具有对象形式的自为存在，那就是古埃及宗教与伊斯兰教这种“工匠”（Werkmeister）型宗教。在这种宗教中，绝对者不再惰性地融入个体事物中并为它们的一切差异性与特殊性“背书”，而是成为自我意识手中塑造出的形式，它既能统摄个体事物，又不受个体事物局限。

体现在工匠作品中的“精神的意识”如今是“超出直接的自在存在而又超出抽象的自为存在”的那种运动。直接的自在存在其实在现实生活中并非独立的，它总是受到对立和冲突的影响，在更现实的宗教形态中被降低为一种规定性（即一个环节），它无法代表绝对精神。它的被扬弃成全了它自身与绝对精神双方的自为存在，但正如上文所述，这又会造成各种特定存在者之间的冲突。绝对精神要安顿自身，还需在这些具体事物中突出并体现它对自身的表象（Vorstellung），即一种能被自由地赋予具体事物之上的工艺形式。但黑格尔在段末又提醒我们，这种工匠型宗教还是相当粗朴的，它只是对现成材料的加工定型，还不是真正的艺术型宗教——那要等到古希腊时代才会出现。

三 工匠

黑格尔将古埃及与伊斯兰两种文化的宗教归入这种形态之下。他在首段中说，虽然在这种形态中，精神使自身成为对象（即工匠的加工活动赋予事物的那种形式），但它还没有像古希腊艺术中那样把握住“关于它自己的思想”，而只是像蜜蜂筑巢似的本能地活动。——这种评价真可谓苛刻。

第2段开始介绍古埃及宗教。平心而论，正如对东方其他宗教的讨论一样，黑格尔仅从古埃及宗教的遗存——如金字塔、方尖碑等——来判断它，而没有深入它的宗教制度中去讨论，这是有失公正的，但我们阅读的首要任务还不在于辨识这种不公正性，而在于了解黑格尔自己对宗教的看法，而了解这种看法最好的办法就是把握黑格尔眼中诸种宗教形态之间的逻辑进展结构。按照黑格尔的判断，古埃及宗教的作品跟古埃及宗教之间完全是一种外在的关系，因为这精神“放弃了它同现实之间活生生的渗透，本身就是死的，进入了这些缺乏生命的结晶体之中”。工匠在他的作品中刻画削凿出来的是一些严格的几何形状，完全不顾这些形式与它的质料之间是否还需要任何内在的渗透。精神既然作为外在强加的形式而存在，那么它就不是作为活生生的精神在那里起作用的，精神与具体事物之间的关系就像阳光普照万物一样地外在而漠不相干。——这里明显可见黑格尔的西方中心论思维，因为他其实根本没有考察几何形体在古埃及人的生活与思维方式中真正的地位，以及古埃及人对于神灵与崇高的真正理解，只是站在一个西方人的立场外在地评断。

第3段接着说，工匠自己也意识到了两个方面的这种外在性，于是他努力弥合二者之间的距离，但由于这种宗教形态的格局本身的限制，他却只能以作品的形式达到对他的自我意识的认识，而无法将精神本身的内容表现出来。这说到底是由于工匠只是将对象当作他自己创作的作品，还无法真正立足于精神本身之上思考问题，而这种现象本身的原因又是精神还没有以其自身的面貌显现于世。

从哲学家和读者的角度来看，工匠使作品的形式与作品的材料这两方面相互更接近的努力，在客观上的确让工匠所领悟的精神（尽管工匠本人会认为那不是精神，而只是他的自我意识）与这精神镶嵌其中的那个外壳紧密结合起来了，前者作为普遍性，与后者处在紧张对立之中，或者说后者太过于限制前者，两方面还没有达到古希腊艺术那样的和谐。① 但这毕竟是艺术家对他的自我意识的表现，客观而言，这种表现最多只是精神的一种抽象活动，还没有细密地表现精神对事物丝丝入扣的内在规定。因此即便在工匠这种宗教形态下，精神恐怕都还有进一步展现其潜在的内在本质的余地。

第 4 段便开始介绍工匠形态如何在其尚能活动的地盘内更多地表现精神。这种表现有双重特点：一方面，它得借助于现有的事物（如动植物等）的样式，不能完全脱离与现实世界中可见的那种样式的关联；另一方面，它又在思想中将其尽可能地予以改造，使之具备较普遍的思想形式，比如将直线和平面改造成看起来“*有了灵魂的圆形*”。这种做法一方面固然克服了现实事物的易逝性，使人造的形式能长久保存下去，另一方面与古希腊艺术相比还是太受制于现实事物的样式了。这种“*混合*”（Vermischung）以建筑艺术为典型。

第 5 段以动物神像为例，表明古埃及宗教所能达到的极限。

回顾到此为止的各种宗教形态不难发现，宗教演进的历程就是绝对者与具体事物既相互深入，又同步地各自深入自身，越来越具备自由的自我意识的过程，而且双方的自我意识是相互成全的。宗教的层级越高，无论是神的形象还是这形象借以表现自身的世间对象便都越趋向于独立的人格。古埃及宗教开始利用动物的形象。此时工匠的意识有了一大突破：他不认为要到动物中去寻找自身，而是认为动物的生活和力量都仰赖于他创作的形象，似乎动物的灵魂就在他创作的形象中。黑格尔观察到动物形象仿佛是另外的一种象形文字，而且这形象中混合了人的形象（那表明动物不仅是动物，还蕴含着思想），比如狮身人面像。

但事情也到此为止了，古埃及宗教创造的形象毕竟还缺乏内在的普遍意义，换言之，它缺乏语言，即缺乏能传达于人的无声之语，比如像古希腊雕像中雅典娜的勇武、拉奥孔的惊诧，更不用说史诗、悲剧艺术这种直接体现为语言的艺术类型了。它依然停留在动物的惰性“表情”和“姿态”中，严格来说，那算不上一种能表达内在意义（innre Bedeutung）的真正表情、真正姿态，因为动物总是一种类的存在，而不是个体性的存

① 这方面可参见黑格尔在《艺术哲学讲演录》中对古埃及艺术的描述，他在那里将这种艺术归于质料支配形式的象征型艺术之列，尽管它在这种类型的艺术的范围中已经达到了精神极大的自主性。

在，一类动物永远只能有固定的动作，那是它所属的物种决定了的，并不能传达内在意义。因此黑格尔说那样的作品是“无声的形态”，即便有声音，也要像门农神像那样借助于太阳在一定时刻的照耀，靠太阳引发连锁反应后才能发出声响，那根本算不上内心自我意识的表达。

第6段转入伊斯兰宗教，这种形态与没有能力表达内在意义的古埃及宗教恰成对比，它重视的是内在（ein Innres），而外部形态反而成了掩盖这内在的一种外在装饰。这种形态把种种活生生的、个别化的、迷乱的杂多性化约为一些装饰性的纹样，用以掩饰内心世界。黑格尔还以麦加的黑色圣石来比喻那内在本质，说它黑暗而无形式。——这样的评价无疑离伊斯兰宗教自身的信仰世界相去甚远。

第7段又转回古埃及宗教。黑格尔在这里明确谈到了绝对者与具体事物这双方都各自有一个内在（Innres）方面和一个外在（Äußeres）方面，这实际上是在暗示，绝对精神的进展就是各方在越来越深入其根据的同时也越来越深化自身，或者说越来越增加其存在的纵深，丰富其立体结构。但古埃及宗教中雕像即便是人形的，也没有内在的语言。人们从各种雕像那里看不到内心的深度，而且即便雕像的外貌千姿百态，具有人间所能见到的各种差别，但这也并不表明它们有各自不同的内在语言要向人表达。这是“意识的一面与无意识的一面相挣扎，简单的内在与多种形态的外在、思想的暗昧性与表现的清晰性相并行”。为表示这种表面上复杂，内里却无深度的形态，黑格尔还提到了斯芬克斯神像所传达的“一种深刻而难于理解的智慧之语”，这里当然不是指经过古希腊悲剧《俄狄浦斯王》的文学创作改造过的那个斯芬克斯之谜，而是指狮身人面像本身向游人传达出的那种晦暗的感觉。黑格尔说那是一种“智慧之语”，这显然是一种反讽之语，因为关键并不在于“智慧”，而在于那是一种“深刻而难于理解的”智慧，即貌似深刻，实际上却并没有什么合乎理性的意思。

第8段讲解自然宗教向艺术宗教的过渡。这个过渡的关键在于对象不再是无意识的自然之物，而是有意识、有内在深度的精神之物。

在古希腊艺术中，工匠创作时并不是要人为地将一个人形的或兽形的单纯外貌附加到石头之上，以供人膜拜，而是有一种精神性、人格性的自我意识——无论那是神还是英雄——需要借工匠之手表现出自身，而石料或青铜材料只不过是这种表现所借用的工具罢了。总而言之，此时工匠面对的是“一个同样具有自我意识的、能自行表达的内心”，工匠作为艺术家，根本就是在与另一个自我意识对话，而不仅仅是在对惰性的、被动的石材进行雕琢。如今工匠考虑的不再是如何给物质材料披上威严的外衣，而是如何让那本已具有自身深度的精神或自我意识通过它自身的形象由内而外地从物质材料中向人诉说它内心的语言。——当然，与此同时，艺术家的技巧、构思与思想也融汇其中，一同向人诉说（尽管古代艺术家一向愿意消隐他自身的个体特征，但作为现代观众，我们还是能从中看出他的特色），艺术家的自我意识与精神对象的自我意识是同步展现出来并相互成全的。

第二节　艺术宗教

到了黑格尔一向深为迷恋的古希腊文化这里，宗教似乎也来到了西方文化熟悉的那个家园。这里黑格尔的笔触更为健动活跃，思路也丰富了许多，篇幅居然有“自然宗教”的三倍之大。

第 1 段向我们提示，艺术宗教达到了绝对精神的自我意识阶段。正如上文中我们解析的那样，工匠不再试图外在地将思想强加到自然材料之上，外在地将这两种不同性质的东西混合（Vermischen）起来，艺术作品就像另一个人的自我意识一样与他打交道，此时他不过是精神借其艺术手法传达自身的那个制作者（Arbeiter）。

第 2 段讲述艺术宗教中现实精神的性质及其与先前诸种宗教形态的差别。

黑格尔将艺术宗教中的现实精神叫作“伦理的或真实的精神”。回顾“精神”章中的伦理实体状态便不难理解，此时的个人虽然没有达到现代人那种以自己单个的自由之人的身份直接立足于精神之上，却达到了自由地立足于伦理整体的某个环节（或某种伦理势力）之上、作为这个环节之代表行事的状态，与先前的宗教形态比起来，这样的个人构成的民族无疑是一个有着自我意识和自由意志之深度的自由民族。

黑格尔以伦理实体与先前的诸种形态相比，来显示目前这种形态的特殊之处。伦理实体不是光明本质，因为后者那里个人的自我意识是一种惰性的、被普遍者包纳与主宰的存在，是一种没有深度的存在；它与印度宗教中崇拜各种动植物偶像的民族之间相互敌视的状态也不相同，因为它之下的个人虽然各自隶属于自己的伦理势力，然而这些伦理势力之间却并非全然陌生和敌对的，而是有机地相互需要的；它与埃及社会中的等级制压迫也不相同，因为那种暴力压迫之下形成的所谓整体只是一个假象，各等级和各个人都没有什么自由。换言之，古希腊伦理实体与先前各种宗教形态的关键差别在于个人（及其代表的伦理势力）与绝对精神这双方都获得了一种有深度的自由，这是黑格尔眼中东方各民族都不曾达到的状态。

由于“小引”部分文字紧凑的特点，黑格尔无暇沉浸于对古希腊伦理实体的崇敬赞扬中，而是在第 3 段将笔锋一转，开始交代伦理实体会走向松懈，化解为对自我意识的片面强调（即法权状态）。

根据“精神”章中的分析，古希腊伦理实体蕴含着它自身走向终结的种子，个人不会安于成为某种特殊伦理势力的代表，各种伦理势力之间也不会永远保持均势，事情本身的进展就会使自我意识“脱离它的持存（指伦理势力对它的长久支配——笔者按）”。这主要出于两方面的原因：从伦理势力的方面看，伦理实体之所以能够现实存在，那是因为自我意识“还没有走出静止的风俗习惯和它［对风俗习惯］的稳定信赖而进入自身之内”，自我意识的勃兴自然会突破这种局面；从个人的方面看，他总已经现成地处于一套权利和义务的规定之下，处在某个特定等级中从事这个等级所当为的特殊活动，个人对于这种特定存在大体上是感到满意的，也不认为自己有什么无限制的、与他人在“法律面前人人平等”的自由，但后面这种自由一旦进入人们意识范围内，那与阶层相配合的特殊权利和特殊义务的格局也便会相应地沉降为“人人平等”的权利和义务——尽管这在事实上是无法完全达到的，但它至少会成为法权状态下被普遍接受的应然状态。黑格尔在这里谈到的，当然不仅仅是自我意识主观的想法和活动，而是事情本身的辩证运动，这种运动只有在“自身确信的精神的那种简单性中才寻得它的宁静和稳定性”。

但在一般人从个体自由的张扬中看到“无限制的快乐和对其自身的最自由的享受”时，黑格尔一方面固然从中看出了事情本身进展的大势所趋，但他同时也看到了“伦理精神的绝对松懈”（der absolute Leichtsinn des sittlichen Geistes）和“绝对的不安宁和伦理的消逝”。当自我意识不知道自己可以成为自由的个体性，而对伦理实体保持绝对信赖时，伦理实体才可以维持，但当个人的自由意识兴起时，伦理实体便会走向另一个极端——无方向感的自我意识。黑格尔承认这种自我意识也是精神的一种表现形式，是“在自身内感到确信的精神”。如今这种精神不再将公共世界当作自己的现实存在，而只从个人的自我意识中寻得它的本质，并将这本质超拔于那已经破碎的现实世界。——这便构成了后来的苦恼意识出现的背景。

第4段[1]告诉我们，在这个转折时代的背景下出现的艺术乃“绝对的艺术”（die absolute Kunst），即单纯为表现绝对者而出现的基督教艺术，它与古希腊时代“艺术宗教”形态下创造的作品截然不同。——我们还记得，在黑格尔美学中，单就艺术造诣而言，古希腊的古典型艺术是高于基督教的浪漫型艺术的。但在这里，黑格尔强调的重点并不是艺术造诣，而是精神的自由程度。

在古希腊艺术中，由于古希腊生活本就是浸润在精神中的存在，艺术家的创作便只需依照其本能表现他们既有的生活形式即可，因此我们在那时的艺术作品中可以看见精神通过艺术创作出入于物质材料（“定在”）的深处，在物质材料中表现它自身。由于精神在那时受到各种伦理势力的牵制，并未达到充分的自由，因此从事创作的自我意识也没有达到足够的自由，双方都不是在表现一个独立而自由的人格（独一人格神）[2]的存在。而到了基督教世界，艺术已经不足以表现绝对精神了，“精神超出了艺术以便赢得它更高的表现”。此时绝对精神不再是由艺术家在概念中予以把握并在物质材料中塑造成形的内在形式，不再是艺术家的对话者，而是主动赋予概念以形象，艺术家感觉到无论是他的概念还是他创造的艺术作品，都只是绝对精神借以表现自身的一种外在之物，艺术家只能在仰望上帝的同时祈望后者恩赐他灵感，他的构想和创作只是一种敬拜上帝的方式，只能得到上帝的“只鳞片爪”，是把握上帝的一种非本己的方式。

第5段讲述伦理实体在这个转折过程中的变化。当精神的中心从古代的伦理实体转向内心自我意识之后，伦理实体就降解为“纯粹的形式”，即成为精神表现自身以及个人行动时的一种外在的依托，一个无关紧要的外壳。个人在本质上是信徒，而不是家庭或国家中人，但这并不意味着他不是一个家庭或国家的成员，只是那个作为家庭或成员的身份根本不重要而已。而且这样一来，伦理实体“本身也就变成流动之物了”，换句话说，它不再是古代那种固定不移的、作为个人生活之根基的伦理势力，而成了一种可以因应时势的变化而采取各种不同形式、占据相应的不同地位的空

① 贺麟先生的译文将这一段分成了两个自然段，原文中这一段篇幅并不大，语意也很完整，不知先生何故截割。

② 这里所谓“人格”只是遵照思想史上对“Person”的通常译名，并没有贬低上帝的意思。汉语基督教学界通常为了避免人们产生将上帝矮化的印象，将上帝的“Person”译作“位格”，避免使用“人”字。我们这里之所以不采用类似的说法，纯粹是为了避免译名的繁复。

洞形式。个人那健动而又深不可测的内心意志实际上已经“背叛”（verraten）了伦理实体，个人——而不是伦理实体——才成了主体。但与此同时，伦理生活并非一劳永逸地随着古代的逝去而成了被抛弃的死物，而是在信仰世界中产生了一种伦理生活的新形态，它摆脱了自然，也摆脱了精神之被束缚于自然时的那种直接定在（unmittelbaren Dasein）。

第 6 段描述这种新形态下的精神与圣子之间的关系。前者作为绝对者在世间的体现，是一种“痛苦”，因为现实的、自然的存在总归是对神圣者的一种否定和阻碍。耶稣作为人之子，被精神挑选为这种痛苦的人格表现。精神是普遍性力量，而人子则受到这种力量的支配，看起来他的自我意识失去了自由。然而人子实际上是可以“克服”（bezwungen）这种普遍性力量的，他决心以自己的性命献祭，被钉上十字架。这便出于他自己的决断，是基督教意涵最丰富的一个大事件，而不是像在古代悲剧中那样，仅仅出于神圣精神与世俗力量之间的冲突而被动接受的苦难。因此耶稣既是绝对精神在世间的代表，他的行动也是个人自由意志的极致表现，他不再像古代那样只是一种伦理势力的惰性代表，因为他在“与那还没有取得具体形态的本质相角力”。而当耶稣以献祭行动将精神当成材料，并赋予精神以新的意义后，这种意义与材料的统一本身就是一件伟大的“作品”（Werk，或译“事工”），他自身就成了“个体化的或被表象的普遍精神”。

一　抽象的艺术作品

进入这一节的正文后，黑格尔将笔锋收回，开始详细描述古希腊的几种艺术类型。

第 1 段交代了最初出现的艺术作品——抽象艺术作品——的基本格局。最初的艺术作品是人偶尔为之，而不是精神自我表现的一种规律性的建制，因此它需要改变自己被人偶然直接碰到并作为对象对待的状况，必须在这对象中成为精神主动自内而外地表现其自身的产物。与此相应，艺术家的自我意识也企图扩大艺术作品的精神性存在，使艺术作品不再是一种偶然的、突兀的存在，而是扩及周围事事物物的普遍存在方式（而之前他之所以将艺术作品与其他事物区别开来，是为了初步建立自然事物内的精神性存在，如今在后者被建立之后，情势就不同了）。

第 2 段开始讨论艺术精神（der künstlerische Geist）最初的那种直接性形态，那种形态最缺乏能动的意识。艺术家个人及其活动代表个别性一面，而作为个人之环境、居所的无机存在中则蕴含着普遍性精神，后者如红日般喷薄欲出。

为什么说古希腊艺术作品中就内在地蕴含着普遍性精神，而先前的宗教形态中的精神就是外加到物质材料上的形式呢？黑格尔在这里提出了一个关键说法：古希腊艺术中蕴含着“纯粹概念”，内在地包含着“属于精神的纯粹形式”，在他看来这些是以往的宗教形态所不具备的。我们可以毫不夸张地说，抓住这个“纯粹概念”的意思，就抓住了黑格尔对古希腊艺术的定位。

这里“概念”的关键含义是：事物具备一种自生自发的整体生命力，类似于人的自我意识，不仅能像动植物那样以有机的方式对外部刺激做出整体反应，还能自觉地成全自身的这种整体生命力。因而黑格尔在下文中解释这“纯粹概念”时，便拿原本属于先前宗教形态的两种事物来作为对比。在远古神秘宗教中，水晶曾被认为蕴含着智慧，死者的灵魂寓于其中，然而黑格尔认为无论是智慧还是灵魂，都只是通过独断的认定而被外在地与水晶联系起来，至于它们究竟是如何与水晶关联起来的，人们全然不知。另外，纯粹概念也不同于植物崇拜，在后者那里，信徒们只是将自然之物与思想之物外在地混合起来，信徒们在植物中设想的所谓神性，只不过是它们在植物的机体内对神的猜想与模仿罢了。真正的纯粹概念要撇开自然之物容易让人生发的外在性联想，它既只存在于自然之物中，又不受后者的外在性存在方式的局限，反而能以整体生命力的形式起作用。因而古希腊艺术中被纯化了的形式或图形就不是埃及的那种对称的几何图形，而是灵动的、非对称的样式（比如古希腊人物雕像的双肩与髋部几乎都不在一个平面上，而总是稍稍扭曲的），这样才能表现出内心理智的自由性和抽象性。

第3段说明自然因素及其非伦理性的混乱斗争在古希腊艺术和神话中仅仅居于边缘性、从属性的地位。

古希腊艺术依然如先前的宗教形态那样利用石头、动物等形象，然而这些形象只是偶然的外衣和伴随物，其本身是没有价值的，这使神的形象只是利用它们作为外在形式，而不会受到它们作为自然条件的局限性的影响。即便这艺术作品被雕琢出来的就是动物形象，比如贺麟先生在注释中提到的“宙斯之鸟”，它的本质也不在于鸟的那种生物器官及其动物性，而在于它作为神鸟的神圣性英姿，所以黑格尔说“有机生命的内在结构融化到它的表面之中了，并且只隶属于这个表面”。

如今与自然界的普遍性力量相比，神化身为一个个具体形象的做法倒显得只是个别性的存在、孤立的存在。比如阿波罗、波塞冬、雅典娜虽然代表整个民族或城邦的精神，但是与大自然以及现实生活相比，还是显得不够普遍。尽管如此，自然因素依然被精神照亮了，它虽然不像基督教世界中那样被神性彻底渗透，但是是被精神的自我意识照料和照亮了的自然因素。

这种照料的一个很典型的表现就是远古巨神连同其混乱的、非伦理的争斗的整个王国，都被奥林匹斯诸神排挤到地下和其他边缘之处去，不再占据古希腊精神舞台的中心，因为人们需要的是可理解的形式，是“自身变得明晰的现实性”。新的神明谱系对于远古巨神和早先那个光明与黑暗初步结合的时代里的那些晦暗产物（天地、海洋、太阳、飓风般的火），只还发生一点“黯淡的追忆性回响”。黑格尔最后提醒我们说，新的谱系已经不是自然之物，而是有着自我意识的民族的一些“明晰的伦理精神”（即前文中说过的“纯粹概念”）。

第 4 段谈论艺术家的自我意识与作品要表现的精神个体之间的关系。在当前的艺术形态中，艺术家直观地感受到他的自我意识与艺术作品是对立的，他关注的焦点也在这里，但从哲学家和读者的角度来看，这实际上是绝对精神自身分化为行为（Tun）与事物（Dingsein）这两端的外在表现，虽然这一点并不为艺术家所知。

现实生活中的前述种种不明朗的个体化因素要被收束并构造为“宁静的个体性”(ruhige Individualität)，即概念思维所能理解的整体生命力，或一种“精神的自我意识”；与此同时，艺术家的自我意识也要克制其不安宁的特征，抛弃它的特殊性，将自身提高到“纯粹行为的抽象性”。在艺术作品方面，要克服的不仅有自然因素里的个体化（克服自然之偶然、杂多的一面，而强化其为精神而存在的一面，或者说使前一面服从后一面的支配），还有民族生活里的个体化（克服特殊部门、职业、个体意识等诸多差异因素及其相互之间的冲突对于精神构成的限制），以便塑造出一个个宁静的、普遍性的神的形象。这些神虽然在整个神谱中看来是一个个个体，似乎各自也只管辖一些特殊的部门（比如农事、战争、爱情、交通等），然而对于它们庇护的那一个个城邦而言，却是一种实实在在的普遍性力量。而在艺术家方面，他虽然是艺术作品的经手人，在这个意义上说他的自我意识甚至堪称这种宁静的个体性的“诞生地”(die Geburtsstätte)，因为神的形象要经过他的手的塑造才能成形，然而他并非天然地就适合于这种塑造活动，他必须将自身的活动纯化，“不为自身剩下任何东西”。这就是说，他应该只将属于实体、绝对精神的内容带进他的作品中，他的艺术专长也应该服务于对绝对精神的个体形象的这种塑造活动，至于他个人专有的脾性、偏好，但凡无益于上述塑造活动的，都应悉数摒除，不应被呈现在作品中。

那么应当如何理解和看待艺术家自我意识与艺术品之间的对立呢？其实问题的实质根本不在于一个现成的艺术家对着一个现成物质材料，琢磨着如何征服对方，将他主观构想出来的一种形式覆盖到那物质材料上去。问题的实质在于精神自身在进行分化（Entzweiung)。黑格尔先从那个表面的对立说起，即先说艺术家自我意识与艺术作品之间的对立。他说其实我们考察艺术作品，不能光看艺术家雕琢或塑造成形的那个过程，而要看艺术作品本身作为一个精神性事物的“生成”(Werden)，即看到精神的普遍性因素如何借由人的意识与人手而在物质材料中显现出来的那个过程，如此才能将艺术作品真正理解成“整体”——现在的问题并不在于艺术作品的整个生成过程不是一个整体，而在于艺术家在目前这个阶段还不能把握这个整体。如果仅从艺术家的概念构想与塑造活动来看，精神因为必须假道于这些因素才能于物质材料中显现出来，所以看起来好像是艺术家的“主观之事”，好像是与艺术作品对立的。然而艺术家如果懂得摈除主观偶然的因素，使自己的主观活动服务于精神本身的显现，“足够无私到宣称艺术作品本身就是有灵魂的，并且忘记了自己是能动者或观赏者的地位”，那么我们恰恰可以看到精神概念本身得到了坚持，而这里所谓的“精神概念”不是单纯作为主观概念，而是作为通过人的主观理解透显出来的精神本身。换句话说，人的主观意识是绝对必需的，否则精神的显现问题就根本无从谈起，但它不应是封闭性自我的主观任意念头，而应是通过人的把握透显出来的绝对精神。黑格尔最后说，在目前阶段，精神分化为主观行动与客观事物这两方面后，双方还只有抽象对立的规定，还没有达到作为它们的根据的统一性，因而自我意识看起来才是与艺术作品对立的。

接下来第5段关注的问题是，自我意识与艺术作品之间的这种非同一性，在艺术作品已经被创造出来之后，依然明显地表现出来。

艺术家之手诚然塑造出艺术作品，然而出自他手的这个东西似乎与他并不相契。他的作品固然能引起群众的崇敬称赏，但那并不是对他个人的艺术技巧或聪明智慧的肯定，而是将那艺术作品当作他们的共同体精神的一种体现来称赞的。换句话说，艺术家本人似乎从他的作品中蒸发了。艺术作品带给艺术家的喜悦，也只是群众的称赞经过精神的中介而带来的喜悦，而不是由于他们认可他创作的艰辛与劳动的紧张。接着黑格尔还分析了人们的两类评价：如果人们低估这作品，把它当成一件庸俗之作，那么艺术家会认为他们根本没有认识到他赋予作品的丰富内容；如果人们虚心玩味这作品，真能认识到艺术作品中表现出来的共同体精神或本质，那么他们就会看到作者的功绩和苦心。可是这依然不是对作者的劳作的直接肯定，而是通过承认作品中表现出的精神才附带肯定作者的功劳的。

我们发现，这种以物为表现媒介的崇拜无法很好地表现精神，艺术宗教要走向更高的形式，那就是语言。第6段解释为何要从物的艺术转向语言的艺术①。

对于物的艺术，黑格尔有个很形象的界定："他（指神——笔者按）从他的创造力的黑夜的深处堕入他的对方、外在性，堕入无自我意识的物的规定之中。"在雕像这类艺术中，艺术家试图表现一位富有创造力的神，但究竟神的创造力如何，神本身有何规定性，这类艺术无法透露给我们，因此对于人而言，神的创造力固然伟大，却是幽暗的黑夜；这样的神却又直接堕入那不善于表现神的内在世界的物质材料中，堕入外在性中，因而即便神被表现出来，这种表现也颇多束缚，只能呈现出神的体态、威严等外在的东西，神向世界呈现的深度毕竟有限。

而语言的艺术则不同，它能表达内心的思想，因为语言是"一种直接具有自我意识的生存（Existenz）"。由于具有这样的深度，语言便既能表达个别性，也具有普遍性：个别人的自我意识只能用语言表达出来，而这种表达之所以可能，恰恰又是借助于语言的普遍可传达性，因此语言既是个人自为存在的完全特殊化，也是各人之间可普遍交流的统一性。黑格尔甚至说，"语言就是作为灵魂而生存着的灵魂"。这意味着语言便是有灵魂之物自觉地以有灵魂者的身份生存与表现自身的方式，而不再受制于物的惰性。这样一来，语言的艺术品就成了"自身具有灵魂的艺术品"，神从此以后就能在艺术品中真正以主体的身份呈现了，这种呈现被黑格尔称作"纯粹的活动"。

与此同时，从人的角度来看，语言的艺术也更有利于在他们相互之间表现他们的内心世界——其实这内心世界本身也是与语言相互塑造而成

---

① 这里语言的艺术并不包括整个古希腊的诗艺，仅指赞美歌一类比较抒情化的简单形式，而不包括史诗和悲剧、喜剧一类更高形式。

的，而不是先有一个完整的内心世界，而后语言将其现成地呈现出来。自我意识在形诸言辞的过程中，不再像先前从事雕琢等艺术活动那样与对象有那么大的距离，而是“直接在自身这里”（unmittelbar bei sich），这就是说，相对于物的艺术而言，语言的艺术更能忠实地呈现内心的思维，而不是说语言能百分之百不走样地把内心想法直接表达出来，语言其实也有它的物质性，也会造成表达的偏颇，但那是后面阶段才会逐渐显露出来的问题，目前自我意识更多看到的是语言的艺术相对于物的艺术的优势。由于语言的普遍可传达性，群众在赞美歌和默祷之中就能感受到一股普遍性的洪流融通和带动了所有人，感受到各具差异的所有人之间居然还能有“相同的行为”和“单一的存在”。这股洪流便是“作为所有人的这种普遍的自我意识”的“精神”，它既能保有和表现它自身的“纯粹的内心”（Innerlichkeit，或译“内在性”），又能使个人在语言艺术中将为他存在与自为存在保持在一个统一体中。

第 7 段以德国观念论的内在性立场提出，那些脱离团契的公共语言而由个别人内心偶然得到的灵感，即便勉强算是一种“语言”[①]，也并不像它表面看来那般伟大和玄妙。

在到现在为止出现的各种宗教形态中，神谕（Das Orakel）都是神最初的语言。它只以凡人不可理解的方式启示于个别人（祭司、先知等），也没有在作为公共生活形式的宗教中“实现出来”。神的概念既包含自然的东西（他在现实的物质世界中存在），也包含精神的东西（他是公共语言可理解与可表达的一种意义），然而这精神的一面既然没有在公共生活中实现出来，就是令公共世界感到陌生的一个神秘之人的自我意识中发生的语言。这其实是与神的概念相矛盾的。正如“自我意识”章中表明的，人的自身（Selbst）其实不单纯是“我”，它首先是“我们”，但上述个别人的语言却被认为是那脱离了团契的孤立、神秘之人的语言。

但黑格尔揭示出，神谕的内容其实并非像它表面看来的那样完全神秘而偶然，它只是以偶然的形式出现的简单而普遍之物，它依然符合精神在当前阶段的发展，是从精神本身的普遍性力量中产生出来的，只不过它与公共话语不那么亲近而已。这就是说，虽然大家对神谕的来源不甚了了，

① 看起来这种个人灵感、“个别的语言”（einzelnen Sprache）近乎维特根斯坦所谓的“私人语言”，严格来说是不能成为一种语言的。当然黑格尔这里还没有像维特根斯坦那样明确批判私人语言。另外，对这里所说的个别语言的解释是允许争论的，因为它可能更多地指个人以公共语言对他想象和理解的私人灵感进行的言说，而不是私人灵感本身。

可是并非随便一个什么人（包括祭司或先知）突发奇想或一场睡梦后便可以将自己认为得自于神的某种意思树立为神谕，从此以后就号令人们听从他的话了的。神谕要成为神谕，需要全社会普遍崇奉神的那种精神氛围，需要参与者的虔诚之心，也需要神谕的内容符合于当时普遍的精神追求。

可是依照黑格尔的看法，神谕既是崇高的（erhaben），又是渺小的（trivial）。之所以说崇高，是因为神谕毕竟传达出了一些简单而普遍的真理；但正是为了达到真正的普遍性起见，神谕恰恰不能停留在和团契中的自我意识相隔绝的状态，即不能像东方宗教中那样永远只为个别人掌握，那不符合宗教真正的概念。从后一方面来看，神谕毕竟还是很渺小的。

第 8 段将讨论的范围从神谕现象扩大到了那貌似与之相反的理智决断上，黑格尔认为只要精神在共同体生活中没有更深刻的实现，而仅仅停留在偶然的灵感状态，那么无论是神谕还是理智决断就都是偶然的。这意味着当前的形势迫使精神寻求与共同体生活深度融合的表现方式。

以光明本质崇拜为代表的早期东方宗教，一方面只将绝对者当作普遍实体，但对这普遍实体在世间的体现方式（或者说它与世间的关系）却只有很肤浅的直接断言，并无深刻的理解，于是另一方面便使绝对者往往只能极为偶然地在个别受到神灵感召之人的那种陌生的语言中进行言说。古希腊宗教开始突破这种局面，因为共同体内开始接受“**那可靠而并未成文的诸神之规律**”（*das sichre und ungeschriebene Gesetze der Götter*），这规律只是被人认定和接受下来，但谁也不知道它是哪来的，也没有人下决心探究这个问题。这种诸神规律固然打破了抽象的普遍性与偶然的个别语言共存的局面，但正如下文表明的，在这种规律形态下产生的两端——神谕与理智思考——其实同样是偶然的，后面这种现象反过来表明，古希腊宗教设定的诸神规律本身其实也是偶然的，并没有达到精神与共同体生活应有的完美融合。

在古希腊艺术宗教中，神已经成为在作品中显现的个体性形象，具有了它自身要表现的自我意识，然而它的表现毕竟仅限于偶然的显现——无论是从艺术作品的创作还是从神殿中谕令的发布来看，都是如此。于是在这个前提下产生了看似相反而实则相成的两种现象：神谕与反思意识。前者是神针对民族中的特殊事件发布的谕令，而后者则是个人对所谓普遍有效并自在存在着的真理的思考和言说，个人声称反思意识的优势在于它不是外来的，而是人自己本有的。表面看来，反思意识构成了神谕的对立面。

然而黑格尔看到二者实际上只是一体之两面，二者其实都有偶然性的缺陷。他举了苏格拉底心中的精灵（Dämon）① 与哲学反思共存这个典型的例子来说明这个问题。黑格尔注意到，当苏格拉底要探讨关于善与美的普遍知识时，他诉诸自己的理智思考，而当他遇到生活中无关紧要的琐细问题时，他都把决断之权留给他内心的精灵。这不仅是苏格拉底一个人的行事方式，因为古希腊民间信仰习惯于从鸟的内脏结构、树木的长势或土地的湿气等自然迹象中求索关于偶然事物的知识。

为什么说反思意识与偶然灵感是一体之两面，都有偶然性这个缺陷呢？因为它们都是从古希腊艺术宗教的整体格局中生发出来的，后者尚未达到精神与共同体生活的深度融合，而只达到了神的个体性表现。黑格尔看到，偶然的神谕与灵感是外在而陌生的，反思性的伦理意识其实也是以外在的方式在决定偶然的事情。因为正如“精神”章中对古希腊伦理实体的描述表明的那样，人们对绝对者的理解——如果有这种理解的话——毕竟是受到特殊伦理势力本身局限的，在这种情况下那种貌似出自深思熟虑的决断实际上“是以他的特殊性格的规定性为根据的”。那以普遍知识标榜自身的反思意识，实际上和诉诸神谕与抽签的做法一样都是偶然的。不特如此，在黑格尔看来，后一种做法表示出对偶然东西（神谕、神签的内容）持一种中立而无所偏好的立场，即事实上承认偶然东西为偶然东西，而前一种做法则将那原本偶然的规定性认作普遍性规律，反而以一种虚假的必然性来遮掩偶然性，因而具有更大的欺骗性。

很明显，黑格尔这里在偶然灵感与反思意识这二者之间也并无偏好，他寻求的是超出目前这种整体格局的出路。他说后者作为“比这二者更高的东西”，必须认识到二者都是有偶然性的。

第 9 段回到语言的艺术的话题，将它与物的艺术进行对比。正如前文分析过的，物的艺术以雕像为代表，它受到物质材料的重重缠缚，它所能表现的深度很有限。古希腊雕像与埃及雕像相比，虽然从起点上就是绝对精神由内而外地、动态地表现自身的结果，但它与语言的艺术相比则显得太僵硬，后者是一种不断消失的同时又不断生成的动态艺术。物的艺术与语言的艺术恰成两个极端：前者偏于对象性，不利于表现内心世界；后者

① 黑格尔思路跳跃极快，甫一提到神谕，随即便跳到苏格拉底内心的精灵，这可能会让习惯于学院式考证知识的读者感到不适，因为这二者究竟是否能相提并论，似乎都还在未定之天。其实黑格尔的重点既不在神谕，也不在精灵，他是要揭示共存于这二者背后的文化机理。

则太偏向内心的主体性，在固定的形象化方面有所欠缺，“就像时间一样，当它在那里时，立刻就不再在那里了”。

第10段开始的六段通过分析宗教崇拜（der Kultus）来揭示抽象艺术阶段的内部张力与整体缺陷。这一段说的是，神的自我运动的一面表现在艺术家感性抒情的语言中，而它的静止的形象的一面则表现在雕塑等物性艺术中，只有这两方面的统一才构成神的概念的真正实现。人通过这两种形式的崇拜，使神降临于人的生活世界，神便改变了以往作为对象与人的生活遥遥相望的局面，成为一种具备特定形态的、现实的自我意识了。

第11段初步展示出，这种崇拜所能达到的深度也是有限的。它只是在祈祷（Andacht）中净化自身并使自身充满神圣感，从而为它崇拜的对象开辟一个场地，这个场地准备好容纳那个神圣对象的种种形态（Gestalt），仅此而已，而没有像基督教中那样再进一步深入个人意志深处的恶或原罪的层面，并寻求救赎。这种自我纯洁化有外部行为的约束与内心活动获得奖惩这两个方面，乍看之下似乎已经很饱满了，然而与基督教相比，其深度的确还很有限。① 这就好比我们隆重礼遇来宾时需要沐浴更衣、穿戴整齐（外在一面），并严肃认真、恭敬肃穆地迎接他（内在一面），但这内外两个方面毕竟已经建立在此人值得尊敬这一点上，建立在我们有资格迎接来宾这个基本预设之上了，而丝毫没有深入我们与对方的身份与资格何以成立，以及“礼尚往来”何以可能这些问题中去，因而还是相当有限的。

第12段说明现实的行动对于崇拜的重要性。崇拜如果只是头脑中的念头，一种秘密的想法，那本就不符合崇拜的概念，因为一种单纯的意识如果没有在共同体中付诸行动，是无法“将它自身提高到它的纯粹自我意识的”。何以如此？一个人如果只在心中想象神，终究会走向怀疑主义，然而他如果通过行动切实地体会到神的力量在现实世界中的体现，发现神就表现共同体生活的一些基本建制，那么不仅对神的追求成为他生活中的基本需要，连他在共同体中的角色、地位都需要以这种追求为前提，而我们在“自我意识”章中早就看到，只有意识到共同体对个人生活的建构与规定，才有达到所谓“纯粹自我意识”（即不为外部生活所羁绊而一心向神）的条件。

① 这里很明显的是，黑格尔照例将古希腊宗教与基督教纳入同一个完整的宗教形态演进谱系中来考察了。作为当代读者，我们对这种做法本身合适与否是应当存疑的。

而这样的纯粹自我意识的建立不仅仅是个人意识的事情，与之同步发生的还有神自身的深度的增加，即神也建立了它自身的自我意识，或者换个说法，神也开始向人的生活世界显现为一种有着内心深度的存在。此时的神不再是仅仅作为普遍性力量而没有具体形象的神，而是成为一个活生生的个别人格，成了现实世界中的具体存在。

第 13 段开始具体描述崇拜的内部结构和运动方式。

只要自我意识像上一段所说的那样实际行动起来，它就会体会到神不是什么陌生的彼岸之物，而就体现为它身边“现实的自然”。而自我意识自身也身处现实的自然之中。就与自我意识亲近的这部分自然而言，它以自我意识的财产的形式或被自我意识扬弃了的“直接的现实性和个别性”的形式（比如生活环境等）出现。而就自我意识感到陌生的那部分自然而言，它具有一种自在存在的神性特征，自我意识可以以自己的自然中的那种非本质的东西为这种神性的自在存在献祭。这样一来，崇拜一方面将神的抽象的、外在的存在扬弃，使之成为现实的存在，另一方面将自然提升到普遍性，这两个方面便在崇拜中统一了。

第 14 段却揭示出事情远不像看起来那般美好，黑格尔告诉我们，自我意识进行的献祭其实大体上是一种自欺，通过这种献祭达到的所谓两方面的统一也不过是自我意识自以为的统一罢了。

起初，宗教崇拜显得完全是真诚地向神奉献一切。人们不仅把自己拥有的东西当作完全无用的那般献给神，大有放弃自己的一切财产之势，甚至不惜放弃自己的人格，连自己做出的行动也归功于神。

但他们没有想到，在他们放弃自我的过程中，神的现实存在也被毁灭了。因为他们当作祭品加以供奉的东西恰恰都是神物，都是神的现实存在的象征。比如在以动物献祭时，那奥林匹斯诸神在现实生活诸部门的体现似乎就死亡了，而在供奉水果时，那地下的远古巨神的那些能驱动自然元素的各种力量便死亡了。

但事情远不是这么简单。其实人的献祭之所以可能，本就是以神的自我牺牲为前提的，即以神纡尊降贵、化身为现实的具体事物为前提的。因而人以这些东西献祭，只不过是对神的那种更根本的牺牲的追忆，并以人的意义去代替或覆盖神赋予事物的那种意义，换言之，这种献祭在本质上必定是对人自身的意义的一种巩固，只不过这种巩固是以人的“自我牺牲”的形式表现出来的，因而所谓的牺牲与献祭不过是自欺欺人而已。黑格尔说，上一段末尾所说的那种通过宗教崇拜与献祭而达成的两方面的统一，对于人而言不仅具有消极的牺牲意义，更重要的是具有积极的巩固意义。只有那洒在地上的酒和弃于地的谷物，即奉献给地下神灵的牺牲，才是完全被毁弃掉了的。那的确反映出人对普遍性自然神力的承认。然而那毕竟只占所有牺牲的很微小一部分，其余的大部分祭品（动物祭品）却不过是故做献祭姿态，以便马上在宴席中供人享用而已，而且奉献祭品的人往往会享受祭品中的最大一份。但话说回来，这种自欺也不能说有什么恶意，因为人只不过是为了通过献祭消除神与现实之物对他自身的否定性，为了将神在现实中的对象性存在转化为对他自身的肯定罢了，说献祭达到了人与神的统一也不为过。

最后一段分析庙宇及其附属装饰品是如何在仪式与日常生活中持久延续这种宗教崇拜，并使古希腊民族在劳作中与神相合的。

首先看看庙宇（Wohnung，直译为“居所”）的意义。前述种种崇拜形式虽然已经以绝对者在公共生活中的持存为前提了，但由于使对象局限于内心中的念想，或者在宴饮中被享用了，因而都无法使绝对者的体现形式取得持久而公共的存在。这就势必促使人们通过修建庙宇来为宗教崇拜提供一个长久的依托，并给神的现实存在一个持久的象征。而且庙宇的好处还在于，它是一种具体可见的个别事情，人人都有机会参与劳作，并为之制作辉煌的装饰，这种活动甚至可以在庙宇修建完成之后，在某种弱化的意义上通过节日或平时的祭拜而延续下去。

这种优势和先前的物的艺术乃至东方自然宗教相比就显得更突出了。与雕像相比，尽管神庙中也有很多大型雕像，但那纯粹是人忆念神、与神打交道时的一个契机和中介，神不再是固化和局限于对象性的物质材料中的存在，而是人们可以通过献祭活动而与之交流，博取其好感的活生生的人格。与雕像相比，艺术家的特殊性更加无关紧要，他的特殊性已经“消融在普遍性之中了”。另外，说到神与人的交流，这里也与自然宗教中的情形颇为不同。对于东方宗教而言，神是一个陌生的、异己的存在，人只能在想象中渴望并设想神对自己的好感或恩典，除此以外别无他法。然而与东方那种偶然而任意的想象不同，古希腊庙宇及其供奉物都是人可以享用的，在这里神和人在公共生活中相互融合了，人以艺术创作荣耀神，神也在献祭与宴饮中予人肯定。

而且艺术宗教还会把这种“在艺术中崇拜”的做法延伸扩大到古希腊人的日用生活中去。他们在节日庆典里装点自己的服饰和住宅，这和庙宇中以华丽器物进行的献祭一样，不仅仅单向地表现了人对神的尊崇，也反过来表现了神对人的肯定，是一种具有双向意义的行为。黑格尔说，这表明这个民族在劳作（Arbeit）中与神“结合起来了”，这是一种当下的相合，不再是东方宗教中寄望于未来的那种渺茫的希望——其实与基督教的末世盼望也不同。

二 有生命的艺术作品

从这一阶段开始，神就以有生命的人格神的形象出现了，只不过神在本阶段的形象（“生命”）和下一阶段的形象（“精神”）尚有精粗深浅之别。本阶段研究酒神崇拜。我们说起这种崇拜，很自然会想到尼采的解读，但其实对这种崇拜的研究在黑格尔那里就已经很深入了，它并不是尼采的首创。

第1段说明，艺术宗教中的神已经是一种主体性的精神（当然这种精神要到下一阶段，即要到“精神的艺术作品”中才取得其最典型的形象），而不是像光明本质那种单纯的普遍性实体，不会陷入无内容的抽象简单性和抽象深度，而是活生生地与人的自我意识合而为一的。

古希腊的艺术宗教与它的伦理实体有一个共同的特征，那就是人们懂得以主体的身份去追求精神。尽管这主体和精神双方的深度还远不及中世纪或现代，但与东方民族的那种抽象而外在地认定绝对者与现实世界为一，仅仅在表象中认定上帝有一种人所不知的深度，实际上却总是浮于精神之表面的做法，是截然不同的。

为了说明这个问题，黑格尔再次回顾了东方宗教中的光明本质。在后者那里，神并没有以自我意识的形态示人，人们在神那里也感受不到什么可让他们“安身立命”的确定性，神不过被武断地设定为众多个人的普遍本质和高居于他们之上的统治者。这种宗教崇拜，只能反复重申一点：人民是神的子民，归属于那位神。除此之外，人无法从神那里获得一条于现实生活的种种努力中成全自身、提升自身的连贯而可见的道路。不特如此，在这种宗教中，人们甚至根本意识不到有在现实生活中追求和实现某个“自身”的必要，或者说他们根本想不到去实现一种有深度的自我意识。这就意味着，在那里神和人都是没有主体深度的。

而艺术宗教却打破了这种抽象的简单性（Einfachheit）和深度（Tiefe）。神在此以主体性的精神的身份出现了，人也相应地有了主体性的深度，二者是相互成全的。虽然这种深度还是有限的，还没有达到基督教中的恶与创世等问题，但艺术宗教的深度足以使人与神之间结成一种友好的、内在的关系。在这样的崇拜中，意识不仅得到了仿佛可以安身立命的一条现实地自我成全的道路，而且在这种实践活动的过程中还达到了对自身的主体性的自觉——当然这种主体性还远未达到基督教中的那种深度，但也产生了斯多亚主义、怀疑主义这样的精神果实。

由此看来，一个仅仅在形式上作为实体而被承认的民族，既不能在其自身具有主体性的深度，也无法窥见真正作为精神的绝对者，只有神与人双方相互承认其主体性与内在深度，才能见到本己意义上的神。黑格尔这话等于否认了东方宗教崇拜的对象为本己意义上的神。

第 2 段说明，在经历了上一阶段中侧重对象性的“物的艺术”和侧重主体性的“语言的艺术”这两种形态后，有生命的艺术作品则同时肯定对象性与主体性，但被它重新肯定的自然乃一种追求精神的自然。

在前一阶段描述的那种崇拜中，人的意识满足于神对它的肯定，而神也降临于人的意识，仿佛将它当成了神自家的地方，毫不排斥。人的意识如今不再像东方宗教那般只是外在地遥望作为实体的神，而是与它先前认为幽暗难解的实体内在地融合起来了。而且更能细微地表明这种内在融合的一点是，这里的神人关系不再像“抽象的艺术作品”阶段的艺术家与其雕塑作品的关系那样紧张或粗浅，神人双方的主体性在相互成全中都得到了满足，也不再像那个阶段中语言的艺术那样拒斥对象性，而是神人双方都既有主体性的深度，也不排拒物质自然。换句话说，神人双方都作为主体而将现实的物质自然扬弃在自身的支配之下，而且他们双方又是内在融合与相互成全的。

如果说东方宗教中停留在实体状态的那种绝对者是日出的话，那么主体性看起来是对这种日出的破坏，好像是日落一样，但这只是对抽象实体状态本身的片面性的克服和否定，而不是对神的否定。在黑格尔看来，古希腊宗教恰恰是对东方宗教的成全，是对神的更大更好的肯定。如今神既具备自我意识，又将定在和现实性扬弃和接纳到自身之内了。这个运动过程在黑格尔看来其实是神寻求更好地实现它自身的一个过程。绝对者在东方宗教中的那种纯粹本质性状态如今就被原先作为异己者的人的自我意识扬弃了，它自身也便具有了自我意识。黑格尔将古希腊宗教看成绝对者经历过东方宗教中的“*无自我性自然之沉静本质*”之后取得的成果(Frucht)。(这当然不是说东方宗教自然就会生出古希腊宗教来，而只是站在绝对精神视角的哲学家看到绝对者在各种文化中的演进过程。如果一定要说谁是谁的成果，毋宁说这两种宗教都是绝对精神的成果。）如今自然界存在的意义便是成为人追求精神的中介，既提供被人吃喝的材料，也提供神人双方实现自身所用的物质材料，或者说成为他们双方自我实现的舞台。

最后，黑格尔将这种自然与精神相融合的形态称为大地精神（der Erdgeist）①，因为一方面神是实体，是养育万物的女性原则（大地）；另一方面它又是精神，是有自我意识又健动不息的男性原则（精神）。——这里显然有反过来影射东方宗教受女性原则主导之意。

第3段说明当前的这种“享受”（Genusse）② 其实就是以往东方宗教中神秘体验的更高形态。所谓神秘体验，在黑格尔看来完全是因为光明本质这种宗教形态一上来就抽象地设定了“一切在本质上都归属于光明本质”，并就此打住，不再给光明本质任何具体规定性和描述，也不再解释光明本质何以支配着万物。因而人们就会任由自己的想象驰骋，既任意地将现实生活中的种种规定投射到绝对者身上，又对这种投射怀有最大的不信任，因而各种投射尽管五彩斑斓，却也马上被否定了，光明本质虽以“光明”为名，实际上却成为最大的秘密。黑格尔说，在古希腊宗教中由于人与神双方都有了更深入、更具体的规定性，情形就大为不同了：“神秘的东西（das Mystische）并不是隐藏着秘密或莫名其妙，而在于自身（das Selbst，指人自身——笔者按）知道它与本质合而为一，因而后者也就被启示出来了（geoffenbart ist）”。接着黑格尔以德国观念论的立场对启示给出了一个关键解释：“只有自身才对它自己是启明了的（ist sich offenbar），或者说那启明了的东西只存在于自身的直接确定性中。”这就是说，在人的理解能力之外的东西，无论人们宣称它多么伟大玄奥，都算不上什么启示，只有被人合乎逻辑地理解了的，只有被人体验过一遍并感到确定的东西，才算得上是真正明白的，这样的启示才算得上成功的启示。——这种对超越性的彻底摈除，恐怕是前现代思想绝难认同的。接着黑格尔具体展示了这种成功的启示：神体现为有用的东西，可见、可感、可嗅、可尝又可欲，并能在我的实际享用中给我“合

① 亦译“土地神”，但这个译名在当前语境下显得并不完全达意。

② 从前文中不难得知，这里的“享受”当然不是指个人私欲的单纯满足，而是指在享用祭品的时候与神合一的那种迷醉体验。

一”之感，这样神就算是“完全透露给自身（指人自身——笔者按）并启示给自身了”。①

反之东方宗教中那种所谓的启示即便宣称自己已经成功到达人的理性和内心了，“事实上它还是秘密的”，因为它缺乏对象实际存在方面的确定性，也缺乏人的享受方面的确定性。而确定性是不能通过在口头直接宣称便建立起来的，它必须经过思想的中介，即必须是人的理智彻底理解了的，必须是“纯粹认知着的”确定性。这里我们再次遇到了黑格尔在本书第一章即已显明了的观点：确定性不是直接的，而是走向真理的一个自我中介的运动过程。

第 4 段在当前的新视野下再次分析宗教崇拜。

黑格尔认为在崇拜中启示给人类意识（这里称作“有自我意识的精神”）的其实是在东方宗教中被尊崇的那同一个神，只不过如今启示不再是一种抽象的设定，而是沿着前文中说过的男性原则和女性原则两条路线展现出来。这两条原则在这里分别表现为自我显示与自我保留。前者指的是神从它幽暗的神秘状态向人的意识显示自身，为人所理解，并在此过程中作为“默默养育着的实体”（stillernährende Substanz），即人能不断对神产生新的理解，但神也能源源不断地为人的生活提供新的材料。后者则表明，神同时总又保留自身，即便当人对神有所理解的时候，那启示也总是像热望回到母亲怀抱一样要隐没到幽暗之中去，这就是说，启示即便显示于上界（oben，指人可以理解的生活世界），也总是以这种寻求“归隐”的姿态逗留而已。——这里似乎隐约能见到与海德格尔后来提出的“真理是去蔽与遮蔽的共同发生”的思想的相契之处。

上面这一点在古希腊宗教中的具体表现是，神脱离了东方宗教中抽象的实体性存在，先是表现为土地中生出的果实这种对象性的存在，继而在酒神崇拜中饮酒纵乐、迷醉狂欢。而大地、果实、酒醉、迷狂这些要素都表现出上述神的自我显示与自我保留这两方面的同在。

第 5 段显示出，这种崇拜的对象尽管已经表现出相当强的主体性和自我意识，然而和基督教的上帝相比，这神毕竟只是“直接的精神”和“自然的精神”，深受自然的束缚，而不能直接以其自我意识示人。——黑格尔这里当然不是将酒神崇拜与东方宗教划为同列，而只是在主体性的深度

① 黑格尔对古希腊宗教的这种解读本身恐怕也夹杂了太多现代人一厢情愿的投射，这是一个尚待厘清的问题。

方面将它与基督教相比，如果说它和基督教之间只是主体性程度上的不同(量的区别)，那么它和东方宗教之间则是“有无主体性”这一根本性质上的不同（质的区别)。酒神崇拜的对象虽然利用了酒和面包，显得很神秘，但这种神秘在黑格尔看来毋宁只是像地底的黑暗一般出自物的本性或物的束缚，是神的表现方式的缺陷，而不是真的因为神有大量精深的内容向人隐瞒了。在黑格尔这一代德国观念论哲学家们看来，神的精微不会表现为与人的理智的断然隔绝，而恰恰只能也必须表现为那在现实世界中可被人的理智理解的机理。黑格尔在这里指出，酒神崇拜的对象没有达到后来史诗与悲剧中表现的诸神的那种更高的个体性，更没有达到基督教上帝那种可理解的完善主体性，无法像基督教中那样仅以酒和面包作为上帝之血与肉的表面象征，而是反过来受到酒和面包这些自然物质的规定。

如果说酒神崇拜是在迷醉中让神降临，那么对人体形象的崇拜就是对人的自我的极端推崇，二者作为两个极端相伴相生。第 6 段便讲解后一种崇拜。

酒神崇拜的狂欢迷醉无法持久，它同样需要持久的艺术作品。这里的作品虽然也像上一阶段中的雕像一样出自艺术家表达某种灵感的欲望，但它却不是物的艺术作品，而是人的艺术作品，即以人本身为载体的艺术形象。

那么酒神崇拜与如今的人体形象崇拜之间是什么关系呢？前者还不是一种主体性精神的启示，而是一种不具备人形的本质的启示，但它毕竟为主体性精神的启示准备了条件，即为对人体形象的崇拜提供了必要的文化氛围，这正如中世纪尾声时期的浪漫社会氛围为堂吉诃德式的形象的出现准备了条件一样。

那么这是怎样的一种崇拜？与雕像的静止形象不同，活生生的人体呈现的是动态的教化形象。比如黑格尔说，高举火炬者表现的就是一个既健美又有力的运动者形象。在赛会或其他重大场合立于高台之上的这类人体形象，以及古希腊民族给予他的装饰，表达的就是“对他的力量的赞扬，而且在他的人民中归给他荣光”。这不再是对石雕中的神的崇拜，而是对整个人民的本质的“最高肉体表现”的尊崇，极大地突出了人的自我。

第 7 段总结了酒神崇拜以及人体形象崇拜，并交代了精神走向下一阶段的必要性。

我们要在本阶段的两种崇拜各自的片面性中才能看出下一阶段需要如何克服这种片面性。酒神崇拜强调个人在迷醉中融入普遍性，它失去了人的自身，而人体形象崇拜则反过来强调人的自我，却又使精神的普遍性本质落于自身之外了。下一阶段需要的是既保有普遍性，又体现人的自我，那只能诉诸神的主体性与人的主体性的相互成全之道。

其实稍稍回顾前文就会发现，古希腊宗教在一开始就已经走在这条路上了，只不过目前到了这条道路最显豁地呈现出来的时候。我们知道，能最集中、最明显地呈现意义的唯有语言，而古希腊语言的最高结晶——史诗与戏剧的伟大传统——正是黑格尔在下一小节要探讨的内容。这里的语言和古希腊宗教史上出现过的前几种语言有什么区别？它不像神谕那样依赖偶然的、个别的神启，不像赞美歌那样出于个人偶尔的抒情且只针对个别神灵，也不像酒神崇拜中的语言那样模糊不清、迷醉而无头绪，而是有了清楚且普遍的内容。说它清楚，是因为艺术家不再受先前的种种物质因素的束缚，开始塑造自觉自主的形象；说它普遍，是因为它不再仅仅表现个别人的形象，而是表现一个具有普遍性力量的神灵的定在。

先前的物的艺术虽然也试图表现同样的形象，比如雅典娜雕像（“美丽的战士”），但毕竟只是静态的、个别性的形体，无法呈现“意义的丰富和严肃、精神的内在特征——这精神承载着它的人民的生活、关切、需求和风俗”。此时普遍性成了事情的重心，民族生活中虽然有诸多特殊性的事物和特殊性的因素，但它们不再作为特殊之物被对待，而是被当成普遍本质的特殊表现。换句话说，民族自觉地认识到世界的统一性是其生活的根基和重心。这便进入了古希腊宗教的最高形态——精神的艺术作品。

三　精神的艺术作品

黑格尔在第 1 段中先追溯到古希腊境内各民族相互承认并构造万神殿（Pantheon）的时代。那时各地都有自己崇奉的对象，因而形成诸多民族精神（die Volksgeister）并存的局面。

我们在万神殿看见的其实是人间社会的翻版，不同的神灵在还没有被供奉到万神殿之前，在它所在的地方和民族看来或许是绝对普遍性的，甚至可能与动物形象多多少少有一些关联，但进入万神殿后，必然会发生各地的神灵之间是什么关系的问题，这时它们便被依照人间社会的职业分工或自然要素分化而分派不同的角色。所以黑格尔说，我们在万神殿中看到的毋宁是“普遍人性”（*allgemeiner Menschlichkeit*）。各路神灵结合起来后，仿佛为了一个共同的计划（Unternehmung）或工作（Werk）而努力，这就使世界形成整个民族（ein Gesamtvolk）、整个天国（einen Gesamthimmel)。

但这毕竟还不是古罗马时代那样的一个国家（Einen Staat），因为它只达到了一种初步的普遍性，即表面上的相互关联。伦理生活的各种个体形态直接被串联起来，这固然克服了各民族的分散生活状态，但还没有找到整个古希腊人的共同根基。如今希腊人之间的关系，就像我们在荷马史诗中看到的那样，是各民族的首领自由平等地联合议事。这种联合其实还没有找到一种持久的共同秩序（Ordnung），也不是为了建立这样的秩序，而只是为了共同做出某种行动，一起应对某种任务或危机，因而个人反而必须克服各自的私意或任意。但这并不意味着人们都以某种抽象思想——比如公正、爱国甚至勇敢——来要求自己，因为抽象思想的支配就成了对人们自觉自愿之情的压制。——很明显，在黑格尔看来，此时的民主议事还算不上多么高级的政治生活，因为那只是民族共同体兴起之初应运而生的一种很初步的政治形态。

第2段展现了神灵集体与现实世界的关系。神灵集体虽然具备自我意识，并且作为绝对者还包含了自然以及伦理世界的统一性根据，然而这个集体只能作为一种压迫性的威力对自然和伦理世界发布命令，这并不意味着它能内在地支配这两个世界，因为它本就没有像基督教上帝那样渗入世上一切事物的存在内部。

黑格尔首先说到，这些民族精神是“集合”（Versammlung）起来的，意即他们之间其实缺乏内在关联，只是外在地汇合到了一起，构成为神殿的形象而已。接着他说这个神灵集体只能对自然与伦理世界发出“最高命令”（dem *Oberbefehl*），而非进行“最高统治”（*Oberherrschaft*）。我们从中译文或日常德语的字面意思上，也许看不出“命令”（Befehl）与“统治”（Herrschaft）之间有什么根本差异，然而结合黑格尔关于艺术宗教与启示宗教的区别的论述来看，命令是指因力量或眼界、智慧方面的优势而使人听从，统治则强调存在意义上的内在支配，比如基督教上帝既然渗透了人与其他万物的本质与实存，而且它的自我意识与人的自我意识达到了最深层次上的相互成全和相互支持，那么上帝即便不用发布命令，也时刻在支配着世界，因为那就是它自己的世界。因而这两个概念之间的差别主要是内在化深度或主体化程度上的差别。

在这种情况下，自然和伦理世界是使那有了自我意识的诸神及其所作所为得以实现的两个“普遍的实体”（即两个有机整体），它们以后者为中心，它们的运作全凭诸神赋予其意义，因诸神的指引与关联才成其为严整的结构体。神圣者返回其自我意识，并不意味着回退到只属于它自身的某个专门的“内心”中去，而恰恰是指对神圣者当前在自然与伦理世界中的这种内在化程度有了明确的意识，对“两个世界的内在统一性取决于神圣者”这一点的明确意识，尽管这两个世界看起来只有一种外在的关联。

第 3 段开始介绍本阶段的三种艺术形式中的第一种（史诗），让读者初步了解它的层次、内容、创作者、情愫（Pathos）与实质。

黑格尔说，意识所把握到的内容的普遍性，也必然为意识本身的形式所拥有，而这种意识形式便是表象（Vorstellung），它已经能把握到神灵的自我意识与外部世界的定在可以是同一个存在。黑格尔那里虽然还没有胡塞尔那种致力于意义发生与意义结构之精微分析的现象学，但他对于人所把握到的意义的普遍性与人的把握能力的普遍性这双方的同构性已经了然于心，只不过他还没有将这种同构性作为他学问的主题大谈特谈或详加分析罢了。黑格尔也深知世界的统一性——绝对精神——在一种文化中展现的深度与那种文化中人们的意识形式本身能达到的深度是同步进展的。比如这里绝对者的普遍性已经开始被表象的思维把握了，人们已经了解绝对者是可以普遍地在世界内部起作用的，但对于这种作用的机理却不甚了了，但人的理智又不可能停留在“模糊不可解”的状态，总要求索出某种“解释”来，于是只能凭着想象为绝对者在世界上的作用填充进一些形象化的神秘力量，美其名曰“解释”。黑格尔便称这种把握方式为“表象”，亦即想象。虽然比起东方宗教来，它已经不将绝对者当作生活世界的一个异己之物了，却依然没有达到概念性理解。所谓概念性理解，便是前文中说到的真正理解绝对者在世界内部起作用的机理。

在对意识形式做了定位之后，黑格尔接着正式介绍史诗及其各要素。史诗是对上述表象的客观表达。史诗表达的世界是一个凡圣皆备的完整世界，奥林匹斯诸神在上界的活动与人在下界的活动似乎构成了一个“双层舞台”，两者虽然也有直接交叉的情形，但大体上保持了一种差异的张力，然而这种张力决不等于中世纪彼岸天国与此世的那种距离，因为史诗中的两个舞台毕竟还处在同一个世界中，而中世纪天国的一个标志性特征就是它的超越性，它并不处在这个世界中。黑格尔所谓史诗呈现的普遍性内容即是“世界的完备性”（*Vollständigkeit* der Welt），这个术语的意思未必完全与我们这里所说的“双层舞台”一致，但它至少表达了史诗中的世界不假外求，无须一个彼岸天国作为支撑的意思。但黑格尔紧接着说，史诗的局限也是很明显的，那就是它无法表达一种“思想的普遍性”（*Allgemeinheit des Gedankens*），即还不能在概念的层次上理解绝对者与世界的统一性，而只能达到一种表象的理解。史诗要表达的情愫不是对于一种异己力量的惊愕，而是对于伟大的传奇人物的忆念，使之鲜活地存在于人们心中。史诗的歌唱者虽然是有血有肉的具体之人，但他并不极力表现自己的个性，反而要努力让自己消失于他的歌唱中，乐于仅仅充当传达歌唱内容的工具，他认为自己本人是无足轻重的。最后黑格尔以他的推论学说来说明这一点。史诗唱诵的虽然是英雄人物，而不是神，然而这些主角背后却隐藏着歌唱者和听众们很可能并未意识到的更重要的内容，那就是诸神的世界（die Götterwelt）①，史诗表面上是在讲述英雄的故事，但自古以来的西方许多有见识的思想家其实都承认史诗的一大功绩，即以一种神性的秩序教化人民。——史诗英雄因这种教化功能便也具有了相当的普遍性，相当于我们所谓的“典范”。他们的行动并不依赖于先已制定并通行的规范，他们的行动本身就是民族的典范，就是民族生活规范的来源。

第 4 段分析史诗中人与神之间的关系。

黑格尔一开始就挑明，这里对神与人的关系的讨论实际上不是对哪个现成的人和哪个同样现成的神之间的关系的讨论，而是对属神的东西（des Göttlichen）与属人的东西（das Menschliche）之间关系的讨论，或者说对个别性与普遍性之间关系的讨论。因而他关心的根本不是人与神之间的“个人恩怨”，而是史诗中普遍性的绝对者是如何与以人为代表的现实世界共处的。如果说诸神代表世界的各种永恒秩序（黑格尔也称之为“伦理实体”），是一种实体性的存在，那么人及其活动的出现就是为了扰乱实体的宁静状态，使世界呈现为各种相互区分乃至相互对立的“自然的和伦理的力量的那个多样的世界”。为了表现人的出现起到的这种扰动作用，黑格尔甚至还夸张地以坟墓和掘墓人的关系来比喻伦理实体与个人活动之间的关系，说后者才给前者洒上鲜血，使之有了生气，唤醒了“那些业已死去而又渴望获得生命的精神”。这话当然不是说伦理实体被人拯救了，或者受到人的摆布，伦理实体始终是精神性的存在，超出个人的活动

① 这里黑格尔称诸神的领域为“诸神的世界”，也可以看作对笔者上述“双层舞台说”的一个侧面印证。——这里所说的“世界”，当然不是指一个绝对超越的世界或一个与人间世界不同的单独世界，而只是“领域”或“范围”的另一个说法。

和理解能力，但如果没有人的活动，伦理实体本身是无所依托的，只有人的活动才能赋予它生机，尽管人本身不一定意识到了这一点。

这种以普遍性为指向的努力所操持的事务包括个体性的和普遍性的两个方面。前者是指各民族及其代表人物——英雄——所做的那些现成可见的事情，往往容易得到普通读者的关注；后者则指各民族的“实体性力量”所完成的事务，极易被那些重视表面情节的读者忽视，在史诗中常常只作为背景，作为由诸神驱动而只在一些不显眼的字里行间表达出来的“命运”而出现。这两个方面的关系如何？史诗对这两部分事务的联系的处理方式被黑格尔称为“综合性的结合”（die *synthetische* Verbindung）、“表象活动”（das *Vorstellen*）或“混合”（eine Vermischung）。换言之，史诗其实还没有达到对世界之统一性的反思的或思辨的理解（后二者分别要到基督教和绝对知识层次才达到），而只是通过一些形象化的想象来将个体性与普遍性这两方糅合起来，这种结合方式与东方宗教相比当然已经大有进步，但如果与基督教相比，则还相当外在化。它们真正的统一之处还不为古希腊宗教所知，因而原本应归于某一方的行为却被归给另一方，比如特洛伊战争的进程似乎被过多地归于个人性情与决断了，再比如，诸神似乎沾染了太多个人的私欲，其实它们代表的本来是普遍性力量。

一般读者难以看到的是，普遍性力量其实只是透过英雄这样的个人的行动体现出来的。没有个人的行动，哪来命运？荷马史诗中常常表现诸神像人间的众生一样煞有介事乃至钩心斗角地汲汲于某种利益。但黑格尔说，这种笔法完全没有必要，因为普遍性力量无须像凡人一样担心和斗争，就已经在背后推动着个人行动了。与此相应，个人也无须过于紧张和操劳，因为普遍性力量几乎是一种必然的主宰，人的过分紧张实无必要。

但这只是说人不要认为命运完全取决于自己的努力，并不意味着人可以无所作为。相反，正如前文揭示的，人的行动正是激励那普遍实体的因素，因此史诗往往表现人激怒或冒犯了神灵，使后者必须在现实世界中进行干涉。但黑格尔看到的并不是神与人之间表面上一来一往“打交道”的现象，他更关注的倒是普遍性的神圣力量要依仗人的活动来激活自己，并不断为后者提供自然与伦理两方面的材料和情愫。更重要的是，它们毕竟是普遍性，而不是纯粹惰性的材料，因此人在自以为独立自主的活动中反倒形成了一种精神性的关系，打破了各个民族孤立散漫的状态，而在一种流动性里消融统一起来，这便是普遍性力量更重要、更根本的作用。

第5段表明，由于诸神都有自身的规定性，它们表面看起来好像无限超越于人，实际上却只有一种虚浮的普遍性和必然性，因为它们其实都是特定的、受限制的。

由于诸神都有特殊的规定（职分、性情等），一方面它们和人陷入冲突，另一方面它们自身的普遍性与特殊性，以及它们相互之间也都相冲突。表面看起来，它们都是一些普遍的规定性，相安无事，也没有其他力量能够支配它们，然而我们只要看到它们的特殊规定性，就发现事情远没有这么简单。

由于只有特殊的规定性，那么它们实际上就悖逆了它们本该具有的那种属于神的永恒本性（ewigen Natur）。在黑格尔看来，这种局面着实"滑稽"（komische），因为作为神，它们的力量本该是永恒而普遍有效的，但如今每个神灵都由于局限在它特殊的规定性中，似乎变成了一个市井中人，它的这种规定性的成立强烈依赖其他神灵的同样特殊的规定性，使它们原本坚不可摧而普遍有效的力量顿失其尖锐，相互之间居然混合起来，所有神灵都变得模糊了。

它们相互之间的差异乃至矛盾既然针对的是和它们同样神圣不可侵犯的神灵，那么冲突的严肃性便立即变为"一种毫无危险的、自身确信的游戏"，即确信其不会演变成认真的生死之争的一种表面化的冲突姿态，因为它们的相互需要才是最根本的，而相互冲突只是史诗在表面上勾画的一些"悬念"而已——其实在洞彻冲突之根本的人看来，这根本毫无悬念。这样看来，似乎诸神间结成的"同盟"（"独立的自身确信"）就能克服它们各自的特殊规定性了，似乎特殊规定性仅仅体现为它们具体行动时的一些偶然的不便了，但这些其实都只是表面现象。因为其实它们的神圣本性就像落入一些无法突破的陷阱一样，完全受到它们的特殊规定性的束缚而无法自拔。

对于并非不朽的人类而言，诸神当然是完全普遍的和无法抗拒的一些力量。但站在事情本身的角度来看，它们那"**普遍的自身**"其实不过是"**无概念性的必然性之虚空**"（die *begriffslose Leere* der *Notwendigkeit*），空洞无力地漂浮在由种种形象化的想象构成的"表象世界"（Welt der Vorstellung）之上。这就是说，史诗以及古希腊文化本身由于无法从概念上把握神与世界的内在统一性，因而将太多属于人间的规定性投射到神身上，这种种规定性就瓦解了神本应具有的普遍性，比如史诗说到神的巨大力量时，就只会铺陈它在自然界或人类生活中造成的巨大改变，却并不知道它何以能这样做。在渺小的人看来，这种力量无疑是很可怖的，但神既然受到它的性情、能力乃至偏见的缠缚，它的弱点和局限也就同样明显，以致诸神之间常常会因为嫉妒、无知或恼怒而爆发冲突。这样的神在经过基督教洗礼的近代思想家们看来，无疑是滑稽可笑的。值得注意的是，古希腊文化无法在概念上理解神与世界之间的统一性，诸神也同样如此，它们像人面对其必然的命运时无可奈何一样，面对上述局面时也无计可施，只能悲伤地接受它，它们自己的本事再大也改变不了这种必然局面。

难道诸神只能陷入无尽的纷争与冲突吗？这种冲突并不是事情的全部，第 6 段从哲学家与读者的角度来考察这种必然性，揭示出冲突的背后实际上在实现普遍性（神）与个体性（人）之间的融合。

从哲学家的角度来看，这里有一种古希腊文化本身都没能理解的“概念的统一性”，即一种必然的统一格局在限制各种个别环节。后者虽然经常看似不一贯或偶然，实际上却在暗地里自行调整到那种格局之中，各环节之间表面上的“游戏”却自有其“严肃性与价值”。史诗歌唱者努力表现的是各种表象材料依照英雄人物的个性聚集起来（比如《伊利亚特》中对那面著名的盾牌的巨细靡遗的刻画），表现这些材料在英雄身上和英雄周围的冲突关系，以致英雄的那种统一性的力量和美似乎就要遭到破坏，英雄甚至为自己年轻的生命将逝而哀叹。

但黑格尔发现，这里表面看来是偶然因素的偶然冲突，实际上却是两个环节之间的融合过程。一个环节是诸神的上述那种有限度的普遍性，它们平时看似静止在各自的“普遍性”中；另一个环节是歌唱者个人，他在歌唱时必须尽量压制自己的个性，他要尽量失去他自己才行。与人们的这种一般印象相反，实际上这两端都要向歌唱的内容靠近：诸神如果不以歌唱的内容，即体现于英雄生活中的种种普遍性内容来充实自己，它们就是僵死抽象的存在；与此同时，歌唱者也必须极尽自己的语言和想象力之能事，在这种语言中将古希腊人日常生活的可能性与英雄的形象汇合起来，使二者相互成全。而且这两端之间的中介——英雄的形象与行动——还必须保持其特殊性、否定性，这种特殊性、否定性似乎在史诗的进程中越来越坚强了，越来越清晰了。这样一来，史诗歌唱者表面上是在讲述一些完全偶然的事情，实际上却是在完成一桩具有概念必然性的事情。

第 7 段开始讨论悲剧，展示悲剧的一些基本特征。悲剧是比史诗更高层次的一种语言，这种语言已经进入了行动与命运的内容之中。那不是像史诗那样以旁观者的姿态从外部叙述，而是从内部体察神圣者分化而成的各种形态，以及支配各种人物形象的情愫之间的关系。

黑格尔说，悲剧让我们看到“神圣者的实体依照概念的本性分化成它的诸种形态”。这里“依照概念的本性”之说不是指依照人——比如悲剧作者——头脑中的主观概念行事，而是指依照事情本身的逻辑而运行，具体来说就是在目前阶段神与人都还没有像基督教中那样普遍主体化与内在化的情形下，神圣者必然不能维持一个完整的实体，而要分化为诸多不同的环节，这些环节受到不同规定性的支配，发生相互作用。悲剧中的各种人物各自隶属于其中某个环节，他们的行动就其本身而言都不是“错”的或“不公正”的，但他们相互之间必然发生冲突。——不可否认，黑格尔的这种解读方式，以及他所谓的“概念的本性”，都是一种“以今说古”，以近代内在性世界观模式衡量古代生活的做法，但这种解读的确也展示出了古代生活的一些不为人知的面向。

与史诗的情形不同，悲剧中的英雄人物以第一人称的形式出场，开始直接向观众展示其内心世界，而不是像史诗中那样全凭歌唱者的想象去铺陈。剧中人物都了解他们能做什么、当做什么，并且直接将他们所知的东西说出来，或者以行动表现出来。在这个意义上，黑格尔说他们本身就是“艺术家”。但事情并没有这么简单，因为他们也并不了解事情的全部，他们不知道背后还有一些支配着他们的规定性。他们貌似自觉的行为其实只是表达出“支配他们的情愫”，与后者相比，那些偶然状况、个人特殊细节便都不重要了。悲剧人物要表现的是一种“普遍的个体性”，即既具备普遍性力量而又具有特殊规定性的个体形象，但这种个体形象只是相对于其他悲剧人物而言的，而不是我们现代人倾向于以为的个人内心的那种私人念头和偶然想法。这就是我们现代人在史诗、悲剧中无论如何也找不到当代文学中常见的那种“意识流”的原因。回到情愫的问题来。比起史诗人物，悲剧人物的确是以第一人称的形式自觉主动地现身了，看起来他的一切行动都出自他自己的决定，实际上他并不完全了解支配着他的那种情愫，这是由古希腊伦理生活方式决定了的，也是由悲剧要展现的诸神的特殊规定性决定了的。

最后黑格尔谈了一下演员的问题。众所周知，古代悲剧演员都是戴着面具的，他们不以自身的面容示人，但这并不意味着他们纯粹是外在的工具，或者可有可无。黑格尔说，如果他们真的可有可无的话，那只能证明这种艺术形态还无法触及“真正的、本己的自身”（das wahre eigentliche Selbst），即无法达到主体性深处。但悲剧显然已经达到有限的主体性了，因此演员的表演功底直接关乎这种主体性的呈现能否成功。

第 8 段解析歌队（Chore）在悲剧中扮演的角色。黑格尔认为歌队代表普通人民（das gemeine Volk），由于歌队只代表古希腊文化中“实定的和被动的材料”（das positive und passive Material），没有能力把握事情本身的理路，因而它们在和平时期只知道无差别地赞颂每一个神，在事变发生时则唯剩目瞪口呆的惊愕，以及对于安宁生活的空洞愿望。

黑格尔一上来就表明，既然事情本身那合乎逻辑的运动过程已经有限地为悲剧作者和剧中英雄人物所知晓，那么史诗那种无自身性的（selb-stlosen）内容（因为它那时完全不为人所知，只被当作完全偶然的命运）便凸显出来，成了悲剧中各个环节、各色人物自觉地运行于其上的共同基础。

但在悲剧的各个环节中，歌队是相对而言最缺乏这种自觉的，因为它们只表现了普通人民的智慧，而普通人民在古希腊文化中只是逆来顺受的一群人，它们缺乏行动，缺乏“否定之物的力量”，因而就无法主动将神的生活中的整个财富和五光十色的充实内容关联、整理和保持住，只能遇见哪个环节便赞美哪个环节。谷物收成、飞禽走兽、山水风暴、风土人情，它们莫不一一赞颂，因为它们“把每一个环节都当成一个独立的神”。

可是陷入惰性材料状态的这种普通人民，却经受不住概念的严肃性，只将事情的进展当成对宁静生活的破坏，在各路神灵因为自身的局限性而陷入冲突以致招来祸患时，他们心生哀叹，根本无力干预事态，只求尽早恢复安宁，更不用说从中把握什么概念的进展了。

总而言之，普通人民望见那些神圣力量及其相互斗争，已经感到极度恐惧了，更不用说对神圣力量充当其“直接助手”的那种实体、必然性本身的恐惧了，后者不仅支配着具体的活生生的人，甚至能压碎那些神圣力量本身！普通人民心怀这种极度的恐惧，以及对卷入事件中的人物的同情，对于事情只能感到惊讶和怜悯，听凭必然性摆布。——不过黑格尔最后还提醒说，由于悲剧这种艺术形式的限制，剧中人物的性格无法揭示这种必然性（因为它还没有达到这种必然性的深度），这种必然性也并非像基督教中那样自觉自主地以主体身份行动而体现出来。言下之意，它只能被思想家所把握。

第 9 段指出，尽管从当时人的那种漠不关心的一般表象活动的角度来看，悲剧中形形色色的人物与行动都是一些分散的、零碎的环节，但精神自身却保有其整体性，只不过它的简单性自我分化为两个极端力量（比如安提戈涅与克瑞翁各自代表的伦理势力），剧中那些看似分散的人物其实各自隶属于这两个力量中的一个，并由此获得他们各自的规定性（角色、任务等）。加剧人们关于分散、零碎的印象的还有另一个因素，那就是这些人物即便有了各自的规定性，也还要在他们本己的定在和生活中才能活动，而这种生活是无限纷繁复杂的。歌队的合唱强调这种纷繁复杂性，而观众则在歌队身上看到了自己的对影（Gegenbild），仿佛歌队在替自己代言似的，所以歌队的这种强调也会反过来强化普通人民关于剧中线索无限纷繁复杂的印象，在客观上对他们把握精神本身起了一种阻碍作用。

第 10 段又回顾了此阶段精神的表现形式——伦理实体，并考察了这种形式所能达到的个体化——实即主体化——的程度。

我们还记得，在古希腊伦理生活中，人们只知道依照各自所属的伦理势力的那些近乎“天然”的要求来生活，并未意识到伦理实体本身是一种精神形态，但在同时代的宗教生活中，精神却通过人们对诸神及其影响力的理解而达到了它对自身的意识。——请注意，这是精神在客观意义上达到的自我意识，而不一定意味着当时宗教生活中的人将他们心目中的诸神理解成“绝对精神”了，正如前文中反复分析的，他们对诸神的理解受到那个时代的极大限制。（这里所说的“宗教生活”也未必仅指人们在神庙中或宗教集会上的活动，它更多是指人们在诸神与世间生活的关联这个视角下看到的古希腊文化，包含的对象远不止纯粹的宗教活动。）

接着黑格尔又在宗教视角下回顾了古希腊伦理实体，这方面的内容大抵是对“精神”章中相关内容的一种重复，这里略过不谈。值得注意的倒是他对此阶段所能达到的个体性的考察。黑格尔说，在史诗笔触的描述之下，各路神灵与任务在神的规律和人的规律、城邦和家庭这双方的规定之下各就各位，由此反观先前古希腊的其他各种艺术形式，其中呈现的纷繁复杂、游移不定的各方力量倒成了“对主体的消解”（die *Auflösung* des *Subjekts*），让我们看不到有什么统摄性、自主性的主体存在。如今主体则将这些力量涵摄起来，使它们成为自己的诸环节，而个体性则成了它们共同的形式。但黑格尔在“形式”一词前面加上的那个定语（“表面的”）则告诉我们，他对这种主体性的评价并不太高，因为它只是现成地将那些力量归属于自己，它并未与它们之间发生什么内在的融贯关系，这就必然造成一种现象：悲剧人物如果有比他们所属的伦理势力所提供的规定性更细微的规定性与区别，那些规定性与区别就不会被当成人物的本性固有的规定性，而只“归为偶然的和自在地外在的人格”，即只被当作这些人无关紧要的个人特质。

第 11 段展示当前格局下的一种吊诡却又常见的现象：知识与无知在同一个人身上并存。通常我们也能注意到俄狄浦斯、俄瑞斯忒斯（Orestes）身上兼具超凡的智慧和致命的无知，但不容易像黑格尔这样将问题往纵深推进：知识与无知的这种并存并非个人气质的问题，也并非“智者千虑，必有一失”之类的什么“规律”，而是超出个人才具的一个问题，它的原因仍在于前文中已经揭示过的伦理实体各环节的片面性和局限性。

悲剧人物在行动中只知道自己的行动所属的伦理势力，以及这种势力对自身行动的要求，却并不了解行动需要面对的阻力究竟是什么，反而在行动之前一厢情愿地以为或希望后者会服从自己的行动，而并不致力于站在对方的立场上去体察它所属的伦理势力是什么，有什么样的内在机理。这里实际上形成了自在存在而蓄势待发但并不为意识所知的东西，与那为意识而存在并为意识所知的东西之间的对立。

接着黑格尔将知识比作太阳神（古罗马神谱中称作福布斯［Phöbus］，古希腊神谱中称作阿波罗［Apollo］），太阳神虽然代表光明，但它毕竟是宙斯与黑暗神所生，它虽然看似能照鉴万物，却似乎蕴藏着来自母亲的黑暗特质，“*毋宁是有欺骗性的*”，而它所代表的知识“*在其概念中而言直接就是无知*”。接着黑格尔以俄狄浦斯、俄瑞斯忒斯和德尔斐神庙女祭司三个众所周知的例子展示出，古希腊悲剧人物中的主角往往有一种谜一般的两面性或双关性，这使他们既能在他们所知的领域做出极伟大的行动，又会在他们无知的领域犯下令人扼腕的错误乃至罪行。

最后黑格尔以近代戏剧中的哈姆雷特为例表明，后来的人不像古希腊悲剧中的人物那样质朴地信任神灵，而是明白了神灵也有它们的局限性。

第 12 段表明，行动者逐渐了解自身的片面性，不过他克服这种片面性的方法是将自身的知识推展到客观的存在之上，而不是同情地理解对方的伦理势力。行动者知道他对其自身的确信与他对面的东西是对立的。伦理之物的特点就是每一方坚持自身规律的正当性，而忽略对方的实在性。不过即便是有意忽略，也已经反过来表明它承认自身是片面的，承认它的规律只是它自身的性格带来的所谓规律，并不具备客观实在性。而它的行动便是将这规律推展到客观对象身上，将对方转化成为为它自身而存在的东西的过程。对主观规律的扩充仿佛复仇女神（die Erinnye）一样，是“*下界的法权*”（*untre* Recht），这种法权要同主神宙斯平起平坐。换句话说，行动者顾不上什么事情本身，它的行动只服务于自身代表的伦理势力及其规律的扩展。

第 13 段接续片面性这个主题，展示了诸神世界中的三个本质：实体（或宙斯）、支配政府的光明之神（如太阳神、雅典娜等）、掌管家族孝道的守护神（如复仇女神等）。黑格尔实际上是在以基督教上帝的三位一体结构来衡量古希腊的诸神世界，他的用意在于表明，后者由于前述片面性，因而只能僵硬地在惰性实体与另外两种相互对立的神灵形态之间来回游走，而且暂时克服这种来回游走状态的也只有强行遗忘，这完全没有达到基督教上帝的那种完备的主体性及其自行分化而又自行扬弃此分化的水平。

前面黑格尔说过，诸神不是静止的形象，它们的形象是在史诗与悲剧对英雄人物的刻画中，在他们的行动中逐渐变得饱满起来的。但古希腊文化对于绝对者的理解还不够深刻，因而看起来悲剧对行动的刻画透露给我们的诸神世界就被限制在三个本质之上了。那整全的“一”[①] 是伦理实体本身，后文中黑格尔直接以宙斯为它的代表。正如我们在“精神”章中见过的，这种实体既可表现为家庭守护神，也可表现为城邦公共世界所共尊的神灵，如阿波罗、雅典娜。

但黑格尔敏锐地看到，古希腊诸神的形象毕竟还只是人们对绝对者的一种表象、一种想象。古希腊人固然将这些神当作民族文化遗留下来的现成形象予以接受，对于这些形象从何而来的问题并不予以深究，但站在事情本身的角度来看，它们只能被视作实体自身的分化。但要注意这只是哲学家和读者才能看到的，古希腊文化本身并无此种理解，当时的伦理实体也并未以一个自行分化的主体的形象示人。因此古希腊人更没有看到，在表象出来的诸神形象背后，实际上以悲剧人物为典型代表的古希腊人一身兼具两种特性，换句话说，实际上这两种形象分别作为知识与无知“落在每一个现实的自我意识中”。要将两种特性区分开来并塑造成两个对立的形象，那就是抽象思维的事情了。

但这与英雄人物隶属于某一种伦理势力并不矛盾。英雄其实并非只知道自己身后的伦理势力，他也承认与之对立的另一种伦理势力的存在，但

① 贺麟先生将此处译作“一个”，亦即三个本质中的第一个，似乎不尽妥当。这里的“一”(Das Eine) 强调的是实体、宙斯居于第一位（所以黑格尔特意将“Eine”的首字母大写），能统摄另外两个本质于其下，它自身却并不直接体现为某种伦理势力。德文中表示序列中的“第一个”通常是 das erste 或小写的 das eine。

他毕竟置身事中，只以自己生来所属于的或者他的公民活动促使他代表的那种伦理势力为正当的一方。另外不能不考虑到的一点是，英雄毕竟是典型人物，他们被表象思维塑造成某种伦理势力的代表，因而他们的形象本身就带有相当程度的抽象化成分。因而我们在平常人身上未见分离的两方面特征，就分化为悲剧中的两派人物或两个阵营了。而在这两方的背后“助阵”的则分别是启示之神（des offenbarenden Gottes）和复仇女神（Erinnye）。但隐身在这两种神背后的宙斯（代表伦理实体本身）才是“二者之间的相互关联的必然性”。

最后黑格尔分析了这个诸神关系格局所表现的古希腊伦理实体的内部结构：实体以及知识本身是为它自身而存在的，是最终的根据，也不假外求；它是现实的意识的根据，它支配下的意识毕竟要生活在现实之中，因而只能面对知识与无知共生的局面；人固然要消除知识与无知共生的局面，但并没有这个能力，他只能在二者的张力之中生活，要想获得确定性的清晰保障，那就只能忘怀二者之间的区别，但忘川（Lethe）只是人表象出来的形象，只是表面上的忘怀和暂时的宁静（详见下一段），并不是事情本身达到了上述区别的消灭。

第 14 段详细分析实体的这种格局在个人行动中的表现。

意识在行动中一经接触现实，就发现它那由启示得来的知识只是片面的知识，或者说带有欺骗性。这一点我们在前文中已经多次说明过了。这里问题的关键并不是要从片面的知识那里扩大，将另一个片面的知识涵括进来，进而达到一种“全面”的知识，而在于悲剧人物的存在本身、古希腊文化的存在本身就必然是片面的。片面性在当时是必然的存在方式，而不是简单地通过扩大眼界就可以克服的什么缺点。我们在生活中也有类似的体验。比如当我们只知道以功能系统的眼光来看人时，我们就只会将人划分成消化系统、呼吸系统、神经系统等，人在我们眼中永远只是这些系统的加和。由于受到自己眼界的局限，我们即便意识到这种划分有不完善之处，我们能设想出来的“改进”办法也不过是将各系统的划分更加细化，或者将各系统“综合”起来看（那不过意味着把它们现成地捏合到一起），甚或生造出一些更难予以实证的系统加上去，比如“心理系统”“灵魂系统”等——当然这并不是当今生物学的说法，我们这里只是权且一说。与此类似，由于局限在表象思维中，悲剧人物依赖的神谕或预兆本身就无法超出“又……又……”这种形式，即便悲剧人物自身明白这种形式，也无法逃出二者必选其一的宿命。悲剧人物指望的那些形式（话语、形象、树、鸟、梦）从一方面看固然带来启示，但从另一方面看却恰好深陷双关性之中而无法摆脱。这是古希腊文化无法把握表面对立背后更深层的统一性根据的表现。

黑格尔还看到，其实英雄人物的行动所依据的往往还不是明明白白的片面知识，而是他自身内心中本能性的知识，实即他所属的伦理势力及其规律对他的要求，这要求体现在他所归属的习俗中，化为他的本能反应与生活方式，对于英雄自身而言是一种天然的确定性。而被英雄的行动触犯的对方则是家族或国家的规律。如今的问题在于，无论是英雄所坚持的那种规律，还是被他触犯的规律，双方都是正当的，与此同时双方也因陷入冲突之中而都是不正当的。

难道这双方的冲突就无可化解吗？古希腊文化当然有它的化解之法，但黑格尔对这种化解之法的深度却颇不以为然，他认为这种所谓的化解只不过是对罪行（Verbrechen）的强行遗忘，而不是像基督教中那样由绝对者本身对罪（Schuld）进行彻底的宽恕。这样一来，无论人们诉诸“死时下界的忘川”（die *Lethe* der *Unterwelt* im Tode），还是想象出一个“上界的忘川”（die *Lethe* der *Oberwelt*），那都不过是暂时的强行遗忘，只能求得心中暂时的安慰。即便那能使个体性和善恶思想消隐于幕后，让命运复归平静，让家庭和城邦政府达到表面上的妥协，使冲突双方（太阳神和复仇女神）获得同等的尊荣，甚至看起来使它们都“返回到单纯的宙斯”，可是罪本身依然在那里，冲突依然会重启。

第 14 段表明，面对这种困境，悲剧的发展体现出一种走势：人物越来越不依赖天然的伦理势力，越来越表现出自我意识，与此同时，天界神灵的谱系也从繁复走向简单，诸神在自我意识面前也不再像以往那样天然而恒久地居于统治地位。——很明显，在黑格尔看来这是在为喜剧盛行的时代开路。

黑格尔发现，以往在史诗中由作者驰骋想象所勾画出来的那种神人双方因素的混合形象（比如具有神力的英雄等）越来越少了，因为这样的形象实在有损神灵的尊严，使神灵成为不纯粹的、偶然的东西。其实古代哲学家（比如爱利亚学派哲学家）对于人们附加到神身上的诸多非本质的表象的排除工作，在悲剧中早就开始了。黑格尔的意思是，悲剧越来越倾向于还诸神一个纯粹的形象，并明确地让剧中人物归属于诸神的那些纯粹的规定性之下，而不是像史诗中那样将现实生活里种种非本质的特征或属性随意加到诸神身上。

具体来说，悲剧人物不再随大流式地被诗人所表象出来的各路神灵随意左右，他们有了更明确的自我意识，这种意识自觉地只承认一个最高的神，那就是宙斯，只承认宙斯的力量才是支配国家或家族的力量，才是人们关于世间各种特殊事物的知识的本源。而原先被认为自在地存在并相互对立的各路神灵，无论是太阳神还是复仇女神，都被溯源于宙斯那里，或者说被视作宙斯力量的表现。

而原先那些表象性环节（“出离概念而消散到表象之中的环节”），并非消失不见了，而是在新的格局下具有了新的意义：它们不再直接构成史诗中那种决定英雄人物之言行的情愫，而只是一些偶然的非本质性环节。歌队还是一如既往地赞扬这些环节，但它们再也不能从根本上规定英雄的所作所为，英雄也不再将它们作为什么本质之物予以重视。可见随着悲剧格局的进展，古希腊生活中的各主要环节依然在起作用，但它们的地位与功能都发生了变化。

第 15 段讨论作为最高统一性的神圣本质与人的自我意识之间的关系。

首先，这种神圣本质已经“清理门户”，使以往看似天然恒久有效的诸神都汇合到它自身之中，或者说它自身作为一种否定性力量扬弃了它们。但要注意的是，此时的神圣本质还远未达到基督教上帝那种自主人格的状态，它只是“无意识之物的简单性”（die Einfachheit des Bewußtlosen），即能被人们感觉到的一种统一性和必然性。以往纷繁各异的诸神都须服从于它，连主神宙斯也只是人们对它的一种不完全恰当的表象，它其实并不是有着独立的自由意志的人格，因而我们不可直接将它等同于宙斯。

因而黑格尔说，神圣本质似乎将它的“自身”分配给了悲剧中的英雄，它不会像基督教上帝那样主动在世间各种事物中起中介作用。人的自我意识在原则上是归属于“宙斯的、实体性本质的和抽象必然性的那种统一性”之下的，后者在原则上乃“万物返回其中的那种精神统一性”。

但这并不意味着现实中的人直接就与精神合一了，自我意识在现实中与后者仍然是有区别的——因而后者才被视为无情的实体和无常的命运。人的自我意识表现在两个方面：作为歌队、观众，以及作为演员。在歌队和观众看来，神的生活是异己之物，即便其试图设身处地地理解那种生活，其也只是表现出一些同情的感动而已，无所行动，因为其存在方式本就是惰性的；而演员虽然饰演悲剧人物，但他们具有越来越强的自我意识，他们不是撇除自身的想法而全力体会并投入角色中去，反而认为与命运和实体的合一根本是不可能的，他们越来越感受到自己只是在“饰演”悲剧人物而已，表演活动只是一种伪装活动。当观众也意识到舞台上活动的只是戴着悲剧人物之假面、穿着悲剧人物之服饰的“演员”，只是剧中人物和现实的自我意识这样的双重存在时，喜剧出现的土壤便准备好了。

但喜剧并不是对绝对本质本身的玩世不恭，它只是要揭露出人们对绝对本质的表象的滑稽之处，并表现出一种突破这滑稽的表象而直接追求绝对本质的倾向，第 16 段揭示了这一点。从前面对悲剧的分析可知，悲剧所表现的各环节的片面性反过来限制了绝对本质在世界上的自我实现，尽管它们最初是为了这种实现而存在的。如今英雄人物要突破这种阻碍，直接与那支配歌队所赞颂的诸神，也支配各种绝对力量本身的命运合一，这样一来，他们也就消除了与歌队以及大众的一般意识的距离，因为人们在演员的插科打诨中会感受到自己与演员是同一类人，是厌弃伪装而直面命运的同一类人。

第 17 段交代喜剧的基本格局：它追求的东西和讽刺的对象，以及演员与观众的关系。

通过喜剧，人们自认为与诸神共命运，然而那却是通过对先前用于表现诸神的那些形象的讽刺而达到的。喜剧有意要让人们感觉到，诸神作为根本之物其实是不容常人随意想象附会出一些形象来的，那些形象表面看来似乎赋予诸神一个自我意识，一个现实可感的样貌，以及一些与常人的生活本身相同的特质，但不过是人任意想象出来的，它降低了诸神的高度，扭曲了它们的实相。融入喜剧的各色人等，无论是演员还是观众，都不会以这样的形象作为他们生活的真正实体和根据。

喜剧的讽刺效应是通过突出演员的主体性，通过夸张的面具和表演，将人们的表象附会到绝对实体身上的某种特质加以夸大，向观众表明这种特质根本不适合于表现绝对本质。此时演员所扮演的角色越是突出这种特质，显得自身是神圣的，便越是让人觉得这种特质毋宁是凡人对绝对本质的不恰当表象，这种表象其实不过是世俗之物，它根本就束缚和扭曲了它要表现的神圣之物。

演员通过这样的扮演实际上达到了两个效果：一方面他表明他所讽刺的对象不过是一种假象，另一方面他的主体性凸显出来，向观众表明他与观众是同一类人。

第 18 段[①]从自然事物和伦理事物两方面展示了喜剧的讽刺方式。喜剧的一个总特征是，喜剧人物追求的东西或者喜剧人物本身越显得严肃高尚和有支配力，当他的形象在戏剧的讽刺作用下瓦解时，喜剧的恶作剧效果就越强。

先看自然事物，它可以被人们用来装饰自身、修建住宅，或者奉为贡品、大摆筵席，这些做法原本是借用自然事物自身的本质性（Selbstwesenheit）或价值来证明自身的力量，或证明人对诸神的诚心尊奉。然而喜剧却将奉献面包与酒的神秘仪式加以夸张表现，使人看破了人所能接触到的范围内的自然事物本身根本不具有什么本质性，或者说即便具有那样的本质性，它也只是将它可供人支配的一面提供给人，而自然事物本身根本在这整个事情中无所触动。这无疑是对一桩原本显得神圣无比的事情的莫大讽刺。

绝对本质也涉及伦理事物。黑格尔这里主要谈的是喜剧对民主派领袖的讽刺。伦理事物就是人民的生活和他们对普遍本质的理解，可是他们的理解极其有限，甚至经常将自己特殊的性质与那普遍之物混同起来。他们认为国家无非就是由他们构成的。所谓普遍之物无非就是人制造出来的一些貌似高贵的东西，当带着这种想法的人掌握国家权柄，就会忘乎所以，使他们表面上代表的必然性、普遍性和他们实际表露出来的偶然性、卑鄙性之间形成可笑的对照，表现出“直接个别性的目的脱离普遍秩序而获得的完全解放，以及那直接的个别性对于这普遍秩序的嘲笑”——这可不是黑格尔对民主派领袖的什么夸赞之辞，而是对他们本身的愚昧无知的刻画。

第 19 段表明，喜剧这种摆脱了个体性束缚的艺术形式，既有可能由理性的思维引导走向关于美和善的简单理念，也有可能因为人的私欲（青年人的情欲和老年人的欺骗之心）而被歪曲利用，成为纯粹空虚的东西，成为个人任性的玩物。——这实际上是喜剧的两个发展方向。由此我们也可发现，黑格尔对于喜剧并非泛泛地一味肯定，他主张具体情况具体评判，那些只能表现个人私意的空虚喜剧当然不为黑格尔所乐见。其实喜剧本身并非问题的关键，关键在于喜剧作为一种艺术形式能为绝对精神的发展提供什么样的道路。

歌队乐于接受各种各样的伦理格言，将一大堆道德规则和义务、正义

① 贺麟先生的译文将这一段分为两段。

概念奉为权威，而毫不追究它们的根底，这被黑格尔称为“无概念的智慧”（der begrifflosen Weisheit），与之相反，喜剧则提供了克服这种个体杂多性的可能。黑格尔认为理性的思维借由喜剧的讽刺功能，是可以将这些杂多的东西提升为“美和善的简单理念”的，这需要能在抽象物的运动中识别出事物根据的“辩证法意识”（das Bewutsein der Dialektik），这种意识见证了那些个别格言和规则的权威性的消失。——不用说，后者同时也是束缚神圣本质的那种个体性的消失，于是表象思维加于神圣本质身上的种种自然形象便像阿里斯多芬的《云》的剧名那样，逐渐归于消散。

但这种辩证法意识显然不是人人都能掌握的，当喜剧在社会上流行后，人们见到更多的往往是轻浮和歪曲。因为在常人看来，上述美和善的简单理念与日常生活相距甚远，因此人们更乐于见到那些理念被任意填充进一些滑稽的内容。耽于情欲的年轻人喜欢随意歪曲各种格言和规则，予以它们夸张的表现，博人一乐；而那些陷入个别琐碎生活而又有私心的年长者则惯于将喜剧作为欺骗的工具加以利用。

由此看来，美和善的理念很容易被心术不正的人误用。它们固然是脱离了个体性的束缚，但个体性也并非完全与真理无关，它固然有特殊性一面的束缚，但它作为存在者毕竟又包含某些“绝对的规定性”（absolute Bestimmtheit），因而那些理念如若不是循着这后一面而继续走向事情本身的根据，便容易成为空虚的玩物。

第 20 段发掘喜剧这种出现于古希腊后期的艺术形式中的主体性因素，认为它自觉地和绝对本质合一了，或者说它使绝对本质具有了现实的主体性，这种主体性在不断的否定活动中保持在自身中并以自身为唯一的现实。从概念或逻辑的发展来看，这就为宗教的最本己形式——基督教（或启示宗教）——的出现做好了准备。

在此前的自我意识看来，绝对本质——而不是表现它的诸神——就是命运，即那支配包括诸神在内的一切，而又不可捉摸的、无所不在的力量。喜剧通过讽刺撕下了那些试图冒充绝对本质的个别之物的画皮，这样一来，现实的自我意识就可以不必受到那些因素的干扰，而直面自己的命运了，它首次感受到自己直接生活于命运的绝对本质之中，或者用黑格尔自己的话说就是，此前与自我意识相分离的命运，此时就“与后者（指自我意识——笔者按）合为一体了”。

通过前文的分析我们不难发现，喜剧表现出来的主体性实际上是一种否定性力量，它将常人的表象附会于诸神身上的各种特质从绝对本质那里去除了，按照黑格尔的说法，那些特质都来自自然（即现世）以及常人关于自然的知识。而且这并不意味着彻底消灭此世的东西，它们如往日一样存在，只是它们回归到了有限之物这一原本的角色上，不再代表绝对本质了。这样一来，自我意识就在这种不断的否定活动中认自身为“唯一的现实”（die einzige Wirklichkeit）——这让人不禁想起斯多亚主义和怀疑主义。艺术宗教在古希腊文明中走过了漫长的历程，最终在喜剧这里达到了“上帝的归上帝，凡人的归凡人”的局面，而且恰恰因此才为个人预备了以本己的方式通达绝对本质的空间，而不是以表象之物阻塞那条道路。

与此同时，绝对本质也不再与自我意识相疏远，而是有了与自我意识内在地相通的可能。由于那些个别特质不再能充当绝对本质的特质，后者便不再像在艺术宗教此前各阶段中的雕像、形体、史诗英雄、悲剧人物那里一样与自我意识相互外在，而是自我意识以其整个身心生活于其中的一种绝对力量。

黑格尔最后还强调，与绝对本质的这种相通或统一并非不自觉的，而是演员与观众自主自愿的行动。当喜剧的讽刺剥除了有限特质的假面之后，演员与他自身的人格不再是分离的，他感觉自己不再是在“表演”，而是依其切己的方式在生活，而且观众与演员之间的距离也消除了，观众似乎看到他们自己在舞台上活动。演员与观众在喜剧中得到的“切己”之感，实际上并不仅仅是他们主观为之，也是以绝对本质自身与人之间的距离的消除为前提的，只不过这前提不一定为他们所知而已。如今人们感觉自己的日常生活本身就是神圣的，神圣本质就在他们日常的思想、定在和活动中，自己直接受它支配，人们似乎回到了自己真正的根据和家园，达到了对他们自身的确定性。绝对本质通过这种内在化也达到了它本己的存在，也回到了它自身。当然它并非九天之外的一个绝对超越者，而是彻底内在于世界中的绝对者，它“返回到普遍者对于它自身的确定性”。人与神相互内在化的同时又都回到双方自身，这时人对于世上的事物也没有了陌生感，因为神的力量就体现在它们之中。黑格尔说，达到目前这种深度的确定性，便是喜剧独有的功劳，黑格尔认为其他艺术形式都达不到这种确定性。——其实这种状态完全是基督教才达到的，黑格尔将其与喜剧挂钩，不能不说有一些勉强。这或许是体系哲学家在整理思想史的时候都难以摆脱的弊病。

第三节 启示宗教

启示宗教（die offenbare Religion）指的是基督教，黑格尔一向认为这种宗教才是最高的宗教。它通过上帝的道成肉身（die Menschwerdung/Inkarnation）而达到了绝对精神最大程度的内在化，同时也在宗教层面达到了人与上帝双方最大程度的主体化；但与思辨哲学相比，它毕竟无法达到对上帝之内在存在的真正理解，因此黑格尔在后文中会表明，在现代，宗教必须走向哲学才能达到其真理。

第 1 段揭示启示宗教与先前各种宗教形态的不同之处。

经过喜剧这一最高阶段的艺术宗教的预备，启示宗教一上来就站在一个新的前提之上，那就是实体自身成了主体。在艺术宗教中，艺术虽然为绝对精神造就了种种表现形式并将精神的自我意识设定于这些形式之中，但这些形式也成了对绝对精神的自我意识的束缚，换句话说，主体只是“消失在可怖的实体中”，却始终没有以主体的身份活动（“在[对实体的单纯]信赖中并未把握自身”）。其实严格来说，艺术宗教早就开始尝试使绝对本质变成现世的东西了，比如雕像、人的形体、英雄人物等，但这种表现活动总是偏向现世的那些特殊环节（自然材料、形体、凡人），绝对本质的主体性终归落于这些东西之外，无法自如地表现其自身。喜剧才真正揭破了这一点。

到了启示宗教中，人自身作为一个人格，才真正找到了通往上帝之路，因为上帝本身也化身为人，承认并宣布了“人之子”这种存在走向神圣的可能性。黑格尔用一个简单的命题表达这一点：“自身（*das Selbst*）是绝对本质”。在过去的宗教形态中，绝对本质是实体，人只是这一实体的下属者，只能处于被支配的地位，根本谈不上以人本身的身份去追求另一个主体性之神，如今人的自身可以成为（“是”）这样的绝对本质（实体“被降低成谓语了”），有了一条走向神的切实可行之路。而且人的自我意识在这条路上遇到的不是艺术宗教中所推尊的种种形象的阻碍或对立，这条路固然也很艰辛，但它乃神与人伴行，陪着人走向自身的一条路。

第 2 段开始追溯启示宗教出现的过程。前文中我们已经了解，艺术宗教只是为启示宗教的出现留出了空间和土壤，但后者本身却不是艺术宗教造成的，黑格尔认为促成启示宗教在这土壤中生出的一个重要因素乃法权人格的出现。

如果说喜剧为个人促进自身与绝对本质的融合创造了条件，那么法权人格便是人自觉地颠倒“自我是绝对本质”这个命题，即这种人格作为已经具备主体性的个人主动归服于绝对本质之下。但这种归服是直接的俯伏，而不是像基督教中那样建立在道成肉身与三位一体的神人内在融合的基础上。用黑格尔的话来说，我们不要仅仅站在我们自身（哲学家和读者）的角度去说绝对本质（实体）从自然宗教那里开始就已经是事情本身的根据（主体）了，而是要体会那已经获得了主体性的个人（法权人格）主动臣服于绝对本质之下的情形。

既然对自身的这种“放弃”（aufgibt）是获得主体性之后的一种主动行为，那么自我意识在表面上的外在化（Entäußerung）和牺牲（Aufopferung）的背后一定还会保持其自身，换一种说法，这种外在化和牺牲就是它保持自身的一种方式。这样最后达到的结果乃主体（人）和实体（神）的“结合和渗透”（die Vereinigung und Durchdringung），双方是同等重要的环节。通过法权人格的这种行为，绝对精神便既是意识，即它在人的意识看来是一个实在的对象，也是自我意识，即它在人看来意识到了它自身的意识。而这两个方面其实都是借人的意识才达到的——当然这并不意味着绝对精神受人的主观意志控制了，恰恰相反，它首先是以一种客观的力量出现于世的，无论它是具备意识还是具备自我意识，都是如此。

第 3 段简单回顾了伦理实体向法权状态的过渡，意在表明前者是充满内容（特殊性）的，而法权状态下的个人（简单个别性）则摆脱这些特殊内容，同时将个人自身纯化为抽象的普遍法权。随着这种法权状态的建立，伦理实体的那种实在性便失掉了，古希腊万神殿中活灵活现、有着各自特殊规定性的诸神，如今成了古罗马万神殿中纯粹思想性的存在。这主要是指诸神不再是支配一方的城邦之神，有着活生生的形象与特性，而是古罗马帝国为了聚拢人心而人为地建构起来的万神殿中的“一员”而已。古罗马公民首先是法人，是对法律和帝国忠心的臣民，而宗教则是国家宗教，诸神也是国家诸神，它们与公民的关系经过了国家政权和抽象法权的中介。

第 4 段简单分析法权人格的生活方式，以及它是如何走向苦恼意识的。法权人格是以抽象的、形式主义的方式存在的特定之人。说它是特定之人，那是因为它与其他任何人都不同，处在特定的生活环境中，有它独特的言行举止。说它以抽象的和形式主义的方式存在，则是因为它只将自身看作一个本质上与其他人无异的“法人”，这法人在现实生活中的上述独特定在只是抽象法权的外在表现形式。这就是说，法人虽然有其特定的存在，但这种个别性与它的抽象法权相比根本无关紧要，后者才是它生存的本质规定，这个人虽然在现实中生活，但从它的生活方式来看，它根本就是“非现实者”。至于这种斯多亚式的“思维独立性”是如何对外表现为怀疑主义，又是如何走向苦恼意识的，这个问题我们在“自我意识”章和“精神”章中已经多次详细解析过，此处不赘。

第5段将苦恼意识与喜剧意识（des komischen Bewußtseins）进行对比。苦恼意识之所以苦恼，首先是因为对此世生活的放弃，也就是说，它认识到自己身处的法权状态与其说赋予每一个人同等的自在自为存在，毋宁说使每个人都失去了他独特的内容。与喜剧意识通过对虚假面目的揭露而间接感受到愉快和自我肯定相反，苦恼意识感受到的是自身存在的无价值和痛苦。法权状态貌似给了它自在自为地实现自身价值的空间，它的这方面期待却在现实中落空了，对自身的确定性转变成了对自身的否定，它不仅发现自身的存在是非本质的，甚至不知道应当到哪里去寻找本质。用黑格尔自己的话说，它是既丧失了实体，又丧失了自身的意识，它完全生活在一个远离上帝的世界中。黑格尔在此说出了一句因尼采的重申而闻名于世的话：“上帝死了”（*Gott gestorben ist*）。[①] 这话的意思不是说苦恼意识像看见一个人在面前死去一样见到了上帝在某个时间、某个地点由生到死的全过程，而是说它在自己的生活世界中找不到丝毫值得依托和追求的本质或价值，它认为自己生活在一个遭到上帝遗弃或者丝毫见不到上帝的任何迹象的世界中。——其实哀叹“上帝死了”的人恰恰表现出对上帝的极端渴求，这反而证明那是一个有着极高宗教需求的世界，是一个被上帝教化过的世界，而不是一个多神的甚或崇拜动物图腾的世界。

第6段用大量抒情的笔法展示何谓“上帝死了”，即便如此，他仍不忘提醒我们，这并不意味着我们从宗教的层面坠回伦理实体的层面了，也就是说“上帝死了”依然是人追求上帝的过程中的一个阶段，或者反过来说，它依然是绝对精神体现自身的一种方式。

---

① 尼采那句“上帝死了”的写法在字面上稍有不同：Gott ist tot。尼采是在查拉图斯特拉以第一人称自称“杀死”了上帝的语境下说出这话的，但考虑到整个查拉图斯特拉叙事不过是一个大的隐喻，我们同样不宜将尼采这话做实相化的理解。

经过喜剧的淘汰，以往在伦理世界及其宗教中有效的各种形象如今在法权状态下皆已沉降为此世的一些毫不起眼的东西，换句话说，它们褪去了其神圣性的假面，而苦恼意识就是对这一点的认知。接着黑格尔花了大量的篇幅，以抒情话语铺陈以往的各种神圣要素是如何褪去其神圣光环的。苦恼意识发现，它在现实生活中的人格、在思想中理解的人格以及过往对于诸神的永恒律法与神谕的信赖统统消沉了。举凡雕像、赞歌、祭品、庆典中的形体、悲剧形象，都失去了使人的意识与神圣本质融为一体的功能。人如今不再通过这些要素与神圣本质相沟通，而是直接浸泡在那无常的命运中，这些要素一个也没有消失不见，但如今的它们已经毫无神圣性可言。命运将它们呈现给我们，“就像一个少女把那些果实呈献给我们那样”，果实固然是果实，可是它们就像博物馆里的死物一样，完全失去了以往那个活生生的世界（Welt），比如它们的真实生命、果树、土壤、生长元素、气候、四季变换等。伦理生活的神圣性的消失使上述各种艺术要素成为毫无生命力的现成之物。

与此相应，如今人们对这些艺术作品的欣赏只是一种“外在的活动”，根本无法通过它们进入其原先所在的那个伦理生活的世界，更无法由此通达令人充实与满足的真理（Wahrheit），而只是在外部围绕它们的形制结构、语言风格、兴衰历史做一些讨论。这种所谓的欣赏不是为了实在的生活和真理，而只是为了满足主观表象的兴趣。——由此我们足以窥见黑格尔美学的一些端倪。黑格尔明显不主张那种“为了美而美”的审美主义，他与后来的海德格尔一样，认为美向来就是处在崇拜、居住等实际生活行动之中的，美是真理的显现，换句话说，美是为了将我们引向一个不一样的生活世界中去，在那个世界里体会比我们的日常眼界更真的东西。

尽管伦理生活失落了，这却并不意味着生活与神圣性毫无关联，生活毫无希望了，恰恰相反，黑格尔认为目前这种“上帝死了”的境况是一个“去伪存真”的契机。少女捧给我们的水果固然失去了它的生长环境，然而少女赠予的行为以及我们的自我意识对此行为的理解本身却并不简单，黑格尔认为这是超出伦理生活和现实的“命运的精神”（der Geist des Schicksals）向我们和我们的世界自我呈现的一种特殊的方式，即绝对精神不以现实的个别特质，而以内心回忆（die Er-Innerung）的方式不断地接引我们。换句话说，当西方文化走到一定的阶段，以往的那些个别特质不仅不能充当人们通达绝对精神的桥梁，反而形成对这种通达的阻碍时，绝对精神本身就会抛弃这个桥梁，让那些个别特质复归感性事物的本来面目，但人们在心目中毕竟还留有对绝对精神的淡漠回忆。古罗马万神殿就是这样的淡漠回忆的一个极好的表征，它代表“自己意识到自己是精神的精神”(den seiner als Geist selbst-bewußten Geist)。精神不受各地方的伦理生活的束缚，将自身的各方面特质——这不同于上述各种要素，而是精神本身的特质——集合起来，让人在思想上抽象地把握这些特质，这便等于精神意识到自己是精神。

在黑格尔看来，这便为绝对精神道成肉身的宗教——基督教——的出现准备了“一切条件”(Alle Bedingungen)。第7段分析当前事情的新格局，或者说以往的艺术宗教中的各种要素在新形势下扮演的角色。黑格尔认为，以往出现过的两方面的形式（此前的各种宗教形态，以及精神与意识的各种形态）①，构成了生活中的各种形态（Gestalten）的外围（Peripherie)。在后者的范围内，如今诸形态都涌到那正准备以自我意识的面貌示人的精神——基督教——周围来汲取新生命。（由这里的语脉可以清楚地看到，基督教才是本己意义上的绝对精神，而先前的各种宗教都只是这个绝对精神出现之前的一些准备阶段，或者说是自在存在着的、潜在的绝对精神。）苦恼意识就是绝对精神诞生过程中人们“共同的分娩阵痛”，先前时代的种种宗教、精神形态与意识形态都将被新的精神作为内部环节囊括进去。

作为预备，第8段从概念上分析道成肉身事件的根本意义。在黑格尔看来，道成肉身并非公元元年发生在伯利恒的一桩偶然、孤立的事件，而是关乎整个西方文明之演进的大事，就此处所谈的问题而言，它意味着实体的主体化，或者说精神内部本有的两个方面（实体性和主体性）的潜在合一在现实世界中实现出来了。

黑格尔一上来就说到精神在自身内包含着实体性和主体性两个方面，读者原本不难理解这话的意思：它不是像说一棵树有树根和树干一样将精神分成两个部分，而是像说一枚硬币有两面一样指精神有实体性和主体性两种表现方式。正如一枚硬币无论是从正面还是从反面去看都是同一枚硬币一样②，作为意义世界本身的精神，无论是从它在世界上的种种客观实

① 黑格尔对这两方面的形式有详尽的列述，我们在正文中就不重复了。前一方面的形式包括物、语言、赞歌、崇拜、形体、史诗、戏剧，这些是宗教的形态；后一方面则既包括人格、法权、帝国意识（这三种属于精神的形态），也包括斯多亚主义的抽象人格和怀疑主义的不安宁状态（这两种属于意识的形态）。

② 当然，后面这个比喻其实也不完全准确。

体性存在（自然、社会以及各种更高的精神形式）还是从人对世界的理解去看，都是同一个意义世界，因而人与世界原本就是不分离的，世界是人的理解的前提，而人的理解又构成世界对自身的反思，构成世界的更高阶存在方式（如反思的和思辨的存在）的必由之路。

但接下来，黑格尔提到实体与主体相互向对方那里外化其自身（sich entäußern），“外化”这个说法便容易让读者误认为它们是要相互将对方当作自身之外的某个东西，然后走到对方那里去，或者变作对方。实际上这是一种莫大的误解，我们细读原文后会发现，黑格尔的行文马上就打消了这种误解。黑格尔说，这双方如果能向对方“外化”，那便表明它们“**自在地**就是”对方。这就是说，精神原本就既是实体又是主体，这实体就是主体，主体就是实体，只不过在此前的发展阶段上（包括在精神最不显露其主体性的那些阶段上），它们只“自在地”是对方，还没有“自为地”是对方罢了。换句话说，它们双方以往只是在哲学家与读者看来是对方，而在置身其中的人们看来，精神只是异己的天神，与他们的现实生活、与他们内心的意识依然是隔膜的，他们也不认为从内心意识能真正通达绝对本质，不管他们是否有意去寻找这样的道路。然而到了基督教那里，绝对精神才真正以绝对精神的面貌出现于世，上帝可以化身为一种自我意识，因而每个人的自我意识也由此获得了通达上帝之路，不仅如此，现世的一切也由此以本己的方式与神圣性关联起来了，而不是像以往时代那样弄巧成拙地阻碍人们通达绝对本质。

道成肉身便是绝对本质放弃其疏离于意识的对象性存在而化身为一个有自我意识的人子。黑格尔打了个比方，说这种道成肉身的精神有“一个**现实的**母亲”（指圣母玛利亚）和“一个**自在存在着**的父亲”（指圣父或天父），因此人子同时也是神子，而精神实际上是这两个方面的统一（这就为三位一体结构中的圣灵埋下了伏笔）。

但在正面讨论道成肉身事件之前，第 9 段引入对新柏拉图主义的讨论。

依据文本脉络来判断，基本上在黑格尔看来，就事情本身的逻辑进展而言，新柏拉图主义是道成肉身事件的一次不成功的“预演”。这个时代的思想已经迫切地希望将绝对者理解为主体，新柏拉图主义更进一步认为世上的一切定在都是太一出于自身的充盈而逐层流溢形成的，万物中都有体现太一之力量的“灵魂”。但黑格尔冷静地指出，与基督教中那种完备的上帝主体性相比，新柏拉图主义所描绘的这种绝对者的主体性只能算作人一厢情愿的主观设定，因为绝对者本身并没有从它那一方面主动外化它自身，成为自我意识。——可见在黑格尔看来，关键在于绝对者是否成为自我意识了：绝对者不仅要化身成世上的一般事物，它一定要以公共可理解的方式化身成一个自我意识，才算是达到了它真正的主体化和内在化。

新柏拉图主义所谓的“世界灵魂”，在黑格尔看来只是思想家人为地给自然、历史、世界和早期宗教中的一些神秘材料附加上的一种所谓“内心感觉”（Sinn，或译“意义”）。它既不是事物在实际现象方面呈现的样子，也不是信徒在宗教中所体验到的感觉，与这两方都不相干，只是思想家借来覆盖事物的实际现象的一件“衣服”（Kleid）罢了。既然被设定为内心感觉，如何又能说是“衣服”呢？黑格尔特意选用这个词，恰恰是为了表明那被设定为内心感觉的东西完全是外在地拉来的一张皮，根本不能代表绝对者自身的主体性，也根本不能赢得人们的“任何信仰和尊崇”。此时自我意识还在黑暗中摸索，只能兴发诸如此类的一些主观的“迷狂”（Verzückung）罢了。

有了新柏拉图主义的对照，黑格尔在第10段中就能更好地描述真正的道成肉身了。

在黑格尔看来，道成肉身如要成为可能，必须具备两个条件：一是必然性，一是自我意识，而且这种自我意识也必须把握这种必然性。所谓必然性，是新柏拉图主义基本具备了的一个条件，它是指绝对本质化身为人的行动本身出自概念的必然性（即在理性看来必须如此才能解决其内在冲突或内在局限），而不是出自人格上帝一时兴起的决定。这一想法恐怕并非传统神学或卡尔·巴特新正统神学所能接受的，因为这二者都强调上帝的超越性，而黑格尔那里的上帝则必须内在化才能达到自身的完善。而自我意识则是新柏拉图主义完全不具备的一个条件，它指的是上帝自身成为一个有血有肉的凡人，它以人的身份亲临周围世界，以实在的、感性的世界为自己的对象，就像其他人那样，虽然有肉身和感性生活，却直接在此肉身中具备一个自我意识。这两个方面虽然是有区别的（新柏拉图主义的缺陷就在于偏执此区别，而不能设想二者的统一），但这种区别又是绝对者的那个自我意识把握了的，换句话说，那自我意识在自身中扬弃了它与它的必然性存在之间的区别，因而绝对者既是必然的，又是自由的，并且因为这种自由而能更好地成全那必然性。

在描述了道成肉身的条件后，黑格尔最后说，道成肉身不是个别的事件，它是整个“现实的世界精神（Weltgeist）达到了这种关于自身的知识”，而且这种知识作为真理进入了它的意识。这意味着耶稣诞生这独一的事件是整个意义世界首次达到了对自身明确的自我意识，而且耶稣了解这种知识就是真理，并要传布这一真理。

第 11 段表明，道成肉身使精神的特定的、直接的存在不再是意识在内心中思维或想象之事，而是一个可以被感性直观的个别之人，即意识不再从它自身出发，而是在客观的直接存在中去认识上帝。的确，以往无论是在自然宗教还是在艺术宗教中，人都不曾与上帝面对面，而是通过在自然之物中猜想上帝或者在艺术作品中表现出上帝来，其实这样的猜想和表现终究是人的思维和表象，它并没有把握一定会接触到上帝。如今上帝化身为一个有血有肉的人，人们（至少同时代可以接触到他的人）就可以在当下存在的这个人中认识上帝了。

绝对精神在个人身上的直接存在，与苦恼意识找不到信仰的落脚处的那种否定性状态恰成对照。如今绝对精神既不是人们面对自然事物时在心中思维的或表象的东西，也不是像艺术作品那样被产生的东西，而是一个现实的自我意识了。

第 12 段解释启示宗教（这里称作“绝对宗教”）的特质，何谓“启示”(Offenbarung)，以及启示的方式。

前文中我们说过，道成肉身使绝对本质具有了自我意识。这一段中对这种现象还有一句颇为经典的界定：“在它（指绝对宗教——笔者按）当中，本质被认识到即是精神，或者说它就是精神关于自己的意识，意识到自己是精神。”这就是说，绝对本质不仅化身成一个有自我意识的人，而且这个人还明确地知道自己就是绝对本质，并要将这一真理显示给其他人看，而显示的目的不在于自我炫耀，而在于给其他自我意识提供一条切实可行的通达绝对者之路。另外，在黑格尔看来，基督教还有一点不同于其他宗教（包括犹太教）的特殊之处，即耶稣所显示的是一条合乎逻辑的道路，它既逻辑连贯地演示出绝对者是如何内在于世界万物之中，又演示出人应当如何追求绝对者。——当然与哲学相比，宗教（即便是绝对宗教）在这一点上尚未达一间，这一点后文中涉及宗教向哲学过渡的问题时再详谈。黑格尔这里用了他在（Anderssein）和偶性（Akzidentalität）两个概念来说明绝对者在世界中的内在存在。基督教首次向世人明白揭示了精神的一个根本特征，即它在他在中依然保持与自身相等同。接着黑格尔还以实体与偶性的关系来讲解这个意思：正如斯宾诺莎所说的那样，偶性（在黑格尔这里即指现实世界的具体事物，比斯宾诺莎那里含义稍广）并非外在地附属于实体的东西，它本身就是实体的表现或实现。我们从另一个方向来理解这两个例子：从具体事物的角度来看，上文所说的话其实是指各种具体事物以意义世界的统一性作为它们的总根据，而不是偶然地、相互外在地堆积在一起。这一点其实是古今一切目的论思想固有的主张，无论是在古希腊哲学还是在德国古典哲学中，都是如此。

那么何谓启示宗教的“启示”呢？在黑格尔看来，启示无非就是让世人明白地了解启示宗教的上述特质。在前几段中我们已经理解了一点，即这种特质之所以能被人理解，仅靠以往的宗教形态中人们对绝对本质的那种外在化的思维和表象是不够的，还需要一个根本条件，那就是绝对者在一种现实存在者身上，以实在可感的方式向人演示它如何可以内在地存在于其中，道成肉身无疑能最好地做到这一点，因为上帝在耶稣身上不仅作为一个实在可感的身体出现，更重要的是还作为一个独立自主的反思意识、自我意识出现了。在以往的宗教形态中，意识当作神圣的东西都是它对面的一个对象，而且那个对象不属同类，不具备自我意识。越是如此，意识便越是认为对象只能以一种极为神秘的方式体现绝对本质，对象中蕴含着一个大秘密。而当绝对本质道成肉身之后，这种不必要的神秘之感就消失了，因为对象就是像你、我、他一样的一个有血有肉、有父有母的人（当然这里暂时撇开贞女受孕的问题不谈）。意识从耶稣这个对象中得到的启示是另一个意识，它对和自身一样的意识并不陌生。黑格尔说耶稣身上的这个自身是纯概念、纯思维或自为存在，并且这样解释何谓自为存在：“直接的存在，因而也是为他者的存在（Sein für anderes），而且作为这种为他者的存在而直接返回到自身之内并存在于自身那里”。自为存在不仅仅是直接存在于那里，并与其他事物发生功能性的关联（比如作为其他事物的工具、背景、对立面、界限等），而且具有反思性，并通过反思的方式更好地存在于那里（比如：植物善于吸收养分，来巩固自身的生命；人善于为自身辩护，来说服别人支持自己；如此等等）——当然，这里所谓的“自为存在”主要指人的自为存在。上帝化身为耶稣，就是为了向世人启示它的这种自为存在（“自身”）：“它（指上述自为存在——笔者按）就是真正的和唯一的启示出来的东西”。相比之下，基督教历史上赋予上帝的那些称号，如仁慈者、公正者、神圣者、创造天地者等，都是基于这一根本启示之上的，它们都以上帝的这种主体性为支点（Halt），只有在后者的基础上才谈得上它们的存在。

以往的宗教只知道将这些称号归给绝对本质，却不知道去探究它们的那个前提——主体性，因而它们只知道绝对本质的诸种规定，却并不了解绝对本质本身。而只有当绝对本质作为自我意识了解自身的根本地位，了解自身对于世人的根本意义，而且世人通过启示也了解这一点之后，才达到绝对本质最大的说服力，这便是绝对本质的内在化的极致。黑格尔以这样一句话简单勾勒出了上述机理："它是作为自我意识而被知道，并且是直接被启示给自我意识的，因为它就是自我意识本身；上帝的本性与人的本性是同样的东西，而现在被直观到的就是这种统一性。"

黑格尔在第13段中亮出了德国观念论关于上帝的内在化的那个最经典的观点：上帝内在化为感性的个体，这不仅不是对上帝的贬低，反而是对上帝真正的成全，这一步骤对于上帝是绝对必要的。

而黑格尔这里对这个观点的论证则蕴含着极深的思想史背景，尽管他本人不一定有意识地在利用这个思想史背景。我们还记得，黑格尔在"感性"章中向我们明白地展示过感性事物貌似最具体，实际上最抽象的道理。之所以感性事物最抽象，那是因为它最近乎质料性的状态。如今黑格尔在论证上帝的内在性的必要性的时候，又拾起这个深具古典渊源的思想资源，在和库萨的《关于能一在的三人谈》惊人相似的思路下展示出内在性世界观的一个基本立场：上帝的大能恰恰表现在它能够深入事物存在的"最底端"，即最近乎质料性状态的那个最初始的层面，使人们在感性的最初始状态都能体会到上帝力量的存在，而不是表现在它最能远离感性的存在。这样一来，"最低的东西同时就是最高的东西"——这决不是说最低的东西直接凭其自身就成了最高的东西，而是以最高的东西在世界上的内在存在的触角达到最低的东西为前提的。黑格尔还换了一种说法，说那看似从表面（感性事物）中显现出来的启示，其实包含最深刻的东西。这暗示我们不要一味去追求高远天国的上帝，而要到我们感性生活的最切己的东西中去寻找上帝的主体性体现。上帝的上述内在存在，在黑格尔看来乃最高本质的概念的"成全"(die Vollendung)。

但上帝化身为一个特定的人之后，最困难的任务才刚刚开始。如果说上帝道成肉身是上帝的"本事"，那么接下来更艰巨的任务则是唤醒世人明白那肉身就是道，并呼吁他们反观自身，获得新生，重回上帝的怀抱。第14段开始触及这个问题。

上帝不因其化身为一个人便被人的特质所局限，失去其绝对本质的本色。黑格尔说，其实哲学家与读者所认识到的"存在就是本质"（存在内在地有其统一性根据），也是宗教意识达到了的见解。那真正深切的信仰，尽管不能从概念上思辨地理解这一点，却凭其对上帝的体认，同样能发现现实的存在就内在体现了绝对本质的力量。看起来这好像是在谈论直接的存在与那种只能思维而不能直接在现实中发现的“本质”之间的统一性，好像是人对现实事物的勉强操作，实则不然。存在的内在根据固然只能思考而不能直观，但思考并不都等于主观念头，这里思考的根据是客观根据，而不是人的主观构想。黑格尔说，这种思维之物本身就体现在我们认为实在的感性事物中。实际上在他看来，本质比现实的存在更现实。但达到这种认识却并非易事，常识的思维当然无能于此，只有启示宗教和哲学中的那种“*思辨知识*”（spekulative Wissen）（当然启示宗教还无法像哲学那样以本己的方式达到思辨知识，但它毕竟多少触及了这种知识），才能真正理解这一点。这种思辨知识认识到，个别的特定存在也是思维中的本质的存在，即特定存在同时是对它的特殊性的否定，是一个普遍的“自身”。——启示宗教要把握的正是这样的普遍性“自身”。

最后黑格尔以历史主义的笔法，将此前历史上的各种形态都当作对启示宗教的“*盼望和期待*”，他说道成肉身的事件“*激动了整个世界*”（ergreift die ganze Welt）。原因在于绝对本质被直观为直接的自我意识时才成了真正的精神，才真正满足了此前历史上的那种盼望和期待。

第 15 段开始演示人们如何将直接的存在理解为普遍的“自身”。这需要一个漫长的过程，因为人的思维习惯使人起初只能以表象的方式理解这种普遍性，换句话说，人只能以知觉的形象来理解它，而不能一蹴而就地直接以概念的方式达到它。

绝对本质是精神，这一点在耶稣这个特定之人的身上固然是被启示出来了，但启示的方式起初只能是直接的，即只能以人们当时所能理解的感性形象以及生老病死等具象的活动来启示，而不能以间接的（即思维的或思辨的）方式启示。直接的存在必须逐步向人们表明它自身就间接地含有思维的因素，而且这种因素才是事情的关键。

此时的人们只能看到个别自我意识的个别性，认为它是与普遍性相反对的，也是排斥其他自我意识的，它对于人们自己的自我意识而言只能是一个外来的对象，是一个“*感性的他者*”。他们根本无法理解，一个个别的人如何可能成为什么“*普遍的自身*”。这正是耶稣教导人们时遇到的最大阻力。

于是正如感性确定性必须先经过知觉的阶段才能抵达知性阶段一样，耶稣只能先以许多个别感性事物的例子引导人们了解个体事物不仅仅是个体事物，还具有一定的普遍性。但在黑格尔看来，这种个别事物的例子恰好反过来证明此时的教导还只是知觉和表象层面的，而不是知性或概念层面对事情本身的透彻解释。

第 16 段借用耶稣之死和圣灵支配世界这两个宗教事件，说明了当下直接的存在过渡到“已在”（*Gewesensein*）的必要性——后者在黑格尔的哲学中实际上指超出直接存在的“本质”（Wesen），或更高、更深的统一性根据。

上帝道成肉身，不仅仅是为了在耶稣短暂的生活历程中完成那些具体的事情，耶稣的生平的意义也不仅仅局限在与当时见证他的神迹或日常言行的那些人打交道，而是诉诸未来更广阔的历史和更多未曾见过他的人。他的存在是为了过渡到“已在”，为了让未来的所有人都了解曾有那么一个活生生的人存在过，更重要的是为了让未来的所有人都相信感性的直接存在不仅仅是我们当下所见的那些感性特质，而是以“已在”和“本质”为根据的，是可以将自身提升到本质的高度的。这样一来，未来所有人的生活都成了被圣灵浸透的生活，是一种可以“成圣”的生活。

相反，如果我们仅仅着眼于同时代人对耶稣的见证，通过那些见证去考证耶稣的神圣性，我们恰恰会错失问题的关键。（由此我们可以发现，青年黑格尔派的实证化宗教批判之路其实根本没有达到黑格尔宗教哲学的高度。）因为那种见证本身只是对耶稣生平的感性一面的直观性了解，如果仅仅固守这一层面，它甚至连反思的层次都达不到，更不用说进入耶稣——在黑格尔看来——真正要传达给人们的思辨真理了。那样的见证最多只能对象化地断定耶稣本人及其生活是神圣的，但那样的神圣性与其他人（包括他的同时代人）没有内在关联，耶稣死后，那种神圣性也便随之消失了，这当然不是耶稣的本意。相反，道成肉身的真正目的在于以耶稣之死成全精神在世界上的内在存在，让世人都明白圣灵是守护着自己的。这圣灵即便在耶稣死后，也与信徒们的团契同在，正如耶稣在临死之前不久对门徒所说的那样：“无论在哪里，有两三个人奉我的名聚会，那里就有我在他们中间。”（《马太福音》）黑格尔称这种圣灵与团契同在的状态为“完备的整体”。

但第 17 段马上提醒我们，“过去”（*Vergangenheit*）和“距离”（*Entfernung*）只是表达道成肉身的真理的“不完善的形式”，它们虽然有助于人们反思道成肉身事件，使人们不要只盯着那个事件的一些感性特质不放，但它们毕竟只是将人们从感性直观提升到表象层面了，而表象作为一种形象化的理解方式，很有可能会反过来妨碍人们理解耶稣要传达的真理。这个道理需要稍做解释。人们如果仅仅将耶稣的生平当作“过去了的”事情（故事），当成和人们当下的生活“有距离的”事情，并固执于这种时间距离的印象，那么即便人们承认耶稣当时传达了一些了不起的真理，他们依然会或多或少地将那当作与自己无关的故事，顶多是为之感动罢了。比如人们想起耶稣对妓女的宽宥，也会动容不已，但还是会将耶稣的爱与宽容当成并不切近于自己当下的生活的“大道理”，更不会认为自己有必要去宽宥身边的妓女。原因在于，人们并未从耶稣的事情中真正理解“感性事物本身就是普遍的，有限事物本身就是无限的”这个道理。用黑格尔的话来说，表象的方式只是在感性的直接性与它的普遍性或与思维之间进行一种综合的连接（die synthetische Verbindung），即只是像给食材加上一些调料一样，外在地把那些“大道理”与耶稣当时所做的事情捏合到一起，其实并未理解二者之间的内在统一性。

第 18 段进一步具体论述了表象式理解的缺陷，这一段的意思已经包含在我们前面的分析中，读者不难理解。黑格尔认为真的内容需要在真的形式下才能得到适当的理解，而对真的形式的把握则需要意识达到较高的教养（Bildung），那样才能将人们惯常对绝对本质所做的直观提升到对它的概念性理解。——当然，这里说的主要是基督徒们对道成肉身事件的理解，作为旁观者的哲学家和读者其实早知道如何概念性地理解绝对本质了。

正如前文中解析过的，第 19 段直接言明：耶稣在历史上的现实存在对于他要传扬的真理只具有一种外在的意义，前者并不是后者的根据，因而要把握后者就必须诉诸概念，而不是历史事实。——这也印证了我们上文中对青年黑格尔派宗教批判的判断。

黑格尔接着上段末尾的话说，尽管哲学家和读者有能力从概念上把握启示宗教的内容，但此处对这一内容的考察却不能直接依照他们的理解，而要依照作为当事人的基督徒们的理解程度，因为他们的理解程度决定了绝对精神在当时历史上显现自身的程度。接着黑格尔说，启示宗教的内容当然是绝对精神，但这内容不是说把握就能把握到的，因为人们惯常以表象的方式，而不是以概念的方式来理解它，而后一种方式才是本己的方式、最合适的方式。只有它才能把绝对精神理解成一个在此世的具体存在中依然回到自身的主体。宗教团契的目的就是要协助信徒们也像耶稣一样走完一条回到绝对精神的路，黑格尔称之为“精神的生活”。

那么人们究竟该从何方去理解绝对精神呢？黑格尔否定了从宗教团契当前丰富的生活追溯到它的原初状态（如保罗、彼得传播福音并坚定信仰、建立初代教会的情形），最终追溯到耶稣在真实历史上说过的话的那种做法。黑格尔承认这种做法是出自寻求概念解释的本能（Instinkt），但又指出它混淆了历史现象意义上绝对者初次现身于世的那种直接定在的本原（比如玛利亚的偏好、耶稣话语背后的“内心活动”之类）与概念的单纯性（关于绝对精神与现实事物之关系的思辨真理）。这种做法并非全无意义，但它不但不会达到对真理的适当理解，而且往往能得到单纯的外在性和个别性，最终实际上只能剩下当前时代的个人对于那些历史事件的一些模糊而扭曲的所谓“回想”，而这种回想实际上已经错失了精神，根本不像它表面上看来的那般可靠。

第 20 段开始讨论三位一体的哲学含义。三位一体与道成肉身在本质上是一个问题，只不过道成肉身强调上帝化身为人如何可能这个问题，而三位一体则在整体上讨论世间事物与上帝之间的内在关联。

众所周知，三位一体包含圣父、圣子和圣灵三个环节。黑格尔对这三个环节有他自己的解释。圣父处在“纯粹实体的形式”内，对于圣父，我们只能在思想中，亦即在“纯粹意识”中去设想，却不能以现世的任何特质去表象它——尽管常人往往喜欢将它表象为一个或慈祥或严厉的老父亲的形象，但仅在圣父的范围内而言，那种种表象其实是不合适的。而思维和表象又是必需的，因为非此我们无法具体地设想上帝，黑格尔认为思维和表象就是绝对者“下降到定在或个别性的运动”，它是我们对绝对者与定在、个别性之间“综合的连接”，对绝对者如何化身为现世事物的理解——当然黑格尔这里是在哲学上而言，如果放在神学中来说，那就是道成肉身化为耶稣的事件。最后，圣灵环节在黑格尔看来则是“出离表象与他在而回归，或者自我意识本身这个要素”，这不是指像摆脱某个外来的东西一样将现世事物甩开，而是认识到现世事物的根据便是绝对者这一点，并引导现世事物扎根于绝对者之上（“回归”），这一点从绝对者那方面来看便等于它返回其自身，达到了它的“自我意识”。

换言之，现世事物的“这种规定性不是别的任何东西，只是它（指精神——笔者按）的一个环节”。这样看来，从绝对精神的角度来看，现世事物与它之间的关系就构成了“一些圆圈”（Kreise），每一个圆圈实现的是一种或一个现世事物向绝对精神的回归，而现世事物无穷无尽，因而每一个圆圈的闭合就是另一个圆圈的开始，人生在世，以及万物的存在，便是这样一个无穷的过程。（笔者以为不必过于拘泥这里关于“圆圈”的说法，尤其不要急于将它与《逻辑学》中关于圆圈与圆圈的层级结构相比附，因为这里并未透露出圆圈与圆圈的层次和深度之别，而只是谈到了现世事物的繁多与复数意义上的“一些圆圈”。）

本段最后又谈了表象在三位一体中的作用。除了指出表象的中介作用之外，黑格尔还隐约透露出一个意思，即三位一体这个基督教的最核心构想恰恰因无法摆脱表象作用而有了缺陷，因为其实正如前文中提到的人们对圣父的想象一样，表象的影响在圣父、圣子、圣灵三个环节上都可以看到。这不是个别神学家的认识能力的问题，而是因为宗教这个层次本身就有局限，它始终无法达到对绝对者的内在存在的纯粹概念性理解（那便是哲学了）。

第 21 段将宗教层面所见的绝对精神分别与苦恼意识（“自我意识”层面）和信仰意识（“精神”层面）所理解的内容相比较，显示出目前的绝对精神虽然在内容上与先前考察过的彼岸事物是相通的，但其意义则大为不同。

苦恼意识仅仅是从自我意识的角度出发对彼岸的遥望，它根本没有立足于事情本身看问题，因而黑格尔说在这种被渴盼的内容里“精神既得不到满足也得不到安宁，因为它还不是自在存在着或以它的实体为它的内容”。与之相比，信仰意识中的精神虽然立足于意义世界本身在看问题，或者说将精神当作实体了，那精神却缺乏主体性，它只是被认作一个“对象性内容”，对于这个对象，意识所进行的种种表象根本无法使它主动涵摄与渗透现实事物，进而返回自身，以确证自身的主体性。这就根本达不到“自我意识的确定性”，即便自我意识认为自己有某种确定性，那也是分裂为纯粹洞见与虚幻信仰后的一种主观确信，缺乏客观根据（和精神相分离）。

相比之下，如今宗教层面上信众的团契则不仅以精神为实体，而且因精神自身为一种与信众内心深度渗透的主体，因而达到了对于这种实体的一种有客观根据的确定性，这是以往的苦恼意识和信仰意识做不到的。

第 22 段通过绝对本质的自身同一性、自我否定性和返回自身三个环节来展示三位一体。

按照表象思维的习惯，人们往往容易首先将精神设想成一个在那里恒常不变的本质，然后想象它突然变成耶稣这个人，最后这个人又升天而去。黑格尔认为整个的这一套想象都只是迎合常识习惯的表象活动，达不到对耶稣要传达的真理的真正理解。首先，如果将绝对本质想象成“简单的、自身同一的永恒本质”，永远待在它那里保持不变，那么它就不可能是精神，而只是一种抽象的、外在于世界的东西。黑格尔甚至认为根本没有这样的东西（至少那样的东西是既不可说也不可思议的），那么前述永恒本质的说法就不过是个“空洞的语词”罢了。

然而精神决不是这样的空洞表象或空洞语词，它不是惰性的、被动的物，而是主动行动的主体，既可以脱离个别事物的束缚，又可以否定自身过往的状态。在这里，精神“是与自身的绝对区别，或自己纯粹转化成他物”。反观先前的圣父环节，那只是绝对本质自在存在的一面，只有哲学家和读者才能适当地理解那一面，普通人对那一面的表象性理解是不恰当的，因为他们往往会将它当成与圣子、圣灵相互外在的东西，看不到三个位格的内在统一性。哲学家和读者看到，绝对本质是自为存在的主体（“自身”或“概念”），三个位格只是同一个主体的三种表现形式罢了。

但常识即便相信圣子由圣父本身而来，也无法理解前者如何能返回到后者那里去。因为表象思维只将道成肉身理解成一个“事变”（*Geschehen*），即上帝偶然发生的难以理解的变化，认为圣父以一种神秘的方式突变成了圣子而已，这种理解其实将圣父和圣子当成了相互外在的。表象思维看不到同一个主体出于一种概念的必然性变成另一种形态，当然就更无法理解圣子是否有必要，以及如何返回圣父那里去。而概念的思维则不然，它看到前述圣父与圣子的区别是同一个主体主动产生的区别，二者的区别本就是以统一性为前提的，因此根本不存在两个绝对不同的东西之间如何寻找统一性的问题，圣子返回圣父的活动，或者说圣灵形态的出现，本就是自然而然的。

第 23 段总结了三位一体现象的三个环节，即绝对本质自身（自在存在）、绝对本质化为现实或对方（自为存在）和绝对本质在现实中回到自身（自在自为的存在）。有了上一段的解释，我们会发现表象思维以“突变”或“飞跃”来理解整个运动的做法是多么肤浅。绝对本质化为现实，只是表面上看似变成了一个他物，但这种表面上的区别和变化本就是以二者之间的内在统一性为前提的，换句话说，现实世界本就是以绝对者为自身的统一性根据的，没有后者，现实世界本就不可能存在；与此相似，圣灵的运动也不是从现实世界逃脱，回到另一个单独的天国那里去了，它只是在现实世界中认识到绝对者作为它的统一性根据是一个主体而已，达到这种认识，就已经开始了返回绝对者的运动，现实世界的自我提升，而不是自我抛弃，才是真正意义上的“返回”绝对本质。

以上大致是从现实世界的这一面来看三位一体，而从绝对本质的这一面来看同一件事，那就是绝对本质自我区别又返回到自身。这只不过是用两种不同的说法来描述同一件事而已。黑格尔还借用《约翰福音》开篇说到的“太初有道/太初有言”来说明这件事情。那道（Logos）或言（Wort）经上帝指出或说出，它被世人理解（被听到）便是它的现实存在。言既出口，仿佛就与上帝相区别了，但它如若不被听到和被理解，便等于没有现实的存在，而被听到后它就会启发世人走上那条道，回归上帝，于是区别又被消除了；但谈论区别的消除，实际上还是认可了人与上帝、言与上帝的区别。因而这里是一个区别与统一的辩证运动过程。

第 24 段再次批判表象思维的外在化理解。

黑格尔认为，要理解绝对精神，就得先将绝对本质理解成精神（即自身运动着的主体），而不是“抽象的空洞之物”，此外还要在此基础上理解精神的上述运动结构，否则精神便会沦为“一个空洞的语词”。达到这种理解，我们就会发现精神是“不安息的概念”，即进入对方之中并返回到与对方之间本有的统一性或整体性中去的那种运动。

遗憾的是，宗教团契并没有达到这种概念思维，它们只会进行表象思维。它们执着于人间父亲与儿子的关系模式，借此理解圣父与圣子的关系。这种关系模式当然也有助于理解圣父与圣子的亲密性，但会反过来妨碍我们对这个问题的最深刻理解，因为人间的父亲与儿子虽然同出一体，毕竟还是分离的、相互外在的。这就会造成两方面的结果：一方面圣父与圣子被信众们认为是分离的，另一方面人们认为自己与圣父、圣子这两个“纯粹对象”也是分离的对象性关系。不仅如此，连关于圣父、圣子的消息也是作为一个异己的东西被启示给人的。有了这些障碍，人们就根本谈不上了解自己的自我意识与三位一体结构有什么内在关联了，更看不到耶稣本欲使人看到的那条道路了——那是一条从每个人的自我意识通往上帝的道路。

看到表象性思维的局限，人们就会体验到事情本身的力量驱使人们超出这种思维了。但即便是好学深思的信众，只要他们没有真正达到概念的深度，而是仅受本能驱策，本能地感觉到事情不能这样继续下去，力图寻求改变，他们就往往会将事情本身的概念内容与表象思维带来的那种形式一同抛弃，单纯诉诸历史的考察。但正如前文中黑格尔明言过的，历史的东西其实是“纯粹外在的东西”，是“缺乏知识的死东西”，单纯执着于它反而会生出重重误解，丢掉信仰的“内在东西”，而后者恰是“自知其为概念的概念”。

第 25 段开始详细分析“圣子”环节，即绝对本质扬弃其自在存在而内在于世界并作为其根据的那个环节。

黑格尔在这一段将绝对本质与具体事物之间的关系称为“表现”(Darstellung)（这让我们不禁想起斯宾诺莎的思想）。单纯自在存在着的绝对本质是“抽象的”本质，这是一种缺陷，因而绝对本质需要将自身表现为他物（现实事物）。但绝对本质“外化”为他者的过程，其实并不像表面看来的那样，而是表现为与它自身并无差别的事物。黑格尔将这个过程称作“一种爱的承认”（ein Anerkennen der *Liebe*）——我们知道，爱的根本特征就是在它当中爱者与被爱者不再对立，尽管我们在生活中见到的爱都是有差异的两个人或两种人格之间的爱，但这里黑格尔强调的是双方消除或无视差异的融合姿态（“承认”）。

第 26 段认为，对独立的圣父的构想实际上只是“纯粹思维的因素”，它是自我局限着的被动之物（因为它与世界相分离，而且并不是我们可以理解的一个主体），它必须过渡到现实事物中去，而人们对后者的理解又是有缺陷的，因为那种理解充满了“表象因素”（Element des *Vorstellens*），虽然不至于把事物都理解成互不相干而又盲目地受到某种神秘力量支配，却往往会将上帝概念包含的各环节都设想成一个个自我封闭、彼此分离和对立的主体。

第 27 段撤除人们对创世的一些浮泛理解，展示它真正的哲学意蕴。

在黑格尔看来，人们通常关于神“创造一个世界”的种种想象其实“就是用表象的语言按照概念的绝对运动去表达概念本身”。它所要传达的内容并没有什么问题，但那个内容最合适的表达方式是概念的语言，而不是表象的想象，后者会将一个原本以概念语言来说很清楚的问题附加上太多的人为臆想，而且会将问题牵涉到一些不必要的争论中去。因为以概念的语言来说，创世在本质上不过就是前文中已经多次重申过的那个道理，即纯思维中的抽象的东西（圣父）因其抽象，故而是否定的东西，它只有在内在存在于现实世界（后者表面看来是它的对立面和他物）中的情况下，才能达到其本己的、完备的实现。

同样的意思从现实世界的角度来讲就是：精神要获得充实的本质，而不像“意识”与“精神”两章中那样因为停留于意识的彼岸而终究陷入空虚，就必须让人在周围世界的现实事物中见到它的存在，而现实事物若是缺乏精神这种主体性，缺乏精神的内在存在，就仅仅是被动的、为他物而存在的，有实存却无本质。

因而创世不过是指精神在最直接的现实事物中的内在存在罢了。只不过因为我们的周围世界是“一个世界”，而不是一些离散的东西，我们才禁不住去联想上帝如何形象地进行“创世”活动，先创造什么再创造什么，是先有语言还是先有行动，如此等等。其实体现在具体事物中的精神与先前抽象的思想设想出来的那个静止的自在存在，都不过是我们对意义世界的统一性这同一个东西的不同理解罢了，只不过先前我们将精神理解成整体，如今则认为它分散到各个特殊事物中去了而已。

第 28 段以伊甸园与善恶之分的故事为例来说明世界与绝对精神的关系。

黑格尔在本章中提到“精神”时，指的不再是上一章中作为伦理、法权等形态的现实精神，而是指作为绝对本质的绝对精神。他在本段对于世界与绝对精神之间的关系有一个极为经典的界定：“[世界就是] 定在着的精神 (der *daseiende* Geist)，便是个别的自身 (das einzelne Selbst)，这自身具有意识，而且将作为他物或作为世界的自身与自身区别开来 (sich als Andres oder als Welt von sich unterscheidet)。”换句话说，并不是一开始存在着一个完整的世界，然后一个完备无缺的上帝由外而内地进入这样一个世界中，而是二者都不能分离开单独存在：对于世界而言，如果没有内在的统一性，它原本就不会像我们所见的这样存在；对于上帝而言，那种单独的存在其实根本不是人的理智所能想象的，人只能以一些无谓的表象去填充那样的形象，并带来无尽而不必要的争论，上帝只有作为世界的内在统一性才是人可以切实地理解的，那样对于它自身也才是充实而完备的存在。

但作为一个基督徒，黑格尔毕竟还是尊重宗教史上的种种图景的，他在这里提到了伊甸园和善恶之分的问题。伊甸园便是脱离现实的精神而设想出来的个别自我意识的天真状态，还不是“自为的精神”，它根本不是极善，因为它既谈不上善，也谈不上恶。那种状态在现实生活中根本找不到，只是世人的一种美好的表象。在此基础上来看精神的内在存在，我们实际上可以发现精神和个人在那种内在存在中既与对方相互融合了，也更深入地走到了自身之内，或者说双方既深入对方，同时也在自身内开始有了深度。——与此相应，善与恶之间也是一种类似的相互包含关系，二者不能像在拜火教中那样被抽象地分离开来理解，因为现实的精神与现实的善恶一定是有条件的，即一定包含了它的对方的规定性在自身内，并作为自身的规定性的内在成分。

而这个用概念语言来讲原本很清晰的问题，到了宗教中就变成了原罪、堕落、知识树、天国与自然界等一系列的意向，由此可以生出无穷无尽的讨论与争执。

第29段通过讨论传统上关于善恶、父子、堕落、天使、位格计数等意象来展示人与神的上述相互深入对方又各自深化自身主体性的那个过程。这一段涉及传统神学的诸多要素，颇能体现出立足于内在性世界观的德国观念论哲学对于这些要素的看法，很值得玩味。

关于善恶问题，黑格尔知道这里面掺杂了太多的表象因素，至少我们传统的论说太受知性思维的两极对立模式支配了，这就妨碍了我们深入理解上述双双内在化的过程。任何定在之物，只要它进入自身（Insichgehen）并寻找比自身更深、更广的根据，它就必定会显现为“与自身不同一的生成过程”（das sich selbst *ungleich* Werden），而这恰恰是知性思维无法理解的。什么是与自身不同一的生成过程？如果我们满足于常识生活，而不去操心事物和我们自身的什么根据问题，我们根本不会触及这样的生成，比如油就是油，盐就是盐，上学就是上学，失败就是失败，一切都“一清二楚”，无须争论。但只要我们追问一下油何以是油，盐何以是盐……我们就会发现一切都像芝诺那支射出去的箭一样，在每一时刻都既是在某一位置的，又不是在那一位置的，它在每一时刻都是与自身并不同一的。然而当我们再深入下去，我们又会发现之所以我们能发现这种不同一性，恰恰是以那箭、时间、空间的连续性（同一性）为根本前提的。黑格尔所说的与自身不同一的生成过程，就是这三个步骤（其实现实中往往不止三个步骤）的进展过程，而不仅仅是指上述第二个步骤。那种根本的连续性恰恰是哲学上最应当重视的核心问题。这样看来，每个事物都是从纷杂混乱的表面进入其根据的一个运动过程。然而知性思维消受不了这种不同一性，在它看来善就是纯善，一切掺有杂质的善都不配称为“善”，都已经是恶了，因而人们越是受到上帝的感召寻求真道，越是发现现实的一切皆是恶！与此相应，人在世间越是发现万物都是恶的，就越是会兴起一种寻求纯善的冲动，人们会将世间所见不到的种种美好想象填充到那个纯善表象中去，是为“善的意识”。

从人们熟悉的直接定在（das unmittelbare Dasein）到只有思辨的思想才能理解的内在根据，这样一个深入和内在化的过程既包含意识深入自身，也包含绝对本质进入现实、变成他物进而达到它自身的自我意识。然而从常识的角度来看，这就是“变成恶”（das Bösewerden）了。常识的知性思维无法理解为什么要从直接的存在回到一种只有思辨思想才能理解的状态中去，以为那只是主观思维在弄一些自欺欺人的花招，于是便会以一些表象形式来抵制或者重新解释这个运动过程。比如两个光明之子（Lichtsohn）的神话传说便是如此：其中一个在现实中开始深入自身时，便被人们认为是“堕落”了，于是第二个光明之子就出来代替他。——很明显，黑格尔认为这里表象思维妨碍了我们理解真正的问题。

关于天使的想象在黑格尔看来也是不必要的。天使无非是人们在无法接受现世事物内在地直接就以精神为统一性根据的情况下，设想出来的一些居于上帝与人之间的形象。它们一方面是不同于上帝的一种他在（Anderssein），即不同于上帝的一种存在，但另一方面它们与上帝之间的这种差异性又不等于绝对的差异，而是特定的差异性，即它们是作为上帝之子而可以返回到上帝的一种存在。它们是人与上帝之间的一些阶梯，人可以拾级而上，这个过程于是整个地也被认为是上帝外化自身并返回自身的圆圈中的一些环节。接着黑格尔谈到上帝的位格数量的问题。人们如果任由自己的表象思维驰骋，便完全有理由提出“四位一体”或“五位一体”之类的“学说”来。

但问题在于，整个的这类为位格计数的做法——包括经典的“三位一体”——都是一种表象思维的产物，都是“无用的”（unnütz）。原因有二。一方面，关于区别的想法本身其实都是分离的知性思维，它总是将一个自行区分自身的绝对本质所区分出来的结果当作绝对分离的两造，其实所谓的分离只是一种表面的假象而已。另一方面，计量的做法本身就是一种抽象化，它脱离了它所计量的内容，而且是对这内容的有意忽视，因而当我们局限于三、四、五这样的数目本身来苦苦冥思上帝为何唯独钟爱三、四或五中的哪一个时，我们就走上了远离事情本身的岔道。

第 30 段解构一般所谓的善恶之争中的表象思维。

之所以说善恶之争的说法中含有表象思维，那是因为善与恶被认为是两种确定不移而相互截然区分的规定性。黑格尔说，只要表象思维坚持下去，“人就是无本质的自身，就是它们（指善与恶——笔者按）的定在与斗争的综合基地（der synthetische Boden）”。人们一会儿在人身上看到善的表现，一会儿又看见恶的表现，似乎善与恶永远在人身上交战不已。但问题恰恰出在人们理解善恶时的那种知性思维上，因为只要人作为世界上的特殊存在者，无论他被认为是意义世界（精神）中多么不可或缺的一环，有多么高贵，多么能够深入其自身并寻找他的存在根据，都被当作恶的；而只要从上帝的角度看问题，无论上帝在现实生活中体现为多么特殊的一个定在之物，有多么强的自我意识或自为存在，都被当作善的。——其实读者从黑格尔此处的叙述便不难看出，善与恶原本就是一件事情的两面，或者说是一件事情的两个可能的发展方向，精神的内在存在，只要它走向自我封闭和隔绝，那便是恶，而只要世上的事物回到自身的根据，回到世界的统一性，那就是善。善恶根本不是固定不移的两个东西。

以往的抽象思维曾认为上帝原本是独立地自在存在着的东西，后来转化成他在，如今表象思维很中意这种说法。它总认为上帝的内在化是上帝的自我贬低，是上帝放弃了它值得珍惜的抽象性和非现实性，而现实事物便被认为是带有“原罪”的外在之物，被认为是扭曲神圣本质的事变(Geschehen)。黑格尔语带讽刺地说，在这个问题上表象思维所能做的“最高、最艰难的努力”就是将这种恶理解成上帝的“愤怒”(*Zorn*)——因为愤怒带来惩罚和报复，我们眼见世上的恶，便说那是上帝发怒了，这样似乎便将上帝的内心与世界上的现象很方便地关联起来了，其实这种所谓的“解释”根本无所解释，因为它只是将现世的现象与它臆测而来的一种内心愤怒外在地捏合在一起，至于上帝何以愤怒，这种愤怒究竟是如何造成现世之恶的，它毫无交代。所以黑格尔说，这种努力由于“缺乏概念”而根本“毫无成果”。

其实问题还没有这么简单，因为表象思维所理解的上帝和世上事物并非完全清理掉对方之后剩下的一个纯净的己方，而是在将重点放在某一方的同时必定也对对方做了一种相应的界定，换句话说，它对双方所做的抽象理解其实都是完整的，只不过它从来没有能力以整体的方式把握事物，而只知道以片面的方式来把握。第 31 段便是在这个复杂图景下再次考察表象思维对善恶的理解。

精神的自身（指通过现实世界中的自我意识而达到的精神的自我意识）与精神的“简单思想”(einfacher Gedanke，指精神的自在存在，或作为简单实体的精神）这两个环节，构成了精神的“绝对统一性”(absolute Einheit)。其实这两个环节只能在人的思维中被分离开来，在现实世界中它们从来都是合为一体的，而表象思维恰恰就是那将它们分离并对峙起来的思维。不仅如此，每一方被与对方对立起来的同时，也对对方有了一种相应的界定。当思维偏向于神圣本质的一面时，它同时就将现实世界以及在现实世界中才能达到的自为存在当作非本质的东西（当作对神圣本质的贬低）；与此相反，当这思维将重心放在上帝的自为存在或自我意识时，它同时就将上帝的自在存在当作抽象之物予以抛弃。在这样拔高自身、贬低对方的时候，这两方就极大地巩固了自身，遂成为看似牢不可破的两造，每一方都认为对方毫无价值，只能被抛弃。其实它们双方都是在意义世界的统一性或在上帝的内在存在的基础上才成为可能的，但本应当最为它们所重视的世上种种定在，却被它们弄成了一个空洞的中介。——其实这里黑格尔对表象思维的批判的剑锋所指乃犹太教。

第 32 段①表明对立是表面的，统一才是根本的，并解析了耶稣之死的哲学意义。

前文已经揭示出，表象思维永远无法消解上述两方面之间的对立，因为它只能看到彼此分离而互不相关的独立双方之间永无休止的斗争。其实双方表面上的独立性都已经预设了更深的统一性，换句话说，这种表面的独立性在概念的深层次上看其实都在消解其自身。表象思维之所以只看到斗争，是因为它坚持自己的思想抽象物，而没有看到这思想其实是从含有统一性在内的定在中抽象而来的。对立双方其实都含有特殊规定性，而双方的特殊规定性其实是相互需要或相互预设了对方的。如果我们撇开表面上的单纯对立，而看到更深层的情形，我们就会发现它们扎根于共同的统一性中。正因为它们在扎根于这统一性的同时要表现出分离和对立的情形，所以它们自身就会走向自由的运动，即它们自身的本性便会消除那表面上的对立而走向和解，这不是人的愿望或其他神秘势力使然，而是它们本身的固有本性。此时阻挡事情运动的其实恰恰是我们的表象思维，它拒绝看到更根本的统一性，而固执于表面的对立。

接着黑格尔重申了抽象的、自在的本质必须走向自身的异化，走向现实世界内部，达到它的自为存在，否则就根本没有真正的持存性。这个意思我们并不陌生，这里值得一提的倒是他首次触及耶稣死亡的问题。他说那单纯自在存在的绝对本质“外化其自身，走入死亡（in den Tod geht），而且绝对本质正是由此才与其自身相和解（versöhnt）”。绝对本质体现为具体事物，这还远不算事情的结束，它作为具体事物必须经历后者的整个存在过程，直至其终了，并以其整个存在向着绝对本质自身（即意义世界

① 贺麟先生的译文将本段和下一段合并成了一个极长的段落，本段末尾对应于贺译文的“因此这种死亡正是它作为精神的诞生”。

的统一性）聚集，成全后者。用黑格尔的话说，那就是回到绝对本质自身，与其自身达成和解。

接着黑格尔重点解析了耶稣之死的哲学意义。绝对本质回到自身，决不等于脱离世界，甩手不管，回到一个单独只有它的地方去，而是在先前充当意义世界的统一性的基础上，引导现世的万物（尤其是人）成全这种统一性，换句话说，耶稣之死决不是为了他自身，而是为了扬弃现世的万物的直接定在，是将这种定在涵摄于自身之内，或者说以世界的根本统一性来支撑和引导世界，引导世界万物走向其普遍性根据。因此之故，“这种死亡就是它作为精神的诞生”。（这话的意思当然不是说精神在耶稣死后才产生，这里的精神是绝对精神，而且是作为基督教圣灵的绝对精神。黑格尔的意思是，耶稣死后，作为圣灵的绝对精神才为世人所知，才开始普遍地引领世人心向上帝。）

第 33 段再从多方面深入挖掘和解的哲学含义，并消除常识在此问题上的一些误解。

黑格尔认为对直接定在的扬弃、普遍化，并使世上事物与绝对本质这双方都在此过程中具备充分的自我意识，这一点乃基督教真正的特色。在犹太教那里，由于人们受到表象思维的支配，始终只能将人与神当作分离的存在，只将神当作与人对峙的一个遥远的彼岸力量，而达不到“扬弃了的个别自身”（des aufgehobnen einzelnen Selbsts）这样的上帝概念。犹太教没有认识到，经过扬弃的那个“个别的”上帝并不会失去其自身，反而会在世界的内在存在中回到其自身，获得其更完备的存在。黑格尔认为基督教才超出了犹太教的表象思维，真正达到上帝的自我意识了。

其实考察一下犹太教对神的描述就会发现，无论是神的慈悲、愤怒、怜悯还是降罪，都已经是一种人性特征了。黑格尔认为这已经表明神和人本来就没有截然分离。同样，当我们说神通过外化他自身，通过深入这个恶的世界之中而进入它自身之中，我们就已经认可了下面这一点：带有恶的特征的定在原本就不是神的绝对异己之物。如果事情真的像伊甸园故事在字面上说的那样（当然这并不意味着这个故事没有超出其深层含义，更不意味着我们不可以将整个故事当作一系列隐喻来解读），有一个世界完全外在于神，而神之子居然堕落到一个恶的世界，那么那堕落的神之子就徒有“神圣”的空名，就会变成与人无异了。但人们往往没有看到，这里真正要表现的其实是绝对本质在进入其自身之中，向世人昭示世界的内在统一性的同时达到绝对本质的自为存在而已，而不是进入一个异己世界之中。

当然，黑格尔也承认上帝的这种内在化过程其实是哲学家和读者才真正能理解的一种概念，它对于表象意识（dem vorstellenden Bewußtsein）来说则是“一个不可理喻的事变”（ein unbegreifliches *Geschehen*）。表象意识只会将自在存在的上帝（圣父）当作外在于世界、对这个世界漠不相干的一种存在。但它也并非完全不了解绝对本质与自我意识的关联，不过它只是在道成肉身事件中把这种关联当作一种偶然的、一次性的奇迹，并不会认为这个事件对于其他世人的生活有什么根本性的意义。那么这种意识如何克服人子与神子之间分离的状况呢？通过耶稣之死。它认为耶稣“升天”，“回到圣父怀抱”了，但可想而知，表象意识同样只把耶稣之死当作偶然的、一次性的奇迹，认为它对于世人的生活没有什么根本意义。

由此绝对本质与恶的和解也得到了表象式的理解，好像一个人惩罚和宽恕他的敌人一样，但这种表象没有看到的是，神圣本质原本就内在于这个被认为“恶”的自然界之中，二者原本就是“同一”的，而所谓自然界与神圣本质的分离的说法反而是抽象的。善恶的和解其实并不是单纯的善战胜了作为敌手的单纯的恶，而是对分离的善恶这双方的同步扬弃，即回到双方共同的根据上去。基于这种根据之上再来看善与恶，它们的含义发生了变化，黑格尔从哲学角度给了善与恶一个新定义：善不过就是事物向它的根据、向世界的统一性根据开放自身（“无私的简单东西”）；而恶则是事物坚持自己的个别性（“在自身内存在着的自为存在”）。

但黑格尔马上提醒我们，如果我们就此以为善恶毫无分际，那就错了。其实善和恶是同一个事物的两种可能性或两种方向。当我们说善恶属于“同一个事物”的可能性时，我们决不要忘记它们是这同一个事物的“两种”不同的可能性，决不容混淆。用黑格尔自己的话说，照善与恶的辩证概念来看，既要说它们是一个东西，也一定要说它们不是同一个东西，而且是完全不同的。而且此时我们无论是坚持这个“同一”还是坚持这个“不同一”，而否定它们的对方，我们都陷入了知性思维，因为我们将同一性和非同一性当作两个固定不变的东西了。但这两方中单独的任何一方都不具备真理，真理是双方的“运动”。在这个运动中，无论是同一性还是非同一性，都是绝对本质自身做出的，从而非同一性在根本上是自身同一。

其实我们通常的系动词“是”并不足以表达这种根本的自身同一性。神圣本质固然要成为他物，要成为自然（因此它“是”自然），自然就其要返回其统一性而言是神圣本质（因此自然“是”神圣本质）；但当我们通常说“A 是 B”时，那里的“是”只是一个“无精神的”系动词，表达不了精神的辩证运动及其丰富的内在结构。如果不从精神的运动来看问题，我们就会发现自然（这里指现实世界，而不仅仅指大自然）就其扎根于本质而言是善的，而就其走向封闭甚至背离那本质而言则是恶的。

既是正面，又是反面，究竟是哪一面？一般人感到疑惑实际上是因为他们“固执于那个‘是’，而忘记了思维”。然而在那辩证运动的思维里，既“是”也“不是”。只有了解精神的本性的人，才能真正理解这种辩证运动的思维。

第 34 段开始分析圣灵问题。

圣灵问题的关键不在于表象思维构想出来的种种飘忽而神秘的形象，而在于平信徒团契以耶稣为榜样，向着上帝提升自身的过程，因此它实际上是一个很平实的问题。在耶稣死后，绝对精神就体现为团契的“普遍的自我意识”（*allgemeinen Selbstbewußtsein*），后者颇类似于我们通常说的“集体无意识”，是一种集体性的精神情愫。在前文中对道成肉身与耶稣之死的大篇幅分析里我们发现，问题的关键根本不在于绞尽脑汁地构想一个外来的神圣力量如何“进入”世界然后又“回到”自身，而完全在于理解世界本身的统一性与世界万物之间的关系。因此这里圣灵作为普遍自我意识，“就是把已经自在存在的东西实现出来”，根本没什么神秘可言，我们也不必往神秘的方向去想象。其实上帝作为死去的耶稣，原本就自在地是引领和塑造普遍自我意识的力量了，而团契中人所要做的只是意识到这一事实（使之“为这种自我意识而存在”），并努力成全之。具体而言，人要逐渐改造那天然的自我意识，要自觉地认识到自己自然定在的、个别的一面不是自身的本质（那样就走向“恶”了），而要主动克服这种封闭性和个别性，回到自身的根据（“把其自身提到精神的高度”）。

但要克服个别性，就得先进入个别性之中。第 35 段分析人该如何对待恶。

在那一向保持旁观姿态的表象意识看来，但凡居于世界之中的事物就必定无法脱离那自然的定在，就已经是恶了；但这种意识对于绝对本质道成肉身、与世界达成和解这一面也只能现成地予以承认。它对于上述两个方面都没有概念性的理解，无法把握它们的统一性，因此既要承认它们，又认为它们是矛盾的。但置身事中的自我意识则不同，它对事情有更深的理解。在自我意识看来，恶并非单纯在那里固定不变地存在的东西，而是可以被意识扬弃的东西——后者通过知识（Wissen）把握到恶的无根据性，从而可以内在地扬弃恶。

前文中的分析已表明精神是一种统一性，它可以将表象思维的诸对立部分予以扬弃并接纳为自身的一些环节。换一种方式说，精神改变了表象眼中诸对立部分的意义，使那“对立”意义消失，转而具有新的意义，即成为更深的统一性根据的一些表现环节。这样一来，各个环节就内在地需要那表面看来与其不共戴天的对立环节作为自身的规定性，就都成了“精神性的”内容。甚至同一性与非同一性这些看似截然对立的抽象形式，也是如此。——可见团契的自我意识有突破表象意识，接近哲学家与读者的概念性理解的能力。

自第 36 段开始的三个段落，分析了团契的自我意识是如何逐步深入地把握耶稣之死的意义的。耶稣在世间传道的任务完成后，他的死亡并非一个简单的既定事实，而是一个不断衍生与发散新意义的事件，信徒们对他的死亡的理解的深度直接决定他们自身达到的和解的程度，也关乎他们整个生存的深度；与此相应，这种理解的深度也关乎绝对精神在世间显现的程度。黑格尔将这个理解过程分为三个步骤：首先是抽象地把握到自然的存在在自身内就有绝对本质作为其根据，因此必须深入恶之中去；其次是借助表象思维的中介作用，在灵魂复活等特殊形式下真切地把握耶稣之死超越自然意义的更高面向；最后是在普遍意义上理解耶稣之死不是躯壳之死，而是对于神圣本质的抽象性的消除，这种消除对于所有人都有意义。第 36 段讲述第一个步骤。

在表象思维看来，人向自身之内寻找根据的行为就等于恶，因为它埋首于现世的直接定在了；但在比表象思维更深刻的自我意识看来，这种寻找根据的行为恰恰不是恶，而是关于如何揭穿表象思维对恶的那种虚假定义的知识，因为那种思维认为，但凡与直接的定在有关的东西都是恶。自我意识并不否认自己的知识就是深入恶之中，但恶不是一种实存，而是一种可能性，只有深入这种可能性（而不是将它当作一个外物直接抛弃），了解它深层的机理，才能真正摆脱恶。这种知识目前只是一种愿望，即希望克服自然存在走向恶的那种可能性。

自我意识深入自身之内，这意味着它的根据就在自身之内，而“这种深入自身之内的做法的根据则在于，自然已经自在地是深入自身之内的了”。这话表面看来是毫无意义的同语反复，根本不构成因果关系，实际上它说的是，自然向来已经是扎根于世界的统一性这个根据之上的，它回到自身就是顺着自己存在的机理返回这个根据上去，而且这种做法无非是顺着它的本性水到渠成的事情，并不需要人额外地设计一套做法来改造它。但到此为止，自我意识还只完成了第一个步骤，即一般性地认识到，自然的存在的根据不假外求。

第 37 段讨论第二个步骤，描述自我意识如何从对灵魂复活的表象性理解走向对这一现象的概念性理解。

自我意识相信世界具有内在统一性（世界是上帝创造和维持的），也见到人内心中有追求普遍本质的倾向（人希望投入上帝的怀抱），认为这些都表现出绝对精神是完全可以与自身的现世表现相和解的。在表象思维中，自我意识还用种种宏大庄严或温馨感人的景象去设想这种和解的潜力与前景，只不过这种种想象都还没有达到对事情的概念性理解。既然表象思维也相信世界是有统一性的，相信那统一性是人自然要追求的，那么概念性理解不同于表象思维的根本之处是什么呢？二者的区别的关键并不在于是否相信统一性和追求统一性，而在于概念性理解能见到表象思维本身的局限，能认识到表象思维虽然相信和追求统一性，然而它越是相信和追求，便越是将相信和追求的目标当成自身之外的一个对象，反而没有从实践或生存上去追溯自身存在的根据。

按照概念性的理解看来，耶稣死后他的灵的复活（das geistige Auferstehen）实际上代表耶稣的个人意识转变成了团契的普遍自我意识，他回到上帝的路实际上成了所有信徒的成圣之路，或者用黑格尔自己的话说，那代表“自然的普遍性”（die *natrliche* Allgemeinheit）的终结和“精神的普遍性”（Allgemeinheit des *Geistes*）的产生——这就是说，耶稣以他的死成全了神圣本质的普遍感召力，使他的真理不再局限于那些能直接或间接地接触到他的人，而能够普遍传达给所有人。而且这种具有普遍约束力的绝对精神不会因某一代人的死去而消亡，反而能历久弥新，“它生活在它的团契中，在那团契中天天死去，也天天复活”。

第 38 段讲第三个步骤，它终于在概念的层次上揭示出耶稣这个“中保”（Mittler）的死去在根本上是“神圣本质的抽象物之死”，即神圣本质的抽象外在一面的消失，后者成全了团契的普遍自我意识。

自我意识达到对事情的概念性理解后，便知道耶稣之死并不像表面看来的那样“人死如灯灭”，因为死去的只是他的肉身，而这肉身之死不仅没有损害，反而成全了他要带给世人的真理，即特殊性被扬弃到普遍性之中，被扬弃到世人关于绝对本质的普遍知识中去了。过去表象思维认为上帝以神秘的方式化身为那位耶稣，即便人们承认耶稣的神性，也只代表神性直接存在于那里罢了，那神性与人们自己的生活并无内在的关联。如今则不同了，上帝作为主体（圣灵）普遍地渗透和支配着人们的日常生活，渗透和支配着万物。用黑格尔的话说，绝对精神的实体真正成了主体。而且绝对精神的主体性、内在深度与每个个人的主体性、内在深度是相互成全的，而且二者之间又是相互内在的关系。这样一来，耶稣之死的真正意义便显现出来了：耶稣的“这个特殊的自为存在就成了普遍的自我意识”。

这样一来，绝对精神就从思维中的单纯目的变成了现实存在。耶稣这位中保之死并不仅仅是他一己的自然躯体的消失，而且代表神圣本质的抽象存在的消失。也就是说，神圣本质从此以后再也不是一个高高在上并漠不相关的抽象物，也不是只与耶稣一人相关的，而是切切实实地成了每个人当下的生活中的根据。

最后黑格尔还重提了苦恼意识的话题。黑格尔说，神圣本质的抽象性之死就是苦恼意识为“上帝死了”感到的痛苦。表象意识看不到有一位切切实实地存在着的神人照护我们，便对世间事物感到绝望和疏离，返回自我意识的深处，但它在自我意识这里却并没有找到任何东西，因为那里不过是“自我的黑夜＝自我”（der Nacht des Ich＝Ich）罢了，除了“自我”这个空洞名号之外，什么都没有。苦恼意识就是丧失实体之感，丧失归宿与依托之感。但黑格尔马上指出，这种丧失感其实只是表象意识对于它惯于当作实在之物的“神圣本质的抽象物”的消失感到的痛苦。但那消失其实正是绝对精神真正的主体性诞生的契机，也是表象意识让位于概念性理解的契机，更是自我意识建立其真正的确定性与归属感的契机。——遗憾的是，苦恼意识却并不知道这一点，因为一旦意识到这一点，苦恼意识就消失了。

意识如今已经达到了对世界的内在统一性的认识，只不过还是在宗教意向下达到这种认识，也就是说还没有完全摆脱宗教的种种表象。黑格尔称这种与世界内在地相互融合的绝对精神为“现实的精神”（*wirklicher Geist*），第 39 段便分析现实的精神。

现实存在的绝对精神，便是“知道其自身的精神”，何谓“知道其自身”呢？黑格尔解释道，精神自己知道，“凡是成为它的对象的东西都存在，或者说它的表象是真实的、绝对的内容”。读到这话，我们不必苦苦构想一个玄虚的精神在那里将什么东西当成对象，于是那个东西就存在了。固然，在《旧约·创世记》中的确有这样的话，但我们不必以黑格尔本人正在批判的表象思维去做过多的联想。黑格尔这话的意思无非是，凡是对意义世界的内在统一性有必要的东西，包括表面看来似乎反对或脱离了那统一性的东西，都有着存在的“充足根据”，而不是偶然的、任意的，而且这一点已然大白于天下，精神通过人的意识与活动体现出它对上面这一点的“自我意识”。黑格尔这里无非是在鼓励人们脱离表象思维与知性思维的那种离析的、外在化的做法，回到世界的统一性根据那里去。

接着黑格尔又重申，这种统一性根据决不是人为构想出来的思维产物，它是实实在在的“现实的精神”。神圣本质是圣父（自在存在）、圣子（自为存在）、圣灵（自在自为存在）三个要素的运动过程，也是这个运动的主体，因而它是“为主体所贯穿过的实体”。联系到黑格尔自己更爱使用的“自在存在”“自为存在”“自在自为存在”这些术语来看，我们可以发现绝对精神的三环节及其运动其实体现在万物的当下存在之中，并不局限于宗教事件。

但绝对精神的思想又不排斥宗教，反而可以容纳宗教。黑格尔在这里就提到了恶的问题。通过内在地贯穿与扬弃此世的直接定在，精神“宽恕”了恶，与此同时也抛弃了它自身的自在存在（“抛弃了它自身的简单性和生硬的不变性”），开拓了它自身的内在性和主体性。既然连善与恶这样水火不容的两造都可以在绝对精神中找到共同的根据，可见精神是那极端对立的东西认识到自身与对方的统一性的运动。对于宗教意识而言，达到这种认识就会扬弃掉知性思维在它自身（人）与它直观到的对象（神）之间制造出来的那种区别。我们可以说，连这种宗教意识也是绝对精神的体现，它同样既是主体（即自身运动着的过程），也是实体（即有坚实根据的实在现象）。

本节最后一段（第 40 段）揭示宗教的缺陷，为下一章讲解绝对知识（哲学）铺路。前文中黑格尔固然多次谈过绝对本质是世界的内在根据和深层统一性，但那都是哲学家和读者的理解，而作为主角的自我意识虽然使尽浑身解数，也只能有限地超越表象思维，尽量趋近于概念性的理解，但始终无法完全达到那种理解。之所以达不到那种理解，原因不在于人的智慧不够高，而在于宗教作为绝对精神的形态毕竟还是有局限的，能真正达到概念性理解的唯有哲学。

总体来说，团契依然是以表象的方式在理解其对象，它即便触及和有限地理解了现实的精神性（die wirkliche Geistigkeit），这种理解在现实事物与绝对本质形成的张力中也很容易被分化为其中的某一极。为了说明何谓“分化”，黑格尔还举了圣父（“纯思维要素”）分化出圣子的例子来类比。另外，团契对于自身的性质缺乏清楚的认识，人们往往只是出于习俗、家庭惯例等外部原因才信教，团契成为一种代代相传的建制，却并不反思自身陷入表象思维后不利于追寻真理这一事实。

在章末的一些段落中，我们看到自我意识对于人与神的相互内在化以及逐步加深的主体化过程已经具有了相当深刻的“知识”，它也深知出离自然定在的表面而追求绝对本质对于自身生存的重要性，并理解绝对本质自身也是一种绝对的自我意识。然而只要还处在宗教的层面，这种绝对的自我意识终究还是被人当作一个远远超出他自身的他者，而现实世界的统一性在他看来并非现实世界本身使然，而是那个他者的恩赐。这样一种高低差距虽然有利于人自觉地克制他的自然欲望和自然定在，积极向上，却恰恰反过来构成了一道无法突破的天花板，妨碍他理解现实本身就含有无限性，妨碍他了解内在化对于绝对本质的自我完善的必要性。

这样一来，人们就形成了诸多不可动摇的信念，天长日久，这些信念就固化为一些必须尊重和遵循的观念传统，并反过来阻碍人们从概念上理解意义世界本身的根据。黑格尔在下文中逐一考察了宗教意识对于和解、满足、爱、现实等重要问题形成的一般观念，以展示宗教的局限性。

在宗教意识中，人们虽然相信绝对本质作为实体会外化其自身并体现于世界之中，然而同时又认为他自身的自我意识与上帝的那些活动并无内在关联，自己内心的活动终究是“自由”的、私人的。有了包围内心世界与私人生活的这堵墙后，绝对本质与人的自我的这种统一终究只是自在的（潜在的），而不是现实的，因此人们对于人与神的和解的理解必然停留于表象的层次。

人与神的疏离感注定了他在现世无法得到满足，而只能寄望于彼岸和遥远的将来（如对于末世审判的盼望）或过去（如对于伊甸园的怀念）。这一点在团契生活中也有表现：正如耶稣这个神一人自身就包含着分裂，因为他的父亲是一个自在存在的天国圣父形象，而他的母亲则是现世的女性，团契这种普遍的自我意识以现实的行动与知识为“父亲”，同时又以永恒的爱为母亲，后者是一种良好的愿望，人们只能在内心中因这种愿望而感动、鼓舞，却无法找到它当作直接的对象。

人与神、世界与绝对精神的和解在现实中是找不到的，和解只在内心的盼望中。而即便在内心中，和解也只能被寄望于遥远的彼岸世界，因为即便内心世界也受到信、望、爱这重重张力的撕扯，这些字眼虽然崇高感人，但其实都包含着人与神的分裂乃至对立作为它们的内部规定性。

与此相应，现实世界就永远被视作一个有待被拯救的低劣与不洁之地——这令我们想起尼采所批判的“柏拉图主义”。自我意识当然相信现实世界在根本上与神圣本质是一致的，神圣本质也是爱现实世界的，但这些终究只是在自在的或应然的意义上说的。自我意识在现实生活中始终无法当下体察到绝对精神的现实存在。换句话说，团契当下的直接意识与它的宗教意识是分离的。

第八章　绝对知识

导　引

熟悉本书的读者不难发现，本章篇幅极为单薄，它讲的内容其实都是前面几章谈过的东西，而且它的写法与全书的其他七章是绝不相同的。本章根本不像前面七章那样要逐个阶段、逐个环节地连锁进展，它只是对达到绝对知识阶段的意识“应当如何”的一些说明，以及对意识如何进入哲学体系本身的一些预备性讲解，除此之外无他。因此在阅读之前，我们必须对黑格尔为什么采取这个写法有所交代。我们在此简单讨论三个问题：什么是知识？绝对知识等于哲学体系（“科学”的体系）吗？本章的内容是什么？

“知识”（Wissen）概念的内涵曾被费希特大力开拓与阐扬，由传统意义上的主观知识逐渐走向事情本身的自我开展过程或事情本身的逻辑——尽管他本人并未完全实现这一转变，但联系他后期知识学的发展来看，他已经在相当大的程度上启动了这一转变的进程，那个进程最终由谢林、黑格尔完成了。它也是黑格尔早期思想中最核心的概念之一，比如他在耶拿前期的那篇《信仰与知识》就是一个典型代表。其实他虽然很早就确立了自己要从事情本身出发讨论“同一与差异的同一”的目标，但那时他对于如何从事情本身出发看问题，并没有十分清晰的认识。“知识”这个概念的逐步充实，反映出他在早期有一个漫长的挣脱意识哲学的努力过程，而当他在《精神现象学》中摸索出逐步突破自我意识的路子并从精神的立场看问题之后，这个深具意识哲学色彩的概念在他后来的体系哲学中就不再居于核心地位了。而这个概念出现在《精神现象学》的最后一章的标题中，应该说还是一个“过渡期”现象。考虑到整部书讲解的是“意识经验的科学”，那么“绝对知识”这一章连接精神现象学与哲学体系的枢纽地位便更清楚了：它既属于广义上的“意识之形态”（在“精神”章和“宗教”章中的诸形态也能被纳入这一说法之下的意义上），也已经是对哲学体系的直接预示乃至部分预演了。

从意识自我教化与发展序列的角度来看，绝对知识即是哲学，或者说是意识真正达到了自在而自为地存在着的精神的层次。然而如果拘执于这种看法，我们未免会生出一种疑惑：难道说要将后来的整个哲学体系塞入这里的第八章，《精神现象学》一书才算完整吗？这种疑惑是不必要的，因为从《精神现象学》为自身设定的任务来看，这一章实际上只是意识走向了它的顶点，在这里它结束自身的教化历程，可以转入哲学体系了，因而这一章本身就只是像户枢一样的一个转捩点，只要完成这个过渡的任务，使读者可以从通常的“自然意识”调整到真正的哲学知识所需要的那种意识姿态即可。因而本书到第八章结束后，就形成了一个严密的整体，它没有理由将后来的哲学体系纳入进来作为它的一个必不可少的部分。而到了哲学体系中后，意识固然还在起作用，因为一切的概念和知识都必须落实为意识自身的理解才是现实的概念、知识，然而那时的意识只不过是以自在自为地存在着的精神的立场在为这精神“代言”，或者说它只是绝对精神自我言说、自我反思的一个必要的通道而已。这就像笔墨纸砚都是写字的必备条件，没有它们就不可能有现实的字，但无论是写字的人还是欣赏的人，他们凝视的东西真正来说只是书写者写出的“字”本身，而不是纸和墨，尽管他们目光所接其实无外乎纸上的墨色。

既然绝对知识的定位如此，那么这一章的内容从何而来？或者说，这一章是否有前面七章未曾讲过的特殊内容？这一章并没有增加什么新的内容，它讲的都是前面各章涉及过的事情，却是在不同的意义上展开那些事情，因而严格来说它绝非毫无新意。

本章分为三个部分：第 1—10 段通过回顾前面各章的思路来凸显绝对知识的特征；第 11—17 段讨论概念、时间、真理、自我等关键因素在科学中的表现，并概述近代哲学史“追求”科学体系的历程（当然这主要是黑格尔自己建构出来的一个“发展史”）；第 18—21 段预示科学体系的大致结构。这里可以看出，黑格尔在本章中根本没有探讨一种新的意识形态或精神形态，也没有提出一个新的对象或主题，他只是反复说明概念思维会如何看待我们已经接触过的那些问题。

换句话说，概念思维就是本章要赋予此前已经出现过的那些主题的新意义或新面貌，或者说它就是《精神现象学》要带领意识领会的意义世界之自为存在的最深入而又最广阔的面貌。其实细心研读前面七章的读者只要抓住其内在脉络后，根本不难设想其中的那些“线头”将如何汇合到第八章。尤其是第七章中对宗教的表象思维的缺陷的反复批判，更从多方面暗示了那不同于表象思维的概念思维是什么样的。

由此我们反过来检视本章的三个部分，就容易理解黑格尔为何如此谋篇布局了。第一部分提纲挈领地概述前七章的思路，一步步凸显概念性理解在意识发展中的必要性。第二部分则以概念、时间、真理、自我等这几个科学中最关键的因素，正面展示在概念性理解下，世界是什么样的，这个部分会告诉我们，当意识既站在世界的根本统一性的立场上，又以最合适的方式（概念性理解）看待事物时，它在先前经历过的一些核心要素会展现出新的面貌。这一部分对近代哲学史的钩沉则着重突出了黑格尔自己的工作的特殊功绩。第三部分预先展现了科学的基本框架，即它的三个主要部分：逻辑学、自然哲学和精神哲学。这个部分必须以前两个部分对于概念性理解的说明为前提，才能出场。

有了“绝对知识”章，我们就可以昂首阔步地迈入哲学体系了。

正文义解

要讨论绝对知识，就得先确立这种知识的特殊意义与地位，黑格尔在篇幅并不长的这一章（共 21 段）中就首先用了 10 段的文字来讲解这一点，可见他对于这个问题是极其重视的。但值得注意的是，这 10 段文字既是黑格尔向读者讲解绝对知识的特点，也是意识自身通过对先前各种形态进行梳理而认识到自身是绝对知识的过程，因而并不是将先前各形态与绝对知识拿到读者面前进行外在对比。

第 1 段告诉我们，意识如何才能达到绝对知识。这一段先以启示宗教和绝对知识进行对比，显示出绝对知识才达到了宗教始终没有达到的那种概念性理解，进而讨论意识何以有必要检视此前各种形态。

黑格尔在开篇一上来就明言，启示宗教尽管以绝对精神为其内容，却陷入表象的或对象性的形式之中，这种形式妨碍了我们对内容的适当理解。现在的任务是扬弃这种形式。但究竟应该如何扬弃表象的或对象性的形式？虽然对于哲学家与读者而言，表象思维的局限性是一目了然的，但意识本身目前依然陷入启示宗教的模式中，不是说摆脱表象思维就能摆脱的。黑格尔的深刻之处在此又表现出来了：他看到这里不是人的主观选择的问题，即不是像抛弃一个旧工具，拾起一个新工具那么简单，而是意识本身看待世界的整体方式、整体风格的问题，这种整体方式相当于我们常说的“生存方式”或“生活方式”，它不是一朝一夕形成的，也不是主体说改变就能改变的，而是在到此为止的整个意识教化史上逐步形成的。正如本书“导论”中说过的，这包括意识自身的形式和它的对象的形式这两方面的一个漫长的同步塑造过程，因此要克服这种方式，意识就需要检视到此为止的各种形态，尤其是意识看待事物的各种方式，这样就既不会错失意识已经把握到的真理，又能看到它此前对这种真理的把握方式的缺失。

对于意识如何真正消除对象化的理解，黑格尔接着提出了几个要点。首先，仅仅哲学家与读者了解对象对于“现实的精神”（实即人的那样一种自我意识，它已立足于世界之统一性根据之上并可被视为精神的自我意识或自为存在之表现）的隶属性，是不够的，对象必须向作为现象学之主角的那个意识表明自己是正在消逝的、否定性的东西。其次，这意识要能站在绝对精神的立场上，设身处地地了解绝对精神是如何通过其外化“设定了物性”（die Dingheit setzt），而且知道这种外化决不仅仅有否定的意义（即外化到一种损害与污染它的东西中去），更具有肯定的意义（即这种外化是对它的一种成全）。这一点我们在上一章的分析中其实已经了解了，但那只是哲学家和读者的理解，还不是意识本身的理解。最后，意识要认识到，虽然建立物性对于绝对精神是必要的成全，但绝对精神（即黑格尔所说的“自我意识”）也不能永远停留于这种物性中，而是要将其扬弃到自身之中作为一个环节。

黑格尔说，意识经过这种运动，就建立起它的各环节之整体，能真正立足于绝对精神之上看问题了。其实这不仅仅是意识的成长过程，也是意识摸索对象的各种规定的整体过程，学会按照这些规定依次对待对象的过程。这样一来，意识也就了解对象自身就是精神性的东西。总而言之，这是一个“三合一”的过程：意识学习如何向绝对精神趋近，最终立足于绝对精神的立场看问题的过程；事物的各种规定性如何有序地展开，表明事物在根本上是精神性的东西的过程；意识在事物那里发现后者就是意识“自身”的过程。当然第三个过程是以前两个过程为前提的，即意识自我教化和提升，最终立足于绝对精神之上，同时也逐步看到事物的规定性以绝对精神为根本。

接下来的六个段落讲述了意识对此前各种形态的检视，黑格尔并没有对所有的形态进行“复述”，而只是择要分析了几种关乎意识在世界中的成长的形态，用黑格尔在后面段落中的话来说，他在这个过程中要考察的是意识在世界上达到的“和解”，这个叙事模式与《精神现象学》全书的进展线索并不完全一致。这里有三个关于黑格尔的叙事笔法的问题要注意：像伦理实体、法权状态这些更注重从事情本身的角度来考察问题的形态略过不谈；与此相应，专门探讨主体间性自身的“自我意识”形态也不在检视之列；最后，黑格尔或许为了简略起见，只挑了一些典型形态作为代表，比如在理性阶段就只谈到了观察理性。我们在下文的解析，遇到前面章节中已经详细谈论过的内容时从略，只以意识通过这个检视过程而逐步趋近概念性理解的那个过程为主要线索。

第2段讲述从感性确定性发展到初步触及自我意识为止的整个过程。我们知道，这个过程也统称为“意识”，它的特点是专就事物向意识做对象性显现的一面来谈问题。虽然受到事情本身进展之力的引导，意识已经初步体会到了个别事物与共相之间相互需要的格局，并开始触及事物自身的主体性结构（“*意识必定知道它*［指对象——笔者按］*就是意识自身*”），但它还远未达到哲学家与读者对事情本身的那种概念性理解，也远未触及精神之物，而只知从意识自身出发，以对象性姿态观看事物。——当然客观而言，意识的这几种形态并不仅仅是意识自身使然，它们也的确是事情本身不得不经历的进展方式。可惜的是，意识虽然被事情本身推动着前行，却对这种推动毫不知情，它还以为是自己在掌控全局，像看电影似的观看自己的种种形态轮番上演。

第3段谈论理性。当意识自认为不是从一己的角度看事物，而是就事物本身客观的情形看事物，同时心怀着“客观事物的真理已经在我手中”的信念时，意识就进入了理性阶段。我们还记得，观察理性看似还事物于事物，实际上不过是在事物中寻找它自己。它的这种将自身等同于事物的自欺欺人的做法，未必一定是它有意而为（它主观上极有可能心怀大公无私的崇高理想），也很可能是一种整体生活方式，是那个坚信理性的时代的人很难避免的通病。这种做法一经揭示出来，人们当然会发现它极其蛮横霸道，根本毫无精神可言，是最远离事情本身（精神）的一种形态；但就概念的结构方式而言，它却反映出在事物之中寻求统一性的一种趋势，单就对统一性的寻求这一点而论，它与精神是一致的，只不过它寻求的统一性是理性选择性地从事物身上揭取的一张皮，而不是事物的全部，这又体现出它与精神最大的不一致。

第 4 段直接挑明了理性与“精神”章中的纯粹洞见、启蒙这两种形态的根本一致性：强使事物符合于我。① 教化意识已经在为启蒙意识中纯粹按有用性来判断事物的那种做法做准备了，因为它经历了双重化的世界模式，深知它自身的作用的重要性，无论是在日常生活中，还是在国家的政治生活中都如此，它甚至通过语言制造出一套类似于现代意识形态的话语，为世上的事物赋予意义，消除它们的独立性，使“为它而存在”成为事物的本质。教化意识将经过它理解的感性存在拿来与信仰意识相抗衡，而它在感性存在那里注重的根本不是事物独立于它的知识之外的自为存在，它反而要将那自为存在弄成消逝着的非本质环节，将那个环节改造成事物为教化意识而存在。

第 5 段谈的是道德世界观与良心。道德世界观完全以道德知识为世界的本质，而直接的存在反而被它当作非本质的外壳。良心则变本加厉，根本不再为直接定在与道德知识孰先孰后、孰主孰从的问题而烦扰，而是将定在彻底当作它的自我确定性（比如它的义务）的实现。

黑格尔在第 6 段中并不否认上面这些形态都是意识在不同层次、不同阶段上寻求和解，即建立确定性，将世界改造成一个“属我”的世界的努力，但他同时也冷静地看到，这些所谓的和解还根本没有达到那能形成真正和解的力量，即“精神统一性”(geistige Einheit)，其实后者并非远离这些形态的一个异己之物，而是所有这些形态的总根据。种种和解的形态构成一个必然的进展序列，那个序列走到最高点就是精神统一体；而前述各种形态中的最后一个，即良心，则有成为精神统一体的潜质，它将此前各种和解形态作为一些环节结合起来，扬弃在它自身内。接着黑格尔还将良心的内部结构（义务、义务的实现、对现实的普遍性的追求）与启示宗教达到的最高和解结构——三位一体——相类比，告诉读者良心中已经包含着绝对精神的潜质了。对比“精神”章中对良心的详细分析，我们不难

① 这是全书中罕见的一次挑明中世纪与近代两种精神形态与理性的内在关联，印证了笔者联系“理性”章的成果解析纯粹洞见与启蒙的做法的正当性。就笔者目力所及，整个“精神”章中似乎都没有这样挑明过，那时读者可能还会认为双方既然属于两个层次，就应该彻底区别开来看待，但到了这里就应当打消这个念头了。（由此可见，理性也是精神本身的一种表现，启蒙从客观上而言是精神发展的一种形态，但从其主观角度来看也是理性满怀信心在世界上杀伐决断的形态。）

索解黑格尔的思路。这里值得注意的倒是黑格尔无意中透露出的一个意思：其实良心的三个环节都是“知识”，只有关于事物的那种普遍被承认的知识才是事物的本质，相比之下，事物的实存倒并非本质。这话转换成现代哲学的说法就是，意义才是本质，意义优先于实存。

第 7 段探讨宗教，并介绍绝对知识的由来。黑格尔这里将意识与世界的和解称作“意识与自我意识的和解”，这里的“自我意识”当然不是指本书第四章那种意义上的自我意识，而是“宗教”章谈到的绝对本质的自我意识。他说，这种和解沿着宗教精神和人的意识两条路线进行。前者是自在形式下的和解（涉及绝对本质如何体现于世上的各种事物之中），后者是自为形式下的和解（关心的是绝对本质的自我反思，它或者通过人的意识而被投射到圣物身上，或者直接化身为一种自我意识）。但在宗教层次之前的各层次中，意识早已有了一系列的发展形态，并在这些形态之间建立起整体关联，它并不认为自己与同时代存在的那些由神职人员和信徒们从事的宗教活动有什么关联。而当意识真正进展到作为绝对精神的宗教——而不是作为前文中所说的与意识自身的发展漠不相关的小团体之时的宗教——的层次时，这两个方面才开始结合起来，从而“结束了精神的诸形态的系列”。两个方面的结合才开始达到绝对精神的自我认识。但是由于宗教始终无法达到对意义世界的统一性根据的概念性理解，这种结合在宗教中还不够彻底，如果说“精神”章只表现了精神“自在地或按其绝对内容来说是怎样的”（精神体现为生活世界中的各种形制），而宗教则表现精神“自为地按其无内容的形式或按自我意识方面来说是怎样的”（精神作为绝对精神，具有了神的自我反思），那么绝对知识则要描述精神“自在和自为地是怎样的”（精神不是表象思维中构想的那种神圣力量，而就是生活世界本身的统一性）。

第 8 段开始正面描述绝对知识，它首先通过与宗教对比来讲解绝对知识，而后借优美灵魂的发扬来说明绝对知识相对于宗教的优长。

黑格尔说，精神的自在存在一面和自为存在一面其实不是在绝对知识中才开始结合的，它们在宗教中就已经“自在地”开始结合了。他特意给这里的“自在地”加上着重号，表示这里说的是自在存在与自为存在两方面相结合的方式，而不是指前一段中说的“自在存在”，这是读者特别应当留意的。

虽说宗教已经开始探索并建立绝对本质的自我意识，但那样的自我意识与精神的实定存在形式之间终究还是分离的，因而精神的自在存在与自为存在在宗教中的结合还不是“依照本己的形式”（nach der eigentlichen Form）而来的。人们如果依赖宗教自身的发展，就永远无法达到概念性理解，上述两方面的本己的结合只能寄望于意识自身在哲学上的发展，只有后者才能主动走向概念性理解，并将宗教发展的成果扬弃为自身内的一个环节。换句话说，只要精神在哲学中达到了它的自在存在一面和自为存在一面的结合，这种结合就会自觉地了解自身作为这样的结合的身份。反之，黑格尔将人们单纯在心目中期待着而并未形诸哲学的那种结合称作“尚缺失的结合”。在自我意识这方面，结合固然已经自在地存在着，而且体现在此前意识的各种形态中了，但意识对于这种结合并没有自觉的理解。

黑格尔认为，那停留于内心的单纯期待和概念状态而没有在现实中发现的结合，就是“精神”章第三节中曾经分析过的优美灵魂。优美灵魂以为，它关于纯粹的自身内存在（Insichsein）的那种纯粹知识就是绝对精神，就是对上帝的直观和上帝的自我直观。

优美灵魂的缺陷在于它的片面性，即它坚持将内心中的“绝对精神”与外部世界对立起来。黑格尔说，我们曾经见过优美灵魂被扬弃的过程，此后经过绝对精神的宗教阶段的发展，才能最终达到绝对知识（“关于纯粹知识的知识”）。绝对知识再也不是像良心那里的义务一样的抽象本质，而是关于实实在在地在世界内存在的绝对本质的知识，是一种纯粹的自我意识。但这种自我意识之所以纯粹，不是因为它像优美灵魂那样自绝于世界，恰恰相反，是因为它作为立足于绝对精神的自我意识已经彻底渗透于现实世界，不再受到现实世界的任何特殊规定性的束缚了。绝对知识是这样一种自我意识，它同时就是“真实的对象”。换句话说，它既是自我意识又是世界，是对世界的统一性的把握，是那种统一性的自我显示。

第 9 段从表象与概念的关系、定在与本质的关系、善恶关系、自在存在与自为存在的关系、个别性与普遍性的关系等方面全面阐明绝对知识（在本段中亦称“纯粹知识”）的特征。

绝对知识所达到的概念，一方面体现于人的日常行动与生活中，另一方面体现在宗教中。正如上一章中反复解析过的，宗教虽然把握到了这个概念的内容，却缺乏把握它的合适方式，总是受到表象思维的限制，因而多多少少总是要将概念的内容当作异己之物。而绝对精神就日用而不知地融贯在我们的生活中，我们虽然天天如此这般地生活，我们的生活方式就是我们自己塑造的，我们对自身的行动有着充分的确定性，但是并不知道这生活与绝对精神有什么关系。而绝对知识就破除了宗教与生活的隔阂，它使绝对本质不再被束缚于特定群体的特定信仰中，使它切切实实地在我们的行动与生活中明白可见。

正如上一段就绝对知识与优美灵魂的区别说过的，绝对知识的纯粹性建立在它对生活的内在融贯之上，而不是对生活的直接拒绝，因而概念的纯粹性本身就包含着抽象自在的绝对本质外化于现实世界之中，也意味着绝对本质在这种外化的过程中“返回”自身，达到对自身作为世界的根本统一性这一点的认识。用黑格尔的话说，概念的纯粹性虽然是绝对的否定性，却也将现实的要素或存在的要素扬弃在自身内了。用《逻辑学》的一组概念说，概念既是存在（Sein）、定在（Dasein），更是本质（Wesen）。

在善恶关系的问题上，概念也提供了新的内涵。概念并不排斥定在，反而要深入定在中，这在普通常识看来无异于走向了恶。纯粹知识并不缺乏关于自在的善的知识，但它更强调放弃这种简单性，它自身就包含着分裂为二或对简单性的否定，而这种分裂为二或否定是为了变成自为存在，最终成为自在而自为的存在。后者就其进入定在、变成自为而言就是恶，但就其不失自在存在，反而通过自为存在而成全了绝对本质而言则更是“持久为善”（das Gutbleibende）。

就自在存在与自为存在的关系而言，概念既是自在的普遍者，又是为意识而存在的（内在地体现在具体事物之中，能被意识理解），并且通过这种为意识的存在而成全了它自身的自为存在（意识关于自己的知识即可视作它关于自己的知识）。绝对本质与意识双方都放弃了原先相互外在时的那种独立性，这是对片面性的放弃，是对各自原先自以为是的虚假概念的放弃。这样看来，双方对自身的放弃不是损害了自身，反倒成全了自身，因为它们放弃的是自身的片面性和局限性，得到的则是更真实、更充实的自身。

从个别性与普遍性的关系而言，上述运动既意味着虚假普遍性放弃自身，进入具体事物之中，成为现实的普遍性，又意味着个别性提升到原先与它对立的普遍性之中。有了前几种关系的解析，这一点不难理解。

总而言之，有了哲学的概念性理解，精神便作为自我意识出现于世了，它既与个人的自我意识深度融合，使后者在自身的生活中发现“处处皆为精神”，又通过人的自我意识达到了它自身的自我意识或自我反思。在这个意义上，完全可以将精神视作一个自我支配、自我反思与自我运动的主体。

于是第10段总结道，如果说宗教曾经将概念作为内容，那么在绝对知识中概念自身便成了行动的主体，而且这主体知道自身的行动既是一切本质性（不是像人那样的任意行为），又融贯和扬弃了一切定在。绝对知识了解这个主体即是绝对本质，也了解绝对本质不是别的，正是这主体之行动的知识，即了解绝对本质不是像一个惰性之物，而是一种意义（作为世界的绝对统一性）。

绝对知识并没有给到此为止的各种意识形态和精神形态增添什么新的形态，而只是达到了此前所有形态的真正的整体性和统一性，使每个环节不仅仅是那个环节，也表现着这种整体性和统一性；另外，绝对知识是对这种整体性和统一性的概念性理解，而不是对后者的表象思维。

在前述10段的导引工作的基础上，第11段正式界定绝对知识、真理、科学这些核心概念。

当精神的内容本身成了主体（“自身”），并在现实世界中实现了它的概念，且不因这实现而失去其概念，反而会巩固它的主体性，这种精神形态（Gestalt des Geistes）便是绝对知识。换个说法，“它是在精神形态中认识着它自身的精神，或者进行着概念性把握的知识”。绝对知识就是立足于意义世界的统一性的基础上，并以这统一性的立场和角度对世界及其统一性进行把握的知识。这种知识不仅是那陷入意识哲学的意识、自我意识、理性没有达到的，连一般精神（“精神”章）和作为绝对精神的宗教也没有达到，只有哲学（即黑格尔所说的“科学”）才能达到。

说到真理与确定性的关系，我们都记得黑格尔在“感性”“自我意识”“理性”三章的标题中极为显眼地提到了“确定性”，这三章的内容都是从确定性走向真理的过程——其实根据我们的分析，“知觉”与“知性”两章也是如此。另外，“精神”章与“宗教”章中也常常提到这个概念。这些章节容易给人一种印象：确定性都是尚未达到真理的主观意愿，与事情本身的情形有落差。然而我们也记得黑格尔在“序言”中的教诲：主体与对象是同步成长的。那么有没有哪个阶段能达到确定性与真理的合一呢？绝对知识之前的阶段都达不到这种状态，但绝对知识可以达到，因为绝对精神自身在这里成了主体，它对自身的确定性（其实这话就意味着：意识立足于绝对精神本身时达到的确定性）便是世界的真理。而且在绝对知识中，真理不仅在哲学家和读者看来等同于确定性，它也自知（这等于说意识站在它的立场上知道）其在当下的特定存在中得到的确定性即是真理。黑格尔回顾说，在宗教中人们对其崇拜的神物或神本身感到的确定性还不等于真理，然而当人们在绝对知识中达到了概念性把握时，知识的内容或对象本身就成了主体，那么这内容所达到的确定性就是真理，真理再也不可能落于它之外了。——这实际上是前文中说过的“存在与本质同一”的必然结果。

在绝对知识中，绝对本质再也不与世界若即若离，而是完全内在于定在中，意识在周围世界的事事物物中都能通达绝对本质，黑格尔所要追求的科学，便是这种在定在中即可显现（erscheinend）于意识面前的精神，或者说由定在中引出（hervorgebracht）的精神。——这证实了我们在本书中一直坚持的一个主张：黑格尔所要达到的是彻底的内在性，这种内在性既是对世界而言，也是对意识而言的内在性，一切事物，包括绝对者，都必须在这个内在性世界中才获得其意义和地位。

第 12 段谈论自我问题，提出了三个观点：

首先，在绝对知识中，这个具体的自我（Ich）同时是“直接被中介了的或被扬弃了的普遍的自我”。换句话说，此时此地在阅读、写作、思考或生活的这个我，只要它立足于绝对精神本身看问题，它的教化使它达到了绝对知识的层次，那么它便不仅仅是沉溺于个人爱恨情仇或自然感受中的那个小我，它便直接被世界的统一性中介过了，它看到的便是事事物物的总根据的一面，它是一个普遍的自我。

其次，这个自我是有内容的，并能将这内容作为对象与自己区别开来，因为它就是意识。我们从德文的“意识”（Bewußtsein）一词的写法就能看出，它在词源意义上本就包含着一个未被命名的对象被“认知”（wissen）了，用当代现象学的话说，意向活动总是预设了某种意向对象。换句话说，自我作为意识，它的行为结构中本就包含着投入某种他者之中，并在这种他者之中保持甚至巩固自身这样一种主体性。黑格尔强调的正是意识的这种结构。自我既与其内容区别开来，又在这内容中扬弃这种区别并返回自身，而且这种返回并非对内容的再度区别或抛弃，而是就在那内容中深入内容与它自身共有的根据之中去，这便是我们在“宗教”章中一直在追求的概念性把握（begriffen）。——可见这里的自我不是愚夫愚妇意义上的自然意识之自我，而是经过了最深刻的教化之后能立足于绝对精神之上看问题的自我。

最后，自我的这个内容其实并非什么特别的、神秘的东西，它不过就是上述的概念性把握、概念性运动本身。因而绝对知识也并未在前几章的基础上增加什么新内容，前几章已经呈现了全部的内容，这一章只不过要使那内容呈现新的意义，使之定位于其真正的整体之中和其最终的根据之上，仅此而已。

第 13 段说明科学唯有在意识发展的最高阶段才出现。在自在而自为存在的精神出现，并对其自身有这种明确的自我意识之前，科学不具备出现的条件，此时只会出现从意识自身出发的知识（理性及它之前的各种形态），以及关于精神的实定建制的知识（“精神”章中的各种形态），最多还会出现主观意识对于绝对者的种种追寻（苦恼意识、信仰意识、优美灵魂），或者信仰生活中对绝对本质的表象化理解（宗教），而不会像现在这样看到意义世界的统一性在一切定在之物上切切实实的体现，达到确定性与真理的合一。精神在此前各阶段上的工作就是不断克服该阶段的不完善性，使自身迈向绝对本质的内在存在，并认识到那就是它自身（“使它的自我意识和它的意识相一致”）。——如今自在自为地存在的精神，将以往各种形态扬弃为它自身内的一些环节了，如果就这些环节的差别来看这些环节，即站在绝对知识的角度回望先前的各个阶段，它们只是各自为其自身而存在的一些知识，如果说它们当中已经蕴含概念性把握的种子的话，那种把握也还没有基于绝对精神这一最终实体之上看问题，因而不能算是绝对知识（科学）。

第 14 段探讨意识分别在达到绝对知识之前、之后与实体发生关系的模式，并开始引入时间与概念、精神的关系问题。

实际上，我们不能说意识没有达到绝对知识之前，最终实体就不“存在”。实体先于意识了解它之前就以自在的方式直接定在着，绝对知识只不过是意识给了这早已存在着的实体以人们可明确理解的“形式或概念形态”而已，即将它主题化为一套可理解的知识而已。这正如一株植物在我们主题性地考察它的生命以前，早就是有生命的了，只不过那时植物向我们呈现的规定性与运动还是一些表面属性、样貌、形态等，还没有以生命本己的形式向我们显现，生命在那时还只是一种隐没在幕后，虽然默默地支撑着这些表面规定性与运动，但其自身却没有显示其本己运动方式的“简单性中的根据和概念”。这是一种默默无闻的“内在性”，是尚未以其本来面目示人的精神主体性。黑格尔这里说到的“定在”有两种含义：一是实体尚未被人认识到，因而自在地起作用；二是被人理解和认识到的那部分存在，包括我们认识实体之前对那些表面现象的理解，以及认识实体之后对实体的理解（或者说实体向世界的显现，与自在的显现不同，那是自为的显现了）。读者如果不了解这一点，就不太容易理解黑格尔为什么一会儿说实体"已经定在着"，一会儿又说它"还没有定在着"。前者指的是第一种含义，后者指的是第二种含义。而且随着人的认识的深化，实体有一个从第一种含义的定在向第二种含义的定在转变的过程。在它没有达到第二种含义的定在之前，支配人们对定在的认识的便是表象思维，如我们在"宗教"章中清楚看见的那样。

正如我们认识植物的生命之后，才发现原先凌乱堆积而无趣味的那些表面现象原来是一个有序且有纵深结构的丰富体系一样，认识最初在了解意识的各种形态时，远不如它把握住实体之后对这些形态的了解那么丰富。我们在意识的各种形态中，只能了解实体的一个层次或一个阶段，并以此统摄各种形态。黑格尔认为，在各种形态中对实体的了解与其说是一种启示，毋宁说是一种遮蔽，因为实体在先前的各种形态中始终没有真正以主体的身份出现。可以说意识在那些形态中把握到的只是实体的一些"抽象环节"。但这并不意味着对这些抽象环节的了解是毫无建树的，相反，这种了解会越来越充实自身，越来越从只鳞片爪走向全貌，直到"夺取了整个实体"为止。此时绝对知识再反观先前的各个阶段，就会将实体重现出来——当然实体并非由这种知识"创造"的，后者只不过是对意识和人的理性重现那早已自在存在着的实体罢了。黑格尔发现这种立足于绝对精神之上的重现，是从各个环节开始逐步达到整体——其实黑格尔没有说出的一点是，意识只要达到绝对知识，它在着手第一个环节的重建时已经对整体的存在有充分的信心了，换句话说，整体已经自在存在着了。因此我们在这里不要受黑格尔字面上的意思诱导，误认为绝对知识是像搭积木一样将整体拼合出来，事实恰恰相反，实体从来都是先有整体再有其各个环节。这就引出了先前的意识诸形态中实体的存在方式的问题，黑格尔明确地说，实体必须先以整体方式存在，而后才有对它的各环节的把握。当然那些阶段上的所谓"以整体方式存在的实体"也只是那个阶段上能把握到的实体罢了，还远不如绝对知识所了解的实体那么丰富。打个比方，我们在"自我意识"阶段看起来是外在地一步步接触生物、人，对人的了解也似乎先接触他的某个外在部分，而后才慢慢了解他的内心，最终才知道我和他的相互承认——这背后的实质是共同体问题——的重要性。看起来黑格尔好像"说错了"，实则不然。我们对自我意识的漫长摸索都以共同体这个真正的闪光点为转折点，达到那个闪光点后，我们似乎就越过了一道门槛，达到了对前面凌乱无序地摸索到的各个环节的真正理解。因此黑格尔在这里说的是理解上的逻辑顺序，而不是我们探索的顺序。

接着黑格尔引出了著名的时间问题。他再次重申了他对时间的那个定义：时间是被直观的概念。这里他结合精神问题说，只要精神还没有把握到它自身的纯粹概念，它就必然表现在时间中，而当它把握到它的纯粹概念（即达到绝对知识）后，就会“扬弃它的时间形式（Zeitform）”，反过来“对直观做概念性的把握”，这话的意思并不是说绝对知识完全与时间和直观无关了，而只是说它不受时间形式和直观形式的束缚罢了。从被直观的概念到被概念性把握的直观，这究竟是怎样一种转变？鉴于我们在前面已经解释过时间问题，这里仅举植物与生命的例子，做一简单说明。当我们没有在生命层次上把握植物时，我们就只能看到从种子到芽苗再到绿叶、红花、果实、枯败等完全受制于时间进展序列的一系列现象，看起来其中每一个现象都完全以它之前的现象为前提，并彻底规定了后续的现象，整个植物生长过程就被绑缚在时间之链中了。但如果我们把握到植物的生命和无限性，我们会发现前面那种完全依赖对一个个环节的直观的考察方式是有问题的，因为那个现象序列不过是生命本身的表现，各环节之间也并非简单的“谁规定谁”的关系，真正起规定作用的乃生命本身，而不是其中的任何一个现象。此时我们再反观一个个现象，我们固然还可以直观那些现象，但那直观已经是建立在概念性把握基础上的了。因此黑格尔在这里谈的是逻辑意义上对时间的扬弃，问题的关键在于是否受到时间的直观形式的束缚，而不是脱离时间的世界，进入一个永恒不动的什么超越性世界中去。

但时间又是极其重要的，它是“那自身尚未得到成全的精神命运和必然性”，只要我们还没有达到绝对知识的层次，我们就可以看到时间仿佛是一只大手，驱动着各种现象运动起来，丰富自身，使原先被封闭于自在存在形式之中的神秘精神逐步向世人展示出来——当然前提是意识愿意随着这个运动过程逐步教化自身，像这部《精神现象学》一样，而不能固守自身的某个形态或阶段不放。

时间的重要也便意味着经验（Erfahrung，亦译“体验”）的重要。第15段强调精神在此前各阶段中的那种自在存在对于它的最终成全的必要性。

正如康德那里对一切概念的理解都需要相应的图式（Schema）将其与人的具体经验贯通起来一样，黑格尔说一切东西要被认识，都必须经过人的体验，比如真理要被感觉到，永恒者要被启示于人的内心，让人切身地知晓，神圣者要被人真正信服或者能被人说出来，才算得上是真理、永恒者或神圣者。反过来说，经验就是那样一个过程，人们在其中体验到内容本身自在地就是实体，就可以成为普遍性的知识、意识、理解的对象。换句话说，一切真理只有进入人所能理解的意义世界并具备相应的、可理解的形式，才能现实地成为真理。——这个看法无疑是黑格尔的彻底内在性的世界观的体现。

但我们也不可因此就走向极端，陷入英国经验论那种就事论事地讨论经验的路子上去。黑格尔固然强调经验对于精神的自我展开、自为存在的极端重要性，但经验在黑格尔看来只是精神达到它自身的本己存在的道路，而不是目的本身。精神，亦即意义世界的统一性本身，在经验中由自在变为自为，由实体变为主体，由意识的对象（即精神体现为具体事物，成为人的认识对象）变为自我意识的对象（即精神通过成为人的绝对知识的对象，从而成为它自身的自我意识的对象）。这意味着精神通过经验而完成了它的自我扬弃，最终达到对它自身的“概念”。黑格尔又将这个自我实现与自我返回的过程比喻为圆圈，圆圈在起点处就已经是绝对精神了，只不过那时仅仅自在地、抽象地存在，而在圆圈的终点，同样还是绝对精神，但那已经是达到自我意识的绝对精神了。

这样看来，精神必然是一种自我运动的过程，当我们初次看到这种自我运动的整体时，它仿佛与对它自身的那种“简单的自我意识”不是一回事，它仿佛不仅仅是自在的“它自身”，还受到了时间的干扰。但如果我们看到实体的主体性，看到它在运动之初就具有一种内在的逻辑必然性（后来黑格尔将其发展成《逻辑学》），我们就会发现它的走向是有一定之规的，而非杂乱的干扰。在黑格尔看来，“干扰”之说之所以根本不成立，是因为如果没有时间中的那个对象性表现的过程，精神根本就无法回复到它自身，根本无法成为主体。换句话说，没有圆圈也便无所谓起点、终点，更无所谓起点与终点的合一。

在黑格尔看来，精神对自身的“成全”（vollendet）就是它成为“世界精神”（Weltgeist），换句话说，精神认识到自身就是意义世界的统一性，才算是对它自身的成全。很明显，只有绝对知识（科学）才达到这一点，才是精神“关于它自身的真正的知识”，而此前的宗教阶段只不过向人们表明了精神是什么，但那只是一种预示或遥望，算不上正面的描述。

第 16 段再次说明了宗教的表象思维的缺陷和进入哲学层面的必要性后，不动声色地列述了近代从笛卡尔到谢林的哲学史的发展过程，俨然要以自己的“绝对观念论”走向西方精神史之最高峰。这一段气魄非凡，内容极为丰富，读之令人血脉偾张。

精神关于自身的知识，其形式有一个在现实历史中逐步展开的过程。黑格尔明显认为，在现代，宗教之路是无法达到真理的，如果说近代之前的历史是绝对精神在宗教中发展的历史（当然黑格尔后来将艺术从宗教中独立出来，这个历史图景又变得更丰富了），那么从笛卡尔开始的近代哲学则接过了西方文明史发展的最后一棒。黑格尔说，在宗教中，人们追求的“内在精神”越是深刻，就越会觉得现实世界无法忍受，越会觉得切身接触的东西野蛮和严酷，从而要克服这样蒙昧的自身而抵达绝对本质的路途就越是遥远，人的负担就越是沉重。之所以出现这种局面，黑格尔认为根本原因在于宗教总是以一种表象性的、外在的方式在追求真理，无论它在多大程度上接受神圣本质在世界内的存在（通过道成肉身、耶稣之死等标志性事件），它终究还是认为现世生活是要抛弃的，终究认为末世的盼望是遥远的。只有放弃了这种追求真理的方式，意识才会转向它自身，真正严肃对待现实世界，“才发现它（指世界——笔者按）是它的财富”，从而真正踏出了从理智世界（Intellektualwelt）① 下降到现实世界的第一步，才以现实的自我意识充实原先寄望于理智世界的那些抽象要素，使之具有现实的生命。人的思想本身在历史上首次变得如此重要了。

笛卡尔正是近代揭示思维的极端重要性和绝对本质的内在性②的第一人——尽管他不可能从黑格尔哲学体系的角度出发这么做。他发现，真正值得信赖的存在就是思维，只有思维才能发现通往真理之路，除此之外一切外来接受的东西都是应当被怀疑的。而思维通过一套以清楚明白为特征的系统的方法论则可以逐步有序地建构起一个确定的世界来。

斯宾诺莎承续笛卡尔留下的有关绝对者内在存在的思想遗产，以逐层表现的模式来解释上帝（自然、实体）的内在存在之结构。但在黑格尔看来，斯宾诺莎并不太高明，因为他不过是将东方的光明本质那样的实体挪用过来，代之以一个更类似于纯粹思维（dem reinen Denken）的术语“广延”（Ausdehnung）罢了。黑格尔明显认为斯宾诺莎的实体的缺陷在于完全没有主体性。

莱布尼茨则坚持保留个体的主体性。虽然他同时也承认绝对者的内在

① 这个说法当然来自柏拉图主义传统，但这里具体指的是天国世界。

② 关于笛卡尔那里上帝的内在存在的问题，参见：李华．我思、上帝与世界——论“笛卡尔循环”的内在性根据．云南大学学报（社会科学版），2015（6）。

性（最高单子的可理解性），但个体的自由在他那里不仅不会削弱绝对者的内在存在，反而成全了“先定和谐”，以至于这个被造的世界在某种意义上可以说是一切可设想的世界中最好的世界。

在同时代的启蒙中，黑格尔看到了莱布尼茨学说的优势。启蒙不仅保留个体性，还将它的全能按照表面上的理性原则予以扩大，“贯彻到一切定在中”，并以有用性来衡定一切存在。——尽管如此，就像“精神”章中的思路一样，黑格尔依然承认启蒙为精神的一种表现形态。

启蒙的这种原则发展到康德这里，就演变成了“在绝对自由中把定在理解为它（指定在——笔者按）的意志”。康德并未措意于绝对本质与世界的关系，他仅仅将上帝当作一个可以由人的道德自由在遥远的未来通达的悬设之物。然而个体自身的自由在他看来却是一个“理性的事实”，这事实虽不可做理论的思考，却是人的一切实践行动的起点。

费希特抓住了康德的这个思想，他以“自我＝自我”这个公式重新表达了笛卡尔的那个确定性的起点。这里的自我决不仅仅限于某一个人，它是一个伸缩性极大的普遍原则，代表一般意义上的主体性。绝对的自我等同性同时意味着对外物的否定性，即意味着绝对的差异性。但这个差异性虽然就其本身而言是绝对的，然而它对于那个绝对等同性而言却是确定的、有限定的，因而这个差异性必定出现在时间中作为一个不断奋进的系列行动（“必须被表现为时间”）。黑格尔认为，如果说从笛卡尔以来，思维与广延的统一被当作本质，那么在费希特这里，思维与时间的偕行和相互成全就被当作本质。然而主体构想出来的这种差别的进展序列毕竟是孤立的思维图景，其实并未落实于现实生活的内容中，终究会“在其自身中陷于崩溃”。费希特从一开始就脱离广延，可是他的奋进序列看起来恰似“广延的对象性静止”，看似健动不息，实际上却是一个在思想舞台中无限延展开去的静止之物——所谓“广延的静止”，这里指的是无法超出它自身（自身等同性）。

其实费希特的奋进序列已经建立在实体的自身等同性之上了，每一个自我等同之物必须具备实体性，必须是一个特定之物，在此基础上才谈得上它的“自我”。只不过费希特完全忽视了实体性的这一面，单纯重视主体性的一面而已。当实体既承认它的定在，又具备主体性，而这种主体性走向“绝对的统一性”（die *absolute Einheit*）时，实体才能被当作绝对者。这样的构想，显然是在立足于实体性的基础上又利用了费希特思想的成果之后才能达到的，在近代思想史上，这一步是由谢林走出的。然而正如本书“序言”中的批判一样，黑格尔这里同样批评谢林将绝对者只当成一个什么都可以投进去的“空虚的深渊”(den leeren Abgrund)，而且袭取了许多感性知觉的因素来描述绝对者。另外，他认为谢林那里知识达到事物、达到多样性差别的方式根本不清楚，换言之，谢林的思想缺乏连贯的逻辑链条，跳跃性太大。

有了这个不长不短的近代哲学史的衬托，黑格尔自己的思路就不难理解了，第17段便陈述他自己的想法。

像康德、费希特那样使“自我意识退回到它的纯粹内在性里”，或者像斯宾诺莎那样让“自我意识单纯地沉没到实体和它的无差别状态里”，显然都无法达到黑格尔在“宗教”章中描述过的那种人与世界双方的主体性相互深入又相互成全的充实结构，那种结构只有如下这种“自身的运动”(*Bewegung* des Selbsts) 才能达到：自身主动外化自身，深入它的实体中去（实即深入实体在世界上的各种具体表现形式中去），与此同时，它也并不被实体完全同化，而是不断丰富自身的内在结构，最终在这个两头并进的过程中扬弃作为实体之表现的那些对象、内容与自己的差别。（当然这里要注意的是，这里的“自身”明显吸收了费希特的思想资源，它是一个自我教化、自我充实的结构和运动，我们不要总是将它局限在你、我、他这样的个人身上。它是一个弹性很大的概念，表示一般主体性，既可以容纳你、我、他这些个人，又可以扩大和深化为世界的统一性这个终极主体，与之合一。）黑格尔接着说，自身在深入实体的同时又能将自身与实体区别开来，维护并巩固自身的主体性，那就是“纯粹自我进入自身之中和生成 (Werden) 的活动”。黑格尔还说，这同一个过程既是定在向概念上升的过程，又是概念下降到“简单实体”的运动。主体只有沿着概念的方向深化和提升自身的生活，才能达到实体这个终极根据，而实体也只有经历这个否定的过程才能成为主体。

据此反观近代哲学史，前人的毛病就一目了然了。像笛卡尔到康德为止的思想家们那样坚持自我意识与实体的二元对立当然是不可取的，因为精神的力量正体现在自我意识与实体都不必害怕外化自身，而恰恰要在外化自身的过程中保持自身的同一，而且体现在双方都在这个外化并保持自身的过程中获得自为存在，并将自为存在与自在存在扬弃为自身内的环节。另外，像谢林那样把绝对者当作所有差别在其中消失不见的深渊也是不足取的，因为知识并不体现在我们人为地将这个那个差别抛入深渊中，知识只在于静静地旁观事情本身的进展，将那个进展合乎逻辑地呈现给世人。①

本章最后四段正面阐述科学的特质，这里的“科学”即黑格尔的哲学体系，大致相当于“大逻辑”与《哲学科学全书》。第 18 段主要谈论科学②与精神现象学的区别。

精神在先前的各种形态中始终具有意识的一些未经克服的(unüberwundnen)③ 差别，这个形态与差别不断形成的过程到了绝对知识这里终告结束。精神在这里已经获得了它的各种定在形态中的根据（“纯粹要素”，亦即“概念”）。这些形态的内容，从它自由自主的运动来看，就是精神的主体性（“自身”）的自我外化，或者说表现了精神对其自身的知识的统一性。如果我们单纯留意每个阶段的内容的杂多性，似乎看不出这一点，但如今站在绝对知识的角度却能发现诸形态的进展有其逻辑必然性。各种特定内容从来都不是凭其自身的自在状态便能存在的，而是在关系格局（Verhältnisse）中的，而那关系格局说到底是由事情的根据形成的。由此看来，杂多性是基于精神的主体性的，而具备或体现出精神之主体性的内容便是概念。

接下来黑格尔挑明了科学与精神现象学的关键区别：科学是直接按照概念的纯粹规定性而自行进展的，是真理本身的运动，而精神现象学则不断地从表象（一般的对象性意识）到自我意识、从自我意识到表象来回运动，是不断产生又不断扬弃知识与真理之间的种种差异的过程。现象学的主角是意识，虽然它在整个进展过程中不断得到充实，因而不断开阔眼界和格局，但它的知识毕竟不同于真理。正如我们在前文中分析确定性与真理的关系时提到过的，意识在刚到达每一个阶段的时候，对于这个阶段都

① 谢林的某些论述的确有跳跃过快的毛病，但黑格尔恐怕并未真正理解谢林的某些思想。谢林对绝对观念论总是持一种谨慎的态度，这一点在他早期的自然哲学中就已露出苗头，到后期的肯定哲学中系统展现出来。在谢林看来，黑格尔这种静观“事情本身”进展的态度，其实质依然是人的概念给现实描绘的一种可能性，而不是现实本身，换句话说，黑格尔所说的“事情本身”在谢林看来还不是真正的事情本身。这方面的问题可参见谢林《近代哲学史》中对黑格尔的批判，以及先刚《试析后期谢林对于黑格尔的批评》（发表于《哲学评论》2017 年第 2 期）。

② 严格来说是哲学体系中除了《精神现象学》之外的其余部分（大致对应《哲学科学全书》和中后期的各种讲演录），因为无论是《精神现象学》1807 年初版时，还是在那之前草拟的标题中，都将精神现象学作为哲学体系的“第一部分”对待。

③ 杨祖陶先生译作“已经得到克服”。按历史批判版来看，对照他为此处译文加的注释，极有可能是先生所据德文本印刷错误，而他用作参考的英、俄译本所依据的德文本并无错误。（杨祖陶先生于 2017 年初在武汉仙逝，他为我国的德国古典哲学研究做出的贡献不可磨灭。晚生虽无缘谋面，但读其文字思其为人，常受老一辈学者的严谨学风激励。些许文字，以志纪念。）

有一套它自身的“前见”，而这套前见其实是由它在前面的阶段造就的，并不适合于理解目前阶段的事情。而这个阶段的任务恰恰在于引导意识对自身的前见进行反思和修正，达到对这种前见的“自我意识”（这里的自我意识表示自我反思，并不等于第四章意义上的自我意识）。但即便这个阶段上的过程，也不是单线地直接从意识到自我意识，而是二者之间不断来回的过程，正如两个相伴而行的旅人不断相互佐证与相互修正一样。而到了绝对知识和科学的层次上之后，意识有了哲学家的眼光，它不再是主角，而只是事情进展的一个旁观者，科学的进展便完全是事情本身在不同的概念与概念之间，凭借它自身的潜力而进展。

最后黑格尔说，科学貌似仅仅是一些抽象的概念在运动，实际上它只是以抽象的方式表达的丰富的事情本身，因此每个抽象的环节总有一个精神的形态（这里当然既包括本书第一一五章中意识的诸形态，也包括第六一八章中精神的诸形态）与之对应。科学与这些具体形态之间，并不存在着哪个更丰富、哪个更贫乏的问题。我们可以从诸形态入手去了解科学的各种纯粹概念的实在性一面。由此可见，进入科学之后，现象学并非被弃之不顾了，它时时都可以作为科学的参照。

澄清了科学与精神现象学的区别后，接下来的三段描述科学所为何事，以及科学的内容。

第 19 段讨论科学抛弃纯粹概念形式并向感性意识过渡的必要性。我们知道，黑格尔专门以纯粹概念的形式呈现事情本身的那部分科学叫作“逻辑学”，但逻辑学还会走向“形而上学”，而形而上学不是逻辑学之外的东西，它只是逻辑学的应用或具体实现。

正如前面讨论科学与现象学的关系时说过的，科学并非摆脱现象学而另起炉灶，面对全新的对象，处理全新的问题，科学面对的依然是现象学与之打交道的那同一个世界，它与现象学的不同仅在于方式与格局的差异。也就是说，在同一个世界中，在同样的生活经验中，现象学讨论的是意识如何从常识状态成长为概念性理解的那个教化过程，而科学则给人呈现我们的世界与生活中事情本身的面貌。——请注意，意识在“精神”章和研究绝对精神的两章（“宗教”章与“绝对知识”章）中虽说已经立足于事情本身看问题了，但那只是相对于前几章的意识哲学局限于意识内部看事物的态度，只代表意识承认了事情本身对于自身的根本性地位，那三章中的意识毕竟还不等于（“精神”章）或不完全等于（研究绝对精神的两章）事情本身。

因此，本来就不存在科学抛弃什么东西，又捡起什么东西的问题，我们不要因为黑格尔说了“抛弃”“过渡”这些字眼就生出一些不必要的联想。黑格尔认为，科学恰恰不会像某些人误认为的那样停滞在一些纯粹概念的纯粹形式中，而是本来就在这个世界中，讨论这个世界的问题。科学正由于把握和坚持概念，才是科学；然而这些概念本就不过是事物内在的根据，因此科学的自身等同性其实是“直接的东西的确定性”（*die Gewißheit vom Unmittelbaren*），即从事物的根据出发而对事物的本质具有的确定性。我们还记得前文中说过绝对知识是确定性和真理的合一，这里的确定性便是那与真理合一的确定性，它当然不同于感性确定性，但又不离弃感性，它同样是感性中感到的确定性，却是比感性确定性更确定的确定性。

按照黑格尔的看法，科学深入直接的定在中，这表现出科学对于自己的那种知识的“最高的自由和可靠性”。这种自由当然并非我们日常意义上的任意性可比，非达到绝对知识者不能为之。

但科学从概念外化，沉浸于现实的感性事物中，这当然是不够的，第20段讲述精神在具体事物中逐步走向精神自身的主体性的过程。这一段涉及时间、空间、自然界等关键概念。

与科学概念的自身确定性不同，世界上的具体对象总是处在“关联”（*Beziehung*）中的，正如斯宾诺莎所说的，限定即意味着否定，因此关联便意味着不自由。精神在具体事物中不仅知道它自身（即知道辩证运动的最终目标），也知道它自身的否定（即知道当前所在的具体关系对它的局限），它会在不断外化、扬弃自身的过程中逐步将它作为精神的身份向世界显示出来，这就意味着人们会逐步了解各种事物的根据，以及整个意义世界的统一性。黑格尔称之为“它（指精神——笔者按）生成为精神的过程（sein Werden zum Geist）”。精神直观其自我反思、自我生成，那便是时间；精神直观其各环节同时的共存，那便是空间。——当然实际从事这些直观的不是一个人格化的幽灵，而是人的意识。在自在的意义上表现精神活生生的直接的生成，那便是自然。① 自然是精神的外化，但自然并非一潭死水，它同时也是精神自在地扬弃其持存并走向主体性的运动——

① 黑格尔在字面上似乎暗示空间与自然的相似性，但自然之于历史，只是在很有限的意义上与空间和时间的关系类似。我们不应由此做出“空间是自然”“时间是历史”这类僵硬的对应，空间和时间都是自然哲学中的概念，而历史与自然的分界其实取决于精神是自在地还是自为地生成。

只不过这种运动表现为空间性的并存的形式。（这是黑格尔的自然哲学。）

而令黑格尔更感兴趣的是精神的主体性的自觉生成过程，那就是历史。这部分是黑格尔的精神哲学涉及的内容。全书最后一段便探讨这个问题。

历史是“在时间上外化了的精神”，与在自然中的情形类似的是，这种外化同样也会扬弃其自身（“对外化自身的外化”），向精神返回。历史与自然的不同之处在于，它是精神在认识和反思中充实并回到自身的过程，它不是在横向意义上强调精神之同时定在着的各种系统、形态，而是在纵向的意义上强调精神对自身的认知不断变化的过程。因此它呈现的是诸多精神形态前后相继的系列，其中每一种形态都是对精神的一种整体性理解，而不是甘于与其他形态并列的一个个“部分”——这也是与自然哲学不同的一个地方。一种形态的进展往往意味着整个时代，因为一种形态从扎根、出现、成熟到被扬弃，需要相当长的一个渗透和消化的过程。

另外，历史也比自然更明显地表现了精神在其主体性内部进行深化和充实的过程，即精神的自我意识形成的过程。精神当下的直接定在会被将来扬弃，成为回忆（Erinnerung）①。回忆既是对过去经验的保存，但又是新的本质性之物——正如黑格尔常常通过将德语词 Wesen（本质）追溯到 Sein（存在）的过去分词 Gewesen 来解释本质既是“已成的东西”，又是新的根据性东西一样，这里的回忆也成了更深或更高的层次上的本质。在那个层次上，一切都重新开始，仿佛过去那些层次上的事情从未发生过一般，不过这正表明回忆作为新的形态很好地起作用了。我们依然以植物为例。在观察植物开枝散叶或观察它的细胞如何增殖这些外在形态的时候，我们发现不了生命问题，最多只会总结出它的一些外在的生长规律，当我们发现生命是统摄所有这些现象的根本机理后，我们并未脱离这些现象，而是将这些现象纳入生命概念之下，以生命概念的眼光来看待这些现象了，我们便发现以生命的目的论能更圆融地解释它们了。此时这些现象既成了生命概念支配下的一些回忆，也化为“生命”这一本质了。但目前的问题格局已经发生了变化，生命相对于此前的那些现象而言固然是本质，然而它相对于其他植物的生命而言，又需要更深层次的统一性才能得到解释，于是事情便自然向精神的更深的主体性进展了。

精神的一个个形态之间的进展，是对人们在世界上追求的“奥秘”

① 正如杨祖陶先生的注释所说，这个词原本就有“内化”的意思。

(die Tiefe) 的启示，而所谓启示，实际上就是使奥秘大白于天下，使奥秘不再成为奥秘。黑格尔认为世界的最深奥秘无非就是绝对概念，随着精神哲学向绝对概念的一步步逼近，后者便逐渐成为可公共交流的知识。(我们在这里再次看见了德国观念论的内在性世界观的极度自信。) 黑格尔接着提醒我们，科学向绝对概念逼近的过程也可以反过来看作后者外化自身进而达到它越来越丰富的自我意识的过程。但值得注意的是，“这种外化是在它自身中外化自身的”，这意味着精神的诸形态与绝对概念根本不是相互外在的关系，绝对概念原本就是这些形态本身，是它们的根据。

黑格尔最后说，我们回忆精神的诸形态，从它们自由而偶然的发生过程来看，这些形态构成了历史，但科学是“经过概念性把握的组织体”，然而科学又并未脱离历史，正如黑格尔后来说的，“哲学是思想中被把握了的时代”，这种概念即历史、历史即概念的形态，在黑格尔看来既是绝对精神的“回忆和墓地”，又是“它的王座之现实性、真理与确定性”，构成了绝对精神的生命源泉。黑格尔自信以此破解了人类文明史最深的奥秘，我们一切的生活、学识、幸福、情感、追求都从这里来，也回到这里。

余 论

鉴于本书名为“义解”，只打算以自然段为单位对《精神现象学》进行评注研究，而不是对该书的思想史来源、发生史和影响史进行全盘研究；另外，考虑到本书在澄清原书各章思想的同时也随文对它们的当代意义进行了初步阐发，因此这里不再详细讨论这些思想的影响史了。但笔者既然不揣冒昧，以自己的些许心得向学界抛砖引玉，希望引起学界对《精神现象学》的深度再研究，那么在此谈谈笔者个人对未来如何研究这部书的几点看法，是有必要的。①

（1）在《精神现象学》与黑格尔其他作品之间的关系问题上，笔者主张“还现象学于现象学”，认为不宜将该书还原为耶拿时期或体系时期的其他作品中的思想，因为这部书自有乾坤，足为西方哲学史上一部独立的经典之作。这部书与它之前、之后的黑格尔思想之间当然有千丝万缕的关联，我们研究它的任何关键概念，都不能脱离黑格尔的整个思想发展史，然而这部书就整体来看，却有其特殊之处。

《精神现象学》的确是耶拿时期甚至更早的大学时期、家庭教师时期的诸多思想的汇总，黑格尔此前的诸多思想在此书中都达到了一种成熟形态。但相较于此前的思想，这部书最特殊的一点是，它终于找到了黑格尔成熟时期整个思想的立足点——精神，并开始以精神为基点，系统地论述全部问题。耶拿时期的任何作品都没有真正做到这一点。这种思想上的成长与挣扎甚至直接体现在《精神现象学》的行文中。黑格尔并非胸有成竹、打完腹稿之后开始写作的，详考这部书的成书过程和它的内在思路可知，这部书的写作本身就是黑格尔艰难地确立精神这个立足点的过程。黑

① 这里我们只谈全局性的问题，而将那些在“义解”部分中已经随文阐明过的问题略过不提，比如在私人感觉、劳动、上帝之死、权力等主题上黑格尔分别与维特根斯坦、马克思、尼采、福柯进行对话的可能性。

格尔为何在写作第五章的过程中将全书的计划扩大了一倍？人类理性究竟如何才能达到事情本身？这些问题归根结底与近代理性的缺陷，以及“理性”章如何向“精神”章过渡相关。

如果我们不拘泥于《精神现象学》作为哲学体系之“导论”的这个说法，而细品该书内部黑格尔展开问题的方式，并将这种方式与哲学体系中的情形进行对比，就会发现，在该书确立了精神这个立足点之后，黑格尔哲学就初步找到了它的立场（意义世界及其统一性）和方法（“前进即是回溯”的辩证法），我们在他此后的作品中见到的大体上是这立场与方法的具体充实拟定（《逻辑学》）与多方面运用（《自然哲学》《精神哲学》及各种讲演录），而不是《精神现象学》这般雄姿英发的“探险”。从这个意义上讲，《精神现象学》不是后来的体系哲学可以替代的。该书的所有主要部分（序言、导论与正文八章）都不能简单被纳入体系哲学中去，都有其独立的研究价值。——当然正如前文中指出过的，这和我们在具体概念与思想的研究上将其置入纵向的发生史中，考察它们与早期形态、体系形态之间的关系，并不矛盾。

（2）“导论”中关于意识、对象、认识与尺度按照同一种结构同步生成的思想，值得进一步抉发与研究。自从康德“哥白尼式革命”确立主体与对象、人与其周围世界具有同一种结构[①]，即确立对象的观念性或观念的实在性之后，费希特、谢林到黑格尔都纷纷拓展与阐发这一思想资源。后者到黑格尔这里就成为熔逻辑、存在、认知、实践、历史于一炉的宏大形态。《精神现象学》虽然还没有像哲学体系那样在世界的一切领域展开这一构想，很多想法还处在萌芽期，但至少就意识与精神的种种形态而言，上述同步生成的过程已经得到了细致而详尽的展现。

我们知道，胡塞尔现象学从意向性学说起步，以意向活动与意向内容同步生成与逐步赋义的过程为研究对象，几乎可以将人类生活的一切领域都纳入其描述范围之内。但他的现象学，包括后期的生活世界现象学，始终还是以主体意识为基点的。弗洛伊德与拉康的精神分析学说虽然突破了传统的意识学说，却是以潜意识为突破点，换句话说，从德国观念论的角度来看，这种学说依然局限在主体内部，只不过它在理性的基底之处补充了一个更基本的非理性层面而已，但并不以黑格尔与谢林所揭示的“事情本身”为意。法国结构主义与解构主义同样存在这样的问题，它们自认为

① 无论是从认识、实践还是从判断力的角度来看都是如此。

早已突破了传统主体结构，但由于它们并不相信，或者更准确地说，并不关心德国观念论心心念念的精神与绝对者这类东西，因而它们所揭示的结构、权力机制、延异与踪迹只能算作人类在一个破碎断裂的"世界"上所寻得的些许宁静，在本质上只是历史生成物。

相较之下，黑格尔所描绘的上述同步生成结构，其内部的资源无论被后世的这些学说利用和挖掘过多少，都总是一座"富矿"，因为正如上文所说，这些学说在根本立场上是不认同它的。——这颇类似于我们在"绪论"中考察过的那些从"自我意识"章出发解读《精神现象学》的学者对待这部书的态度。

当然，有读者可能会反问：当代哲学在立场上本就是与黑格尔不同的，而且这就是思想史好不容易取得的进步，你怎么能要求当代哲学认同黑格尔的立场呢？言下之意，黑格尔留下的思想遗产只有任由现代哲学予取予求的资格，而他的立场本身早就已经被"克服"了，过时了。这种思想史的进步论恐怕是当今许多学者持守的一种看法，它有时甚至会被人们无反思地现成认定下来，成为某种固定的前见。须知在"存在需有永恒秩序作为支撑"与"存在首先是断裂的、有限的"这两种观点之外，人们似乎无法以"上帝之眼"的姿态，站在第三方的位置对二者进行中立性的"裁决"。考察黑格尔哲学，我们固然可以持有自己的观点，但首先应该做到尽量从黑格尔的立场出发，对他有充分的"同情之了解"，使他的观点与我们的观点相互攻错，在此基础上才能对他的观点进行评判，而不是一上来就无反思地认定一方、否定另一方。

(3) 黑格尔在他的意识学说（"感性""知觉""知性"三章）中，贯彻了一个看法：对象性的意识在其发展的任何阶段上，如果单纯局限在那个阶段看问题，恰恰无法达到对那个阶段本身的深切了解，也无法在那个阶段建立确定性。这个看法始自对感性印象的分析，终于对规律思维的批判，对于常识的朴素实在论与科学主义的真理观都有深度批判，其理论潜力恐怕还有待进一步发掘与阐明。

通过对这三章的解析，我们见到意识分别采取通过感性印象直接认定外物的实在性（"感性"章）、在三心二意接受的类名（统一性）和诸特质的杂凑（集合性）之间摇摆不定（"知觉"章）、反复在人们熟知的领域背后人为设定一个权威本质（"知性"章）这三种手段，试图在三个层面建立各自的确定性。这些做法不能说完全"错"了，它们在日常生活中其实都有一定的正当性和必要性，都是我们生活须臾不可离的做法，但常识与规律思维容易忽视它们的条件，将它们一味扩大并运用到一切层面，甚至误认为它们就代表了真理，那便成了十足的谬误。

这还不是问题的关键。黑格尔在这三章中实际上要表明，意识把任何事物当作直接的对象，想到它身上抓取其本质，都注定会失败，它所能抓到的只是它自以为的“真理”。但黑格尔告诉我们的是，不用我们额外去做什么，这种做法会扬弃其自身。真理不是我在对象上直接抓取到的任何东西，而是我与对象的存在本身就共有的根据；另外，它不是一种纯私人性、纯感觉性、纯质料性的东西，而是人人都要与对象共同遵从的共相与形式，是一种公共意义。

（4）但所谓“共同遵从的形式”，也不是事物在存在之余，额外接受的任务，而是事物的存在本身的结构，换言之，事物在本质上都具有主体性或类主体性的“内一外”结构（无限性），这是“自我意识”章的起点。这一章在《精神现象学》全书中往往最受注目，但实际上它还远未达到“事情本身”，反而因为有停顿于主体间性（社会性）这个层面之中的危险，而容易与事情本身两隔。对这一章的研究的首要任务就是挑明这一危险。

其实稍稍考究一下黑格尔的文本，便会发现如今学界停留在主体间性层面来看待这一章的那种研究思路会碰到很多麻烦问题，比如：黑格尔为何并未追求自我意识之间平等的相互承认，以及对承认问题的讨论为何突然“掺入”历史的笔法，将斯多亚主义、怀疑主义和苦恼意识牵扯进来讨论？

在我国学界，由于苏联式传统教科书的长期浸润，以及20世纪末的人本主义思潮的影响，加之后现代思潮关于“主体之死”的观点的反向作用，人们长期陷入“人能做什么?”“失去主体地位的人将何为?”这类争论之中。这两个问题看似水火不容，实际上只是从两个相反的方向将我们锁定于人的视野之上了，无论是固守人的主体地位的学者，还是认为主体早已死去的学者，都遗忘了还有比人更高的“事情本身”的维度，而且后者不仅不是由人的自我意识奋斗和建构而成的，反而是人本身的根据。

照此看来，虽然“自我意识”章运行在自己的轨道内，关心的是自我意识的出路问题，客观而言，这一章对于当下中国思想界恰恰是大有裨益的。它能否在当今的“思想市场”上发出振聋发聩的声音，这并不取决于声势的大小或利益的诱惑，而取决于我们能否将其震撼人心的力量展示于大众面前。

(5)“理性”章因其常被归于后来的体系哲学之中，也因它的三节内容很容易被归入“理论理性”“实践理性”等常见的范畴之下，所以往往被人当作黑格尔思想链条上的一个平平常常的环节，甚至被误认为是在赞扬理性，殊不知它是对德国观念论之前的整个近代理性的极严厉批判：理性在世界上、在人群中横冲直撞，制定尺度并以此尺度裁夺万物，看似威风赫赫、势不可当，实际上它从来都是一厢情愿，根本不曾进入事物本身。

熟悉德国古典哲学发展轨迹的读者不难看出，黑格尔的这一思想实际上发源于康德的“哥白尼式革命”，并与后来谢林的“肯定哲学”对近代理性的批判产生强烈共鸣，虽然他本人无论如何也不会全盘认同后两位的思想。随着人文主义、启蒙思想声势日隆，近代理性逐渐挣脱神学的羁绊，经过几个世纪的成长，逐渐取得了包纳万物（包括绝对者）的垄断性地位。德国古典哲学家们对于理性当然首先是肯定的，但他们对这种理性的局限性的审慎批判态度也足令现代各门科学从中受益。惜乎能在整个人类文明的广度上发掘并阐发他们这方面思想的意义的人太少。

在德国古典哲学诸家中，黑格尔对这个问题的阐发尤为精细，而《精神现象学》“理性”章又是他这方面最典型的一份文本。黑格尔的考察涉及当时科学与文化的方方面面，他的分析与现代物理学、生物学、生态学、心理学、伦理学、文学、法学等各学科多有交叠。而人们在研究黑格尔与这些学科的对话时，往往将目光聚集于《哲学科学全书》等体系时期的著作，容易因为“理性”章的驳杂晦涩而将其放过，殊不知这一章才是黑格尔通过集中考察诸多学科而展现近代理性外在化与个体化特质的典型文本。

(6)“精神”是当代西方学界颇为忌惮的一个概念，但这并不能减损“精神”章的价值，而且这种价值不是什么“反面”教材价值，而是正面价值。

当代哲学有一个延续多年的偏见，认为世界在根本上是断裂的、破碎的，一切形式与秩序都只能暂时被建构起来，只具有作为被建构者的价值，不具有其自身独立的价值。这种想法不能不说是近现代才逐渐形成的一种质料主义，它主张“质料生出形式”[①]，与古希腊以来“形式引导质料”的古典思想恰成对照。实际上现代性最大的症结并不仅仅在于工业资本、工具理性、技术宰制这些因素造成的生活世界断裂化、破碎化，而更

① 庄振华．谢林与近现代思想中的质料主义．哲学评论，2017 (1).

可能在于人类久已遗忘了形式与秩序的独立引领作用，反而以一种历史主义的思维将形式与秩序拉入历史的变迁之中，使秩序服从于历史。由此看来，现实生活即便再断裂、再破碎，也不意味着我们只能以这种状况为基础行事，更不意味着我们可以把历史主义反过来为抛弃秩序的独立性辩护。

黑格尔的精神学说本身固然也带有相当大的历史主义成分，但他从来不以有限性为意，他的思想的古典性格决定了这一点。如果黑格尔以及他之前的古典思想家们生活于当下，他们恐怕会认为现代生活中那些被建构起来的所谓形式并非真正意义上的形式，生活的断裂性与破碎性即便再强烈，只要生活还在继续，这些现象本身也只能以更根本的形式与秩序为基础。——如果我们将眼光放长，就会发现整个德国古典哲学都是在现代思想处境下重新恢复形式与秩序的引导力量的一种宏大而悲壮的努力。这个问题留待日后再讨论。

不仅如此，黑格尔的精神学说还将事情本身、精神定位为意义世界本身，为现代人提供了一条极其值得重视的出路。我们在笛卡尔、斯宾诺莎、莱布尼茨、康德、费希特、谢林那里多多少少都能发现将绝对者内在化的痕迹，但像黑格尔这样细致地和系统地在意义世界的层次上梳理西方文明史的哲学家，恐怕罕有其匹。黑格尔的笔法中不乏以近代尺度裁量古希腊、古罗马、中世纪的各种文化现象，因而导致“误读”的成分，但他提供的洞见也是很多。比如他谈到伦理实体的整体变迁、启蒙的中世纪根源，这些洞见对我们都是极有启发的。“精神”章在这方面的资源极为丰富，它不会因为后世的“政治正确”或“学术正确”而减少分毫。

（7）该书的绝对精神部分（“宗教”和“绝对知识”两章）告诉我们现代生活的一个实情：在近代以来这种内在性世界中，宗教因其局限于表象化思维方式，已经不足以通达世界的统一性，不足以通达绝对者了，必须在绝对知识中才能达此目标。

黑格尔在苦恼意识、优美灵魂、启示宗教等多个层面上讨论过基督教，这些讨论或许会让中世纪神学家（如果他们再世的话）或卡尔·巴特这样的新正统主义神学家感到不可接受，因为黑格尔分明是以近代内在性世界观在反向投射，即将一个理性时代看待上帝的方式投射到讲究神人之间超越性距离的中世纪生活上了。尽管如此，黑格尔以其对现时代透辟的分析，令人信服地证明，在一个理性化的时代中，一切超越者都不是因其自身而崇高，都必须首先经过人类普遍理性的承认方才成其为“超越者”，方才具有其崇高地位。与此同时，以往时代或许曾经行之有效的那种崇拜方式与宗教思维方式，在理性化时代里最终是要以理性本身为立足点的，因而对绝对者的寻求最终只能通过“绝对知识”①，即知其自身为世界之统一性的知识，才能达成。如果我们放下对体系哲学的偏见，那么黑格尔这方面思想的财富就会向我们敞开胸怀，必将与当前时代进行深入而富有成果的对话。

就像在所有大哲学家那里一样，在黑格尔这里，讨论之门是开放的，批判之路也是开放的。毋庸讳言，黑格尔哲学从其诞生时起就经历了大大小小、或深或浅的各种批判，其中作为黑格尔同窗的谢林的批判就属于最深刻的那类批判，在此之后，欧洲各派思想只要希望自立门户，几乎都绕不开对黑格尔思想的发掘或批判这一关。但纵观这些评判可以发现，如果说《精神现象学》乃至整个黑格尔思想有其局限，那也主要不是黑格尔个人在理智上的欠缺与疏忽，而是德国观念论或近代思想的结构性问题。换句话说，它不是我们通过开几次会议、写一些论文或出版若干专著就可以纠正的“错误”，而是近代整个生活方式的问题，因为照黑格尔的看法，哲学是在思想中被把握的时代。

① 后来黑格尔更有“绝对理念”“绝对精神”等说法，与绝对知识大致相当。

参考文献

一、中文文献

（一）著作

邓晓芒.《精神现象学》句读. 多卷本. 北京：人民出版社，2014—2017.

狄更斯. 双城记. 石永礼，赵文娟，译. 北京：人民文学出版社，2004.

笛卡尔. 第一哲学沉思集. 庞景仁，译. 北京：商务印书馆，1986.

费尔巴哈. 未来哲学原理. 洪谦，译. 北京：生活·读书·新知三联书店，1955.

海德格尔. 谢林论人类自由的本质. 薛华，译. 沈阳：辽宁教育出版社，1999.

黑格尔. 法哲学原理. 范扬，张企泰，译. 北京：商务印书馆，1961.

黑格尔. 精神现象学：上下卷. 贺麟，王玖兴，译. 北京：商务印书馆，1979.

黑格尔. 逻辑学：下卷. 杨一之，译. 北京：商务印书馆，1976.

黑格尔. 哲学史讲演录：第四卷. 贺麟，王太庆，译. 北京：商务印书馆，1978.

黑格尔. 哲学史讲演录：第一卷. 贺麟，王太庆，译. 北京：商务印书馆，1959.

马克思恩格斯选集：第一卷. 3版. 北京：人民出版社，2012.

维特根斯坦. 逻辑哲学论. 郭英，译. 北京：商务印书馆，1962.

亚里士多德. 形而上学. 吴寿彭，译. 北京：商务印书馆，1959.

杨河，邓安庆. 康德黑格尔哲学在中国. 北京：首都师范大学出版社，2002.

张世英. 自我实现的历程——解读黑格尔《精神现象学》. 济南：山

东人民出版社，2001.

侯成亚，张桂权，张文达. 张颐论黑格尔. 成都：四川人民出版社，2000.

庄振华. 黑格尔的历史观. 上海：上海人民出版社，2013.

（二）文章

李华. 论布鲁诺质料学说的来源与近代意义. 云南大学学报（社会科学版），2013（3）.

李华. 我思、上帝与世界——论“笛卡尔循环”的内在性根据. 云南大学学报（社会科学版），2015（6）.

李猛. 笛卡尔论永恒真理的创造. 哲学门，2009（1）.

路德维希·希普（L. Siep）. “为承认而斗争”：从黑格尔到霍耐特. 罗亚玲，译. 马克思主义与现实，2010（6）.

先刚. 谢林论“神秘学”. 云南大学学报（社会科学版），2014（3）.

先刚. 试析后期谢林对于黑格尔的批评. 哲学评论，2017（2）.

张汝伦. 黑格尔与启蒙. 哲学研究，2007（8）.

张汝伦. 黑格尔在中国. 复旦学报，2007（3）.

庄振华. 黑格尔“承认”学说再考察——以《精神现象学》第四章为中心. 云南大学学报（社会科学版），2013（5）.

庄振华. 黑格尔辩证法探本. 武汉大学学报（人文科学版），2015（5）.

庄振华. 黑格尔论规律. 哲学动态，2017（2）.

庄振华. 康德“目的”概念析义. 北京社会科学，2014（12）.

庄振华. 略论谢林“肯定哲学”的思想史地位. 云南大学学报（社会科学版），2014（3）.

庄振华. 人性与教育——从《爱弥儿》看现代教育的特质. 西部学刊，2015（5）.

庄振华. 试论古今唯物论的基本差别. 人文杂志，2015（2）.

庄振华. 谢林与近现代思想中的质料主义. 哲学评论，2017（1）.

二、外文文献

（一）著作

Arndt A.，et. al. Hegels « Phänomenologie des Geistes ». Berlin：Akademie Verlag，2004.

Baugh，B. French Hegel：From Surrealism to Postmodernism. New

York and London: Routledge, 2003.

Baum, M. Die Entstehung der Hegelschen Dialektik. Bonn: Bouvier Verlag Herbert Grundmann, 1986.

Berger, M. Arbeit, Selbstbewußtsein und Selbstbestimmung bei Hegel. Berlin: Akademie Verlag, 2012.

Bloch, E. Subjekt-Objekt. Erläuterungen zu Hegel. Frankfurt am Main: Suhrkamp Verlag, 1985.

Browning, G. Hegel's Phenomenology of Spirit: A Reappraisal. Dordrecht/Boston/London: Kluwer Academic Publishers, 1997.

Bubner, R. Modern German Philosophy. trans. by E. Matthews. Cambridge: Cambridge University Press, 1981.

Cassirer, E. Individuum und Kosmos in der Philosophie der Renaissance. Wiesbaden: Springer Fachmedien, 1924.

Daskalaki, M. Vernunft als Bewusstsein der absoluten Substanz: Zur Darstellung des Vernunftbegriffs in Hegels«Phänomenologie des Geistes». Berlin: Akademie Verlag, 2012.

Descartes, R. Oeuvres de Descartes: vols. Ⅶ, Ⅸ. Charles Adam and Paul Tannery, eds. Paris: Léopold cerf, imprimeur-éditeur, 1904.

Findlay, J. N. Hegel: A Re-examination. Ipswich: Ipswich Book Co. Ltd. , 1993.

Fink, E. Hegel: Phänomenologische Interpretation der Phänomenologie des Geistes. Frankfurt am Main: Vittorio Klostermann Verlag, 2011.

Flay, J. C. Hegel's Quest for Certainty. Albany: State University of New York Press, 1984.

Forster, M. N. Hegel's Idea of a Phenomenology of Spirit. Chicago and London: The University of Chicago Press, 1998.

Frank, M. Auswege aus dem Deutschen Idealismus. Frankfurt am Main: Suhrkamp Verlag, 2007.

Fulda, F. , et. al. Materialien zu Hegels « Phänomenologie des Geistes». Frankfurt am Main: Suhrkamp Verlag, 1973.

George, T. D. Tragedies of Spirit: Tracing Finitude in Hegel's Phenomenology. Albany: State University of New York Press, 2006.

Halbig, C. , et. al. Hegels Erbe. Frankfurt am Main: Suhrkamp

Verlag，2004.

Hansen，F.-P. Georg W. F. Hegel：«Phänomenologie des Geistes». Ein einführender Kommentar. Paderborn • München • Wien • Zürich：Ferdinand Schöningh，1994.

Harris，H. S. Hegel's Ladder. Vol. Ⅰ：The Pilgrimage of Reason；Vol. Ⅱ：The Odyssey of Spirit. Indianapolis/Cambridge：Hackett Publishing Company，Inc.，1997.

Hartmann，N. Hegel und das Problem der Realdialektik. Berlin：Junker und Dünnhaupt Verlag，1935.

Haym，R. Hegel und seine Zeit：Vorlesungen über Entstehung und Entwickelung，Wesen und Werth der Hegelschen Philosophie. Darmstadt：Wissenschaftliche Buchgesellschaft，1962.

Hegel，G. W. F. Enzyklopädie der philosophischen Wissenschaften im Grundrisse，Erster Teil. Die Wissenschaft der Logik. mit den mündlichen Zusätzen. Frankfurt am Main：Suhrkamp Verlag，1970.

Hegel，G. W. F. Grundlinien der Philosophie des Rechts oder Naturrecht und Staatswissenschaft im Grundrisse. Frankfurt am Main：Suhrkamp Verlag，1970.

Hegel，G. W. F. Phänomenologie des Geistes. neu herausgegeben von Hans-Friedrich Wessels und Heinrich Clairmont，mit einer Einleitung von Wolfgang Bonsiepen. Hamburg：Felix Meiner Verlag，1988.

Hegel，G. W. F. Vorlesungsmanuskripte Ⅱ（1816—1831）. Hamburg：Felix Meiner Verlag，1995.

Hegel，G. W. F. Wissenschaft der Logik. Erster Teil：Die objektive Logik. Erster Band：Die Lehre vom Sein（1832）. Hamburg：Felix Meiner Verlag，1985.

Heidegger，M. Der Deutsche Idealismus（Fichte，Schelling，Hegel）und die Philosophische Problemlage der Gegenwart. Frankfurt am Main：Vittorio Klostermann，1997.

Heinrichs，J. Die Logik der«Phänomenologie des Geistes». Bonn：Bouvier Verlag Herbert Grundmann，1974.

Henrich，D. Hegel in Jena：Die Entwicklung des Systems und die Zusammenarbeit mit Schelling. Bonn：Bouvier Verlag Herbert Grundmann，1980.

Henrich，D. Grundlegung aus dem Ich：Untersuchung zur Vorgeschichte des Idealismus. Tübingen-Jena (1790—1794). Erster und Zweiter Band. Frankfurt am Main：Suhrkamp Verlag，2004.

Henrich，D. Hegel im Kontext. Frankfurt am Main：Suhrkamp Verlag，2010.

Henrich，D. Selbstverhältnisse：Gedanken und Auslegungen zu den Grundlagen der klassischen deutschen Philosophie. Stuttgart：Philipp Reclam Jun.，1982.

Honneth，A. Kampf um Anerkennung. Zur moralischen Grammatik sozialer Konflikte. Frankfurt am Main：Suhrkamp Verlag，1992.

Hösle，V. Hegels System. Hamburg：Felix Meiner Verlag，1987.

Hötschl，C. Das Absolute in Hegels Dialektik. Sein Wesen und seine Aufgabe. Paderborn：Verlag Ferdinand Schöningh，1941.

Hyppolite，J. Genesis and Structure of Hegel's Phenomenology of Spirit. Evanston：Northwestern University Press，1979.

Hyppolite，J. Studies on Marx and Hegel. New York · London：Basic Books Inc.，1969.

Janke，W. Historische Dialektik. Destruktion dialektischer Grundformen von Kant bis Marx. Berlin · New York：Walter de Gruyter，1977.

Kant，I. Kritik der praktischen Vernunft. Berlin：Druck und Verlag von Georg Reimer，1913.

Kant，I. Kritik der reinen Vernunft. Berlin：Druck und Verlag von Georg Reimer，1911.

Kohl，E. "Gestalt"：Untersuchungen zu einem Grundbegriff in Hegels Phänomenologie des Geistes. München：Herbert Utz Verlag · Wissenschaft，2003.

Köhler，D. Freiheit und System in Spannungsfeld von Hegels Phänomenologie des Geistes und Schellings Freiheitsschrift. München：Wilhelm Fink Verlag，2006.

Kojève，A. Introduction to the Reading of Hegel：Lectures on the Phenomenology of Spirit. Ithaca，New York：Cornell University Press，1980.

Kondylis，P. Die Entstehung der Dialektik. Eine Analyse der geistigen Entwicklung von Hölderlin，Schelling und Hegel bis 1802. Stuttgart：Ernst Klatt Verlag，1979.

Krämer，H. Kritik der Hermeneutik：Interpretationsphilosophie und Realismus. München：Verlag C. H. Beck，2007.

Kubo，Y. Der Weg zur Metaphysik：Entstehung und Entwicklung der Vereinigungsphilosophie beim frühen Hegel. München：Wilhelm Fink Verlag，2000.

Lavater，J. C. Physiognomik：Zur Beförderung der Menschenkenntniss und Menschenliebe：Band 1－4. Wien：Druck und Verlag von J. P. Sollinger，1829.

Limnatis，N. G. The Dimensions of Hegel's Dialectic. New York：Continuum International Publishing Group，2010.

Marx，W. Hegels Phänomenologie des Geistes. Frankfurt am Main：Vittorio Klostermann，1981.

Minnigerode，B. Kants transcendentale und Hegel's logisch-spekulative Dialektik der Vernunft. Eine Betrachtung vermittels der skeptischen Methode. Essen：Verlag Die Blaue Eule，2004.

Nicolin，G. Hegel in Berichten seiner Zeitgenossen. Hamburg：Felix Meiner Verlag，1970.

Pinkard，T. Hegel's Phenomenology：The Sociality of Reason. Cambridge：Cambridge University Press，1996.

Pippin，R. B. Hegel on Self-Consciousness：Desire and Death in the Phenomenology of Spirit. Princeton and Oxford：Princeton University Press，2011.

Pippin，R. B. Hegel's Idealism：The Satisfactions of Self-Consciousness. Cambridge：Cambridge University Press，1989.

Pöggeler，O. Hegels Idee einer Phänomenologie des Geistes. Freiburg/München：Karl Alber Verlag，1993.

Pöggeler，O. G. W. F. Hegel：Phänomenologie des Geistes（Klassiker Auslegen）. Berlin：Akademie Verlag，2006.

Pöggeler，O. Ein Ende der Geschichte? Von Hegel zu Fukuyama. Opladen：Westdeutscher Verlag，1995.

Rockmore，T. Cognition：An Introduction to Hegel's Phenomenology of Spirit. Berkeley · Los Angeles · Oxford：University of California Press，1997.

Rosenkranz，K. Georg Wilhelm Friedrich Hegel's Leben. Berlin：Verlag von Duncker und Humblot，1844.

Schulz，W. Der Gott der neuzeitlichen Metaphysik. Pfullingen：Verlag Günther Neske，1991.

Sell，A. Martin Heideggers Gang durch Hegels«Phänomenologie des Geistes»，Bonn：Bouvier Verlag，1998.

Siep，L. Der Weg der Phänomenologie des Geistes. Frankfurt am Main：Suhrkamp Verlag，2000.

Stace，W. T. The Philosophy of Hegel：A Systematic Exposition. New York：Dover Publications Inc.，1955.

Stekeler，P. Hegels Phänomenologie des Geistes. Ein dialogischer Kommentar：Band 1 und 2. Hamburg：Felix Meiner Verlag，2014.

Stern，R. The Routledge Guidebook to Hegel's Phenomenology of Spirit. New York：Routledge，2013.

Stewart，J. The Phenomenology of Spirit Reader：Critical and Interpretive Essays. Albany：State University of New York Press，1998.

Theunissen，M. Hegels Lehre vom absoluten Geist als theologisch-politischer Traktat. Berlin：Walter de Gruyter & Co.，1970.

Vieweg，K.，et. al. Hegels Phänomenologie des Geistes：Ein kooperativer Kommentar zu einem Schlüsselwerk der Moderne. Frankfurt am Main：Suhrkamp Verlag，2008.

Westphal，K. R. Hegel's Epistemological Realism：A Study of the Aim and Method of Hegel's Phenomenology of Spirit. Dordrecht/Boston/London：Kluwer Academic Publishers，1989.

Yovel，Y. Hegel's Preface to the Phenomenology of Spirit. Princeton and Oxford：Princeton University Press，2005.

Zander，F. Herrschaft und Knechtschaft：Die Genese des Selbstbewusstseins in Hegels«Phänomenologie des Geistes». Ein Kommentar. Paderborn：Wilhelm Fink，2014.

（二）文章

Bubner，R. Problemgeschichte und systematischer Sinn der «Phänomenologie» Hegels//Dialektik und Wissenschaft. Frankfurt am Main: Suhrkamp Verlag, 1974.

Gadamer, H. -G. Die verkehrte Welt//Neuere Philosophie. I: Hegel · Husserl · Heidegger (Gesammelte Werke, Band 3). Tübingen: J. C. B. Mohr (Paul Siebeck), 1987.

Gadamer, H. -G. Hegels Dialektik des Selbstbewußtseins//H. F. Fulda u. a. Materialien zu Hegels«Phänomenologie des Geistes». Frankfurt am Main: Suhrkamp Verlag, 1998.

Habermas, J. Labour and Interaction: Remarks on Hegel's Jena Philosophy of Mind//Robert Stern. G. W. F. Hegel: Critical Assessments: Volume Ⅱ. London and New York: Routledge, 1993.

Heidegger, M. Hegels Begriff der Erfahrung//Holzwege. Frankfurt am Main: Vittorio Klostermann, 1977.

Honneth, A. Von der Begierde zur Anerkennung//Klaus Vieweg u. a. Hegels Phänomenologie des Geistes. Frankfurt am Main: Suhukamp Verlag, 2008.

Karásek, J. Das Andere seiner selbst. Zur Logik der Anerkennungstheorie in der Phänomenologie des Geistes//Klaus Vieweg u. a. Hegels Phänomenologie des Geistes. Frankfurt am Main: Suhrkamp Verlag, 2008.

Stenzel, J. Zur Entwicklung des Geistbegriffes in der griechischen Philosophie//H. -G. Gadamer. Um die Begriffswelt der Vorsokratiker. Darmstadt: Wissenschaftliche Buchgesellschaft, 1968.

索　引[①]

---

① 说明：1. 本索引综合了人名索引与术语索引；2. 条目按拼音排序；3. 数字为本书页码。

G

K

L

M

R

S

X

跋

从笔者初次阅读《精神现象学》至今，已有 20 载。笔者在中国人民大学书店所购的贺、王二先生译本早已泛黄、破损。这套译本上面留有自己在本科期间阅读时写写画画的笔迹，现在读起来大部分都很可笑，更多的笔记是研究生期间听恩师张汝伦先生讲授这部书时写下的。在此期间老师讲授该书不下四轮，我自己的笔记也标有张老师授课的相应年份与起始月份。手头的德文版则相对较"新"（用了 15 年），由于是复印件，右半侧明显"肿"了起来。复印件上的一些笔记就比较接近笔者目前的理解程度了。

当初动念写一部《〈精神现象学〉义解》，是因为自己在近些年对原书的几个核心章（第三一第六章）有了一些心得，针对这四章分别写了四篇文章发表，在学界反响还不错，于是就想当然地学着老师的《〈存在与时间〉释义》的体例，慢慢写了起来。工作做起来之后，才发现当初是"初生牛犊不怕虎"，有些一厢情愿了。正如黑格尔 1807 年 5 月 1 日写给谢林的信中说的①，他自己在写作的时候都深感陷入细节的种种辩证过程之中，不可自拔，他还担心对细节的雕琢影响读者对整体的理解。我们读者，尤其像我这种哲学学力与生活体验都相当浅薄的青年读者，走进其中，时常会有身陷"万重迷宫"之感。于是我将这次写作当成深度学习的机会，相信在这个过程中如果有了些许体会，分享出来，会对初学此书的朋友们有一些帮助。由于写作耗时较长，在写的过程中往往也会调整自己的理解，因此笔者在校对书稿清样的时候发现最初落笔时的一些想法并不成熟，于是尽可能地做了一些修改。但如果存在着根本性的理解错误，需要对全书进行大改，那就是笔者学力有限，恐怕目前无法做到了。因此笔者深盼学界前辈与朋友们发现本书错谬之处后，不吝指正。

---

① 详见本书"绪论"中说明该书出版过程的那一小节。

除此之外，目前本书还存在许多技术上的问题，有待将来改进，比如“义解”文字与学界经典二手文献的深入对话还很不够，《精神现象学》影响史的研究尚付阙如。鉴于这部书的篇幅已经相当大，不适合再增加，这些工作只能俟诸将来了。本书只是做了一些接引初学者的基础性的工作，算不上对《精神现象学》的什么高深研究。但本书若能引起读者的一些共鸣，引起人们在与以往不同的层面重读《精神现象学》的兴趣，就算达到了目标。

本书受到国家社科基金后期资助项目“《精神现象学》义解”（编号：17FZX035）、2016年陕西师范大学中央高校基本科研业务费专项资金资助项目“《精神现象学》核心义理与开展结构深度研究”（立项号：16SZTZ01）、2016年陕西师范大学优秀青年学术骨干资助计划项目“《精神现象学》及其现代意义研究”的资助。感谢国家社科基金后期资助项目的五位评审专家提出中肯的修改意见。

感谢中国人民大学出版社学术出版中心杨宗元主任和吴冰华老师殷切的关照和辛苦的编辑工作。杨主任在课题申报、出版协调方面多有支持。吴老师多次为拙著抱病加班，既令作者愧疚，也使作者对这部书投注了更多的期望，但愿它的出版有益于读者与大众。

庄振华

2018年4月于西安

图书在版编目（CIP）数据

《精神现象学》义解/庄振华著．—北京：中国人民大学出版社，2019.8
ISBN 978-7-300-27168-2

Ⅰ．①精…　Ⅱ．①庄…　Ⅲ．①黑格尔（Hegel，Georg Wehelm 1770—1831）-现象学-研究　Ⅳ．①B516.35②B089

中国版本图书馆 CIP 数据核字（2019）第 158306 号

国家社科基金后期资助项目
《精神现象学》义解（上、下卷）
庄振华　著
Jingshen Xianxiangxue Yijie

出版发行	中国人民大学出版社		
社　　址	北京中关村大街 31 号	**邮政编码**	100080
电　　话	010－62511242（总编室）		010－62511770（质管部）
	010－82501766（邮购部）		010－62514148（门市部）
	010－62515195（发行公司）		010－62515275（盗版举报）
网　　址	http://www.crup.com.cn		
经　　销	新华书店		
印　　刷	固安县铭成印刷有限公司		
开　　本	720 mm×1000 mm　1/16	**版　　次**	2019 年 8 月第 1 版
印　　张	56.25 插页 4	**印　　次**	2025 年 11 月第 4 次印刷
字　　数	938 000	**定　　价**	188.00 元（上、下卷）